AF547415

Niemand darf seine Wurzeln vergessen. Sie sind Ursprung unseres Lebens.

Federico Fellini

Der Mensch hinter dem Star

EVA MANG

fotografiert von Andrea Mayer-Rinner

HANSI HINTERSEER
DER MENSCH HINTER DEM STAR

Die große Geschichte seines Erfolgs

IMPRESSUM
Deutsche Erstausgabe © 2008 Edition KOCH

Autorin: Eva Mang **Verlag:** Edition KOCH, A-6020 Innsbruck, editionkoch@kochint.at **Gestaltung:** Mag. Gottfried Halmschlager
Korrektorat: Christian E. Fock **Druck:** ARTPRESS Druckerei GmbH, A-6600 Höfen
ISBN: 978-3-85445-502-8

Fotos: Andrea Mayer-Rinner/STADLPOST, K. H. Grabe, ORF/Mican, Schafler, Tourismusverband Kitzbühel/Niederstrasser, First Look, Bavaria Film, LISA Film, privat, Stanglwirt, Uwe Schwarz

Mit freundlicher Unterstützung von Dagmar Ambach.

Inhalt

EINLEITUNG

Als mich Frau Dr. Koch vom Verlag Edition Koch gefragt hat, ob ich mir nicht vorstellen könnte, ein neues HANSI-BUCH zu schreiben, fiel mir die Antwort eigentlich nicht schwer.

Hansi Hinterseer ist ein derart fleißiger Mensch mit so vielen guten Ideen, dass eine aktualisierte abwechslungsreiche Biografie zu schaffen sein würde. Für mich in meiner Eigenschaft als Herausgeberin des Magazins MUSIKANTENSTADLPOST ist er natürlich bei meiner Arbeit allgegenwärtig.

Hansi: der *Superstar unserer Szene, das Aushängeschild der volkstümlichen Musik, auch in der Wirtschaft, dem Sport und auf dem Society-Parkett. Einer, auf den man stolz sein kann, denn was der Hansi anpackt, das macht er hundertzehnprozentig – oder gar nicht.*

Vieles ist über das Phänomen Hansi Hinterseer schon geschrieben worden, aber so sehr sich seine Kritiker auch bemüht haben, es kommt nie was richtig Böses dabei heraus. Das liegt wohl an der Tatsache, dass für Hansi Anstand, Disziplin und Treue keine leeren Wörter sind, dass seine Fans in ganz Europa für ihn nicht nur auf den höchsten Berg in Kitz, sondern überallhin gehen würden, und *daran, dass seine Natürlichkeit und sein Charme, sobald man ihn persönlich kennenlernen darf, auch auf die wirken, die zuvor gern mit Häme und Spott über ihn urteilten.*

Persönlich kennenlernen – das sind das Stichwort und das Arbeitsmotto zu dem vorliegenden Buch. Gar nicht so einfach, denn die einzige „Schwäche", die wir bei Hansi finden konnten, ist seine „Stärke", sein Privatleben mächtig zu beschützen und sich auf keinerlei Spekulationen über sein Privatleben und die, die er wirklich liebt, nämlich Ehefrau Romana und seine beiden Töchter Jessica und Laura, einzulassen. Für mich als Frau und Mutter ein lobenswerter Charakterzug, vor allem in Zeiten, in denen andere für eine Schlagzeile oder eine Pressemeldung im wahrsten Sinn des Worts „ihre Kinder verkaufen"!

Nicht ohne Stolz darf ich sagen, dass ich Hansi seit der Stunde null seiner großartigen Musikkarriere persönlich kenne und in den vergangenen Jahren viele sogenannte Stars kommen und gehen sehen habe. Sein Erfolg ist ihm deshalb treu geblieben, weil er sich selbst ebendiese Treue in jeder Phase seiner Erfolgsstory gehalten hat.

Hansi Hinterseer ist das geblieben, wofür ihn die Fans lieben: ein Mensch mit Dankbarkeit und Demut gegenüber seinem Glück und der Bodenhaftung, die viele in seiner Position verloren haben.

Ich hoffe, Sie sind mit der Auswahl und der Zusammenstellung der Highlights aus dem Leben von Hansi Hinterseer zufrieden, und wünsche Ihnen nun viel Spaß beim Lesen und Staunen.

Ihre Eva Maug

Vorwort

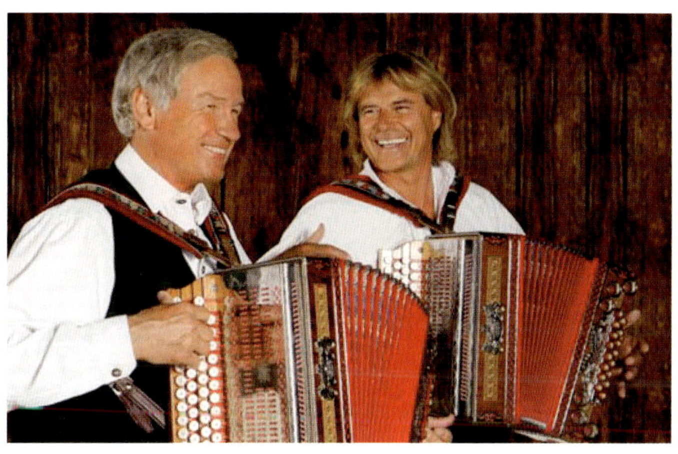

„Könntst mir grad a paar Griff zoagn auf deiner Zugin, die Amerikaner wär'n auf dös ganz narrisch." Mit diesem Wunsch kam mein Freund Hansi als damaliger Profiskirennläufer direkt aus den USA zu mir auf Besuch. Ohne langes Zögern fingen wir gleich mit meiner steirischen Knopfzugin zu üben an.

Bei der ersten Melodie spürte ich bereits die riesige Begeisterung Hansis am Musizieren. Wer hätte damals an seinen Einstieg in eine sagenhafte Musikkarriere gedacht oder gar an seine spätere Entdeckung als Volksmusikstar?

Was steckt nun hinter dem erfolgreichen Star Hansi Hinterseer?

Jeder, der Hansi persönlich kennt, weiß, dass hinter dem Star ein durch und durch authentischer Tiroler steht. Seine heile Welt ist nicht gespielt. Er hat sich die sprichwörtliche Bodenhaftung, die für einen Skirennfahrer das Wichtigste ist, ebenso bewahrt wie seine sportliche Disziplin und Ausdauer.

Dies ist für ihn ein wahres Glück, denn nur durch die Beständigkeit ist das Flüchtige von Dauer.

Was mich neben der Musik mit Hansi verbindet, sind unsere bäuerliche Kindheit, die Liebe zur Natur, zur Familie und zur Heimat!

Wenn wir bei frischem Kaiserquellwasser gemeinsam unsere staaden Zuginstückeln spielen, funkelt aus seinen Augen wie früher der „glückliche Bua von der Kitzbüheler Seidlalm".

„Jeder Tag ist ein Geschenk!", sagt Hansi als Ausdruck seiner Dankbarkeit, die ich gern mit ihm teile. „Denn Dankbarkeit ist die Erinnerung des Herzens."

Balthasar Hauser
„Stanglwirt"

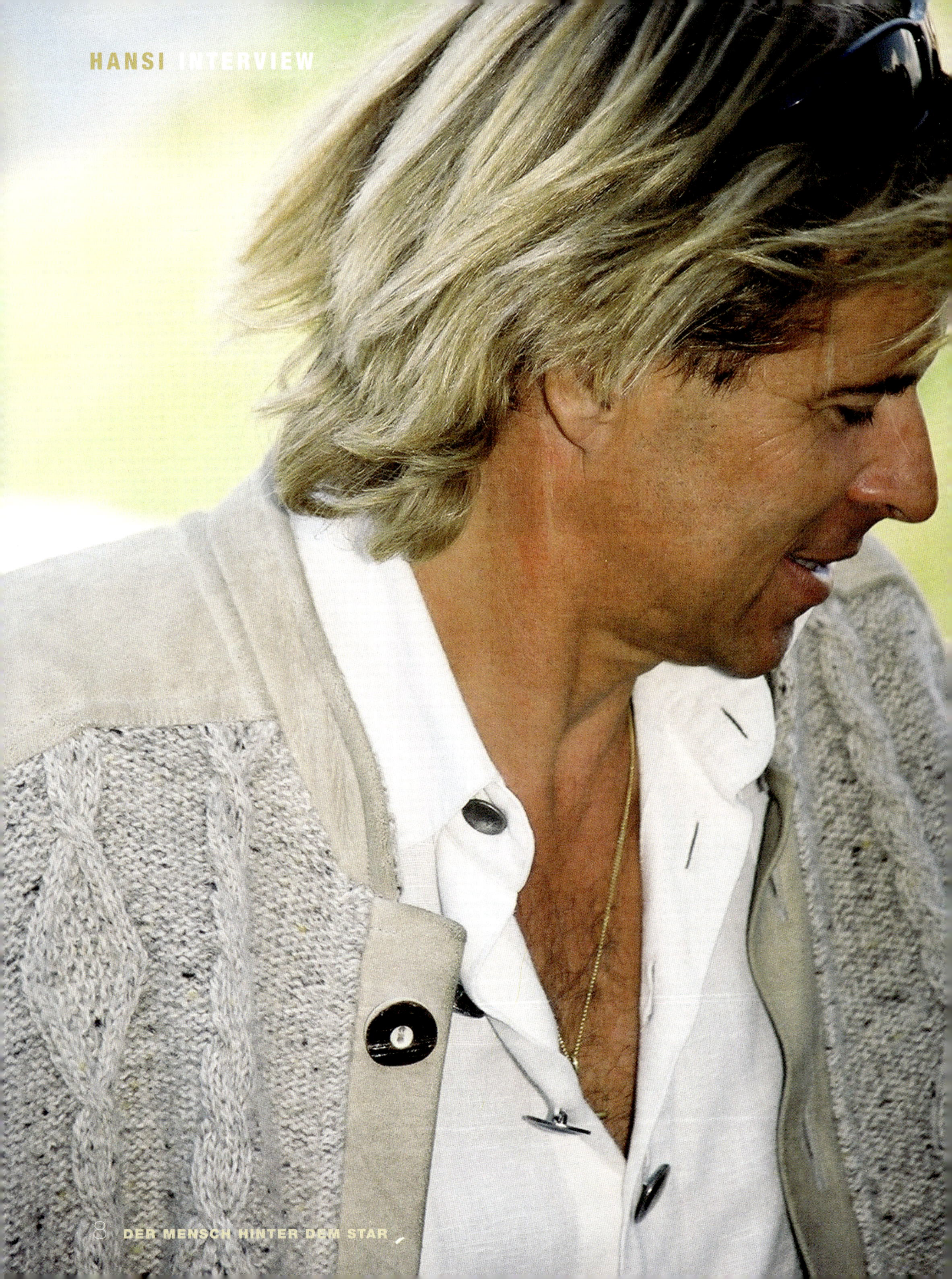

Der Mensch hinter dem Star

Hansi Hinterseer begeistert Millionen und ist aufgrund seiner anhaltenden Popularität zunehmend in den Fokus der sogenannten Yellow Press geraten. Getreu dem Motto „Bad News are Good News", machen immer wieder Schlagzeilen die Runde, die Hansi Hinterseers Privatleben betreffen. Nachdem seine Ehe mit Romana skandalfrei verläuft und auch zu den Töchtern keine verkaufsträchtigen negativen Schlagzeilen zu holen sind, werden manche Medien erfinderisch. Doch Hansi versteht sich bisher erfolgreich zu wehren und seine Familie vor übler Nachrede zu schützen. Ist Hansi im Kreis der Familie, vertrauter Freunde und seiner Fans gesellig und leutselig, erleben ihn Außenstehende aufgrund dieser Erfahrungen eher verschlossen. So haben manche Journalisten auch ihre liebe Not mit ihm in Interviews. Wenn sich das Gespräch von der Musik, seiner Heimat, dem Sport, all den Bereichen seines Lebens, über die es doch so einiges zu erzählen gäbe, auf Privates lenkt, verliert er kein Wort, das falsch ausgelegt werden könnte. Dabei finden sich gerade in seinen Filmen und Moderationen, in der Auswahl der Künstler und Drehorte so viele private Zwischentöne, die jedoch nur der versteht, der wirklich versucht, Hansi als den liebenswerten Menschen zu verstehen, der er ist, und ihn nicht auf Schlagwörter reduziert. Man muss nur ganz genau hinschauen und hinhören.

◀ *Über persönliche Dinge spricht Hansi sehr ungern. Er findet, Privates sollte privat bleiben.*

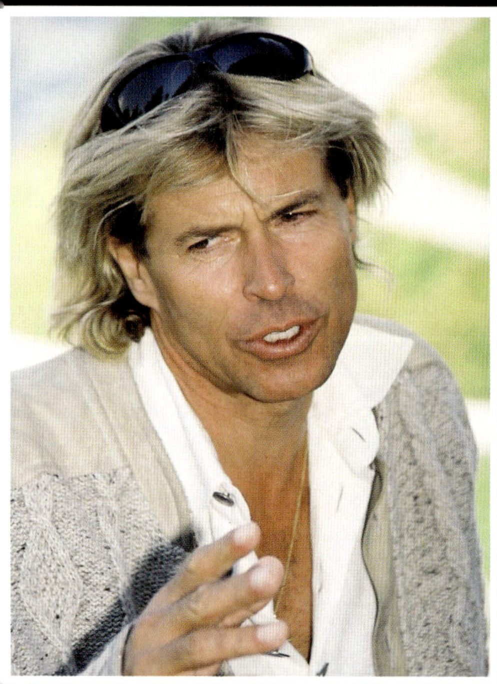

„Meinen Erfolg hab ich einzig meinem Publikum, meinen Fans zu verdanken. Ihnen muss gefallen, was ich tue, nicht den Journalisten."

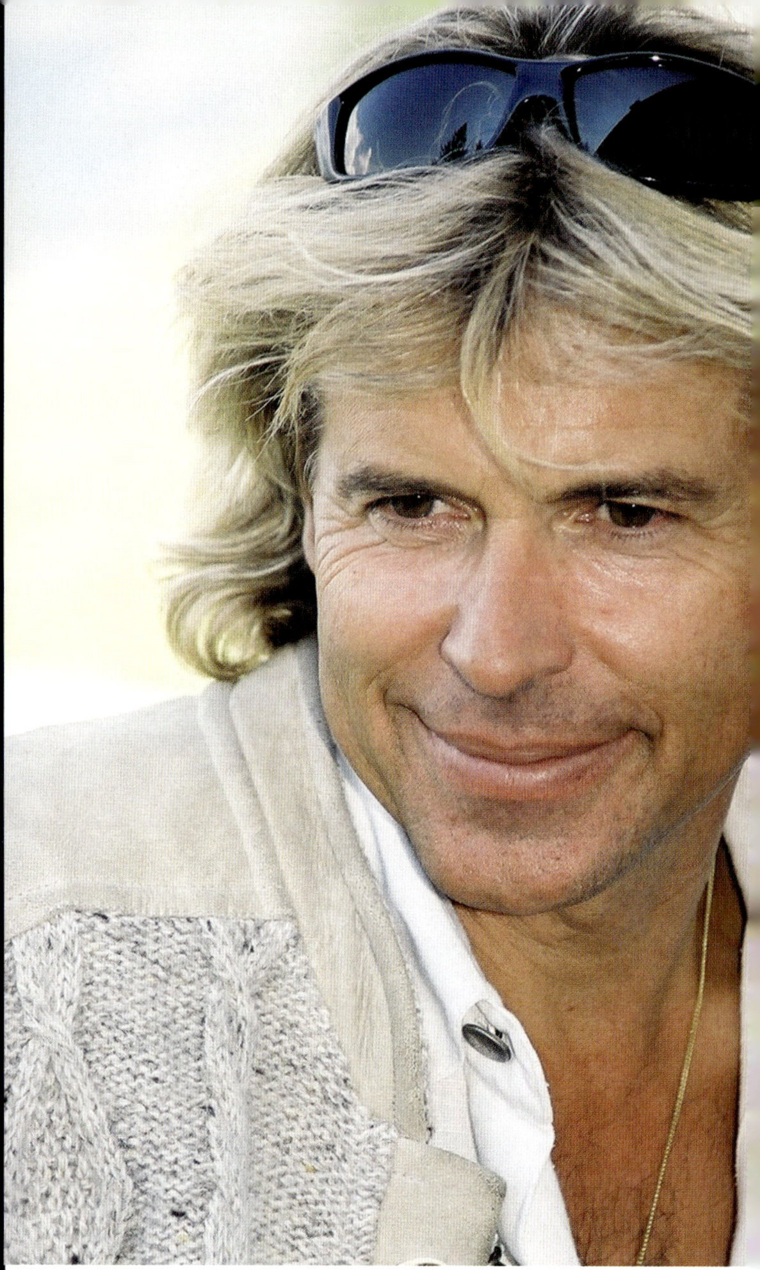

Nicht zuletzt deswegen bin ich sehr stolz darauf, dass wir unseren Lesern und allen Fans von Hansi mit dem nachfolgenden Interview wie auch den weiteren Kapiteln dieses Buchs den Menschen hinter dem Star vorstellen dürfen.

Du warst ja schon als Skifahrer so was wie ein Popstar. Hat dich das auf dein heutiges Leben als erfolgreicher Sänger vorbereitet?

Gute Frage! Der Skisport hat mir schon irrsinnig viel gebracht, auch in dem, was ich jetzt mache. Ich hatte das alles ja schon einmal erlebt: Journalisten, Medien, Fans, Hochs und Tiefs und wie man damit umgeht. Das war schon eine gute Schule, die ich da gehabt habe.

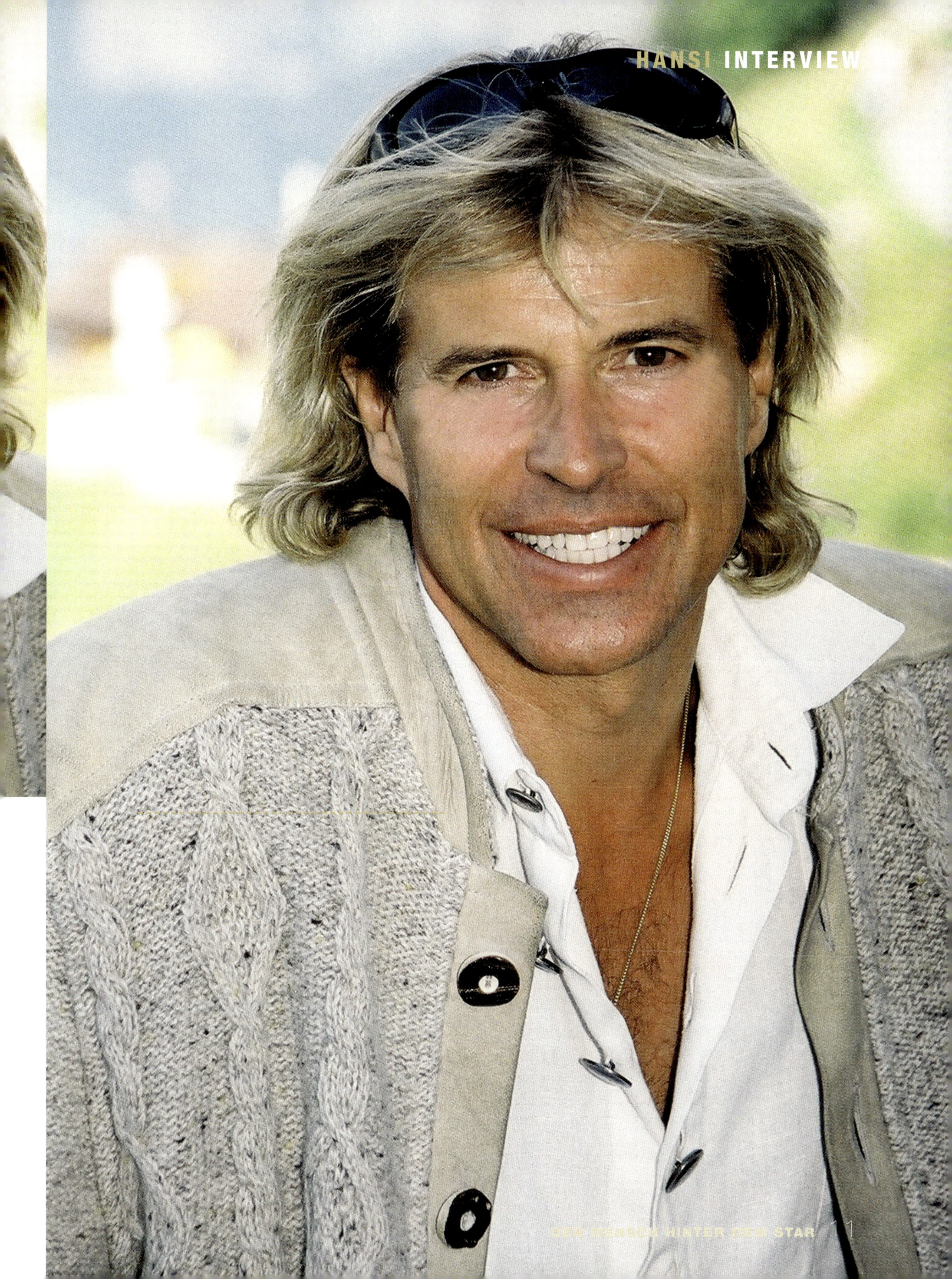

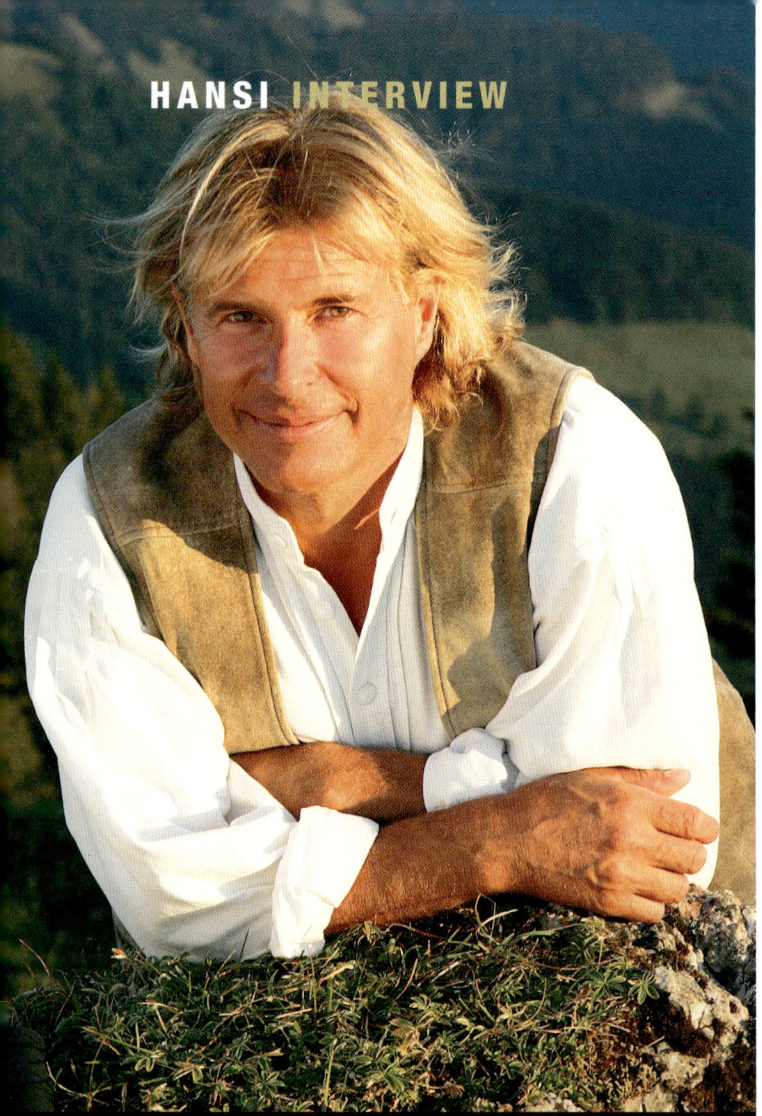

„Ich bin auf der Alm aufgewachsen und habe dort gelernt, auf welche Dinge es im Leben wirklich ankommt. Der sogenannte Luxus macht nicht immer glücklich."

Inwiefern unterscheiden sich Sport- und Musikbusiness?

Wenn du im Sport eine Topleistung bringst, bist du auch erfolgreich. Ob du sympathisch bist oder nicht – wenn du der Beste bist, dann kommst du auch an. Aber beim Singen ist das anders. Wenn dich die Leute nicht mögen, kannst du singen wie ein Zeiserl, aber du gewinnst keinen Blumentopf.

Deine Musikerkarriere hätte auch floppen können.

Zum Glück ist das nicht der Fall. Und dafür bin ich echt dankbar. Ich habe genau in die Zeit reingepasst. Ein Sportler, der singt! Schon in meiner Zeit als Skifahrer bin ich bei den Leuten gut angekommen. Skisport ist ja auch Entertainment.

Entertainment hat seine eigenen Regeln und ist auch der Mode unterworfen. Wenn du als Musiker nicht berühmt geworden und auch als Typ gut angekommen wärst, welche Frisur hättest du dann heute?

(Lacht) – Vielleicht hätte ich eine Glatze, wer weiß? Meine Haare waren für mich nie ein Thema, die sind so, wie sie sind. Mode ist mir gleichgültig. Ich mag einfach Sachen, in denen ich mich wohlfühle. Da gab's zum Beispiel in den 70ern diese Moonboots, die haben mir immer gefallen. Später waren die total out. Und dann habe ich die '96 dennoch in meiner TV-Show getragen, und heuer sind sie wieder Kult. Früher wurde ich dafür ausgelacht, und dann haben sogar die No Angels die Fell-Boots in ihrer Show getragen!

Trotz deines Erfolgs giltst du als zurückhaltender Typ, der die Öffentlichkeit meidet.

Ich mag halt keine Partys und bin lieber daheim. Es gibt den Sänger Hansi Hinterseer und den Familienmenschen. Die Fans akzeptieren das. Die Medien versuchen immer wieder, mich irgendwo zu erwischen. Ich kriege zum Beispiel Angebote von Talkshows. Ich mag keine Talkshows – und deswegen geh ich da nicht hin. Ich empfinde nur eine Verantwortung gegenüber meinen Fans, denen verdanke ich ja alles. Deswegen mache ich auch die Fanreise und die Fanwanderung.

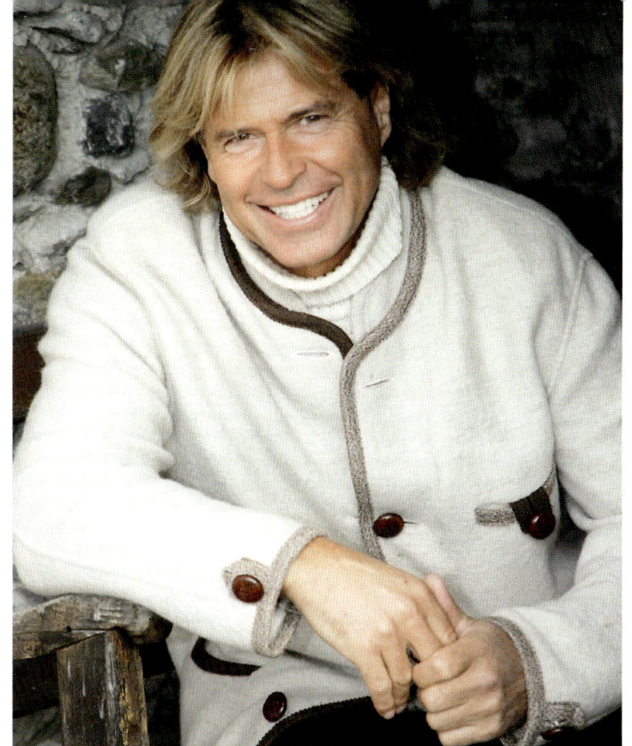

„Bei mir daheim in Kitzbühel leb ich deshalb so gern, weil die Leut mich dort normal behandeln. Alle sind auf dem Boden geblieben, jeder grüßt und respektiert die Privatsphäre des anderen. Das ist nicht überall selbstverständlich."

Worüber kannst du herzlich lachen?
Über lustige Filme, über Situationskomik …

Auch über dich?
Ja sicher.

Erinnerst du dich an eine besonders peinliche Situation?
Peinlich, was ist schon peinlich?!

Na ja, zum Beispiel, wenn man auf der Bühne steht und seinen Text vergessen hat. Oder über einen Monitor stolpert …
Weißt du, das ist nicht peinlich, das ist doch nur menschlich. Wenn ich meinen Text vergesse, was soll's? Das kommt vor. Meine Fans sind dann nicht böse, im Gegenteil. Daran merkt man doch nur, dass ich eben auch nur ein Mensch bin und keinesfalls der perfekte Star.

Kann man sich mit dir so richtig streiten?
Oh ja. Es gibt Situationen, in denen ich sauer werde.

Was ärgert dich gewaltig?
Sogenannte Schulterklopfer. Das sind Leute, die dir vorn ins Gesicht lachen, und kaum hast du den Tisch verlassen, fliegen messerscharfe Pfeile in deine Richtung. Ja, über Falschheit kann ich mich gewaltig ärgern.

Wie heil ist deine Welt?
Ich fühle mich sehr wohl in meiner Welt. Ich habe das große Glück, in den Bergen zu leben, in Kitzbühel. Ich genieße das mit meiner Familie. Natürlich haben wir auch unsere kleinen Wehwehchen – wenn Menschen eng miteinander zusammenleben, gibt es das halt mal. Aber das Radl dreht sich dennoch weiter.

Die heile Welt deiner Lieder und die Realität, passen die zusammen?
Soll ich über die Klimakatastrophe, Krankheit und Tod auch noch Lieder machen? Es ist doch viel schöner, wenn man den Leuten Entspannung schenkt und von der Liebe singt. Danach sehnt sich doch jeder. Das ist doch einfach das Grundthema, egal, ob im italienischen, französischen oder deutschen Schlager. Wovon will man denn sonst singen? Es geht um Liebe, Verlassenwerden, Traurigsein, Happy End. Andere singen halt politische Lieder, aber das ist nichts für mich. Bei mir geht es meistens um die Liebe, die Berge und um die Lust am Leben. Eben so wie in den alten Tiroler Volksliedern, die sind voller Lebensfreude!

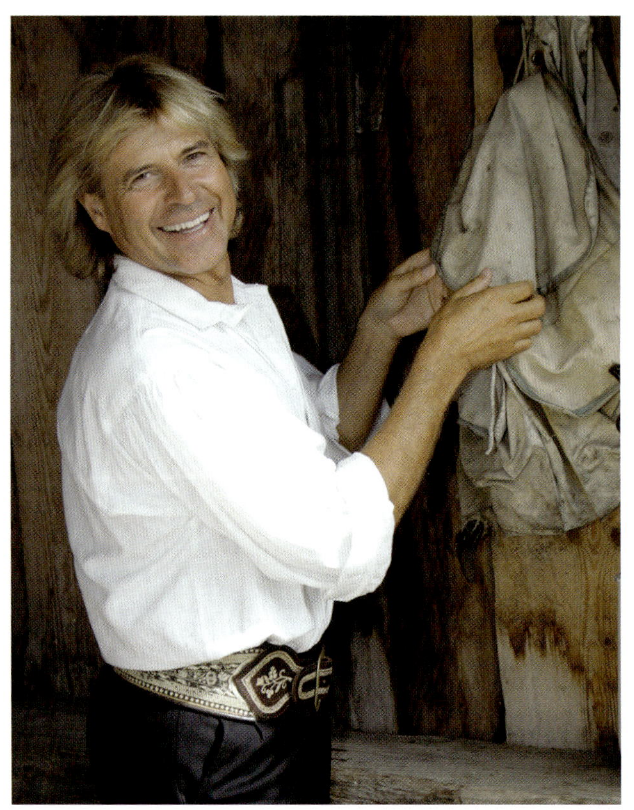

Du hast mal gesagt: „Der Beruf, den ich habe, den wollte ich eigentlich nie machen."

So aus dem Zusammenhang ist das völliger Unsinn. Ich bin sogar sehr dankbar, dass ich das alles machen darf, und habe auch Freude daran. Ich dachte früher nur nicht, dass ich mal Sänger werde, weil ich im Sport groß geworden bin. Das war nicht mein Plan. Noch beim ersten Lied ging ich davon aus: Das mache ich einmal, und dann war's das …

Wie erklärst du dir deinen Erfolg?

Ich scheine eine Art zu haben, die die Leute sehr gern haben. Sie spüren, dass ich das, was ich mache, auch wirklich so meine. Ich stehe hundertprozentig zu dieser Musik und zu meiner Bergwelt.

Manche Kritiker übergießen dich mit Häme, nennen dich zum Beispiel die singende Solarium-Litfaßsäule …

Das ist mir ziemlich egal. Ich bin offen für Kritik von Leuten, die selber erfolgreich auf der Bühne stehen. Und dann gibt es halt Kritiker, die sich hinter Zeilen verstecken.

Das klingt gelassen …

Das habe ich meiner Zeit als Skiläufer zu verdanken. Da habe ich irrsinnig viel Lebenserfahrung gesammelt. Der Sport kann die brutalste Schule überhaupt sein: Da muss man sich alles selbst erarbeiten, da geht der Erfolg von heute auf morgen in die Niederlage über.

Du hast Erfolg als Sportler, Sänger und Schauspieler. Bist du ein Glückskind?

Jeder Mensch bekommt in seinem Leben irgendwann eine Glücksphase. Dann kommt es darauf an, was man damit anfangen kann: Kann man etwas daraus machen, oder lässt man es einfach so laufen? Das, was ich mache, ist auch harte Arbeit. Das sehen die meisten ja nicht.

Würdest du sagen, dass die Musik an erster Stelle in deinem Leben steht?

An erster Stelle steht meine Familie. Aber gleich danach kommt die Musik (lacht). Und doch nicht nur für mich. Die Musik verbindet. Ob das Schlager ist oder Rock oder Hip-Hop oder was auch immer. Musik ist so etwas Schönes, sie begeistert Menschen! Stellt euch vor, wir hätten einen Tag lang keine Musik, noch nicht einmal die Kirchturmuhr würde läuten, kein Vogel singen, wenn also absolute Stille wäre – das wäre doch eine absolute Katastrophe, das wäre unerträglich, wie tot! Dass ich mit meiner Musik Menschen unterhalten kann, das ist doch ein Geschenk, und solange ich noch da bin, wird's auch nicht still werden (lacht) …

An welchen Konzertbesuch erinnerst du dich gern?

In Amerika war ich mal bei einem Konzert, aber das war eigentlich eine private Party von John Denver, auf der er auch gesungen hat. John war übrigens ein fanatischer Skifahrer. Der hat sich immer die Stars aus dem Weltcup und Hollywoodstars nach Lake Tahoe eingeladen, und dann sind wir da Parallelslalom gefahren …

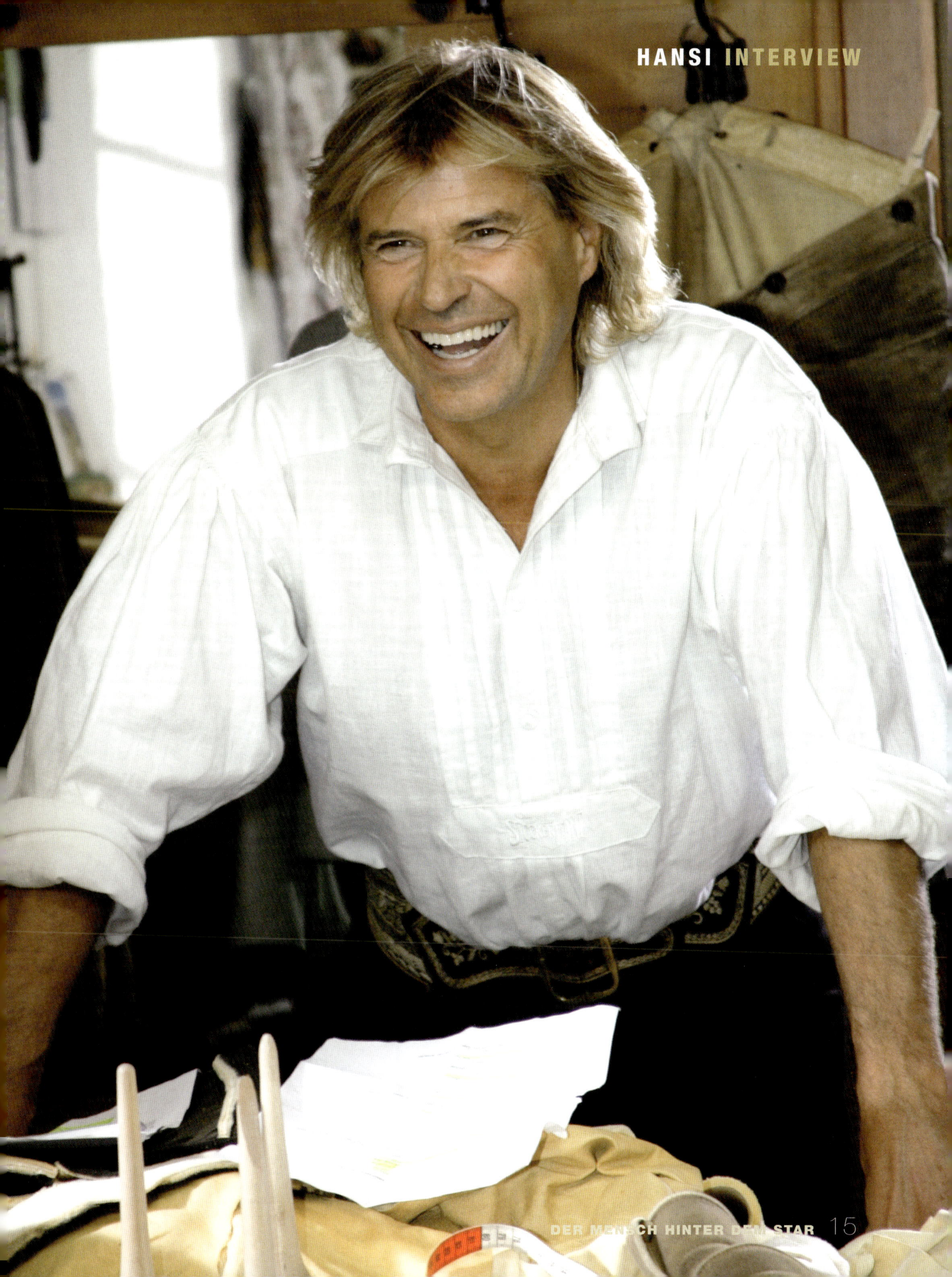

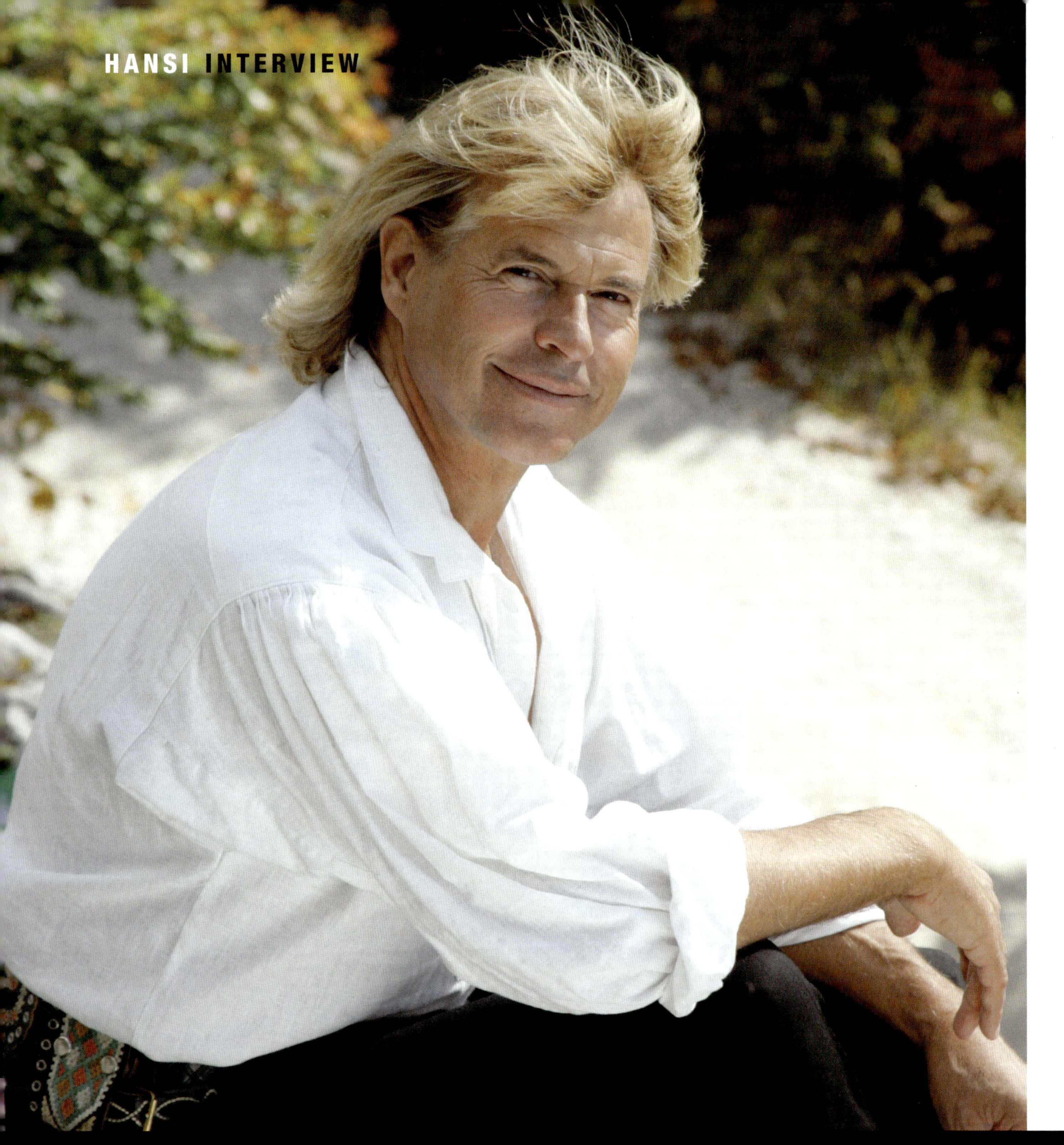

So hat's Hansi am liebsten:
in zünftiger Tracht mitten in der Natur, Bewegung und die frische Luft genießen.

Du lebst im Promiort Kitzbühel. Auf Partys bist du aber selten …
Ich mag dieses Stargehabe nicht. Man muss ja nicht auf jeder Hochzeit tanzen und im Blitzlichtgewitter auf dem roten Teppich stehen. Das ist nicht meine Welt.

Gibt's eigentlich in deinem Leben einen Traum, den du dir verwirklichen willst?
Nein. Ich bin zufrieden mit dem, was ich im Leben erreicht habe. Schau, jeden Tag, wenn ich aus dem Bett aufsteh, denk i mir: „Guat geht's dir, gsund bist." Und nach einem arbeitsamen schönen Tag denk ich oft bei mir: „Vater, vergelt's!"

Du kannst dir also nicht vorstellen, von heute auf morgen alles hinzuschmeißen und irgendwas ganz Neues zu machen?
Warum sollte ich etwas, das so erfolgreich läuft, aufgeben? Diese Frage stellt sich für mich nicht. Außerdem: Ich habe viel Spaß an dem, was ich tue. Und kann damit auch vielen Menschen eine kleine Freude machen. Was will ich mehr?

Danke für das Interview. Dir und deiner Familie die besten Wünsche für die Zukunft.
Danke an euch, die ihr euch die Zeit nehmt, über mich ein Buch zu schreiben, und an meine Fans, die so an meinem Leben und Schaffen interessiert sind. Pfiat euch Gott!

Euer

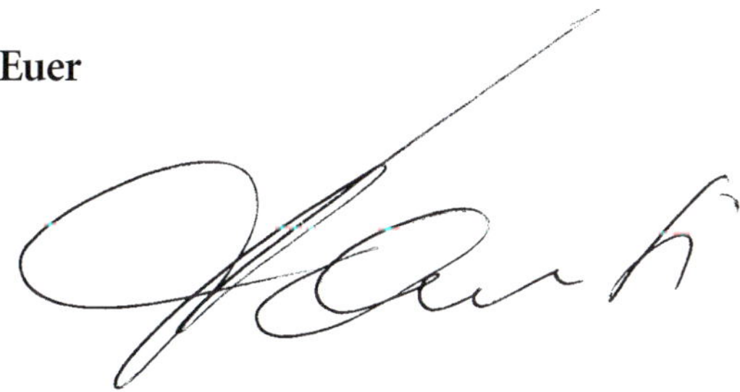

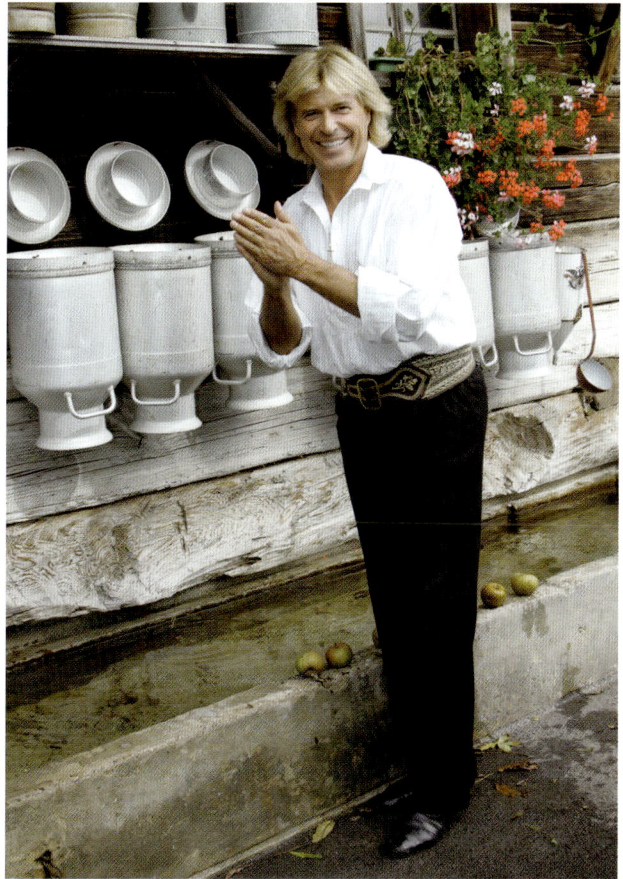

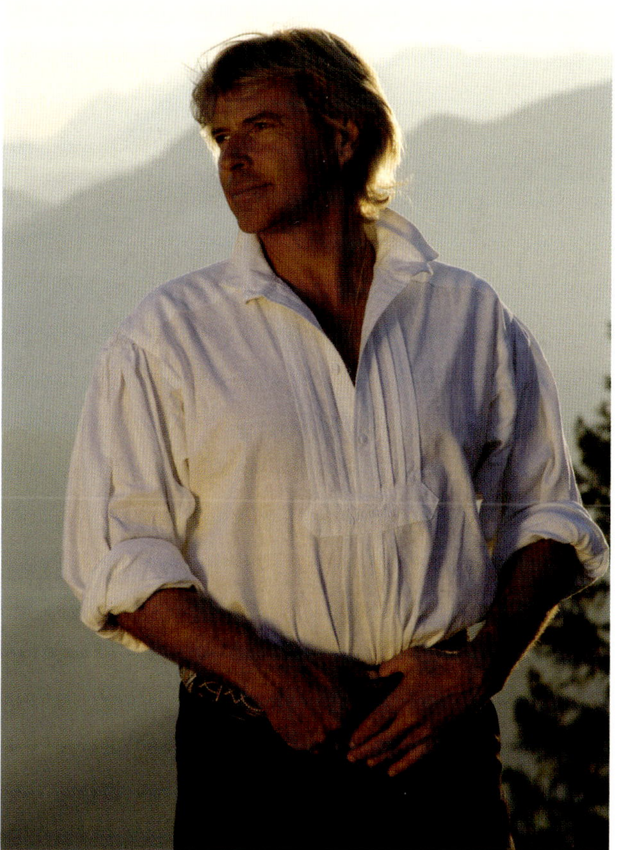

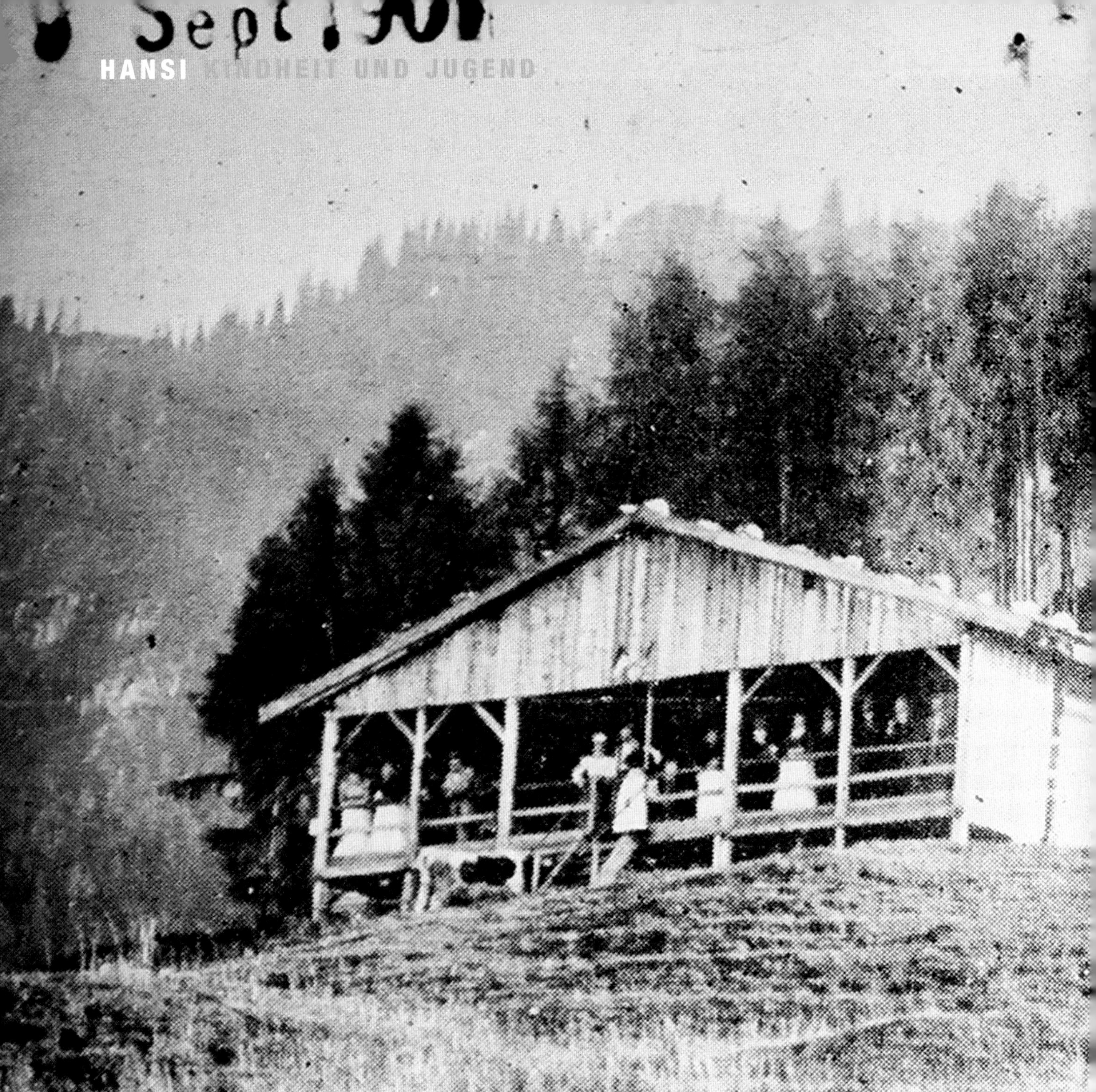

Seidlalpe

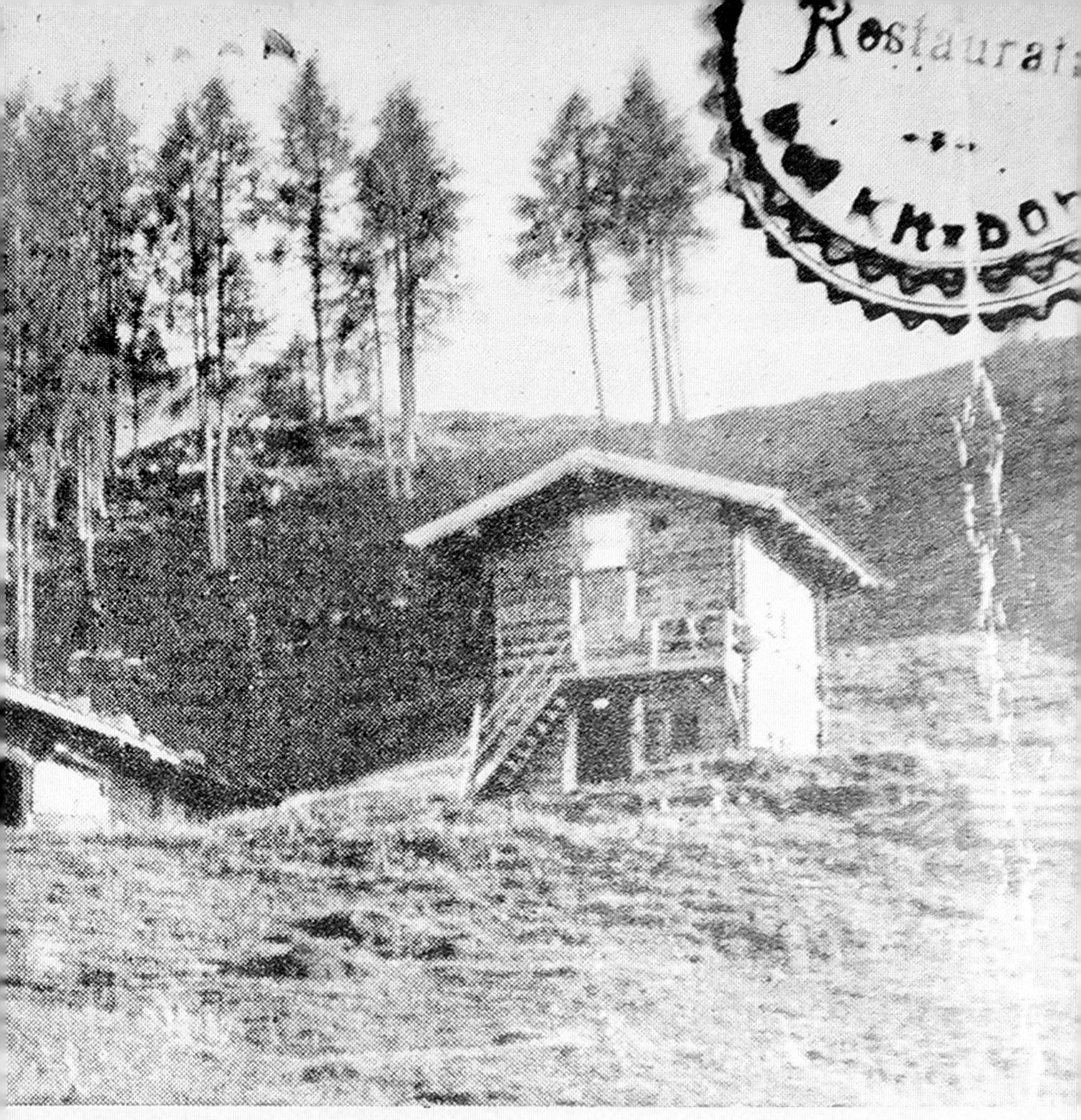

bei Kitzbühel

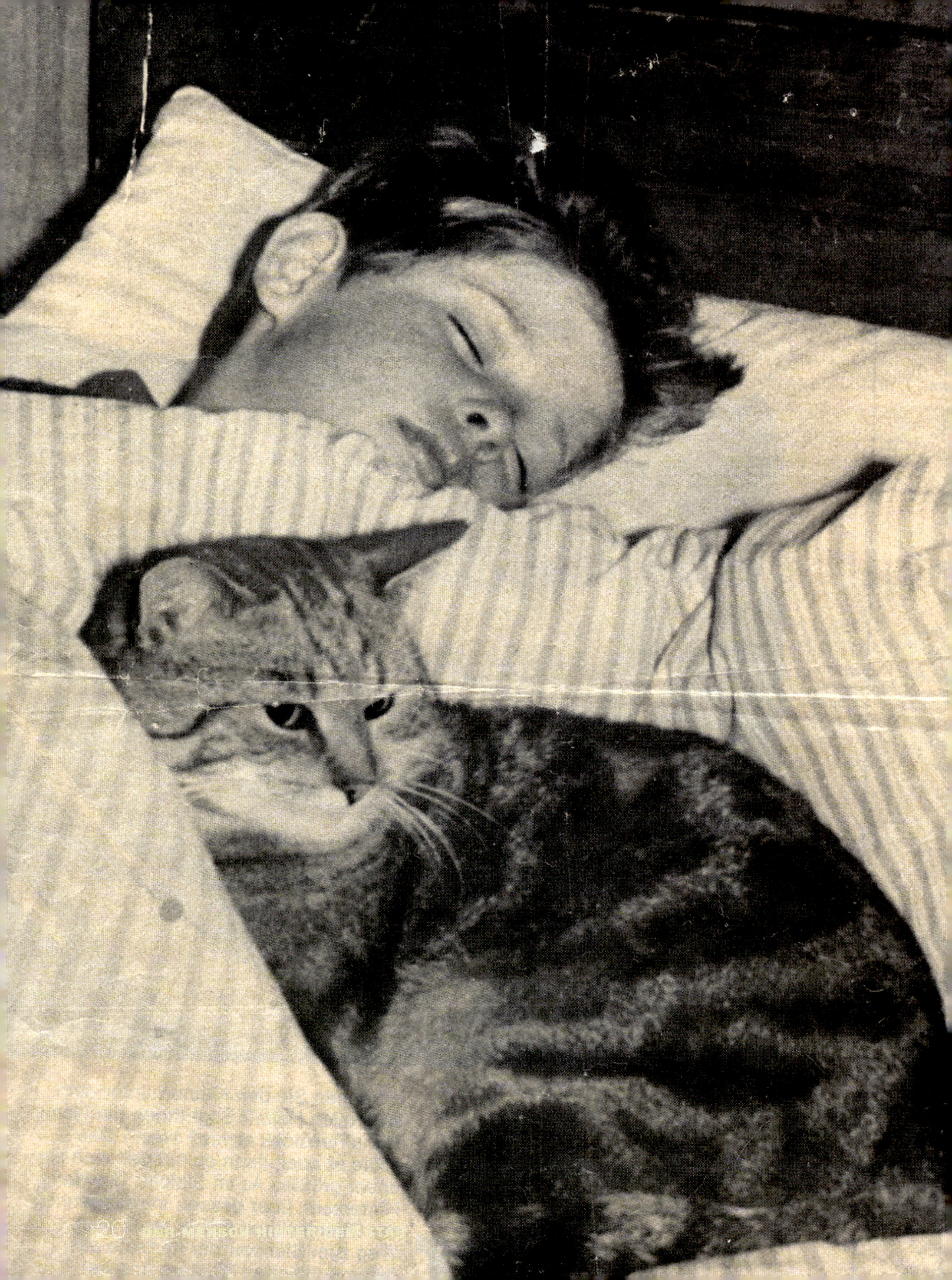

Heimat – mehr als nur ein Wort

Hansi hat das Talent zum Glücklichsein in die Wiege gelegt bekommen. Schon als Bub fiel es ihm leicht, durch seine Natürlichkeit, sein sonniges Gemüt und seinen Lausbubencharme die Leute für sich zu gewinnen. Zufriedenheit und Demut, Fleiß und Beständigkeit haben ihn die Jahre auf der Alm gelehrt. Hansi ist mit den Großeltern und der Tante in bescheidenen Verhältnissen auf der Seidlalm, einem Bergbauernhof mit angeschlossener Wirtschaft hoch über Kitzbühel, aufgewachsen – mit der alltäglichen Arbeit auf dem Hof, aber auch mit den lebensbejahenden, traditionellen Tiroler Volksliedern und den spannenden Geschichten, die der Großvater zu erzählen wusste. Das Leben war hart und entbehrungsreich, doch an liebevoller Zuwendung hat es dem kleinen Hansi nie gemangelt. „Wir hatten nicht viel. Aber das sehe ich sehr positiv. Ich weiß, dass ich auch mit wenig auskommen könnte und dennoch glücklich wäre. Die Berge, die Natur, die Familie, Gesundheit – das ist wichtig, das allein zählt."

Heimat und Familie sind für ihn seit Kindheitstagen mehr als nur Worte. Diese Liebe, Hingabe und Vertrauen, wie er sie in seiner Kindheit und Jugend durch den Großvater und die Großmutter reichlich erfahren durfte, lebt Hansi heute mit seiner Familie.

Ein friedliches Bild eines glücklichen Kindes. Viele würden sich heutzutage solche Kindheitserlebnisse wünschen.

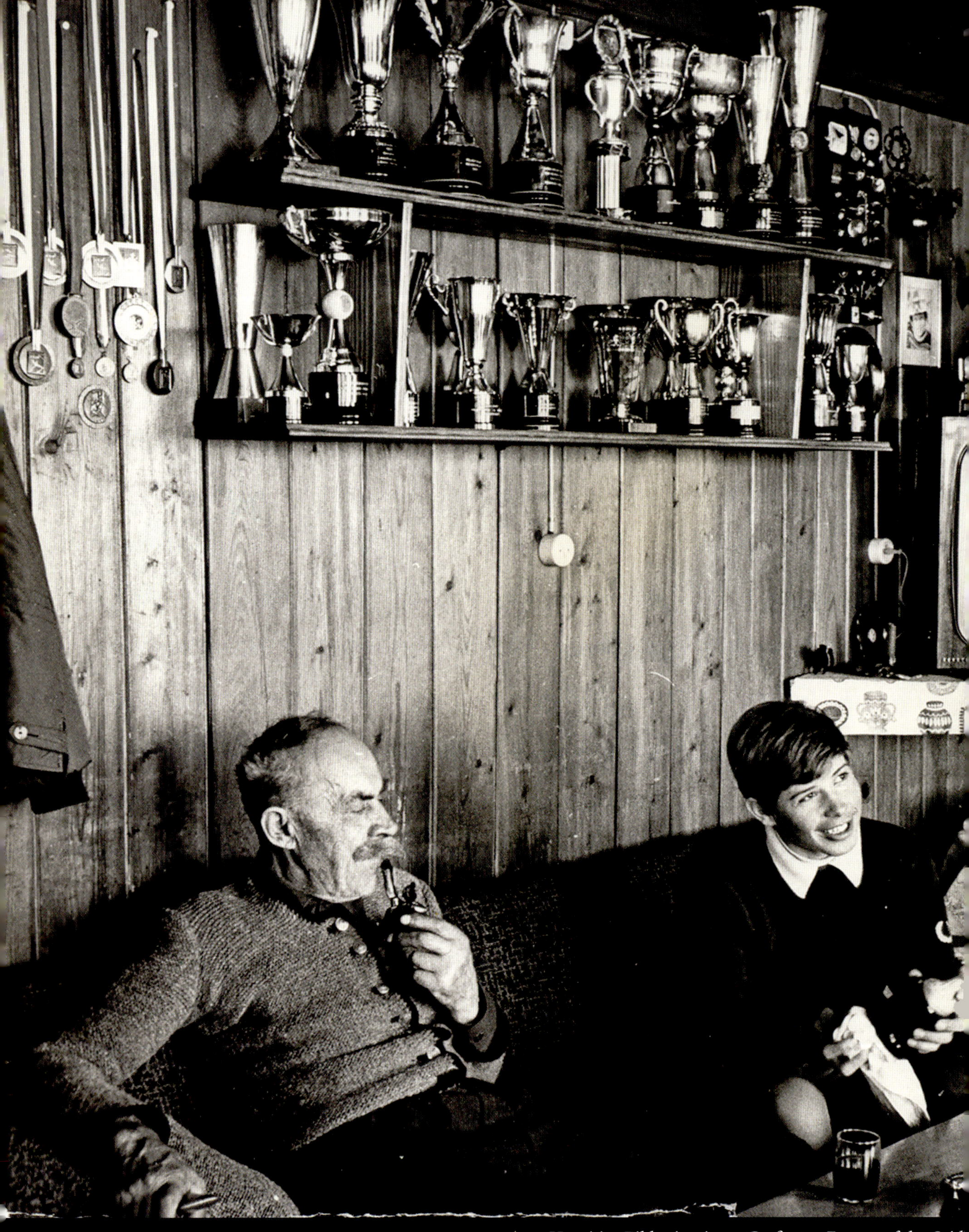

Hansi im Bild mit seinem Großvater Franz auf der Seid „Ein Mann, der nicht viele Worte brauchte. Wenn es aber darau kam, wusste er immer den richtige Rat“, erzählt Hansi.

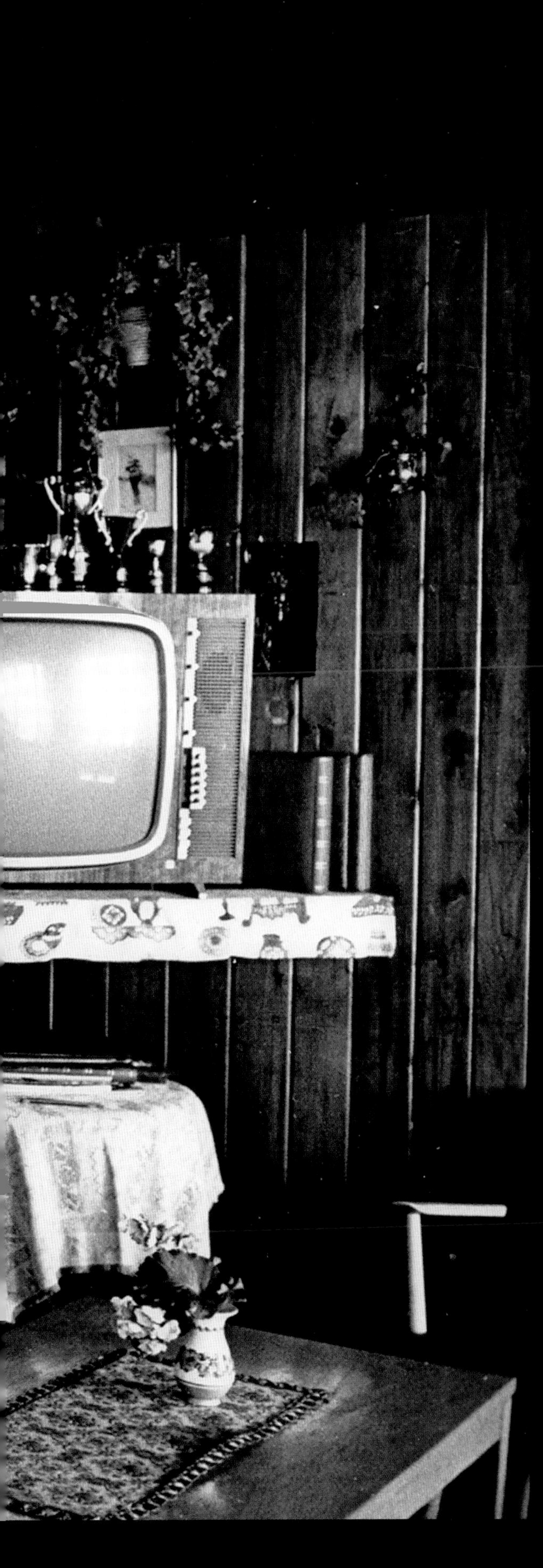

KINDHEIT AUF DER SEIDLALM

Kindsein auf einer Hochalm

„Ich bin meinen Großeltern und der Tante Moidi irrsinnig dankbar, dass sie mir so eine schöne Kindheit bereitet haben. Sie haben mich zu einem sonnigen Gemüt werden lassen, und trotz der Einfachheit meiner Umgebung hab ich viele wertvolle Erfahrungen machen dürfen. Sei's mit den Tieren auf dem Hof – wir hatten 40 Kühe, zehn Pferde, Hunde, Katzerln, Hasen und Ferkel – oder mit der grandiosen Natur der Kitzbüheler Berge, die je nach Jahres- und Tageszeit mit den anfallenden Arbeiten auf dem Hof und im Haushalt unseren Alltag bestimmt hat. An meinen geliebten Großvater Franz, der leider viel zu früh verstorben ist, habe ich nur die besten Erinnerungen. Er war ein ganz und gar besonderer Mensch – meine Lebenseinstellung habe ich mir von ihm abgeschaut. Er war ein ganz einfacher Mann, aber er hatte eine Herzensbildung, die ich manchem Akademiker wünschen würde. Er war es, der mich gelehrt hat, bewusst mit den Jahreszeiten zu leben, die Natur zu respektieren und den Wert des Lebens zu schätzen. Ich lebe immer noch sehr bewusst im Rhythmus des Jahres und versuche, die Geschenke der Natur mit dem Respekt anzunehmen, der ihnen gebührt."

Die Liebe zur Heimat, den Bergen und der Natur wurde dem kleinen Hansi damals ins Herz „gepflanzt". Auch wenn er wie alle Familienmitglieder seine Aufgaben zu erledigen und seinen Teil zur täglich anfallenden Arbeit beizutragen hatte, genoss er doch alle Freiheiten, die ein Bub sich nur wünschen kann. Wenn der kleine Hansi damals im Morgengrauen die Kühe von den umliegenden Almwiesen zum Melken zusammentreiben musste, gehörte schon eine gehörige Portion Mut und Selbstvertrauen dazu. Denn wenn's draußen noch dunkel und nebelig war, wiesen dem kleinen Hans mit seiner Laterne allein die Kuhglocken den Weg zu den verstreut im Schutz des Waldes stehenden Kühen.

Als Hansi von seinem Großvater erzählt, sieht man ihm an, wie sehr er ihn geliebt haben muss. „Ich war gerade einmal 21, als er gestorben ist, viel zu früh. Mein Großvater war ein Mensch, zu dem man nur

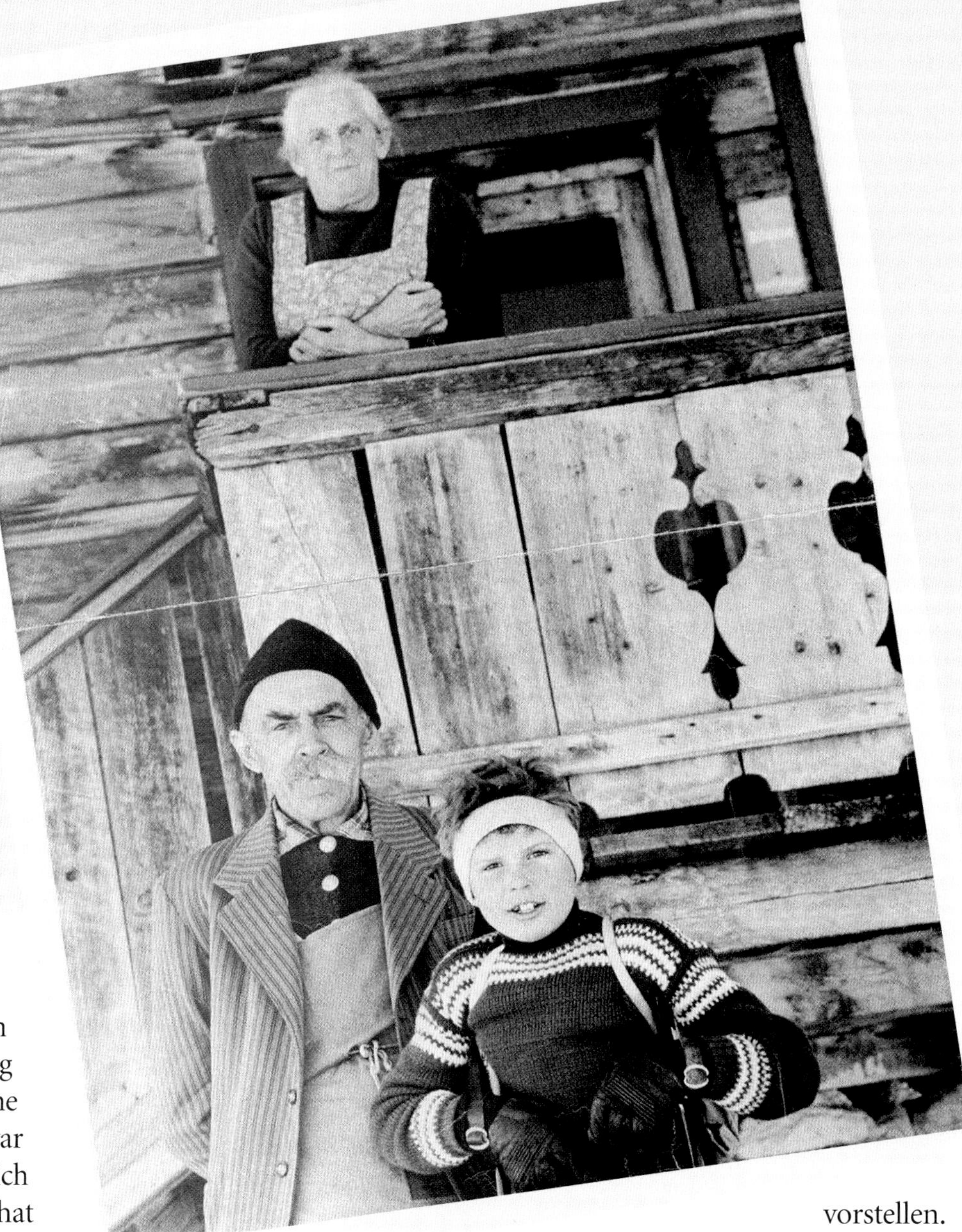

„Im Winter bin ich meistens mit den Skiern in die Schul nach Kitz gfahrn. Nur wenn's ganz arg war mit dem Wetter, dann hat mich die Tante Moidi nicht vors Haus lassen." ▶

aufschauen konnte. Er hat den Ersten und Zweiten Weltkrieg miterlebt, konnte unglaubliche Geschichten erzählen und war immer auf den Beinen. Als ich damals bei ihm aufwuchs, hat er den Weg hin zur Almhütte noch selbst gebaut, mit einem Zugkarren die Steine hinaufgebracht und den ganzen Weg befestigt. Er hat eigenhändig die Wasserleitungen gelegt und konnte einfach alles. Ich habe ihm dabei gern zugeschaut und durfte von ihm lernen. Wenn er das Gras gemäht hat, machte er das alles noch mit der Sense. Das war unglaublich anstrengend, das mag man sich heute gar nicht mehr vorstellen.

Am Tag ist mein Großvater zweimal mit der Milch zu Fuß runter ins Dorf gegangen, später einmal täglich. Das ist ein Weg von eineinhalb Stunden. Das hat er bis zu seinem achtzigsten Geburtstag so gehalten. Er war ein unglaublicher Mann. Und dann hat er eben gemerkt, dass es nimmer geht. Dennoch hat er sich nicht unterkriegen lassen, hat immer noch zu Hause gearbeitet oder im Stall draußen gewerkelt. Eines Tages ist er friedlich eingeschlafen.

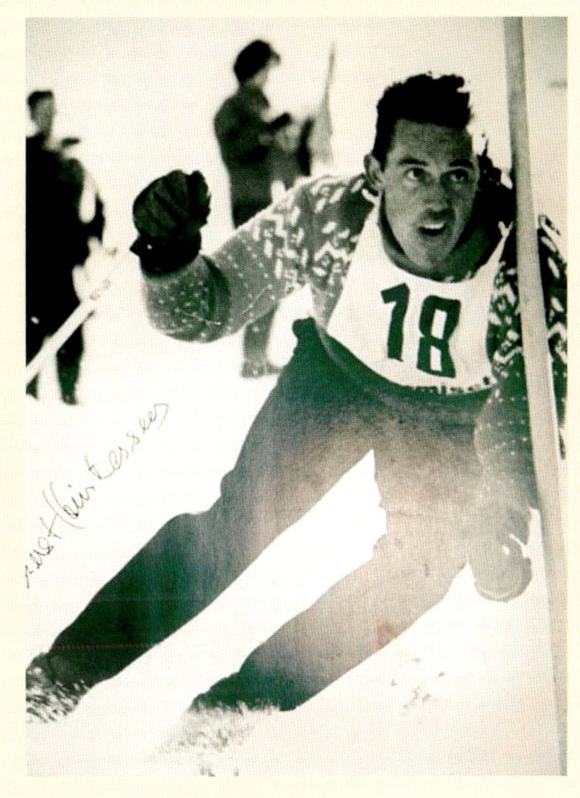

Ernst Hinterseer war selbst Slalomolympiasieger 1960.

Gern erinnere ich mich an die langen, dunklen Winterabende auf der Seidlalm, wenn der Großvater, der sonst nit viel gredet hat, mit an Häferl heißen Tee kumman is und gsagt hat: ‚Bua, kimm her da, jetz is wieder Zeit für a schöne Gschicht.' Und dann hat er mir die unglaublichsten Märchen und Sagen erzählt. Da bin i gsessn mi'm offenen Mund und hab zughorcht. Des war viel schöner und wertvoller als jedes Fernsehen oder Computerspiel. Manches Mal tun mir die Kinder von heut richtig leid. Die wenigsten kennen solche Erlebnisse und können daher ihre Fantasien gar nicht kennenlernen, geschweige denn ausleben."

Obwohl er auf der Seidlalm das einzige Kind war, kannte Hansi keine Langeweile. Die Kälbchen waren seine Spielkameraden, auf dem Brunnen ließ er Rindenschiffchen fahren und kickte den Fußball so lange gegen die Scheune, bis der Freistoß „mit rechts – mit dem linken Fuß ging er zu häufig runter ins Tal" zuverlässig saß. Ein weißer Strich an der Wand markiert bis heute das „Tor".

Außerdem gab's auf dem Hof und im Haushalt immer etwas zu tun. Auch Hansi hatte seine festen Aufgaben zu erfüllen. „Das Almleben hat mich geprägt, stark gemacht und zu dem, der ich bin. Das hält mich am Boden und bewahrt mich davor, abzuheben." Bis heute fühlt sich Hansi durch seine eigene Kindheit und Jugend auf der Alm den Bergbauern der Region freundschaftlich verbunden.

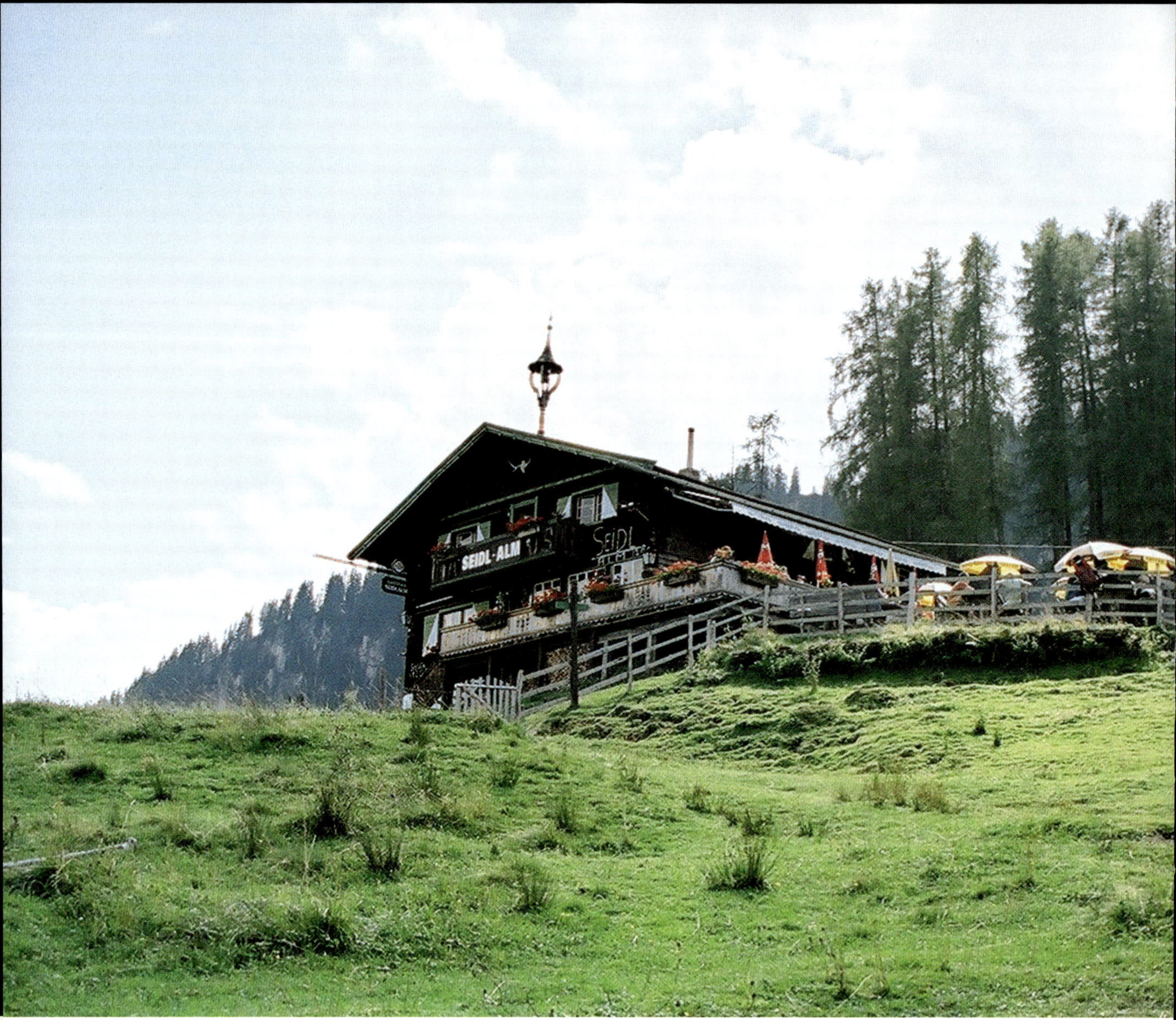

„Die Seidlalm war meine Heimat. Ich bin aufgewachsen in einer intakten Natur mit klaren Strukturen und Aufgaben. Ich hab damals wirklich viel gelernt.“

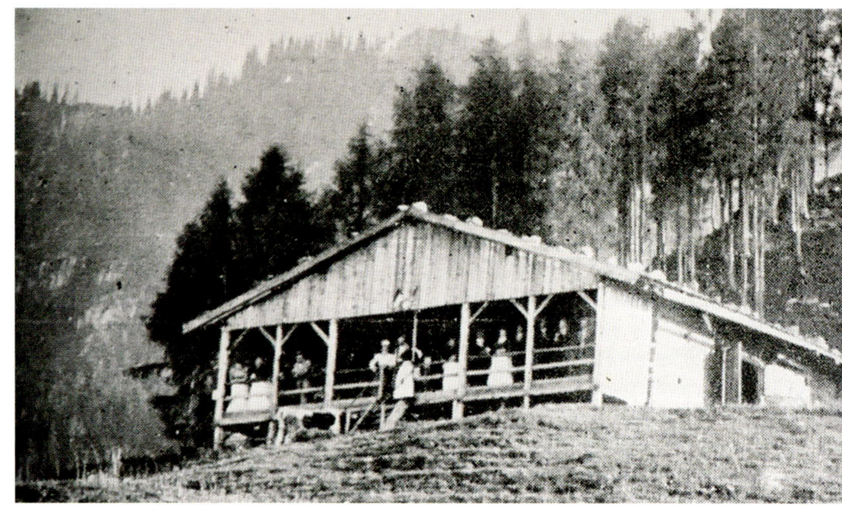

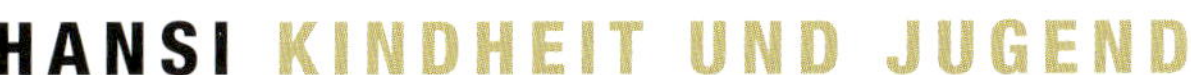

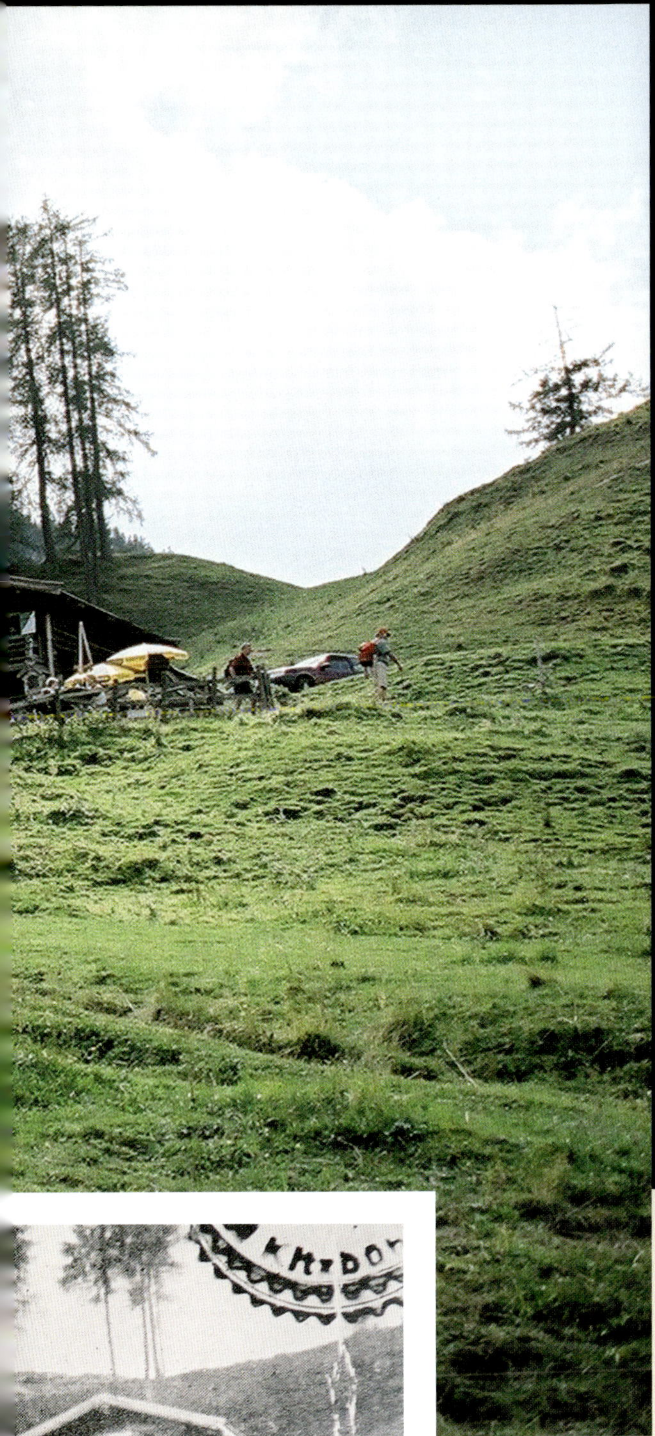

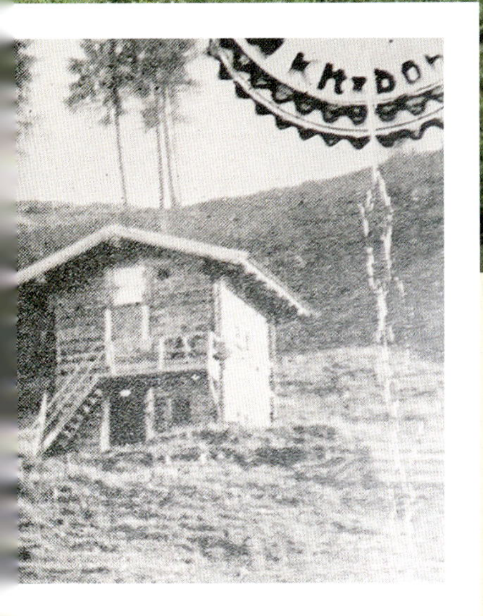

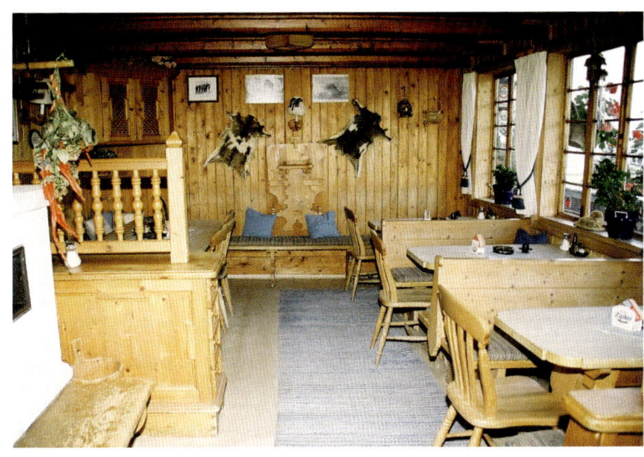

▲ *So sieht die Seidlalm heute innen aus: ein beliebter Treffpunkt für Hansi-Fans und Wanderer.*

DIE SEIDLALM

Franz Hinterseer, Hansis Großvater, pachtete die Gasthaushütte in den 50er-Jahren und zog mit seiner Familie auf die Seidlalm. Hansis Tante Moidi übernahm die Bewirtschaftung der Hütte, als die Großeltern dies im Alter nicht mehr leisten konnten. Hungrige Wanderer erinnern sich noch heute gern an die Spezialitäten, die dort auf den Tisch kamen: Sprichwörtlich in aller Munde waren das „Bauernbratl“ vom Lamm mit Gemüse und Erdäpfeln, der legendäre Kaiserschmarren mit gratinierten Äpfeln, die unvergleichlichen Pressknödel in Zwiebelsuppe wie auch Moidis hausgemachte Linzer Torte, an die sich viele Einkehrer mit Wehmut erinnern.

Umrahmt von den Tiroler Bergen liegt die Seidlalm auf 1206 Metern. Die Almhütten sind umgeben von saftigen Wiesen, auf denen damals wie heute bedächtig die Kühe grasen. Vereinzelt und hell schallt das Läuten ihrer Halsglocken in der Stille auf dem Berg. Noch heute erinnern die saftigen Weiden Hansi an die Kindheit: „Ich hab heut noch manchmal den Duft der Alm in der Nase.“ Die Gerüche der blühenden Wiesen, des wilden Thymians, der dort zwischen den Steinen wächst, das Läuten der Kirchenglocken am Sonntag, das vom Tal zu uns aufstieg, die unvergleichlichen Farben, die die Sonne auf die Alm zaubert. „Wenn ich da oben auf dem Berg bin, dann merke ich, wie die Uhren dort noch ganz anders gehen. Die Dinge, die den Menschen heute so viel Stress und Hek-

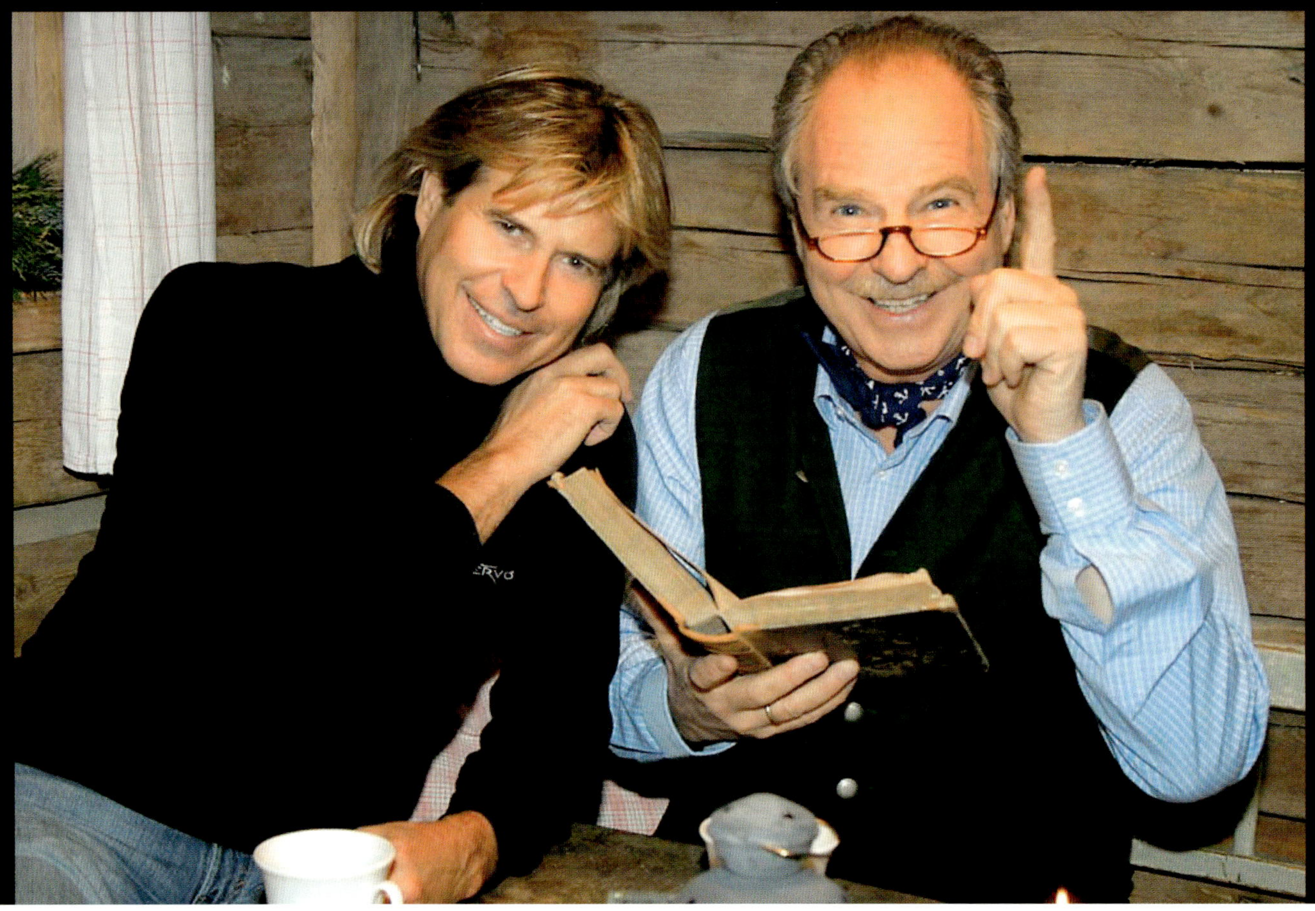

▲ *Hansi sind seine Wurzeln wichtig: Hier im Bild mit Friedrich von Thun, der in einer der* Servus, Hansi-*Shows alte Tiroler Sagen vorlas.*

tik bescheren, haben dort oben keine Wichtigkeit. Tief im Herzen habe ich immer die Sehnsucht nach dem Glück und der Geborgenheit, die ich dort oben kennengelernt habe." Auch für das Alter führt Hansi gern bildhaft die Berge als Vergleich an: „Schau, ich vergleiche das Älterwerden gern mit dem Bergsteigen. Je weiter man hinaufkommt, umso dünner wird die Luft. Aber umso größer, weiter ist auch der Überblick, den du gewinnst. Älterwerden heißt auch Erfahrungen sammeln, und die sind immer wertvoll."

Auf der Seidlalm schlief Hansi über dem Vieh (was in Tirol damals wegen der Wärme, die man vom Stall nutzte, sehr verbreitet war) und lernte von seiner Tante Moidi und seiner Oma, wie man gottergeben fleißig schafft. Hansi pflückte kleine bunte Blumensträußchen von den Almwiesen, die er im Bründl wässerte, um sie an die Touristen zu verkaufen. So verdiente er sein erstes eigenes Geld.

Seit 1985 bewirten Ricky und Pauli Hechenberger Skifahrer und Touristen auf der Seidlalm. Mittlerweile ist sie so etwas wie ein Fixpunkt auf den Wander- und Fotografierpfaden der Hansi-Hinterseer-Fans geworden.

Eine kleine Anekdote, die uns eine Wiener Touristin von damals erzählte:

„Ich erinnere mich noch ganz genau. Der Hansi war damals sechs oder sieben Jahre alt – ein süßer Bub mit großen braunen Augen. Er musste auf der Jausenstation ‚Seidlalm' mithelfen, und die Wirtin, seine Tante Moidi, hatte ihn ins Tal geschickt, um Würstel für

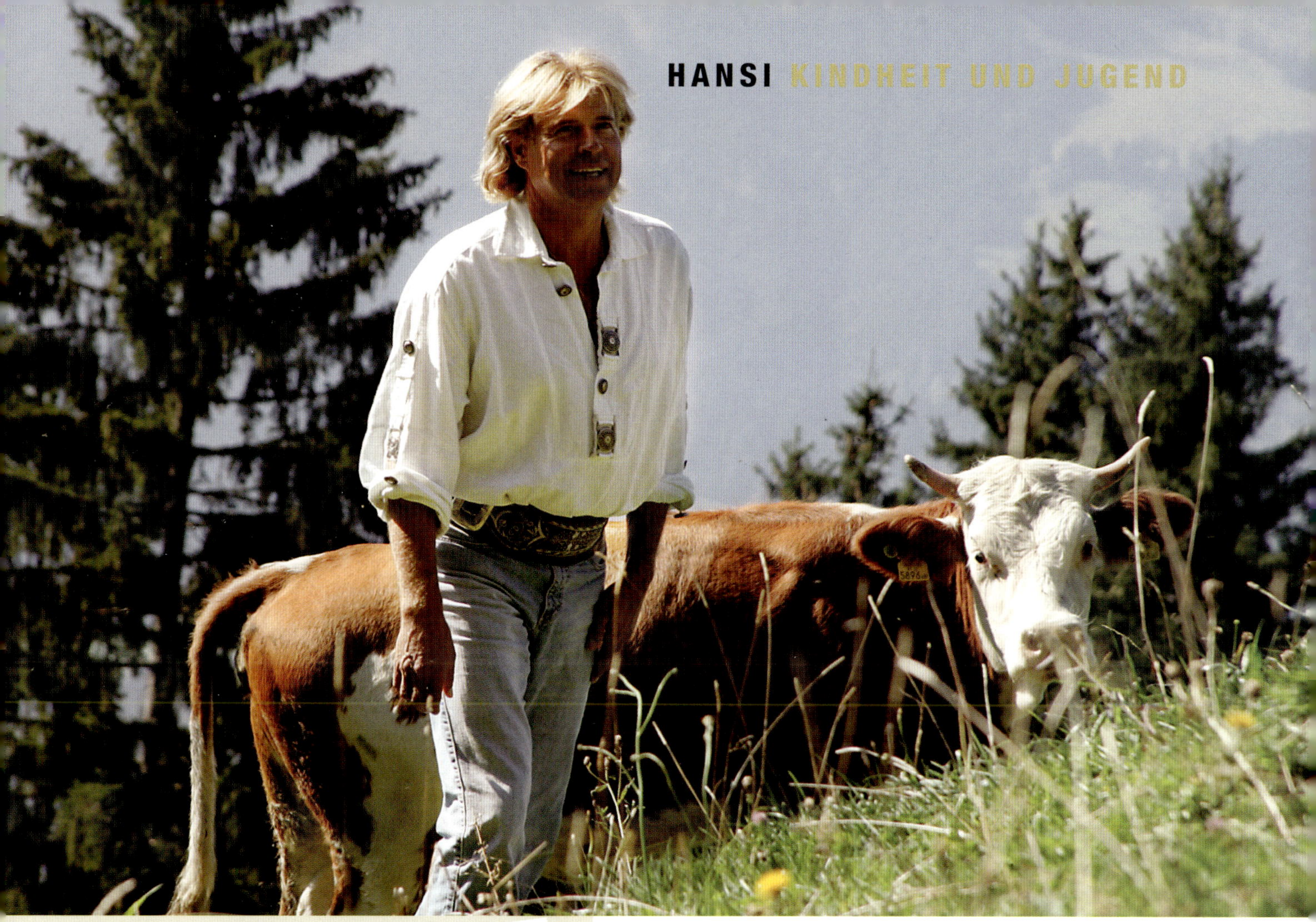

▲ *Bauernarbeit schreckt den Superstar nicht, ist er doch mit 40 Kühen aufgewachsen und weiß, wie fleißig man da anpacken muss.*

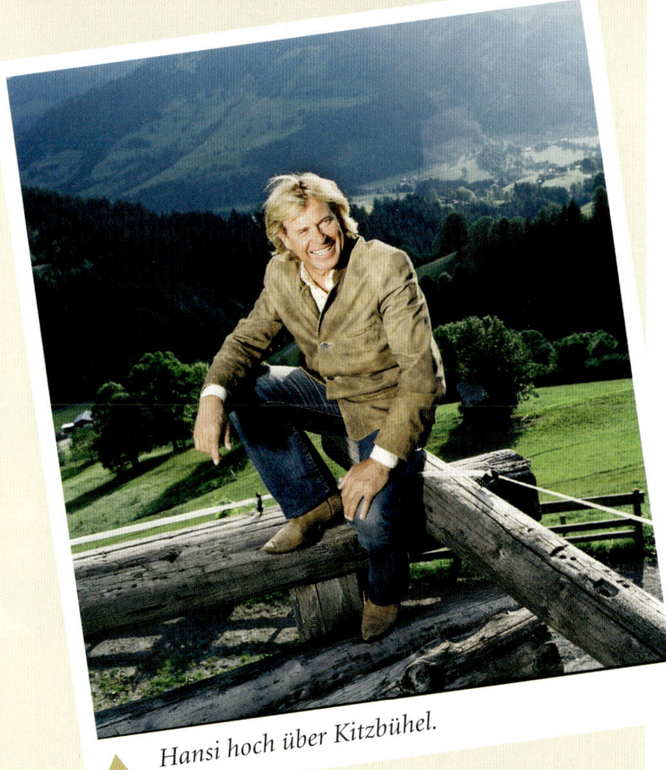

▲ *Hansi hoch über Kitzbühel.*

die Küche zu holen. Sie waren gerade ausgegangen. Hansi war ein pflichtbewusster Bursche und beeilte sich ins Tal. Beim Rauflaufen zurück haben wir ihn getroffen – er war total verzweifelt. Der Riemen von seinem Rucksack war gerissen, und die rund 30 Paar Würstel lagen traurig verteilt auf der Schotterstraße. Was würden die Wirtsleut sagen? Nun, kurz und gut: Der kleine Tiroler rührte uns alle dermaßen, dass wir gemeinsam mithalfen und jedes einzelne Würstel mit unseren Taschentüchern sauber machten und den kleinen Lausbuben auf die Alm begleiteten. Unsere Gruppe hat damals geschlossen die ‚Wiener Würstel' auf der Seidlalm bestellt, um nur ja keinen Verdacht über das Missgeschick des Buben aufkommen zu lassen. Damals war das noch der totale Luxus, ein Paar Würstel, aber wir haben es für den kleinen Hansi gern getan."

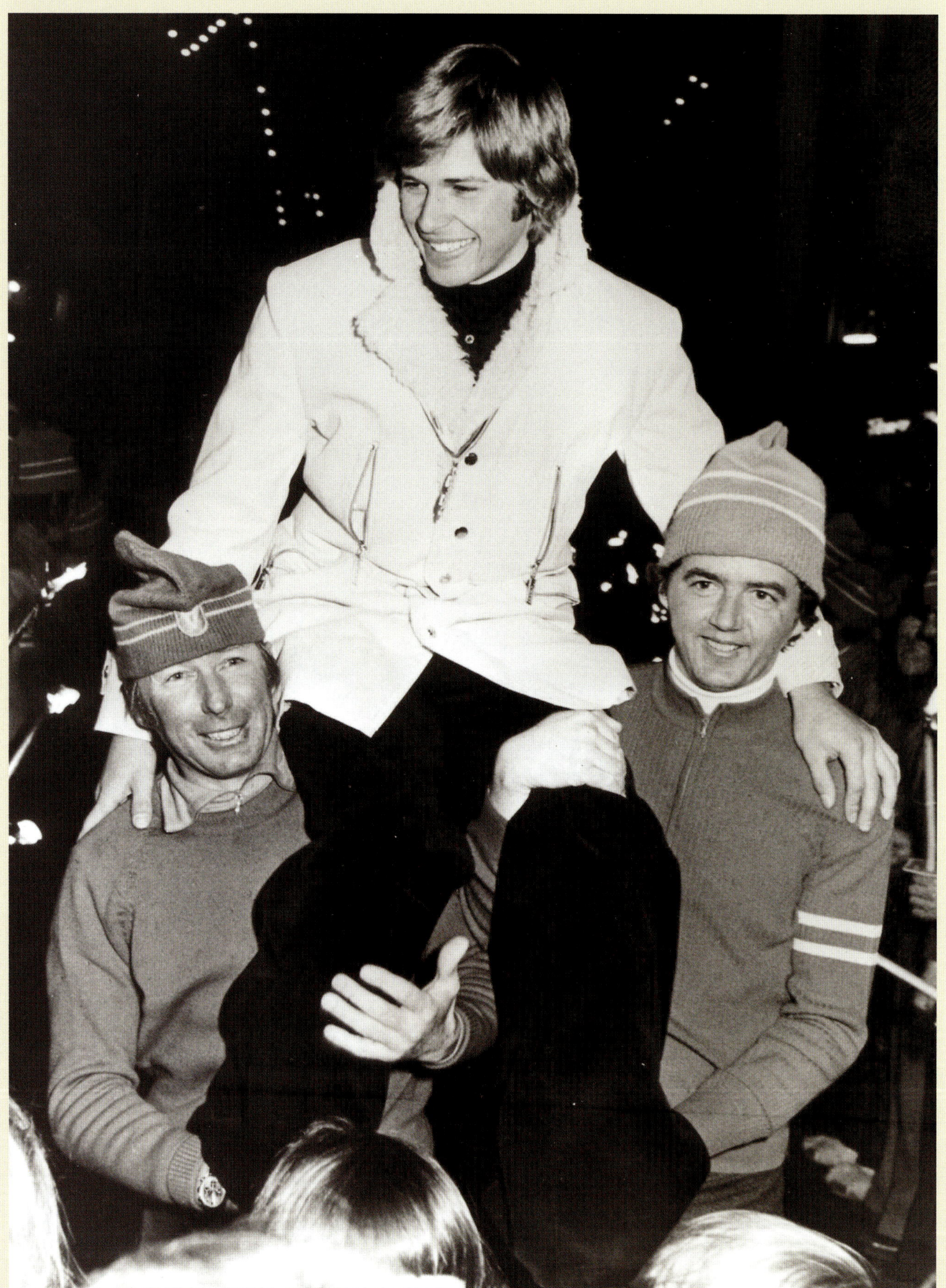

Die Karriere als Spitzenskiläufer

Kitzbühel ist die Heimat vieler prominenter Skistars. Mit Namen von Anderl Molterer, Christian Pravda, Hias Leitner oder Fritz Huber bis hin zu Toni Sailer, dem weltberühmten „schwarzen Blitz aus Kitz", assoziierte man Erfolg und Skifahren auf der ganzen Welt. Die Kitzbüheler Skitradition war genauso berühmt wie die des Arlbergs. Der Jetset gibt sich Jahr für Jahr ein Stelldichein im mondänen Skiort an der Streif.

Mit 14 Jahren war Hansi der jüngste Skirennläufer aller Zeiten im ÖSV-Kader. Schon damals ein Ästhet auf Skiern.

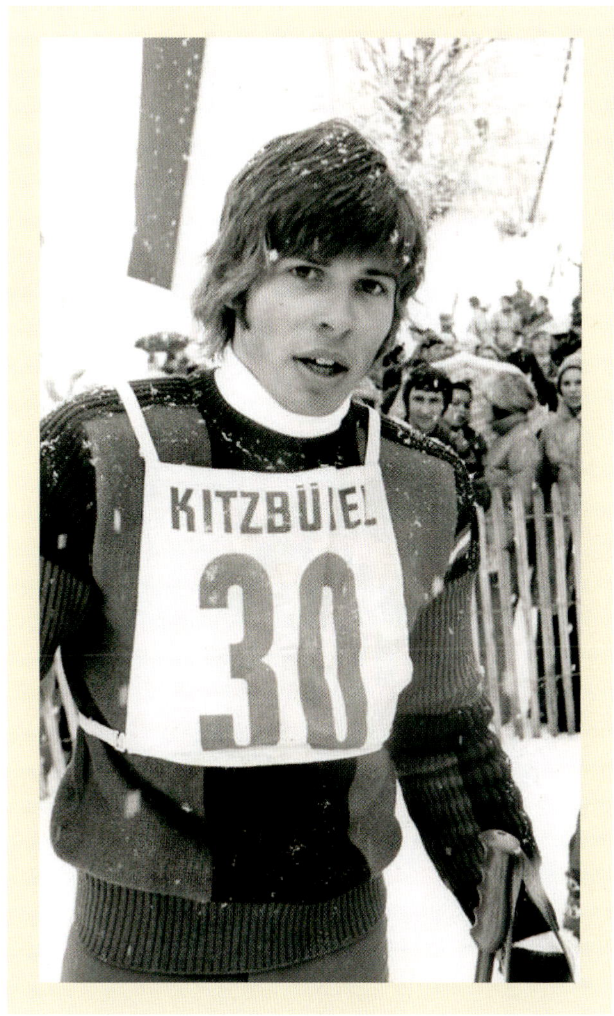

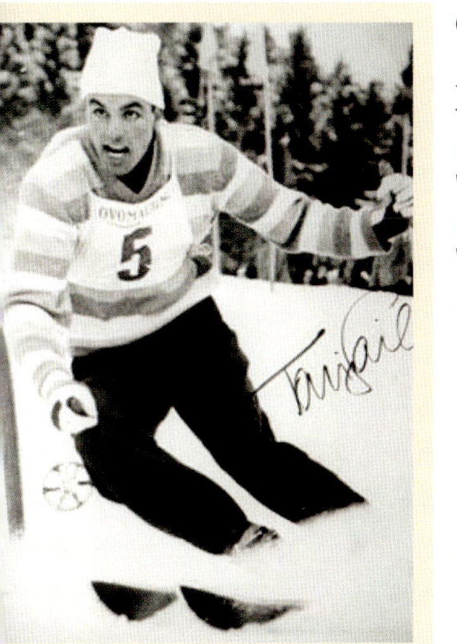

Toni Sailer.

Triumphaler Einzug auf den Schultern der berühmten „Roten Teufel" (der Skischule Kitzbühel) nach seinem Sieg.

Glitzernder Pulverschnee ist auch heute noch Hansis Element.

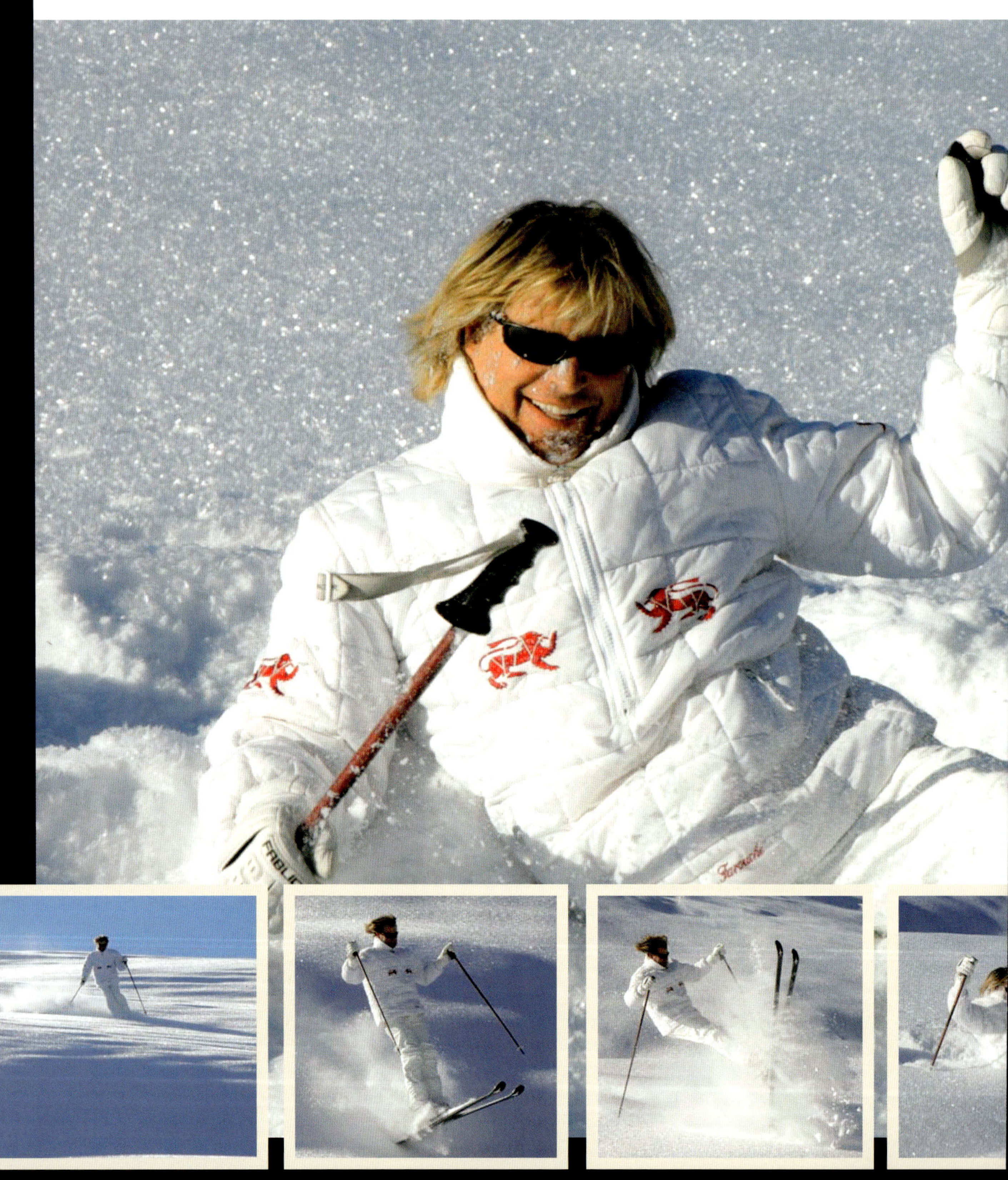

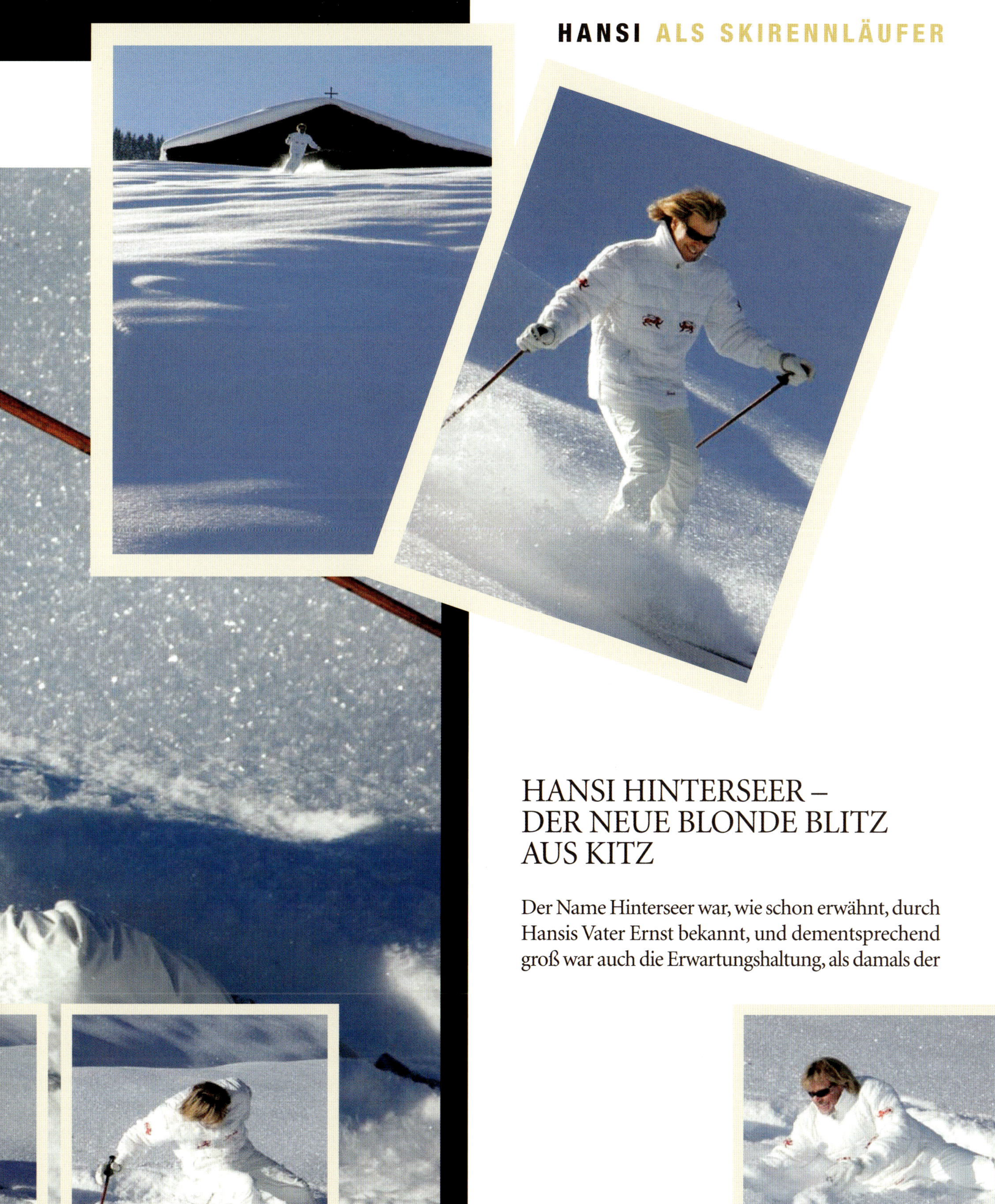

HANSI HINTERSEER – DER NEUE BLONDE BLITZ AUS KITZ

Der Name Hinterseer war, wie schon erwähnt, durch Hansis Vater Ernst bekannt, und dementsprechend groß war auch die Erwartungshaltung, als damals der

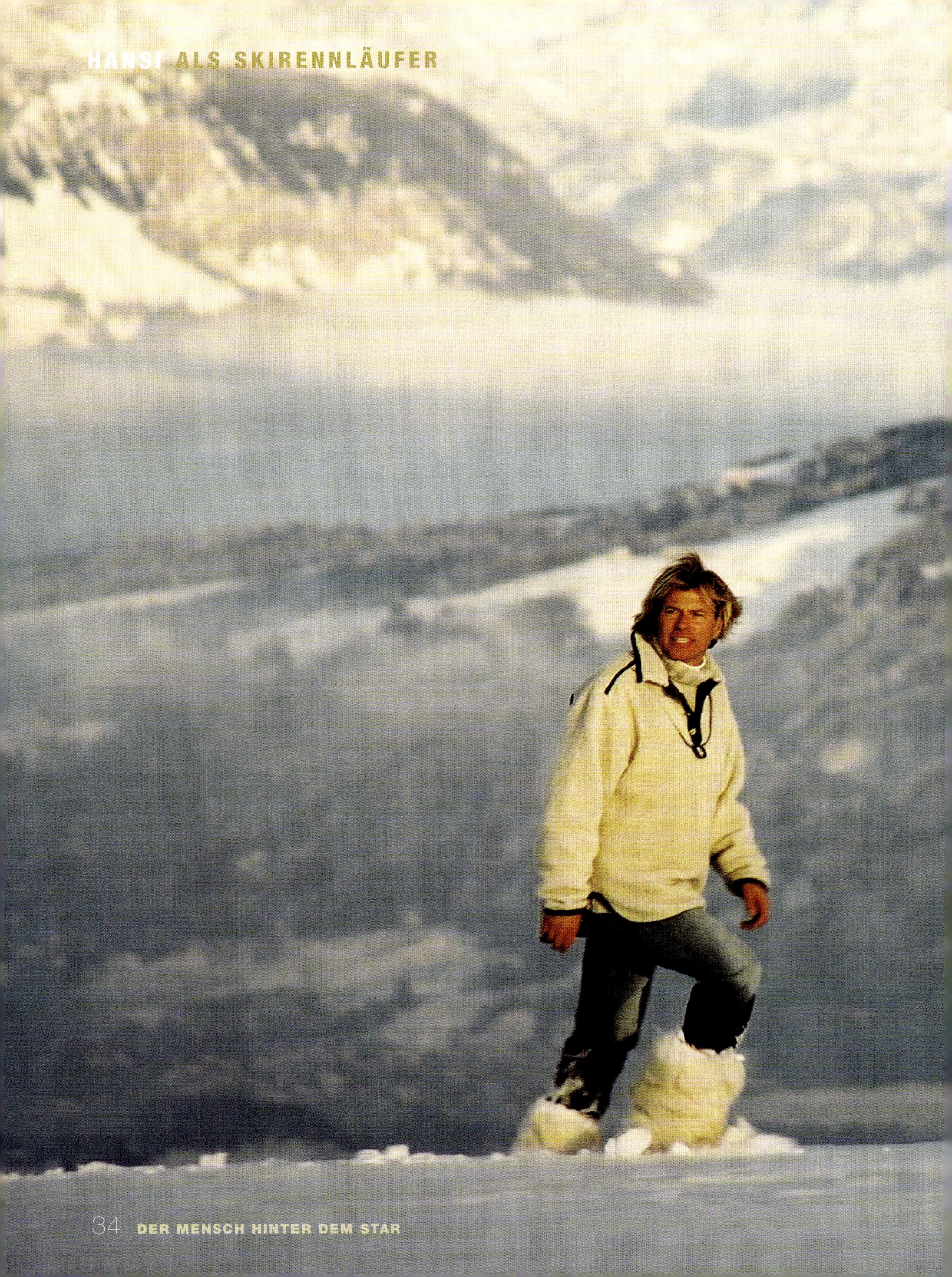

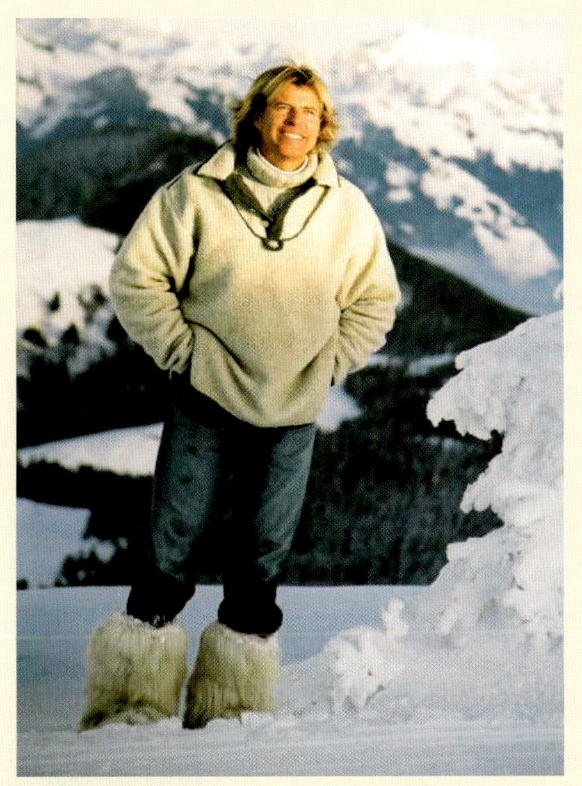

„Meine Berge sind mir heilig. Dort erkennt man, wie klein wir Menschen eigentlich sind gegenüber der Macht der Natur."

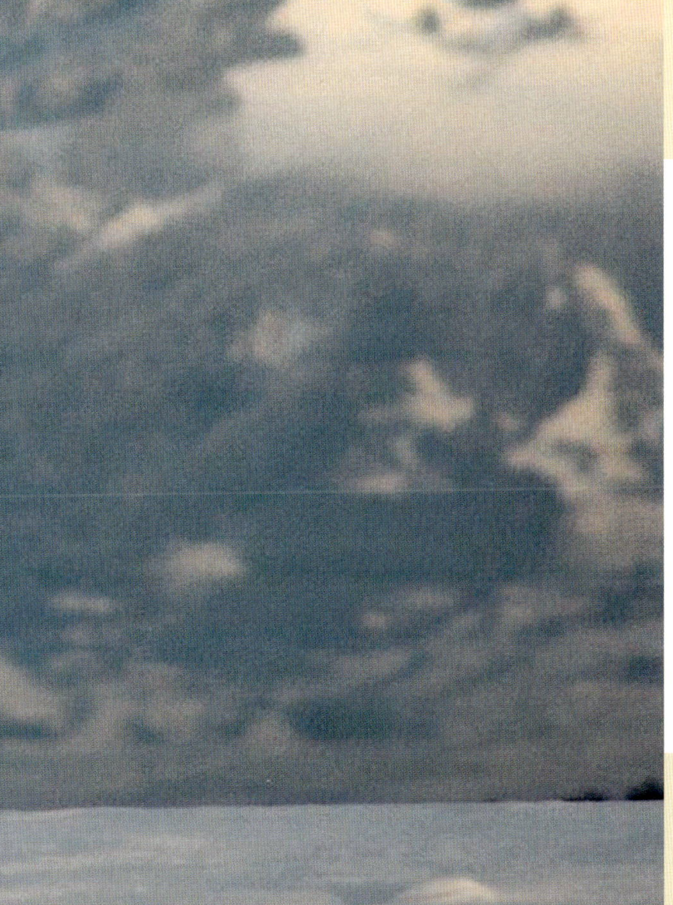

blutjunge blonde Tiroler im internationalen Skizirkus auftauchte. Hansis Vater Ernst war selbst Slalomolympiasieger und zwar 1960 in Squaw Valley (USA).

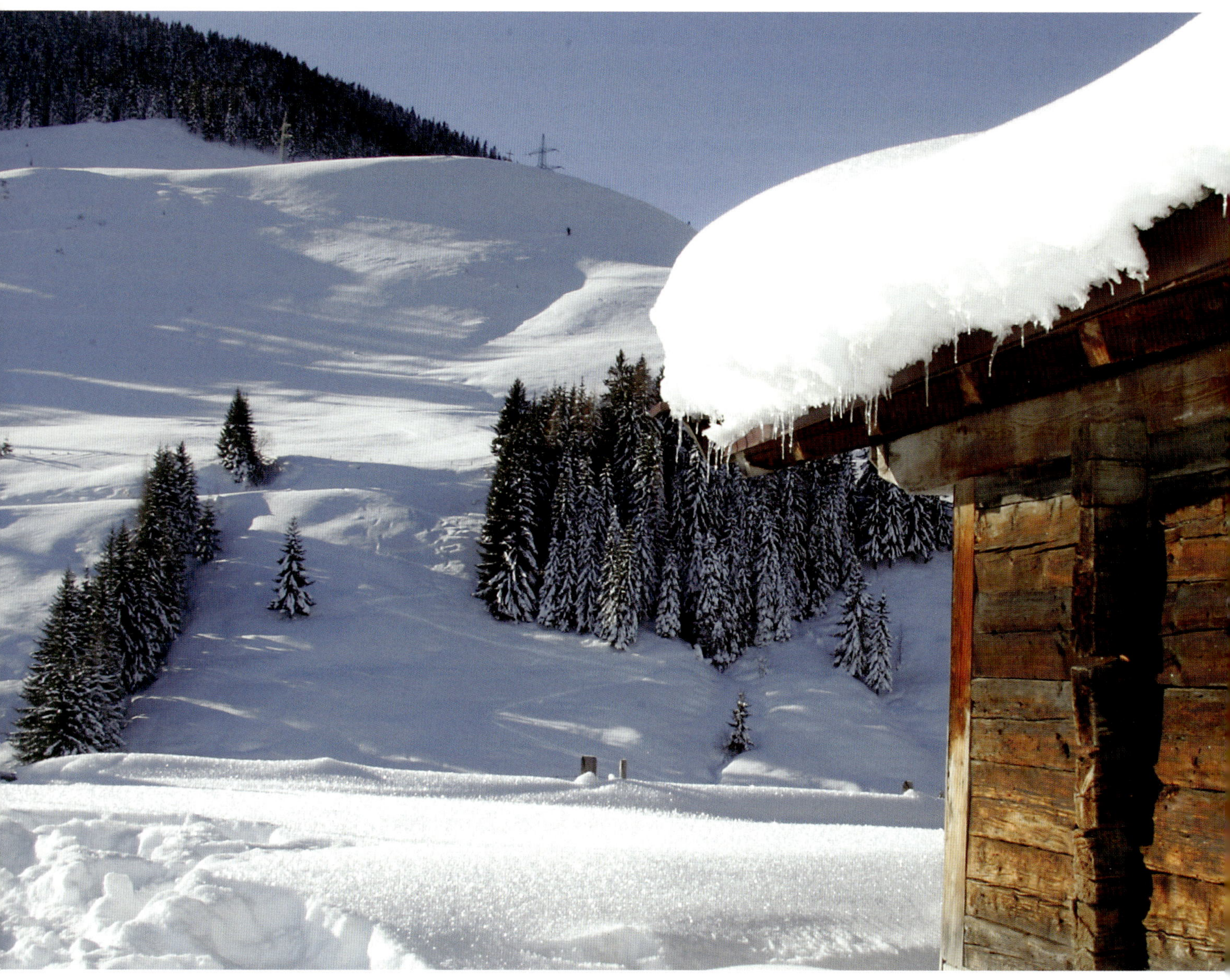

DER JÜNGSTE RENNLÄUFER ALLER ZEITEN

Hans kam 14-jährig (!) als jüngster Rennläufer aller Zeiten in den ÖSV.

Sensationeller Weltcupeinstieg im Winter 1971/72 als Neunter in Berchtesgaden und als Neunter beim legendären Lauberhorn-Slalom, wurde damals für Olympia 1972 in Sapporo aber noch „für zu jung" gehalten. Seine große Karriere ist natürlich nicht aufzuhalten gewesen: Wie alles, was Hansi anpackt – auch bei seiner Skikarriere –, stellten sich tolle Erfolge scheinbar mühelos ein.

Der fesche Kitzbüheler eroberte die Herzen der Fans im Sturm und wurde im Handumdrehen Publikumsliebling. Er war ein großartiger Stilist und Ästhet auf Skiern. Sein natürliches Bewegungstalent und seine katzenartigen Schwünge ließen ihn auch die schwierigsten Torläufe bravourös meistern.

„Hansi ist der technisch beste Riesenslalomfahrer der Welt", meinte etwa der große Franzose Jean-Claude Killy.

Seine Optik mit den blonden Haaren und den schmalen Hüften in den Jethosen der damaligen Skimode machten ihn auch für die Fernsehanstalten zu einem Objekt der Kamerabegierde. Von den

Hansi blieb dem Skizirkus auch als Profi treu. Damals ging er in die USA. ▶

weiblichen Skifans am Pistenrand und vor den TV-Bildschirmen einmal ganz zu schweigen.

Hansi hat sich in seiner Rennfahrerzeit auf sein Können und seine Intuition verlassen. Er war keiner, der mit der Meute lief, seine Disziplin kostete ihn teamintern so manche Sympathie bei den Kollegen. „Der Hansi war als Streber verschrien. Wahrscheinlich auch, weil sein Vater Ernst so unglaublich streng und autoritär mit ihm umgegangen ist“, meint ein sportlicher Wegbegleiter von damals. Von seinem technischen Know-how habe Hansi aber stark profitiert.

Warum hast du mit 22 Jahren dem österreichischen Skiverband Servus gesagt und bist fortan Profirennen in Amerika gefahren?
Ich war ein Rebell.
Tatsächlich? Den würde man gar nicht vermuten.
Doch, doch. Ich war ein sturer Hund und habe immer wieder rebellische Aktionen gestartet. Es gab Probleme mit den Funktionären und auch mit mei-

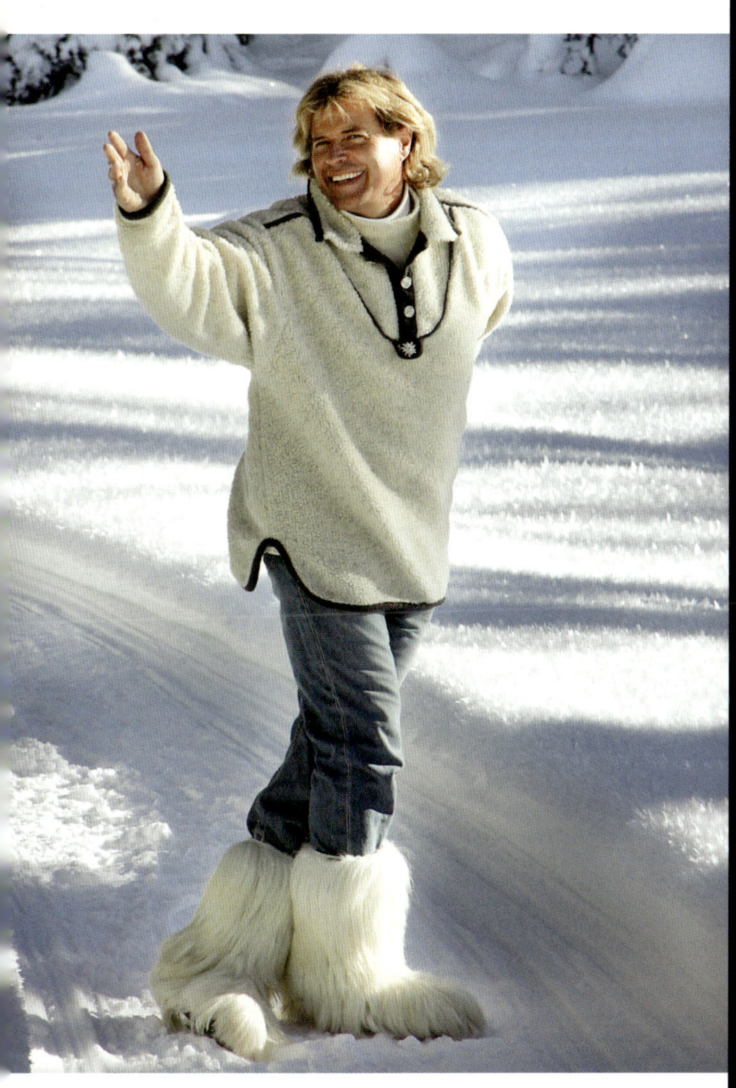

OLYMPIA INNSBRUCK 1976 WURDE ZUM PERSÖNLICHEN WATERLOO

Hansi lernte aber auch die Schattenseiten des Sports kennen. Bei seiner „Heim“-Olympiade 1976 in Innsbruck kam es zur großen persönlichen Niederlage Schulterverletzung, Ausfall – das Publikum an der Rennstrecke hatte Hansi ausgebuht, mit Schnee beworfen, ja teilweise angespuckt. Aus dieser Erfahrung hat Hansi gelernt, wie schnell man im Sport „vom Helden zum Buhmann der Nation“ werden kann. Die erste Gelegenheit für den jungen Tiroler, die Schulterklopfer von den echten Freunden unterscheiden zu lernen Vor allem, als Hans die hohen Erwartungen bei den Olympischen Spielen in Innsbruck 1976 nicht erfüllen konnte, verschob sich der mediale Blick: Hinterseer galt als „ÖSV-Problemkind“, seine in Interviews geäußerte Kritik an Trainern und Material oder die Drohung, den Skiverband zu wechseln, verstimmten die Sportnation. In den Zeitungen wurde er neben Alpinchef Toni Sailer zum „Hauptschuldigen“ für die schlechten Leistungen des ÖSV-Teams erklärt, zum „‚Waschlappen der Nation‘, weil er es nicht einmal während der Olympischen Spiele zuwege bringt, von seiner Frau ein paar Tage lang getrennt zu sein“ (*AZ* 11. Februar 1976). Aus dieser Erfahrung konnte Hans noch lange zehren. Solche Erlebnisse prägen ein ganzes Leben. Sein letzter Weltcupstart im internationalen Skizirkus war 1978 in Arosa, wo er im Riesenslalom immerhin noch Zehnter wurde.

Danach kam es zum Wechsel ins Profilager in die USA. Schließlich wollte Hansi Hinterseer seine Bekanntheit und Popularität, die mittlerweile weit über die Grenzen Europas gingen, nicht ungenutzt lassen Hans wurde 1981 und 1982 zweifacher Profiweltmeister und erreichte weitere unzählige Spitzenplatzierungen. Seinen bekannten Namen setzte er als Promotor für die Skifirmen Tyrolia und Kneissl in aller Welt ein und sammelte bei diesen Tätigkeiten viele geschäftliche Erfahrungen, die ihm später bei seinen Vertragsverhandlungen als Schlagersänger noch sehr nützlich wurden. Das internationale Business-Parkett ist für Hans also kein glatter Boden. Mit seinen hervorragenden Englischkenntnissen und seinem Gefühl für gute Abschlüsse bewegt sich der Kitzbüheler hier auf vertrautem Terrain.

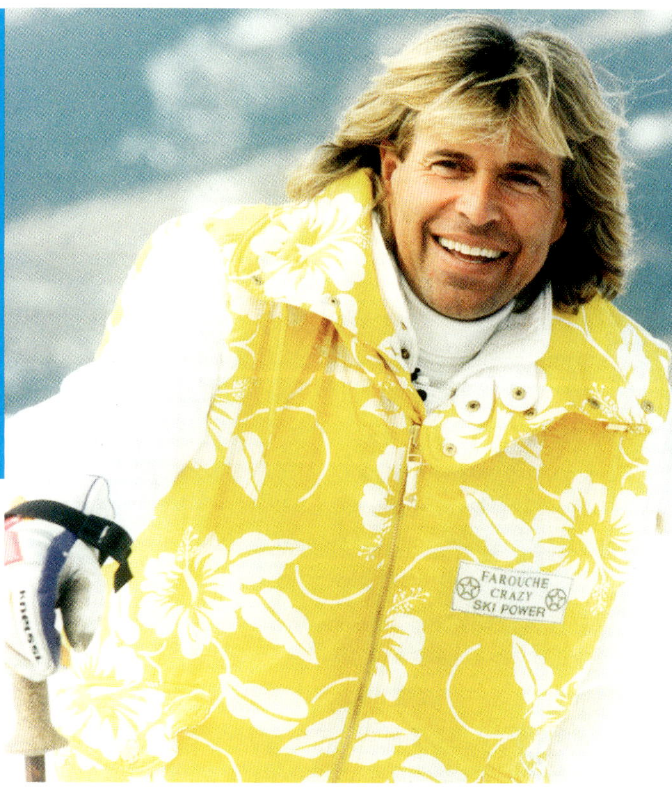

Hansi hat selbst auf dem Ganslernhang in Kitzbühel triumphiert. Ein ganz besonderer Sieg?

Ja, einerseits aus den zuvor genannten Gründen, aber in meinem Fall natürlich auch, weil es ein Heimsieg war, und das auf dem Hang, auf dem ich sozusagen das Skifahren gelernt habe. Der Spaß ist nach wie vor dabei, und irgendwie fahr ich ja noch immer mit den Rennläufern mit.

nem Vater. Bei den Olympischen Spielen in Innsbruck eskalierte das Ganze dann. Ich war der große Favorit auf eine Goldmedaille, konnte aber die Erwartungen nicht erfüllen. Danach haben mich die Leute ausgebuht und angespuckt. Ihr könnt mich mal, habe ich mir damals gesagt.

Weltcupsiege und Erfolge vo

„Nirgends liegen Sieg und Niederlage so nahe beisammen wie im Sport, ich habe beides erlebt und viel daraus gelernt."

1973

1973

1974

1975

1975

1977

si Hinterseer auf einen Blick

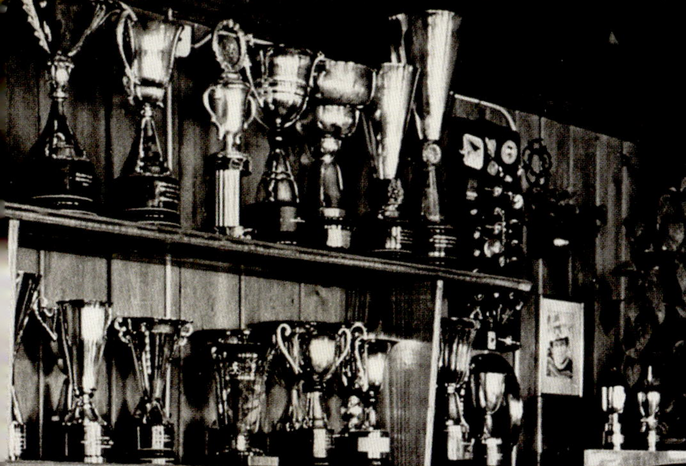

Riesenslalom Anchorage

Riesenslalom Val d'Isère

Slalom Kitzbühel

Slalom Schladming

Slalom Naeba

Riesenslalom Furano

AUSSERDEM

neunmal Zweiter
siebenmal Dritter in Weltcuprennen
machte insgesamt 22 Stockerlplätze

Gewann 1973 den Riesenslalomweltcup (kleine Kristallkugel)

WEITERS IM RIESENSLALOMWELTCUP

1974 Zweiter 1975 Zweiter 1976 Dritter

UND IM SLALOMWELTCUP

1974 Zweiter 1975 Dritter 1976 Zweiter

Zu betonen ist, dass Hansi seine Erfolge in der großen Zeit von „Skikönig" Ingemar Stenmark, Gustav Thöni, Piero Gros feierte – also in einem Konkurrenzumfeld der Extraklasse. Zweiter bei der Weltmeisterschaft im Riesenslalom 1974 in Sankt Moritz (hinter Thöni, der damals einen historischen Traumlauf benötigte, um Hinterseer zu schlagen.

Während Franz Klammer in der Abfahrt alle Siege für Österreich holte, war Hansi für die Medaillen in den technischen Disziplinen verantwortlich. Beide Namen stehen noch heute für große österreichische Skierfolge.

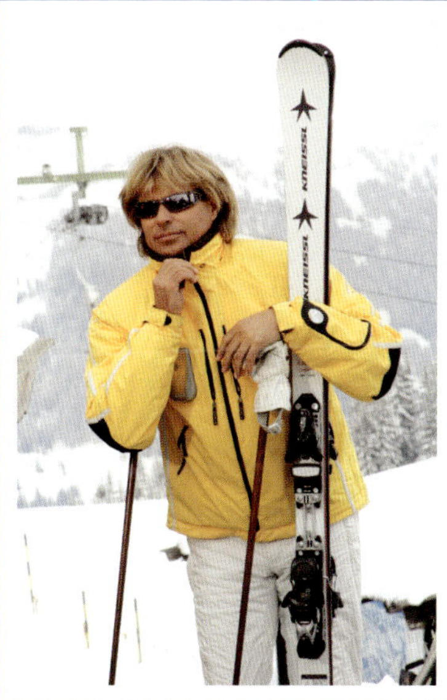

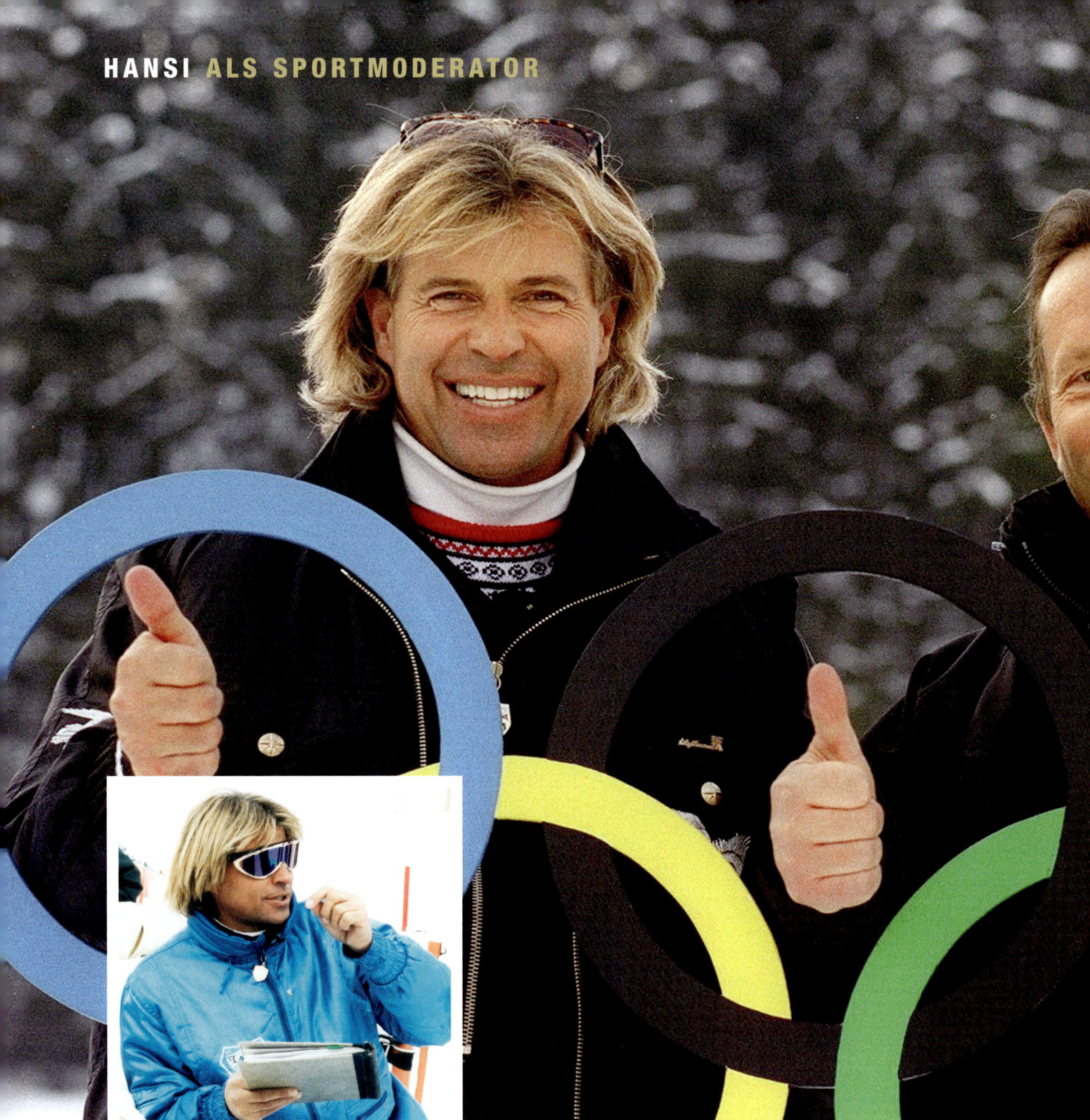

HANSI ALS SPORTMODERATOR

Seit 1984 präsentiert Hinterseer seinen Lieblingssport auch hinter dem Mikro, und das – wie könnte es bei ihm anders sein? – ausnahmslos positiv. „I werd das Kommentieren aber sofort lassen, wenn i amol merk, dass die Läufer fragen, was der alte Depp überhaupt noch will im Weltcup." Sein technisches Wissen und seine sympathische Tiroler Art machen ihn zum idealen Sportkommentator, der für den ORF fast jedes große FIS-Rennen der technischen Disziplinen kokommentiert. Seine Erfahrung gerade auf der Streif brachte Hans erst vor Kurzem mit einem bemerkenswerten Vorschlag ein: „Warum hängt man nicht an jedes Weltcup-Wochenende

HANSI ALS SPORTMODERATOR

Für Kitzbühel und das weltbekannte Hahnenkammrennen ist Hansi einer der besten und glaubwürdigsten Botschafter. Bis heute ist Hansi seinem Lieblingssport, dem Skifahren, treu geblieben und nutzt jede freie Minute im Winter daheim in Kitz, um auf die Streif oder den Steinbergkogel zu fahren und dort seine unvergleichlich eleganten Schwünge in den Berg zu ziehen.

Wenn Hansi hinter dem Mikrofon Platz nimmt, dann kann man sicher sein: Da sitzt einer, der wirklich weiß, wovon er redet. Seine Kommentare haben immer Hand und Fuß.

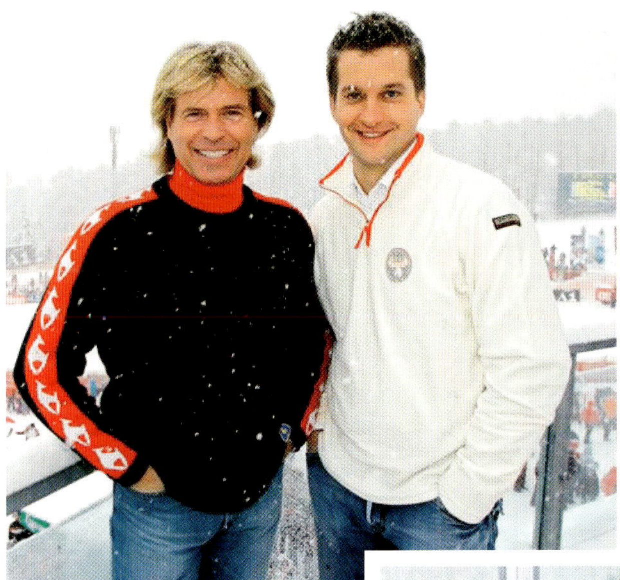

Seit 1984 präsentiert Hansi Hinterseer seinen Lieblingssport auch hinter dem Mikrofon als ORF-Kokommentator, lange Jahre mit Robert Seeger, mittlerweile an der Seite von Oliver Polzer.

gleich drei Tage für Jugendrennen an? Wenn die Pisten schon perfekt für die Stars präpariert sind und alles am Streckenrand abgesichert wurde, wäre der Aufwand nicht doppelt nötig. Außerdem wäre es für die jungen Läufer ein ungemeiner Ansporn, nach den ganz Großen den gleichen Hang zu fahren." So Hansis Idee, die sich die FIS durchaus mal überlegen könnte.

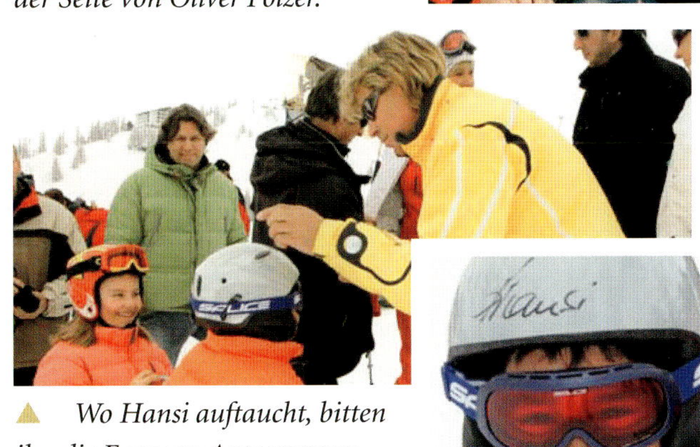

Wo Hansi auftaucht, bitten ihn die Fans um Autogramme. Auch die ganz jungen, mitten auf der Piste. Dafür nimmt sich Hansi gern Zeit.

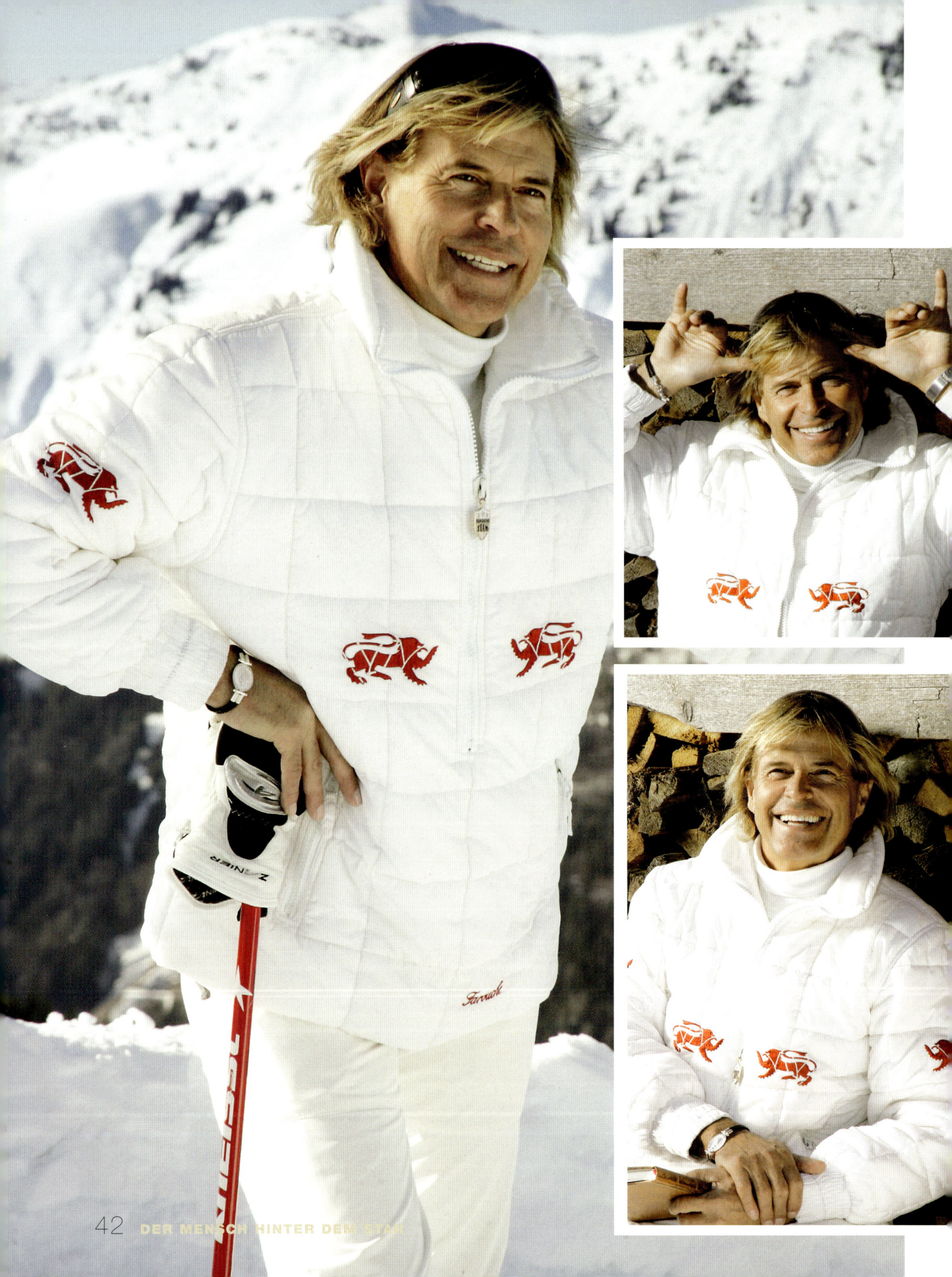
ZANIER
KNEISSL

Noch heute schnallt der Star bei jeder Gelegenheit die Skier an. „Es ist einfach ein Supersport, und wenn man so wie ich die Berge vor der Haustür hat, wär's doch fast ein Verbrechen, wenn man das nicht ausnutzt." Seinen eleganten Schwung hat Hansi bis heute beibehalten.

DIE BRETTELN, DIE DIE WELT BEDEUTETEN

Die Lebensmittel, die auf der Seidlalm benötigt wurden, transportierte man mit Pferd und Schlitten hinauf. Da die Pferde für die Arbeit auf dem Hof eingesetzt wurden und nicht als Reitpferde, fuhr Hansi winters mit den Skiern zur Schule.

Eine Gaudi für den Buben. Denn Skifahren konnte er von Kindesbeinen an. Bereits im Alter von zwei Jahren stand der kleine Hansi das erste Mal auf Skiern. „Mein Großvater hat mich auf die verschneiten Stiegen von Schloss Lebenberg raufgetragen, und dann hat er mich kerzengrad runterfahren lassen. Wie das genau ausgegangen ist, daran kann ich mich nicht mehr erinnern – wahrscheinlich hab ich schon den einen oder anderen Stern grissen, aber vom Skifahren hat's mich nicht abgehalten." Wenige Jahre später beherrschte er die Skier wie kaum ein anderer Bub seines Alters. Schließlich fuhr er wochentags im Winter von der Hochalm in die Volksschule in die Stadt Kitzbühel „obi". Konditions- und Skitraining bei jeder Witterung. „Ab und zu bin ich ein bisserl zu spät gekommen. Wenn es viel gschneit hat oder wenn's in der Früh noch zu finster war, dann hat mich die Tante Moidi nicht fahren lassen. Sie hat immer gsagt: ‚Besser ein bisserl z' spät als nie runterkommen.'"

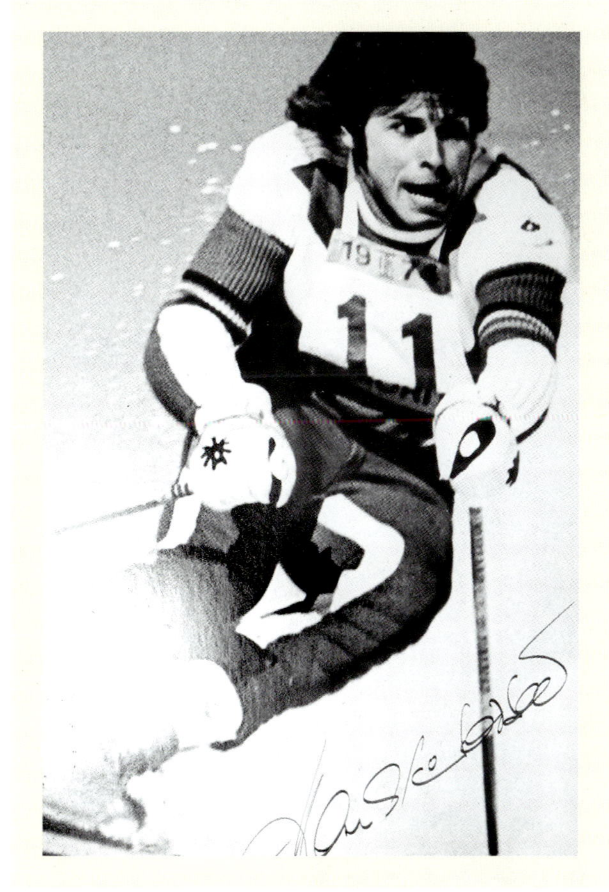

Jean-Claude Killy meinte damals: „Hansi Hinterseer ist der technisch beste Slalomfahrer der Welt."

Das Bewegungs- und Skitalent fiel nicht nur seinem Vater Ernst Hinterseer auf, sondern auch den Verantwortlichen des ÖSV *(Österreicher Skiverband).* Hansi gewann zahlreiche Schülerrennen und zeichnete sich vor allem durch seine unglaubliche Beweglichkeit aus. Die Ansprüche an das ÖSV-Nachwuchstalent waren ebenso hart wie an die wesentlich älteren Teamkollegen. Hansi wurde nichts geschenkt, dass er wesentlich jünger als seine Teamkollegen war, tat nichts zur Sache. Da zählte nur der Erfolg. Doch ohne zu murren steckte Hansi Prellungen und Schürfungen infolge von Stürzen oder durch das Stangenfahren weg.

Trotz des anspruchsvollen Trainings und der eisernen Disziplin, die ihm der Trainer Ernst Hinterseer – aber auch Hansi sich selbst – auferlegten, hat sich Hansi den Spaß am Skifahren bis heute bewahrt. Sobald in Kitzbühel der erste Schnee gefallen und eine Abfahrt möglich ist, fährt der Frühaufsteher morgens mit der ersten Gondel auf den Hahnenkamm, genießt beim Skifahren die Stille auf dem Berg und schwingt dem noch jungen, neuen Tag entgegen.

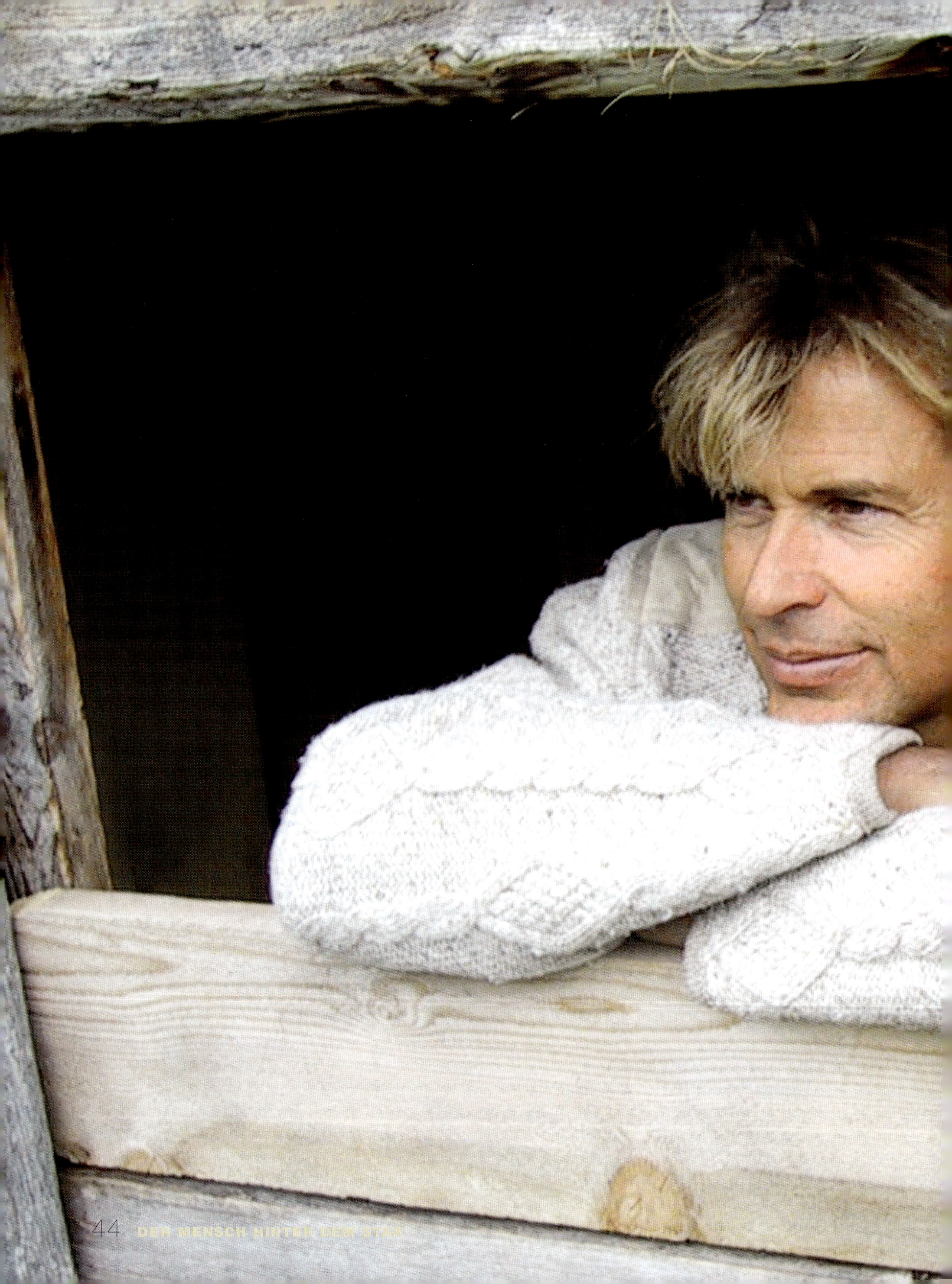

MEIN KITZ

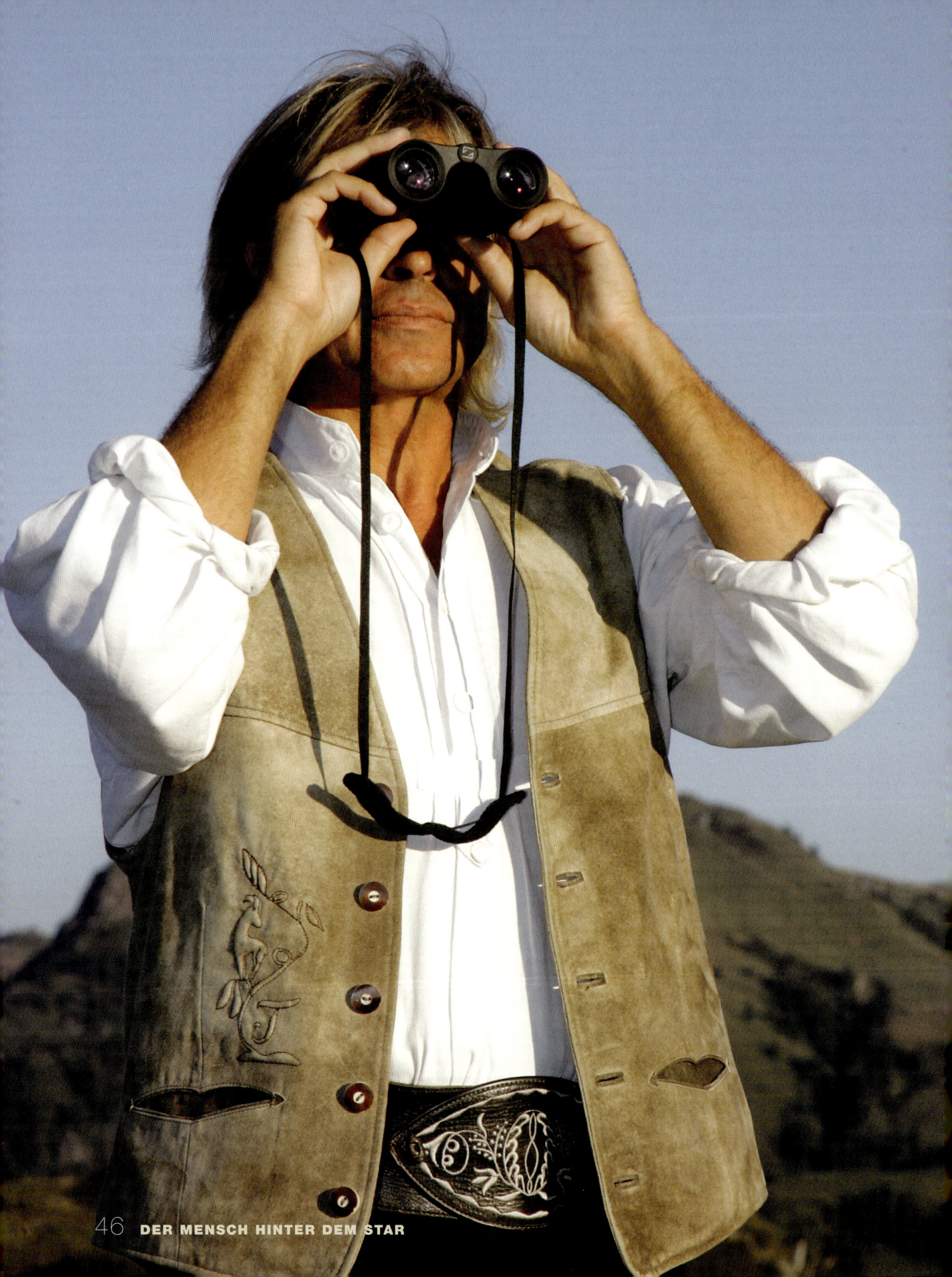

Meine Wiege steht in Kitzbühel

Keiner kann sich Hansi ohne sein Kitzbichl vorstellen. Kaum ein Weltstar bekennt sich so zur Bedeutung seiner Wurzeln wie Hansi Hinterseer. Heimat ist, wo man sich zu Hause fühlt. Hansi Hinterseer ist hier nicht nur zu Hause – er ist tatsächlich daheim! Dieser traditionsreiche Ort mit seinem mittelalterlichen Stadtkern und den schroffen Wänden des Wilden Kaisers, der scheinbar wie ein Wachsoldat über Kitzbühel wacht. All diese Schönheit hat Hansi oft genug zu seinen Liedtexten inspiriert. Dabei waren die Kitzbüheler ihrem wohl bekanntesten Sohn nicht immer nur freundlich gesinnt. Gelegentliche Unstimmigkeiten rückte das Rad der Zeit zurecht. Die haben aber Hansis Heimatliebe auch keinen Abbruch getan. Schönes gibt es über Kitzbühel genug zu erzählen.

KITZBÜHEL – DIE PERLE DER ALPEN UND HANSIS HEIMAT

„Nirgends anders auf der Welt will ich sein", ein schöneres Kompliment kann man sich doch kaum wünschen.

Kitzbühel fasziniert und begeistert. Ein Städtchen von Weltruhm mitten in der Tiroler Bergwelt mit einer gelungenen Mischung aus Tradition und Jetset, Trubel und Müßiggang, Urlaub und Spitzensport von Winter und Sommer. Die Bewohner sind gastfreundlich und geschäftstüchtig; manches Mal wirken sie für Neulinge abweisend und kantig, aber das täuscht: Wenn die Kitzbüheler einen einmal ins Herz geschlossen haben, dann ganz fest. Sanfte Almböden, auf denen im Sommer die Wanderer und Mountainbiker glücklichen, gesunden Tiroler Kühen

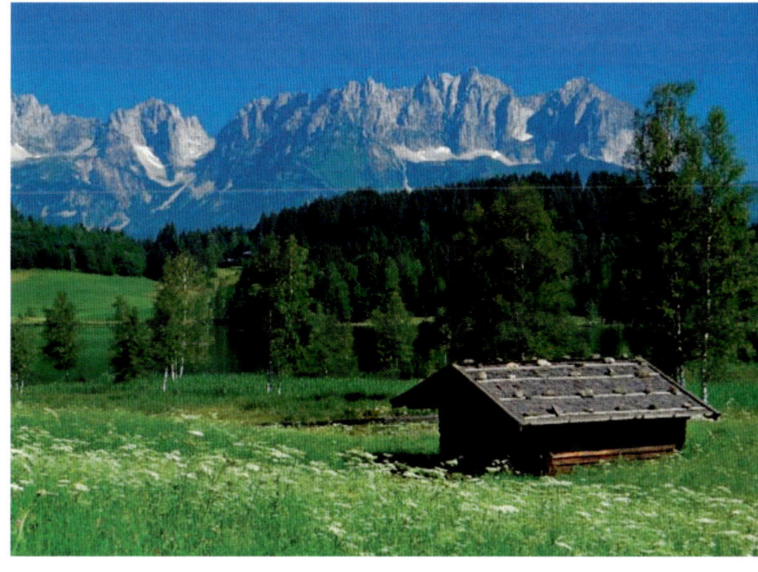

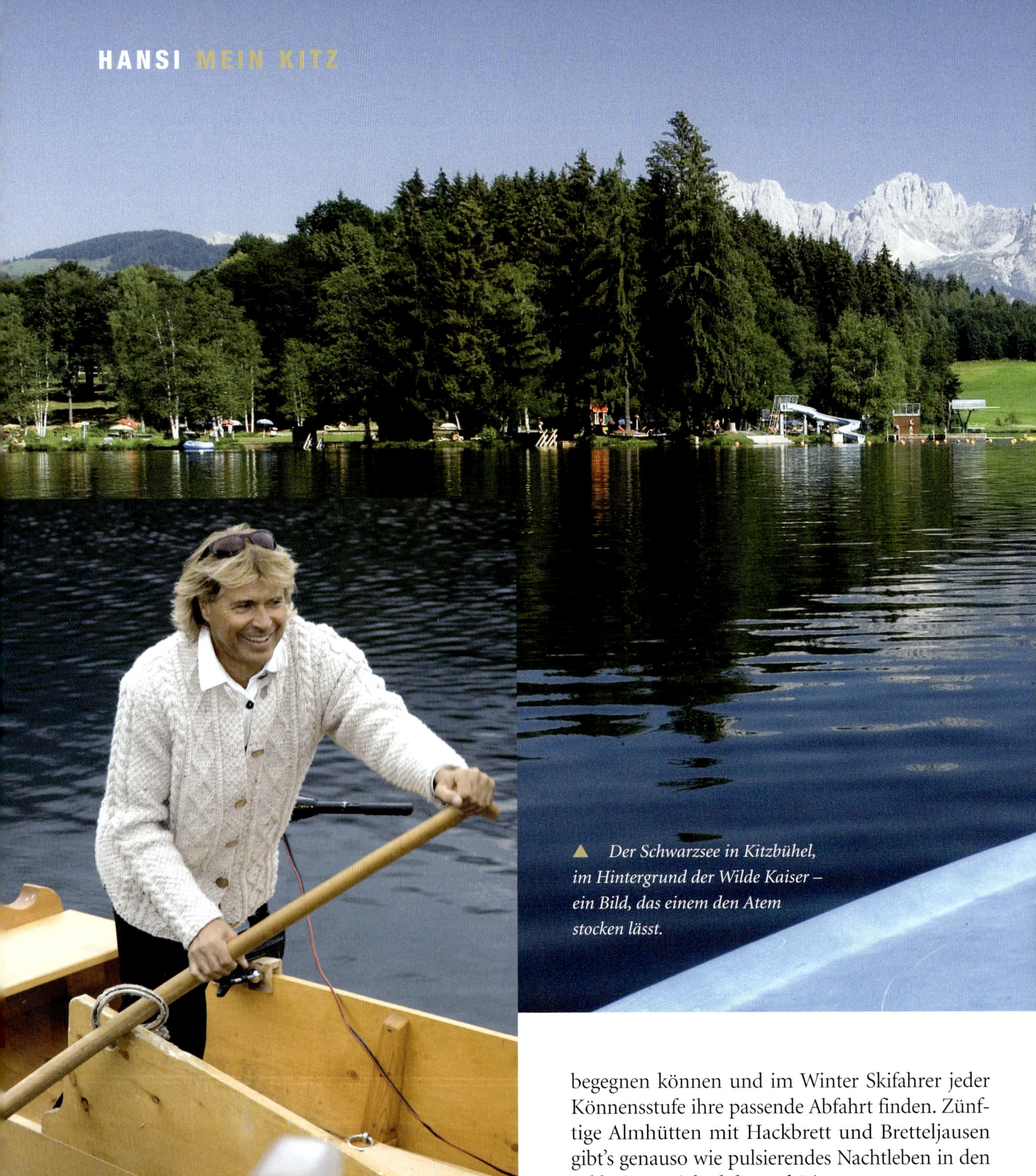

▲ *Der Schwarzsee in Kitzbühel, im Hintergrund der Wilde Kaiser – ein Bild, das einem den Atem stocken lässt.*

begegnen können und im Winter Skifahrer jeder Könnensstufe ihre passende Abfahrt finden. Zünftige Almhütten mit Hackbrett und Bretteljausen gibt's genauso wie pulsierendes Nachtleben in den exklusiven Nightclubs und Discos.

Für jede Jahreszeit ein passendes Sport-Highlight – auch das ist Kitz.

Das weltberühmte Hahnenkammrennen lockt Jahr

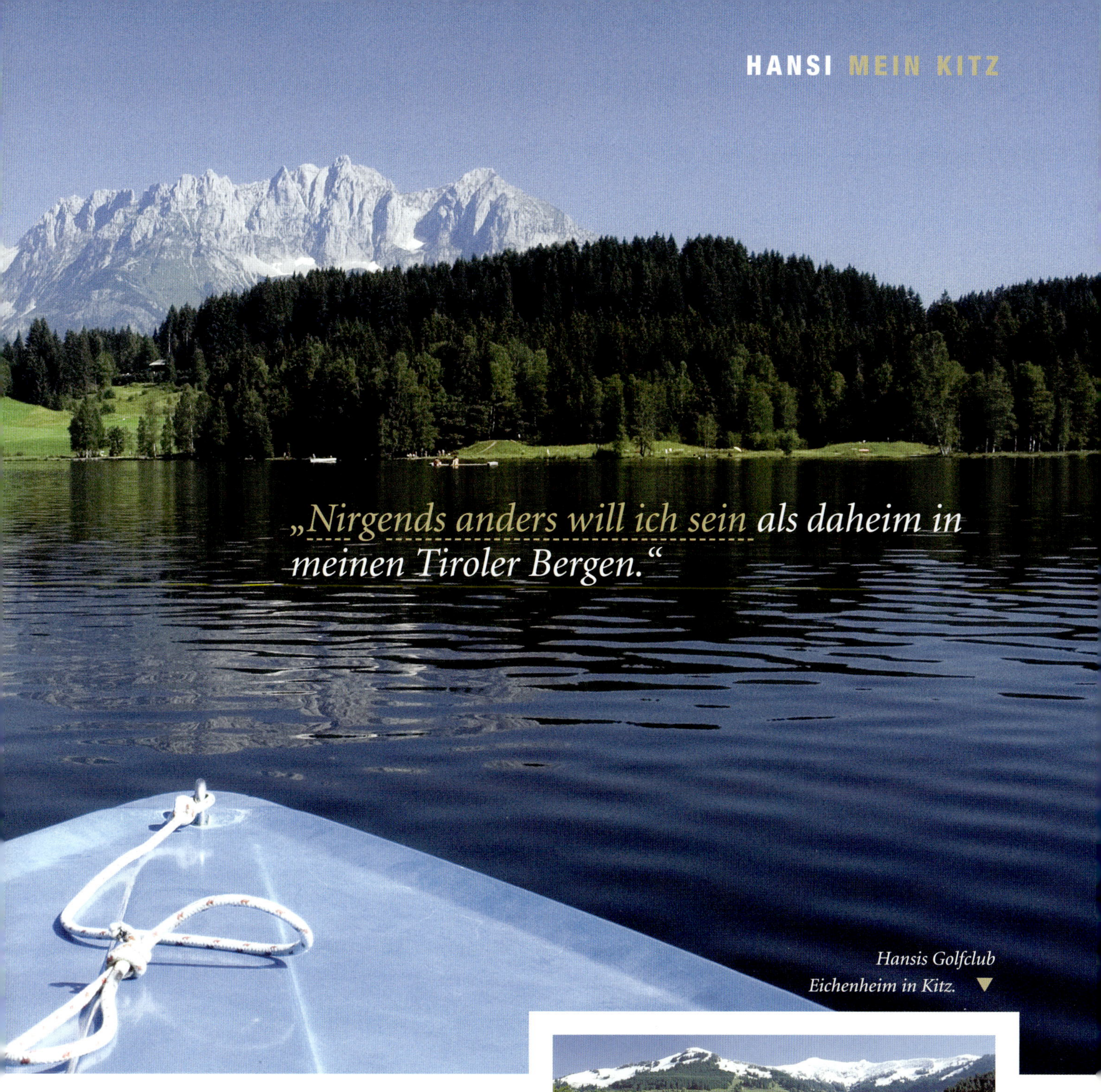

„Nirgends anders will ich sein als daheim in meinen Tiroler Bergen.“

Hansis Golfclub Eichenheim in Kitz. ▼

für Jahr hunderte Kamerateams und Tausende Gäste aus der ganzen Welt nach Kitzbühel. Diese rund 3300 Meter lange Abfahrt gilt als die schwierigste der Welt. Nie hat eine Rennstrecke den Ehrgeiz von Skirennläufern mehr gefordert als die Streif. Die Streif ist wie ein Rodeopferd, beschreibt es ein ehemaliger Läufer, die wirft übermütige, leichtsinnige Reiter ab. Ein Blick hinunter in die Mausefalle hat schon einige Fahrer dazu bewogen, die Skier wieder abzu-

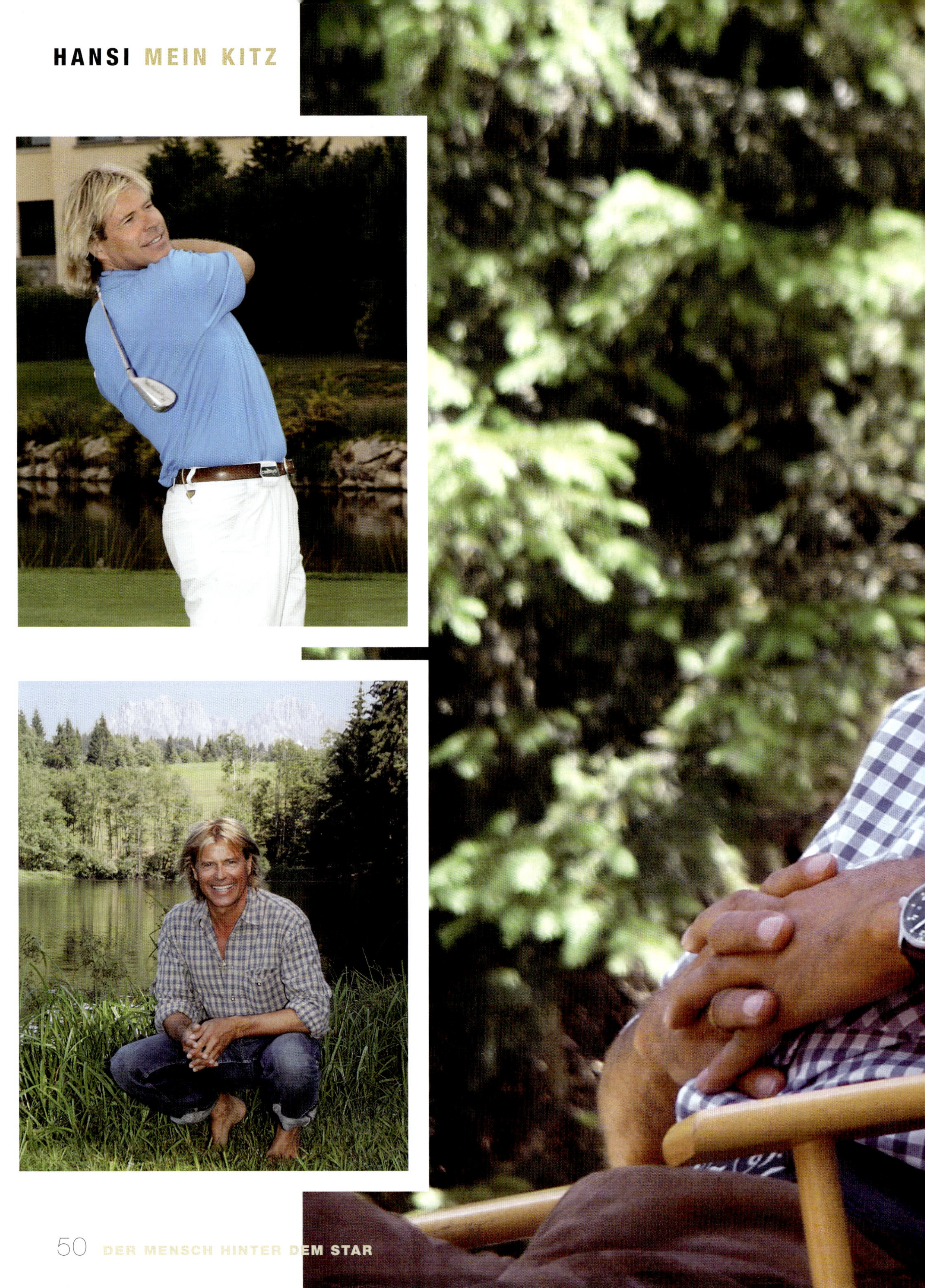

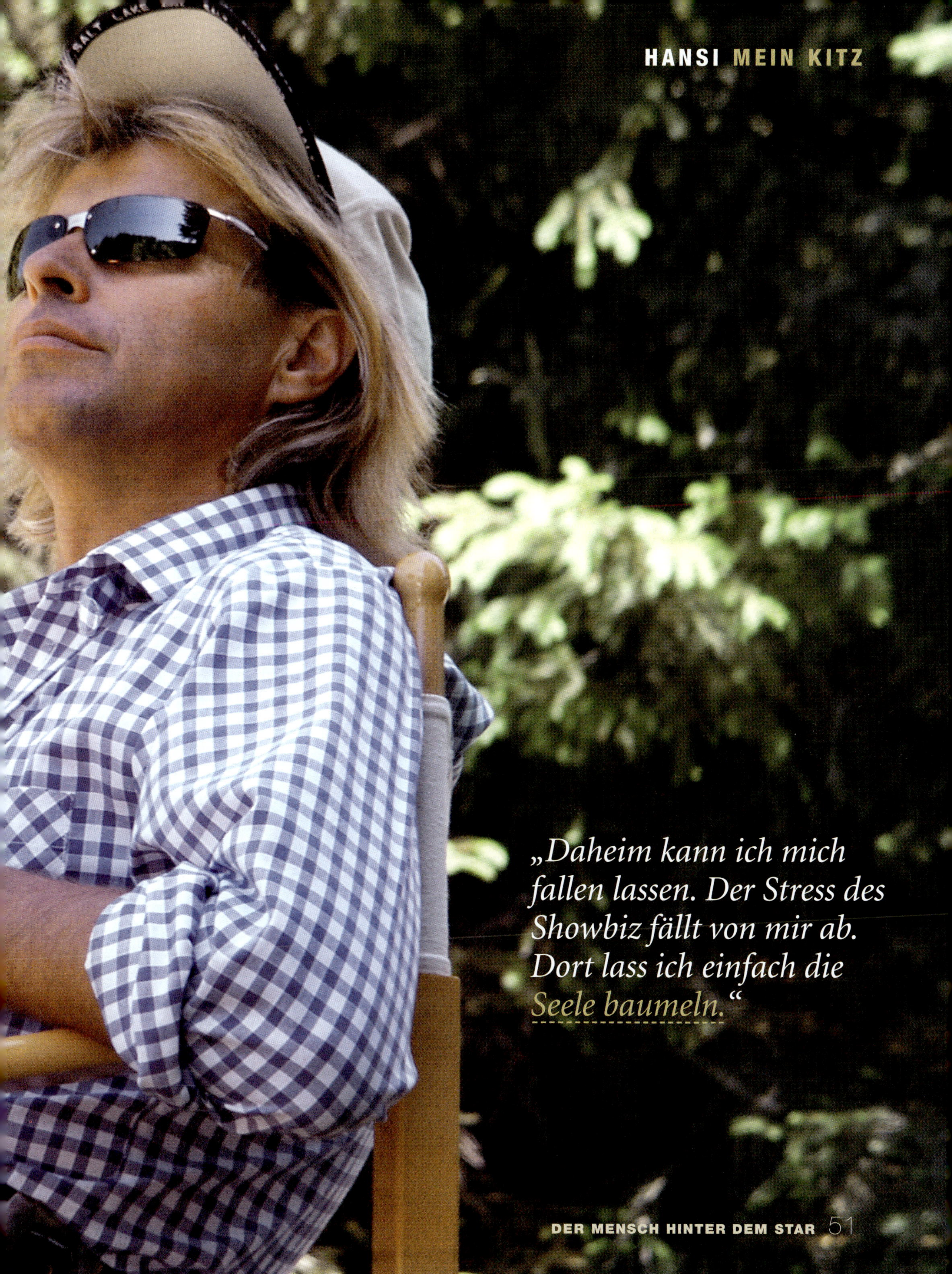

„Daheim kann ich mich fallen lassen. Der Stress des Showbiz fällt von mir ab. Dort lass ich einfach die Seele baumeln."

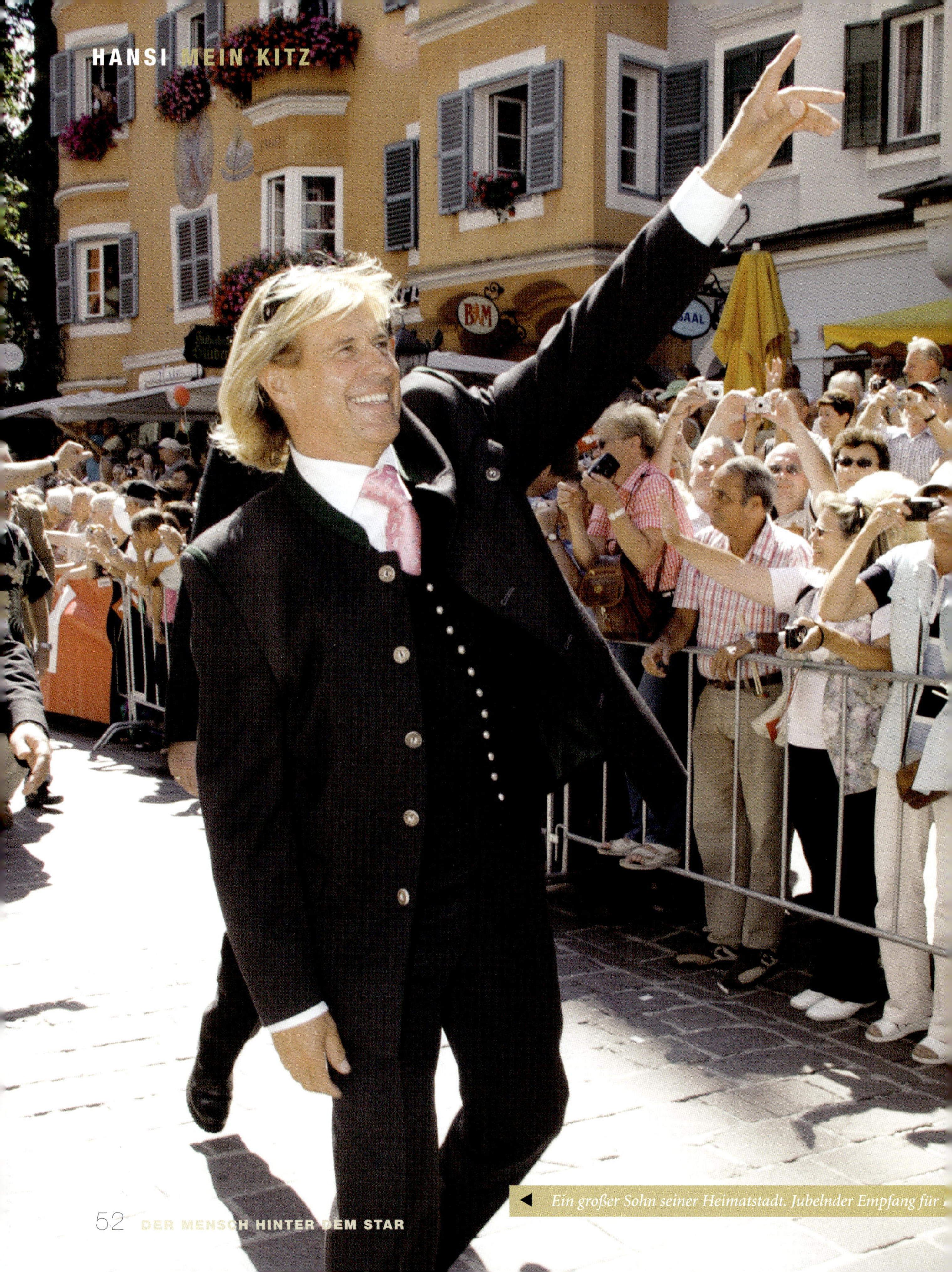

◀ Ein großer Sohn seiner Heimatstadt. Jubelnder Empfang für

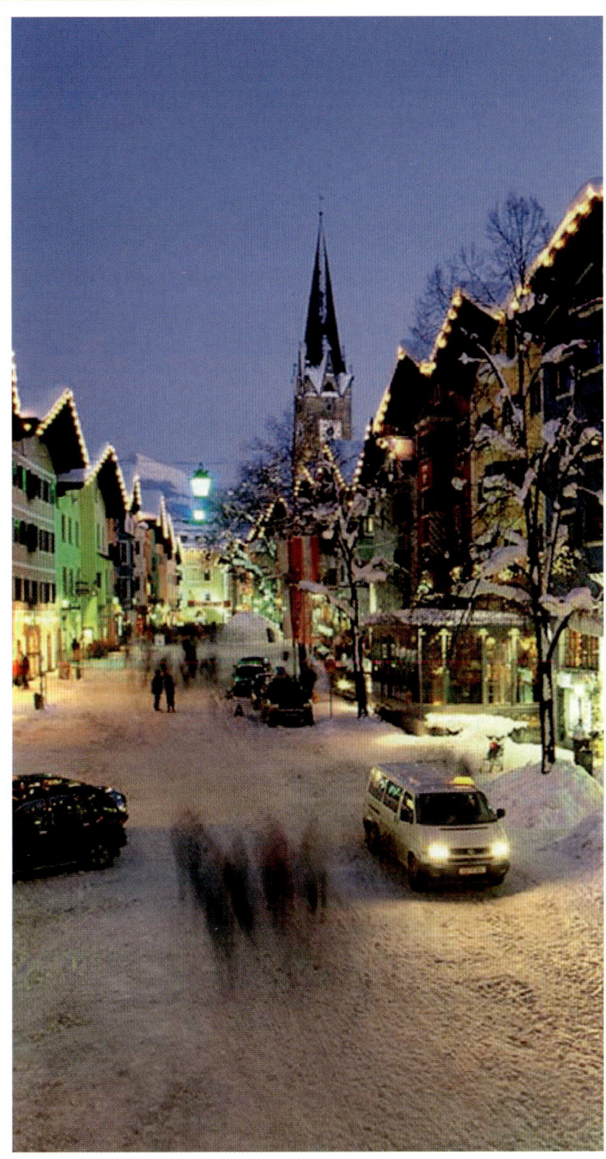

▲ *Kitz ist schön, ob im Winter …*

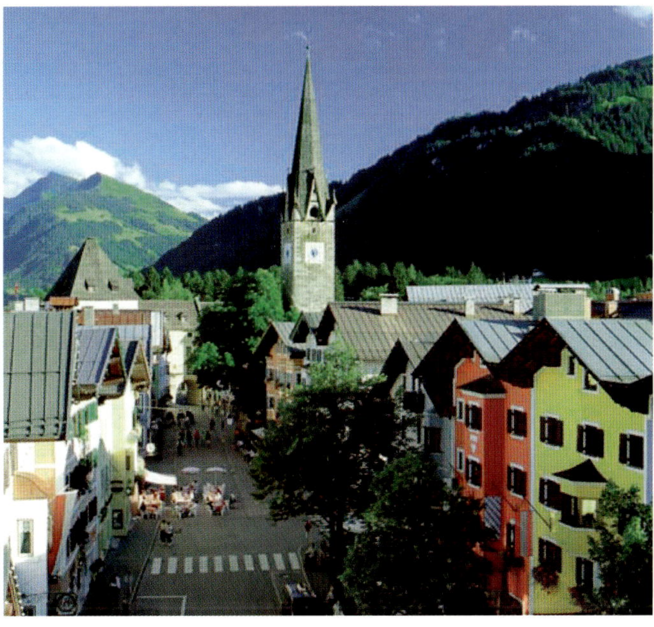

▲ *… oder im Sommer.*

schnallen und es zu lassen. Diese Piste ist brutal und eisig. Sie erlaubt keine Fehler. Um sie zu bezwingen, braucht man Ruhe, Gefühl und Können. „Wer sich auf der Streif einkrampft, der hat schon verloren“, sagt einer, der's wissen muss: Skilegende und Rennleiter des Hahnenkammrennens Toni Sailer. Die höchste Geschwindigkeit erreichen die Läufer in der Zielschusskompression mit über 140 km/h. Davor müssen sie aber noch die gefürchtete Mausefalle bewältigen, die mit 85 Prozent die größte Steilheit auf der Rennstrecke hat; teilweise werden dort Sprünge mit 80 Meter Weite gestanden – wohlgemerkt mit Rennskiern und nicht mit Skisprungausrüstung! Die Slalomrennen, also die, die der Hansi so erfolgreich gemeistert hat, finden gleich neben der Streif auf dem ebenso schwierigen Ganslernhang statt.

„1973 hab ich dort den Riesenslalom-Weltcup geholt. Natürlich ist es ein Traum, auf dem Hang, auf dem man das Skifahren überhaupt gelernt hat, einen Klassiker zu gewinnen“, *erinnert sich Hansi.*

Im Sommer lockt Kitzbühel die internationale Sportprominenz mit einem der bestdotierten Tennisturniere. Mit Perfektionismus, Zielstrebigkeit und Ehrgeiz haben die Sportfunktionäre gemeinsam mit Ion Tiriac das „ehemalige Generali Open“, jetzt Austrian Open, in das umgebaute Casino-Stadion nach

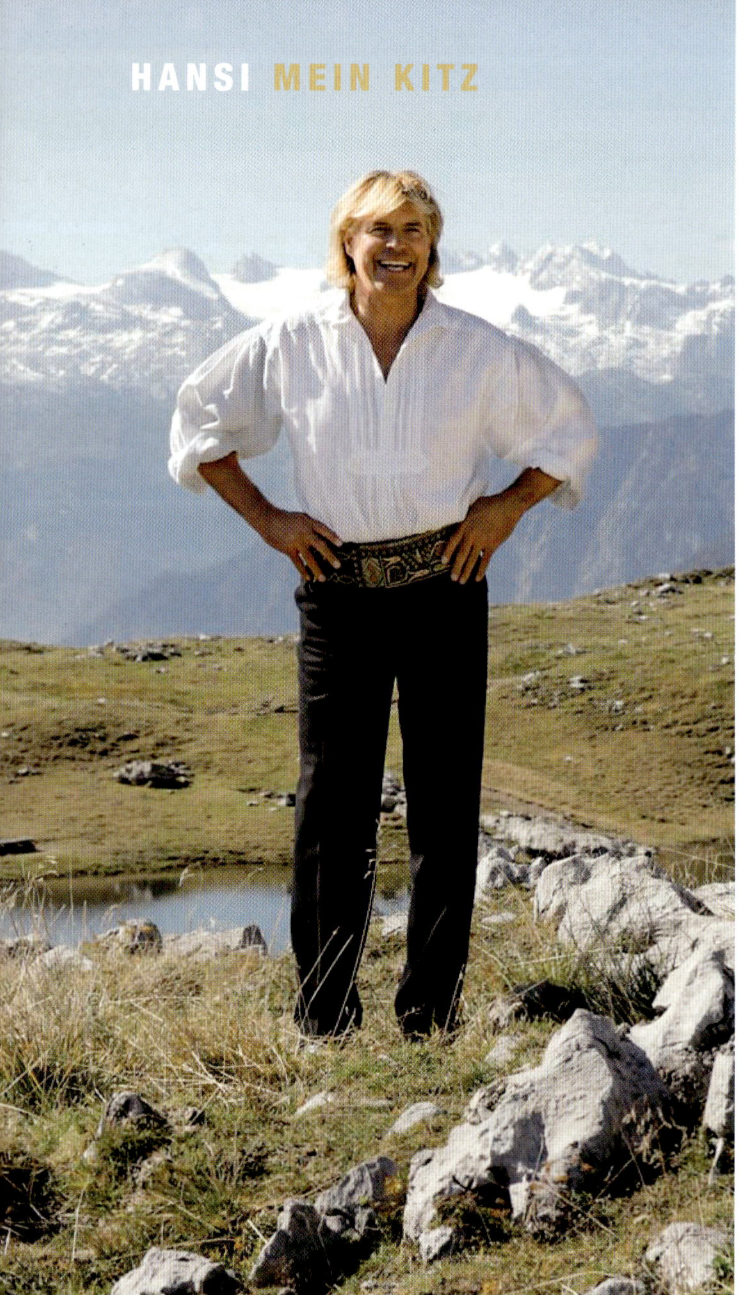

▲ *Ohne seine Berge ist Hansi gar nicht mehr vorstellbar.*

HANSIS GANZ PERSÖNLICHE KITZ-RUNDE

Für viele Urlauber ist Kitz einfach ein Ferienparadies, für Hansi Hinterseer ist es die Heimat.

Der Kitzbüheler Naturbursch feierte von Kitzbühel aus zunächst als Skifahrer Erfolge, um vor über fünfzehn Jahren in seiner zweiten Karriere zum Vorzeigestar der volkstümlichen Musik zu avancieren: Er besingt mit seinen Liedern die Schönheit seiner Berge, auch seine Spielfilme, *Servus*-Shows und das alljährliche Open Air spielen vornehmlich in der heimatlichen Bergkulisse und ziehen Tausende von Besuchern nach Tirol. „Ich sing von meiner Heimat, meinen Bergen und von Dingen, die ganz tief aus dem Herzen und der Seele kommen."

Im Sommer präsentiert sich Kitzbühel im schmucken Gewand bunter Blumenwiesen und in saftigem Almgrün vor der majestätischen Kulisse der Tiroler Alpen. Im Winter ist die kraftvolle Farbenpracht von einer weißen, dämpfenden Schneedecke überzogen. Beide Gesichter der Gamsstadt haben ihren ganz eigenen Charme. Hansi ist ihm erlegen, liebt sein Kitzbühel und kehrt immer wieder gern heim. Der Star der volkstümlichen Musik lädt uns ein zu einem exklusiven Rundgang durch seine Stadt.

„Servus, das ist mein Kitz", lacht er uns fröhlich entgegen.

Kitz gebracht. Es ist mit einer Million US-Dollar dotiert und eines der bekanntesten ATP-Turniere Europas.

Wer jedoch lieber dem kleinen weißen Ball als den gelben Filzkugeln nachläuft, der findet in und rund um Kitz eine beachtliche Auswahl an bestgepflegten Golfplätzen. Und mit ein bisschen Glück, kann es durchaus sein, dass man den Hansi gerade beim Abschlag auf der Runde trifft.

„Die Lebensqualität in Kitz ist enorm hoch, jede Jahreszeit hat ihren Reiz. Ich darf dort leben, wo andere Urlaub machen! Hier gibt es tausend magische Augenblicke, die ich wie Geschenke annehme. Wenn nach einem Sommergewitter die Sonnenstrahlen durch die Wolken brechen oder nach der Schneeschmelze die ersten Blumen aufblühen." Und er genießt es, in Kitzbühel nicht der Star zu sein: „Die Kitzbüheler wissen, das ich einfach ‚nur der Hansi' bin,

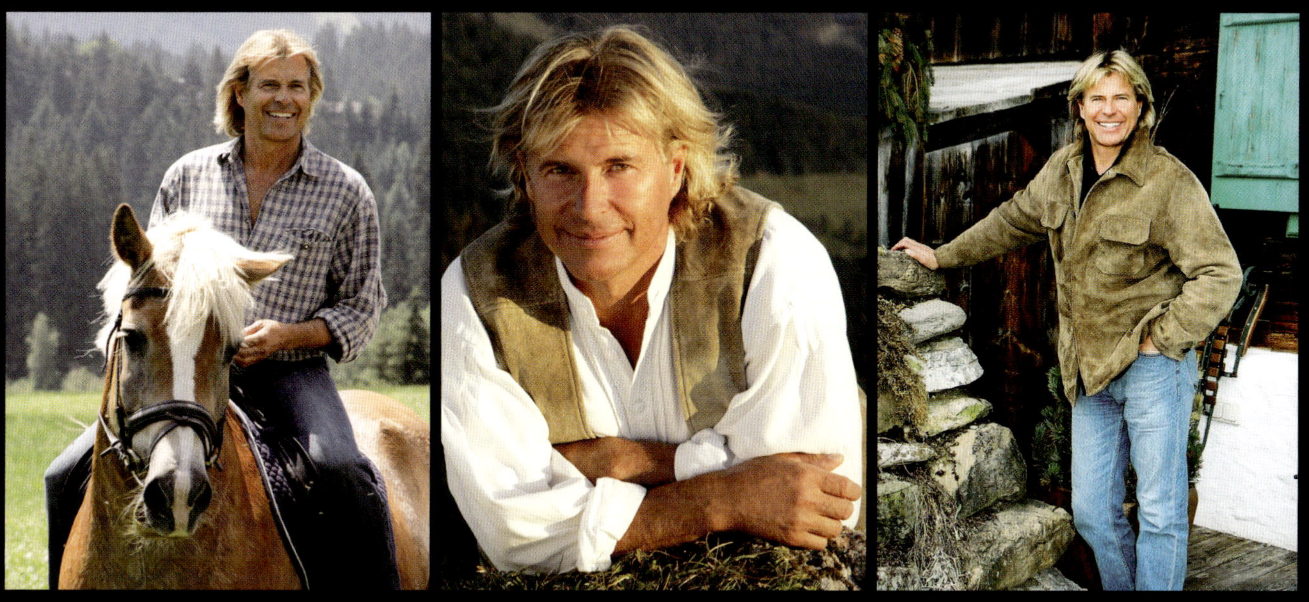

Vielseitig, aber immer im Einklang mit der Natur.

▼ *Das Tennisstadion in Kitz. Jährlicher Austragungsort des Hansi-Open-Air und eines der besten Tennisturniere Europas.*

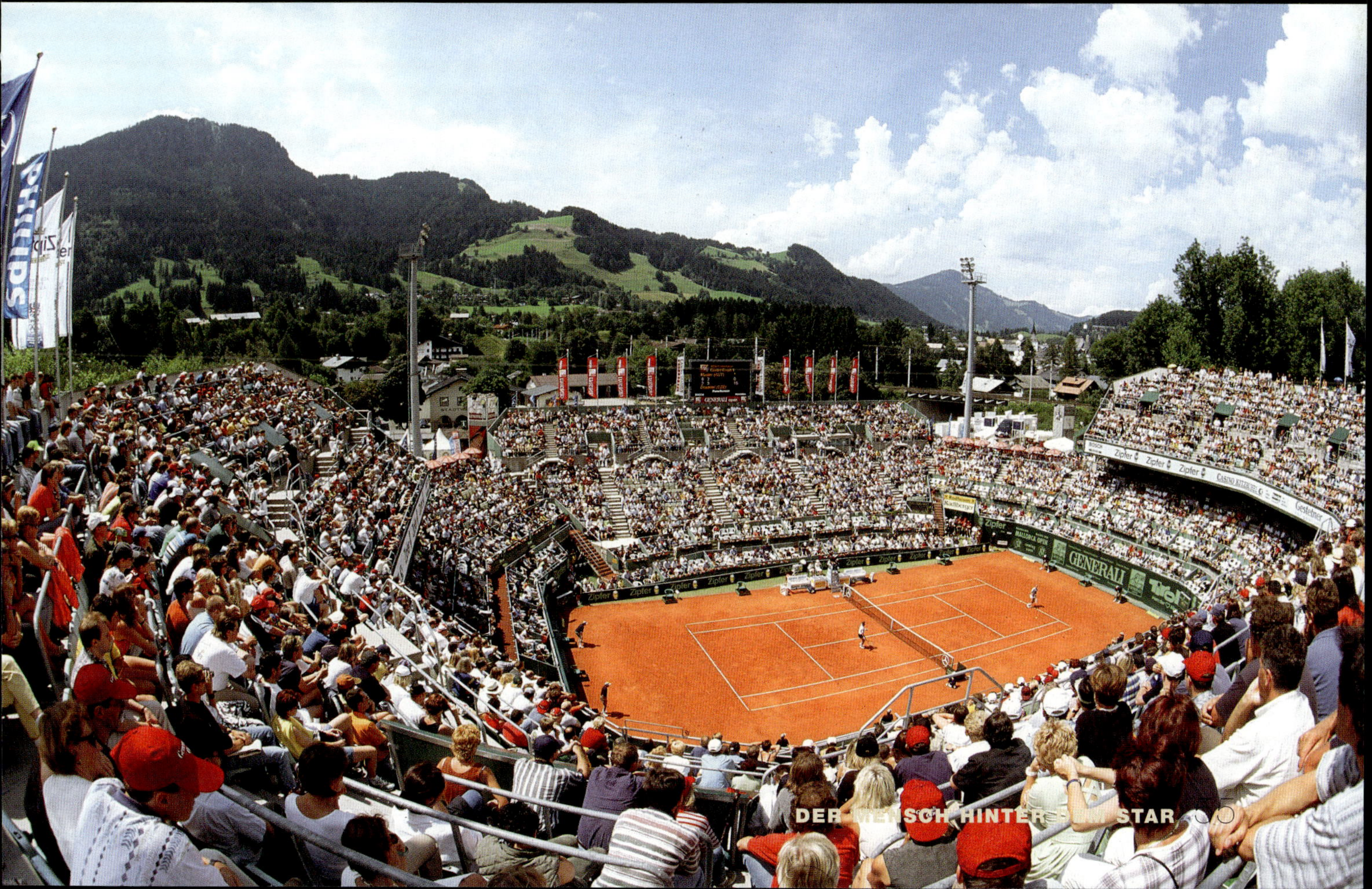

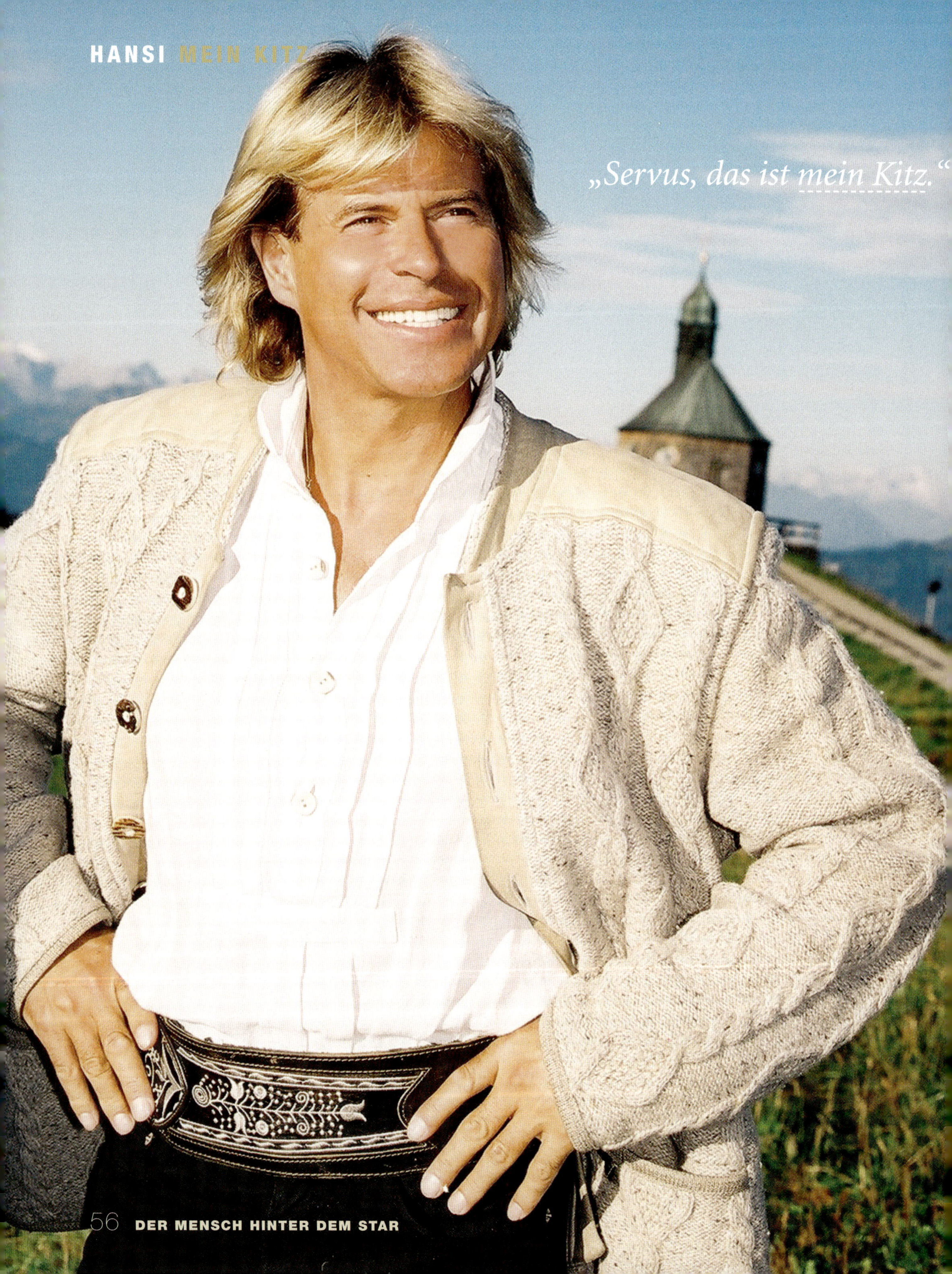

„Servus, das ist mein Kitz."

und ich gehe genauso normal über die Straße wie andere auch. Ich fühle mich wohl daheim." Hansi lässt seinen Blick schweifen und bekennt: „Ich bin stolzer Kitzbüheler, in Kitzbühel geboren und auf der Alm, auf dem Berg aufgewachsen. Für mich ist Kitzbühel der schönste Platz auf der Welt. Meine Familie und ich fühlen uns hier am wohlsten."

Dabei wohnte er ursprünglich nicht unten im Tal, sondern abseits von den Annehmlichkeiten der Stadt auf dem Berg: „Ich bin ja auf der Seidlalm zwischen Ziegen, Kühen und Hühnern aufgewachsen und weiß, wie es ist, wenn man nichts hat und die Natur einem alles gibt. Wir hatten weder fließend Wasser noch Strom. Diese Einfachheit hat mich geprägt. Ich bin bis heute der Natur verbunden, brauche die frische Luft und das kristallklare Wasser der Bergbäche zum Glücklichsein."

Auch wenn er das idyllische städtische Leben in Kitz durchaus zu schätzen weiß, zieht es Hansi Hinterseer doch eher raus in die Natur als in die Restaurants und Boutiquen von Kitzbühel.

„Ich bin nicht der große Bergsteiger, Klettern mit Seilen und Haken ist nicht meine Welt. Beim gemütlichen Wandern dagegen kann ich bestens entspannen und Energie tanken!", sagt er, und leichtfüßig geht's den Berg hinauf. Hansi erklimmt mit uns den Gipfel auf dem Hahnenkamm (1670 Meter), wie er es in den Vorjahren bereits mehrfach bei Fanwanderungen mit mehreren Tausend Fans getan hat. „Wenn ich da oben auf dem Berg bin, dann merke ich, wie die Uhren dort noch ganz anders gehen. Die Dinge, die den Menschen heute so viel Stress und Hektik bescheren, haben hier oben keine Wichtigkeit."

Wieder zurück im Tal, scheint bei unserem Rundgang mit Hansi Hinterseer auch im Ort die Zeit für Augenblicke stillzustehen beziehungsweise rückwärtszulaufen. Vom Dach des traditionsreichen *Hotels Tiefenbrunner* aus dem 17. Jahrhundert hat man den schönsten Blick auf die idyllischen Häuser und exquisiten Boutiquen. Hansi kraxelt für uns spontan über die Dächer der Gamsstadt, posiert mit der grünweißen Kitzbühel-Fahne. „Bei uns heißt das Fensterln", lacht der Sonnyboy und zeigt mit seinem schönsten Lächeln auf die Liebfrauenkirche. Danach schaut er auf einen Sprung in der Volksschule vorbei, wo er als kleiner Bub die Schulbank drückte. „Täglich der weite Weg zu Fuß ins Tal, zu jeder Jahreszeit, bei jeder Witterung. Ab und zu bin ich ein bisserl zu spät gekommen. Wenn es viel geschneit hat oder wenn's in der Früh noch zu finster war, dann ließ mich die Tante Moidi einfach nicht gehen. Sie hatte Sorge, dass ich nicht heil unten ankommen würde." So richtig habe ihn das damals als Volksschüler nicht gestört, gibt Hansi augenzwinkernd zu.

DER WIEDERGEFUNDENE SOHN – KITZBÜHEL WEISS, WAS ES AN HANSI HAT

Oder er erinnert sich mit uns an den Einzug auf den Marktplatz mit der Blaskapelle Kitzbühel im August 2005 vor dem großen Open Air. „Das war ein Traum, das habe ich mir als kleiner Bub schon vorgestellt habe, einmal so groß in die Stadt einzuziehen."

Und natürlich führt der Weg auch zur Seidlalm in 1206 Meter Seehöhe, auf der er in der Obhut seiner Großeltern und Tante Moidis aufwuchs.

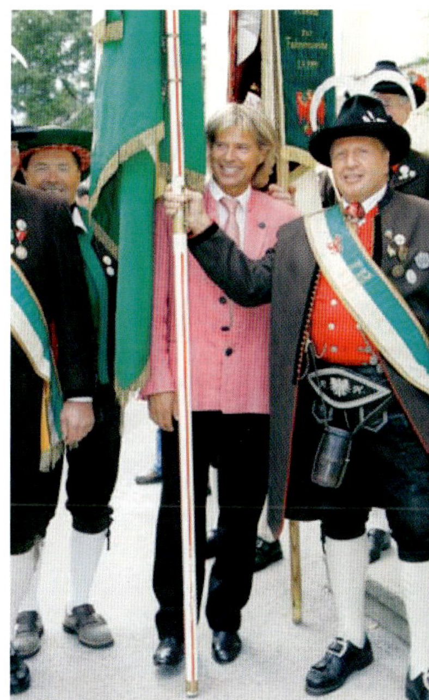

Mit den Tiroler Schützen.

HANSI Alben und DV

DIE DVDs

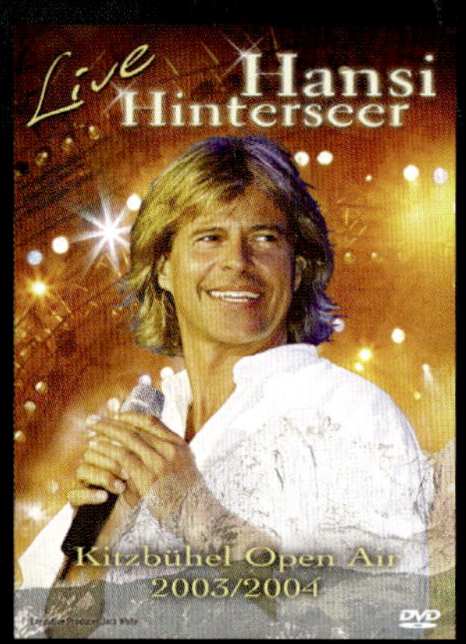

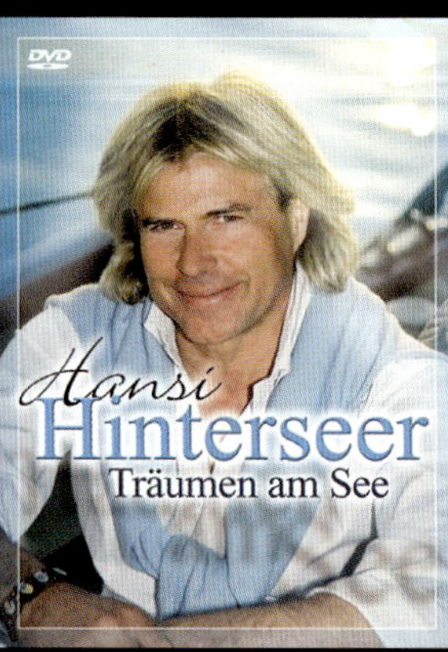

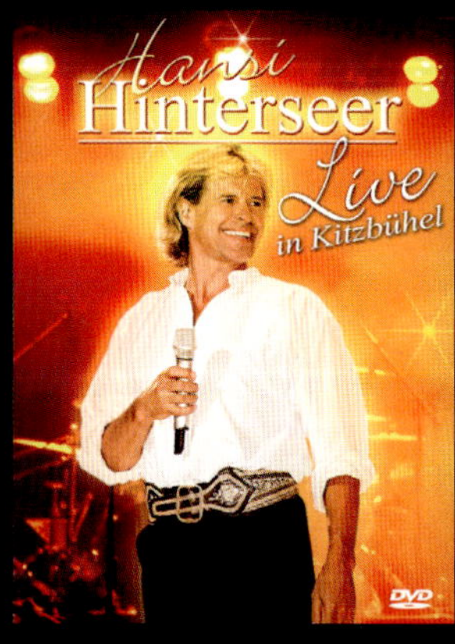

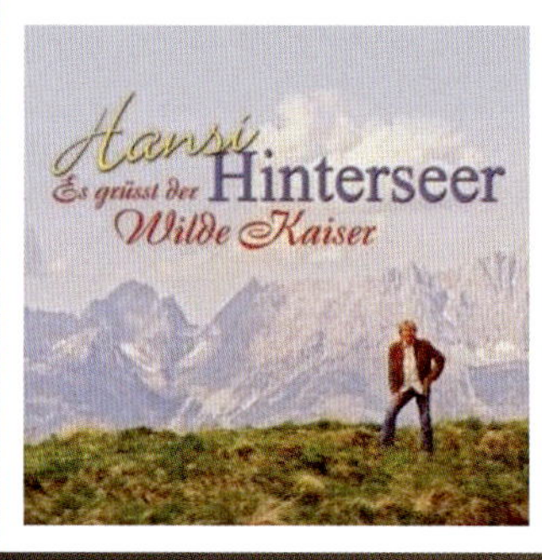

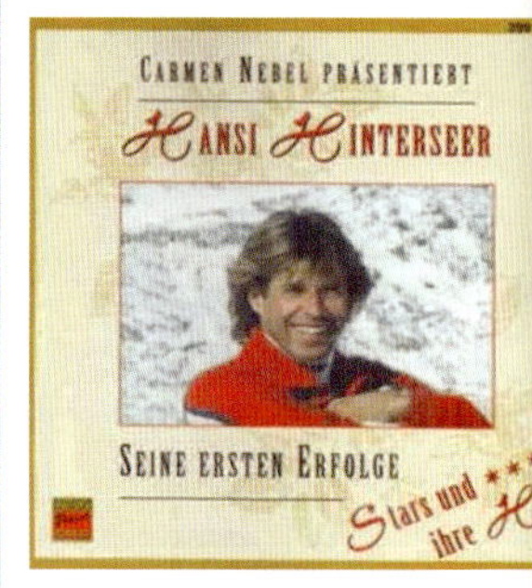

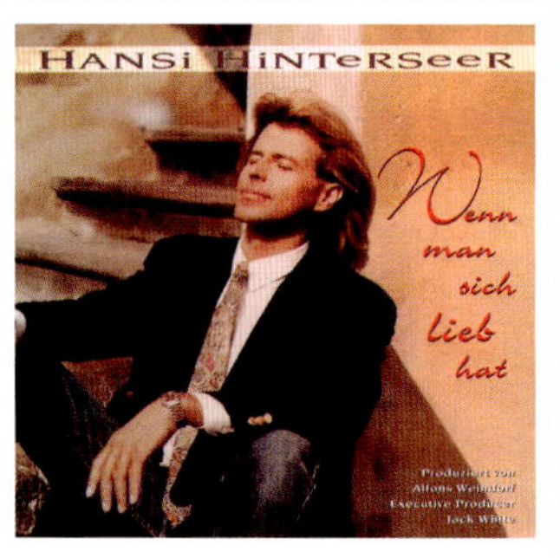

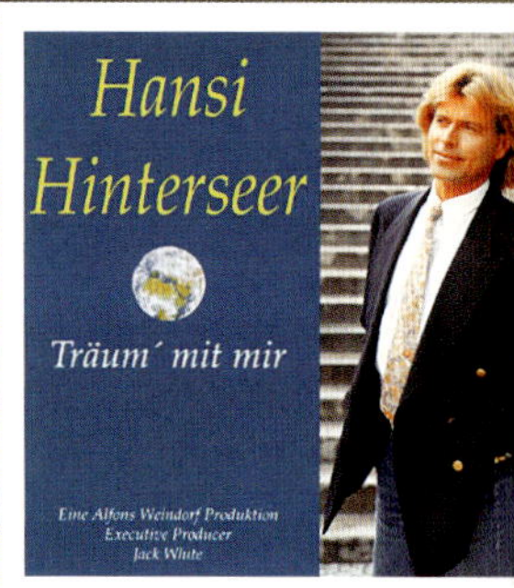

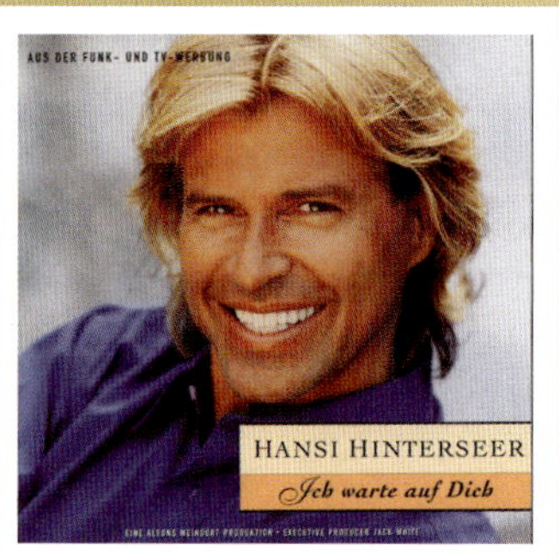

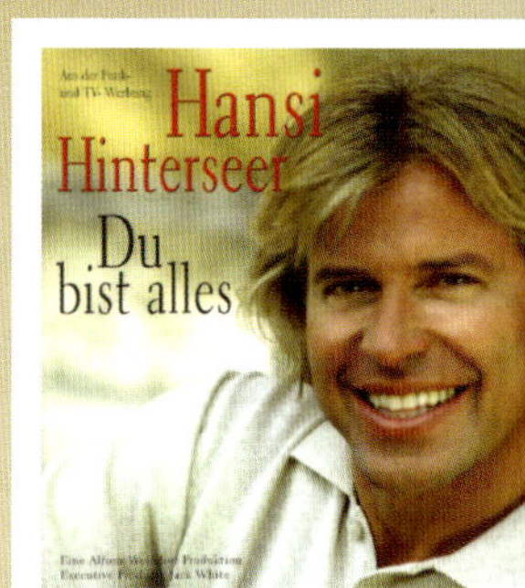

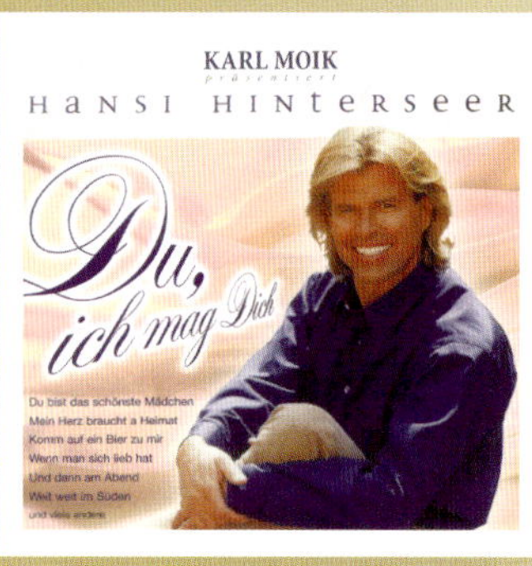

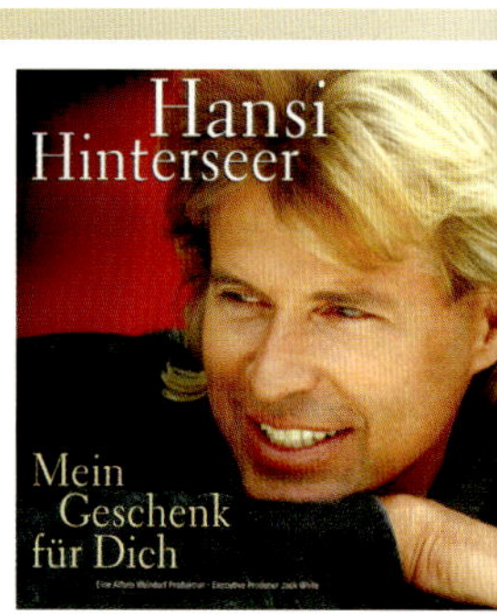

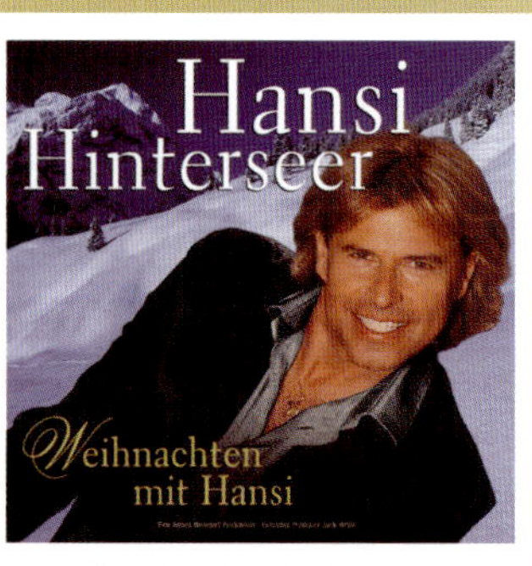

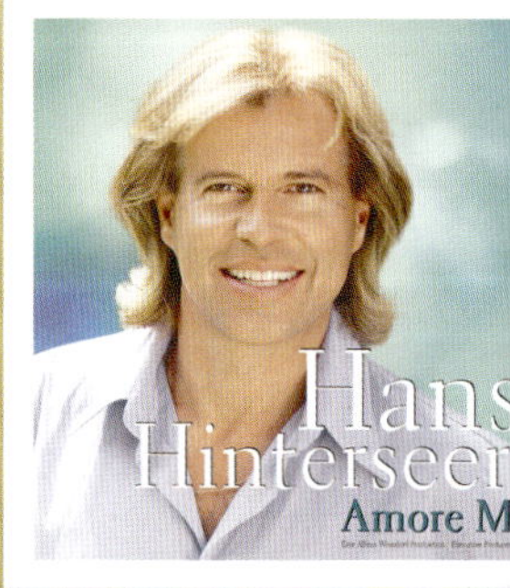

DIE MUSIK-ALBEN

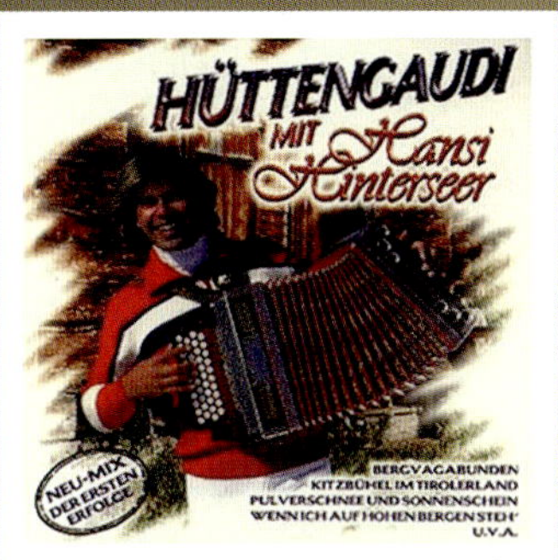

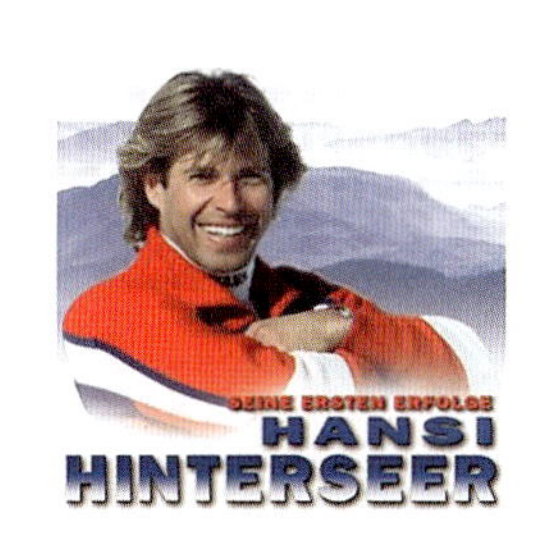

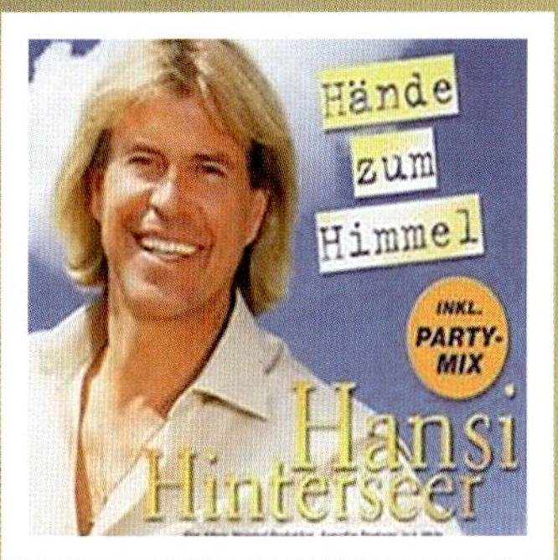

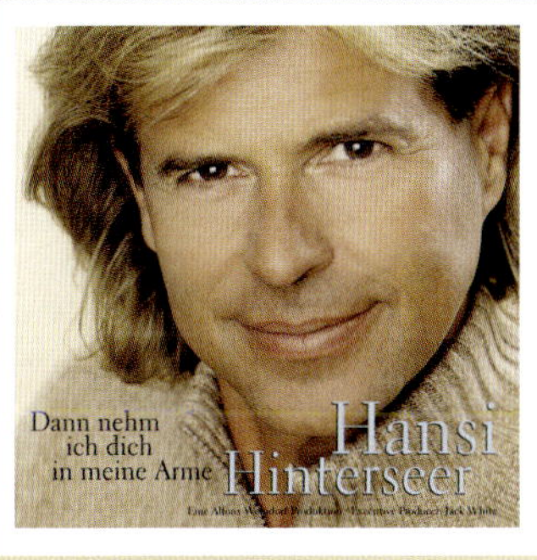

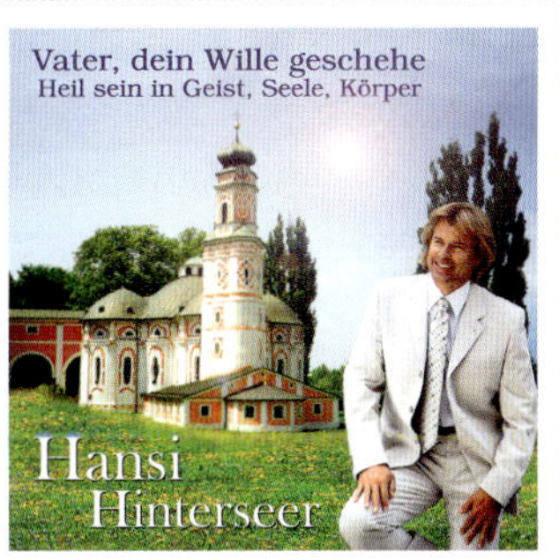

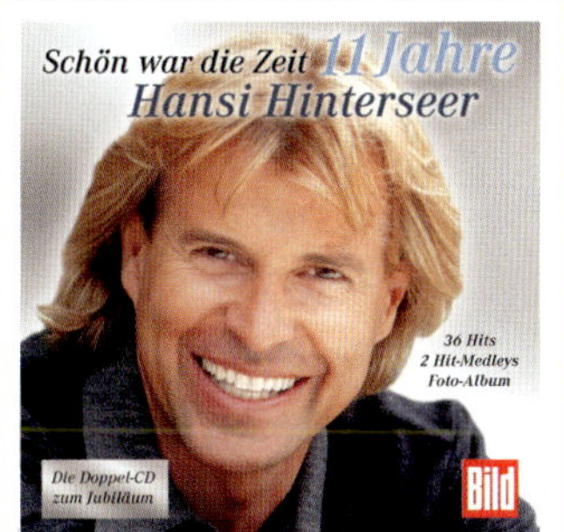

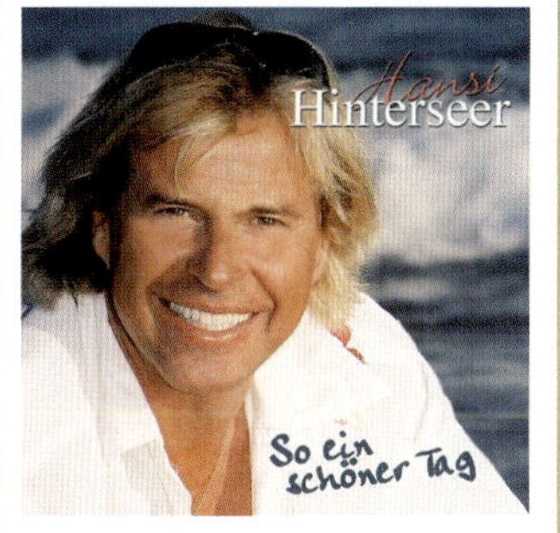

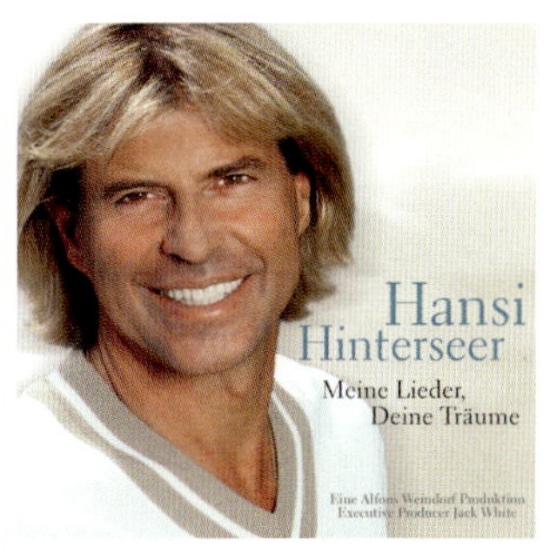

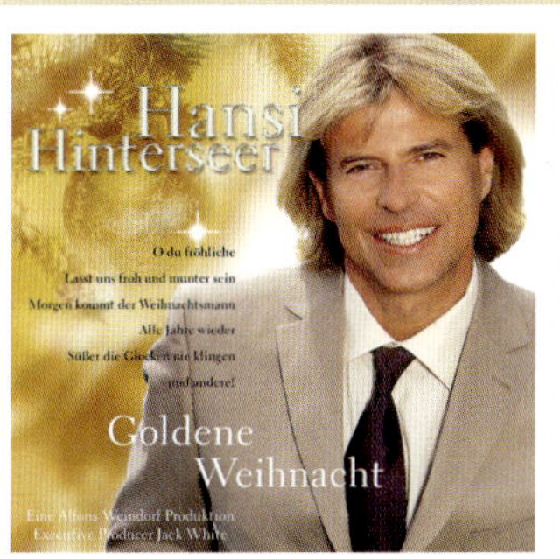

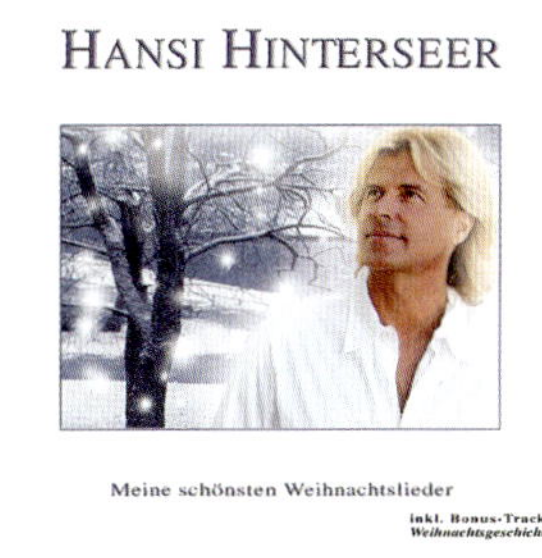

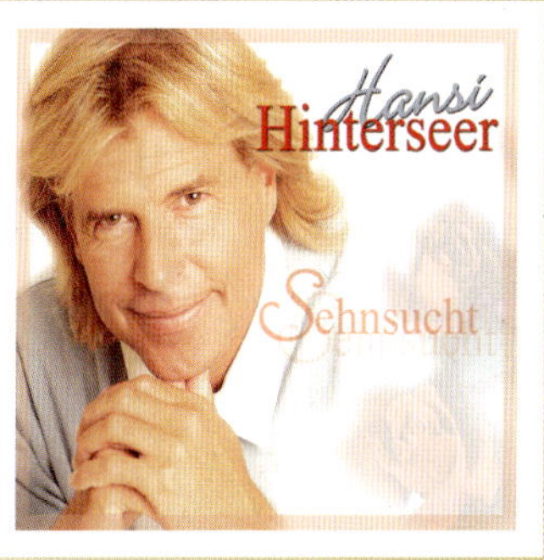

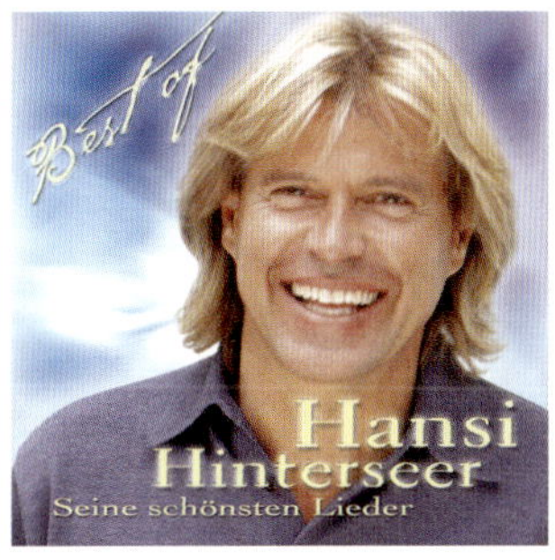

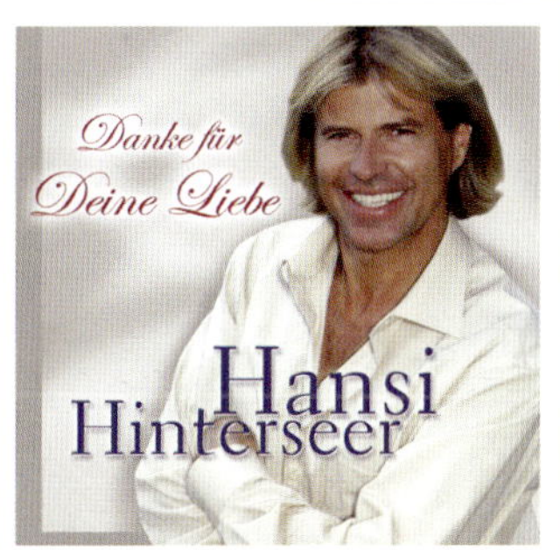

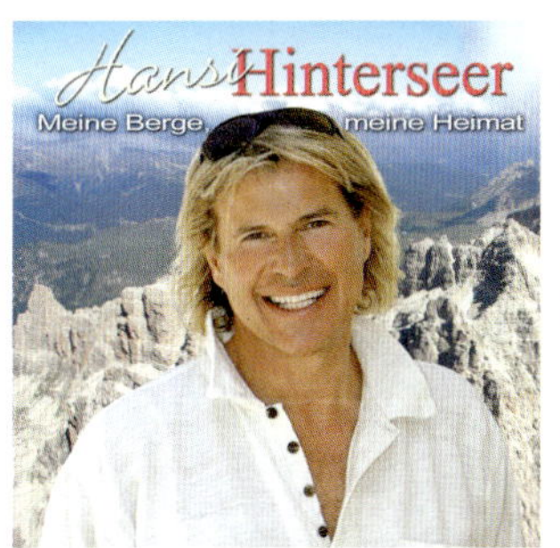

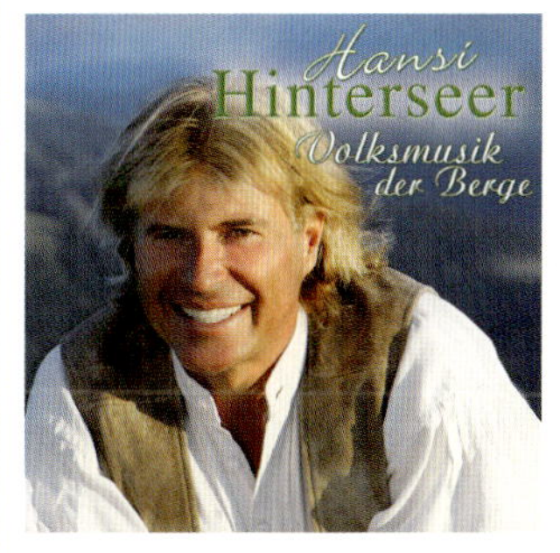

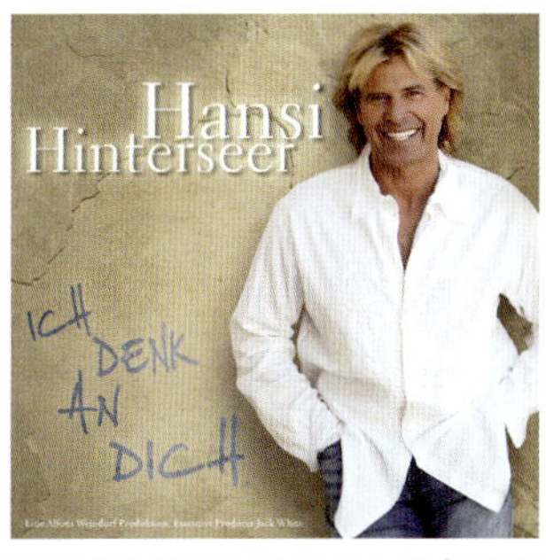

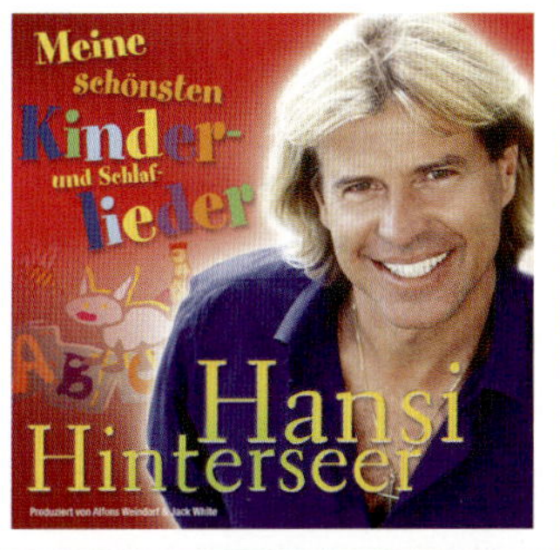

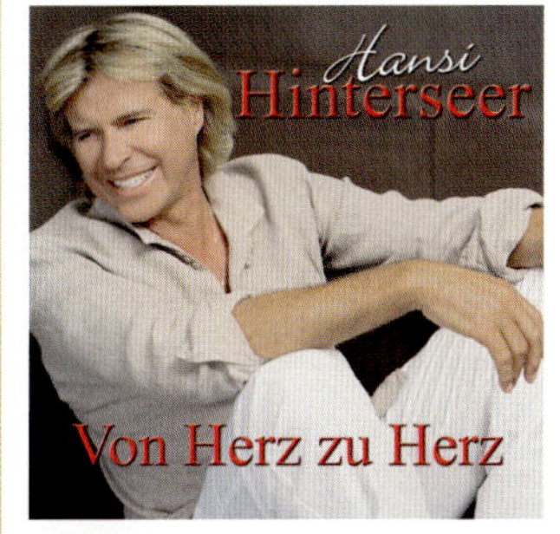

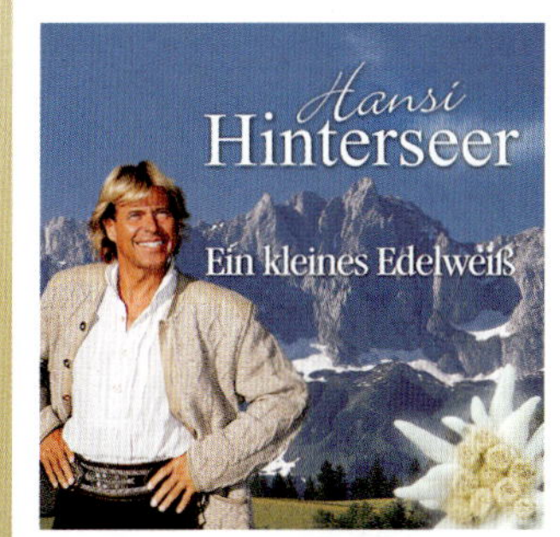

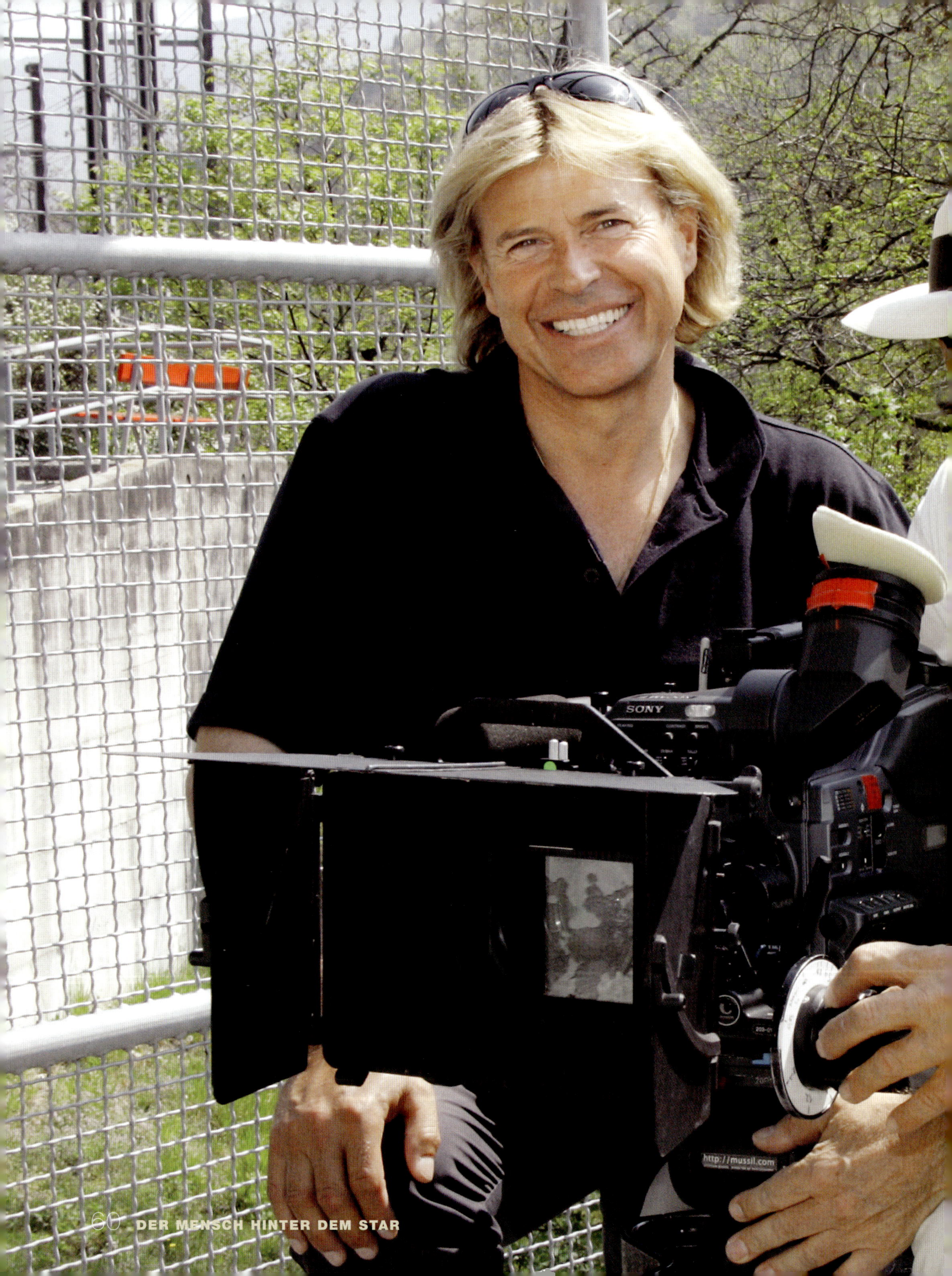
SONY
http://mussil.com

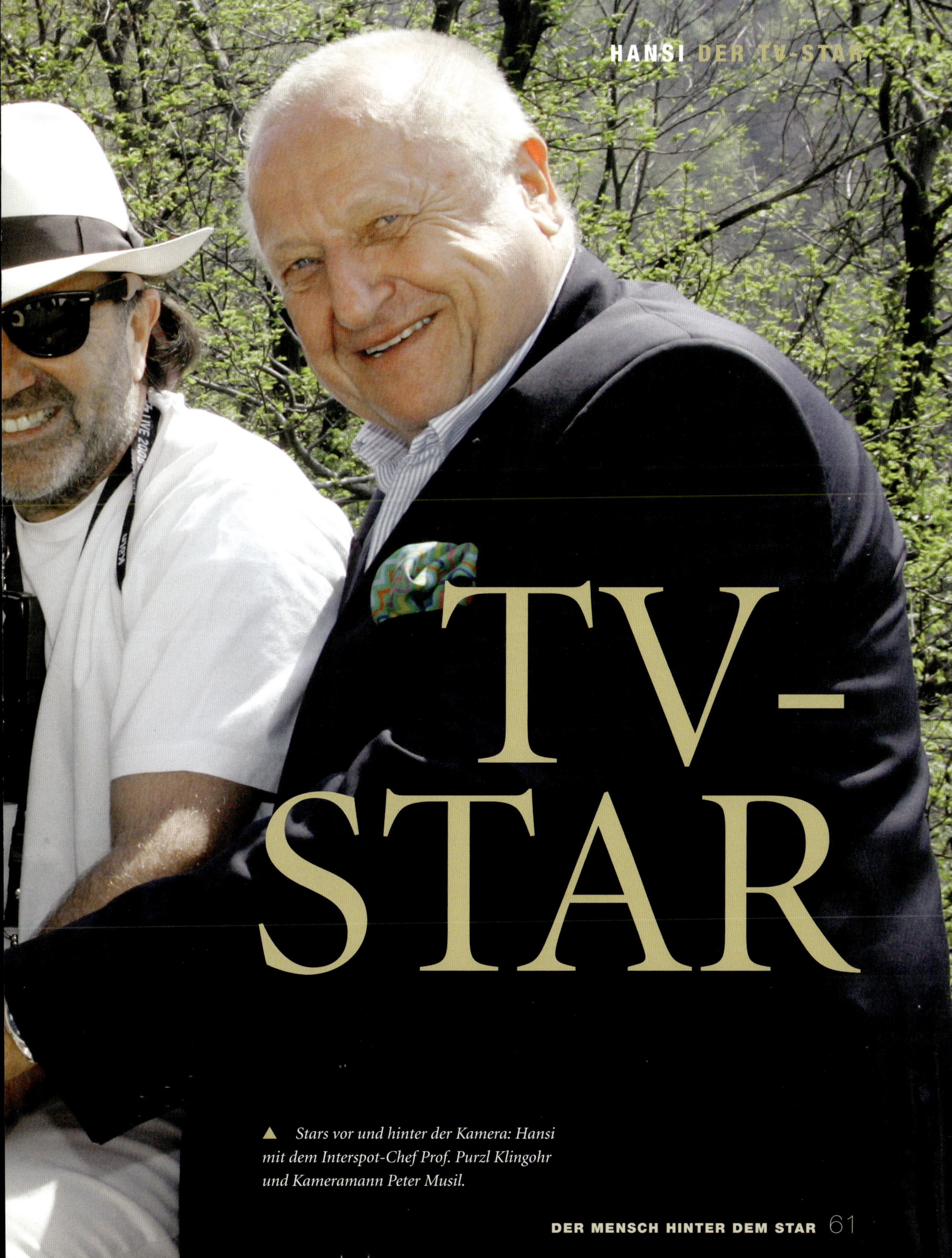

TV-STAR

▲ *Stars vor und hinter der Kamera: Hansi mit dem Interspot-Chef Prof. Purzl Klingohr und Kameramann Peter Musil.*

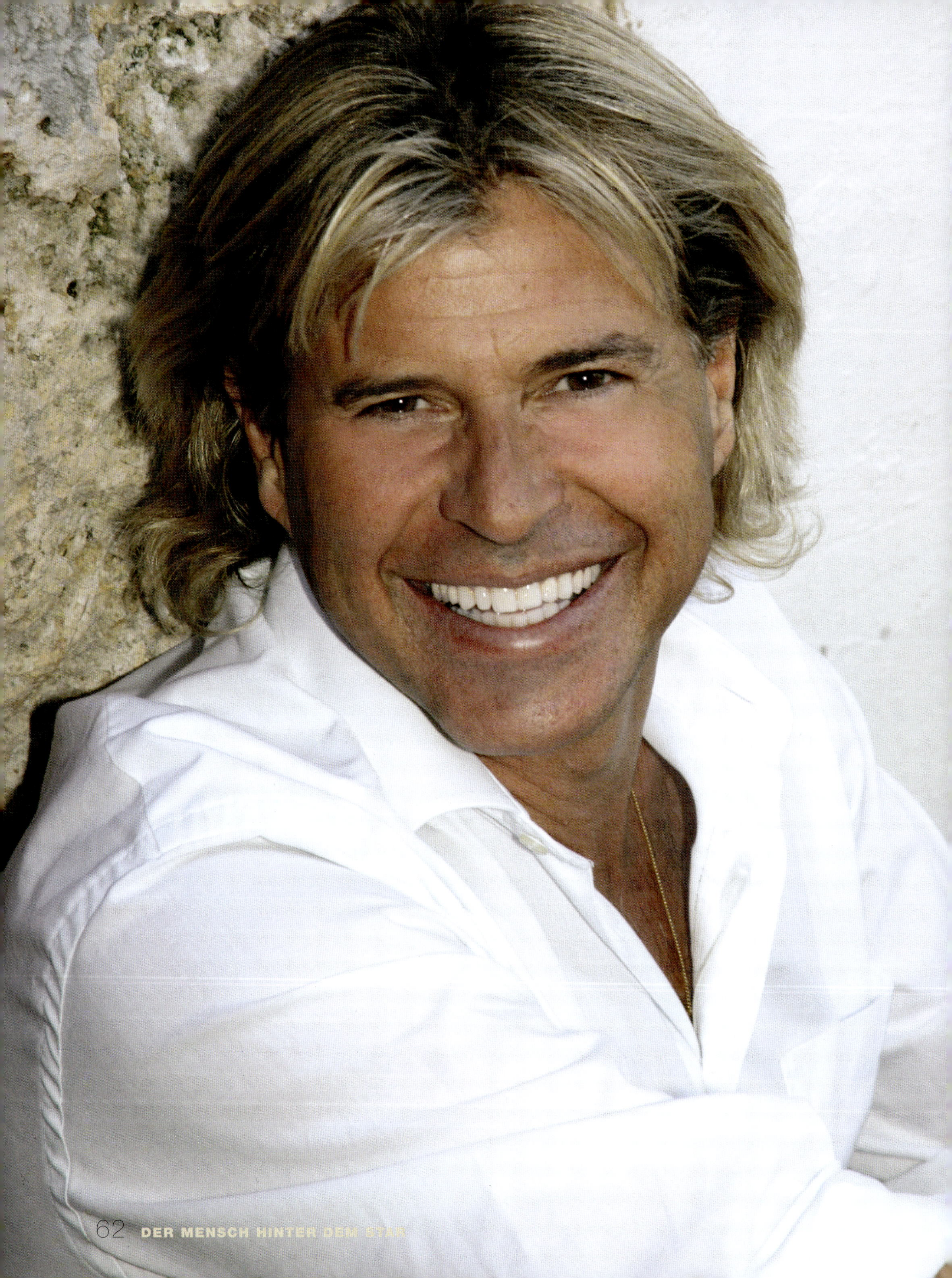

Servus, Hansi

Die Popularität des blonden Stars haben bald auch die TV-Anstalten in Österreich, Deutschland und der Schweiz erkannt, und so war es ein logischer Schluss, dass man dem Publikumsmagneten eine eigene TV-Show anbot. Das im März 1996 ausgestrahlte Hansi-Hinterseer-Porträt übertraf alle Erwartungen der Fernsehverantwortlichen.

WO HANSI DRAUFSTEHT, IST QUOTE DRIN

Frei nach diesem Motto produzierte die Wiener Interspot Film unter der Leitung von Prof. „Purzl" Rudolf Klingohr bereits ab April 1996 die erste Show mit dem Titel *Herzlichst Hansi Hinterseer*". Am 27. Mai 1996 flimmerte die erste Hansi-Show – Arbeitstitel: *Auf Tournee* – im Hauptabendprogramm über die Fernsehschirme.

Regisseur Stefan Pichl und Drehbuchautor Edi Ehrlich (übrigens auch ein waschechter Tiroler aus Kirchberg, gleich bei Kitz) gehören seit der Stunde null zu Hansis TV-Team. Sie zählen auch zum engsten Freundeskreis und kennen seine Wünsche und Ansprüche in Bezug auf Film und Darstellung ganz genau. Dieses „Feeling", was Hansi will und was zu

Was oft so locker und natürlich aussieht, ist meist …

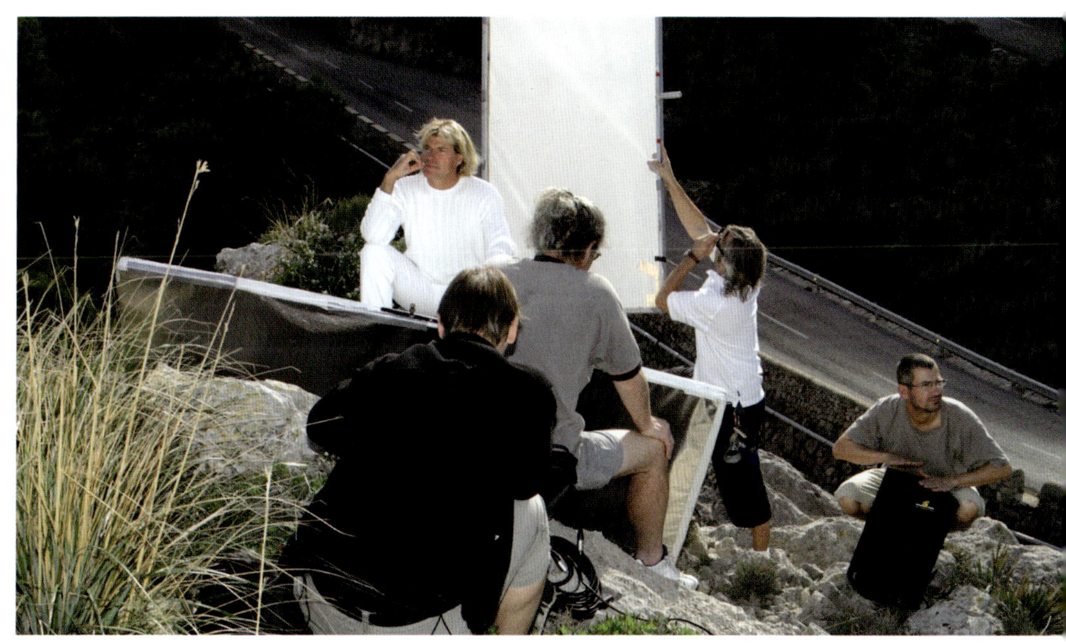

… stundenlanges Einstellen von Licht und Kamera. Hansi ist auch dabei ein absoluter Perfektionist.

HANSI DER TV-STAR

Auch im Schnee bei Außentemperaturen deutlich unter null Grad muss alles bis ins kleinste Detail passen.

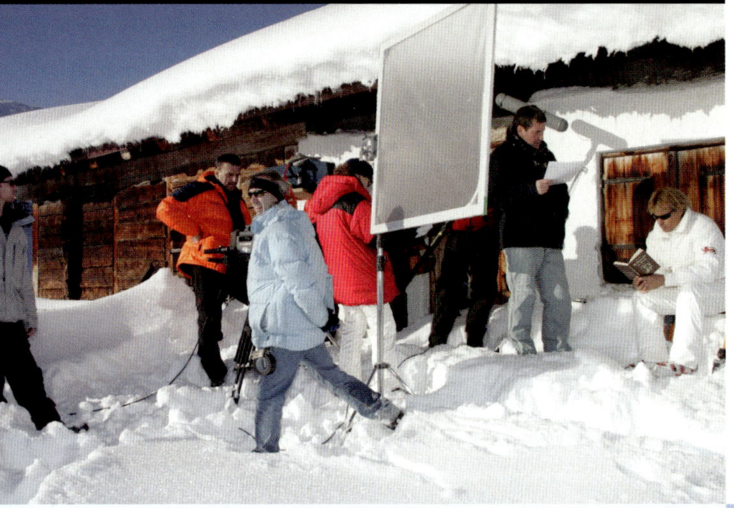

ihm passt, ist für den Tiroler ungemein wichtig, denn nichts ist für den Star belastender als Unprofessionalität und Lieblosigkeit bei der Arbeit.

„Hansi würde nie etwas machen, mit dem er sich nicht identifizieren kann. Die Rollen, in die er schlüpft, sind immer ein Teil von ihm, von seinem Leben und stark mit seinen persönlichen Erfahrungen verbunden!", erklärt uns Edi Ehrlich. „Wahrscheinlich spürt das auch das Publikum, dass man hier etwas Echtes sieht – Hansi, wie er wirklich ist, nicht, wie ihm irgendein fremder Regisseur anschafft zu sein. Ich bin sicher, das macht den Großteil von Hansi Hinterseers Fernseherfolgen aus."

„Während der Dreharbeiten arbeiten wir super zusammen. Auf dem Set verstehen sich alle prächtig, und ich finde, das bemerkt man auch Ergebnis unserer Arbeit. Ich kann mich von der Maskenbildnerin bis zum Kameramann auf alle hundertprozentig verlassen, und nur so möchte ich arbeiten!", streut Hansi Hinterseer dem Interspot-Filmteam Rosen.

Zwei Wegbegleiter des Showerfolgs: Produzent Klingohr und Drehbuchautor Edi Ehrlich.

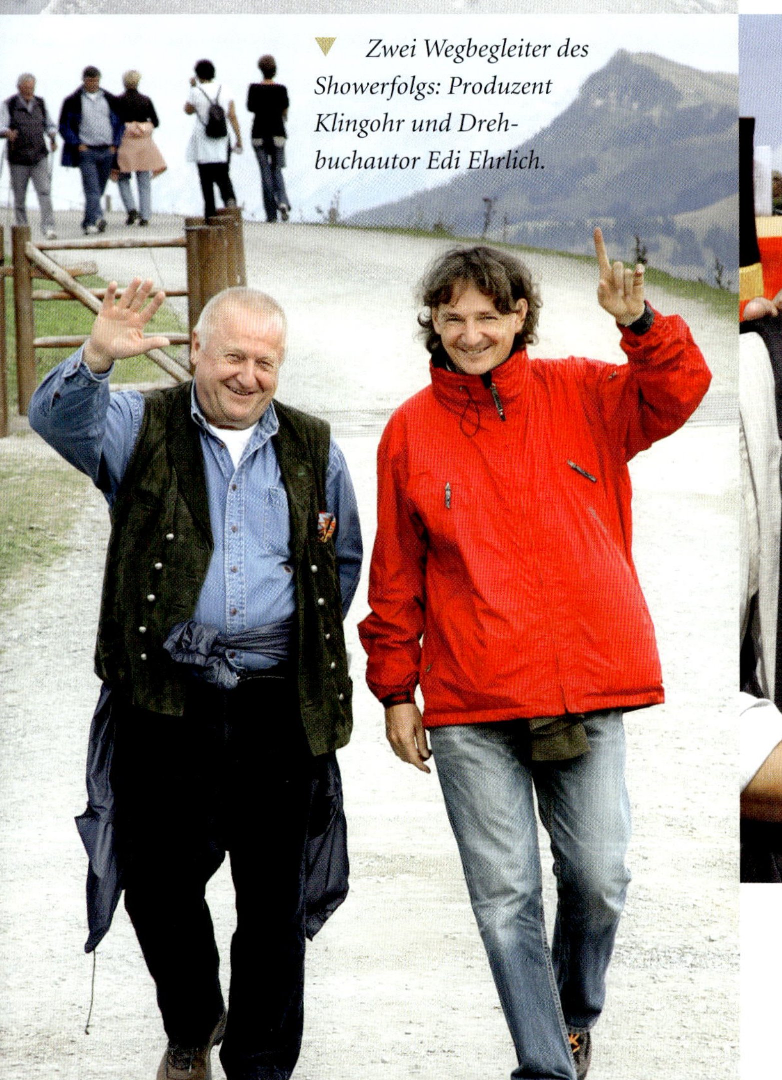

Prominenter Besuch – Kollegen unter sich: Hansis Regisseur Stefan Pichl und Stadl-*Regieassistent Kurt Pongratz.*

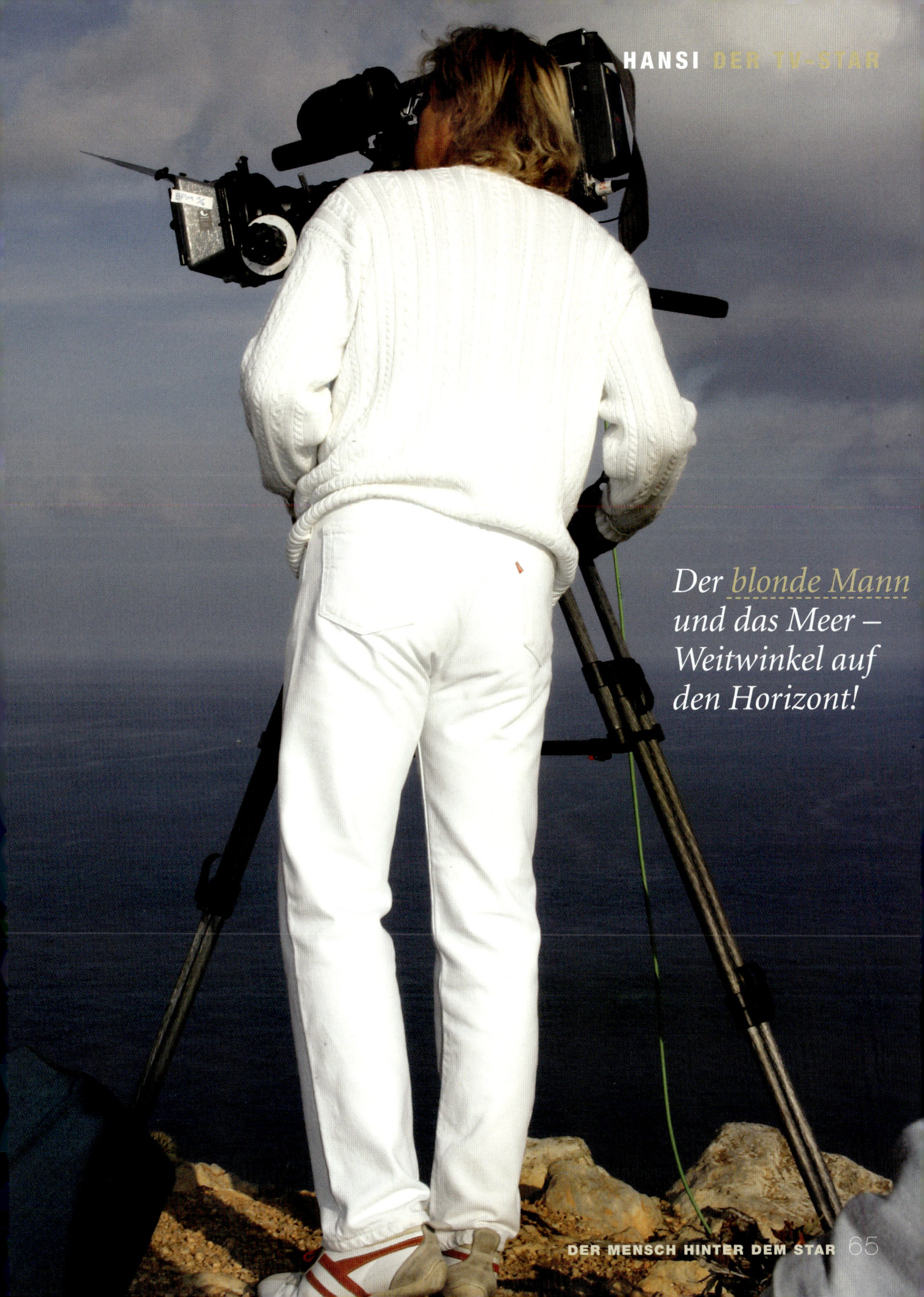

Der blonde Mann und das Meer – Weitwinkel auf den Horizont!

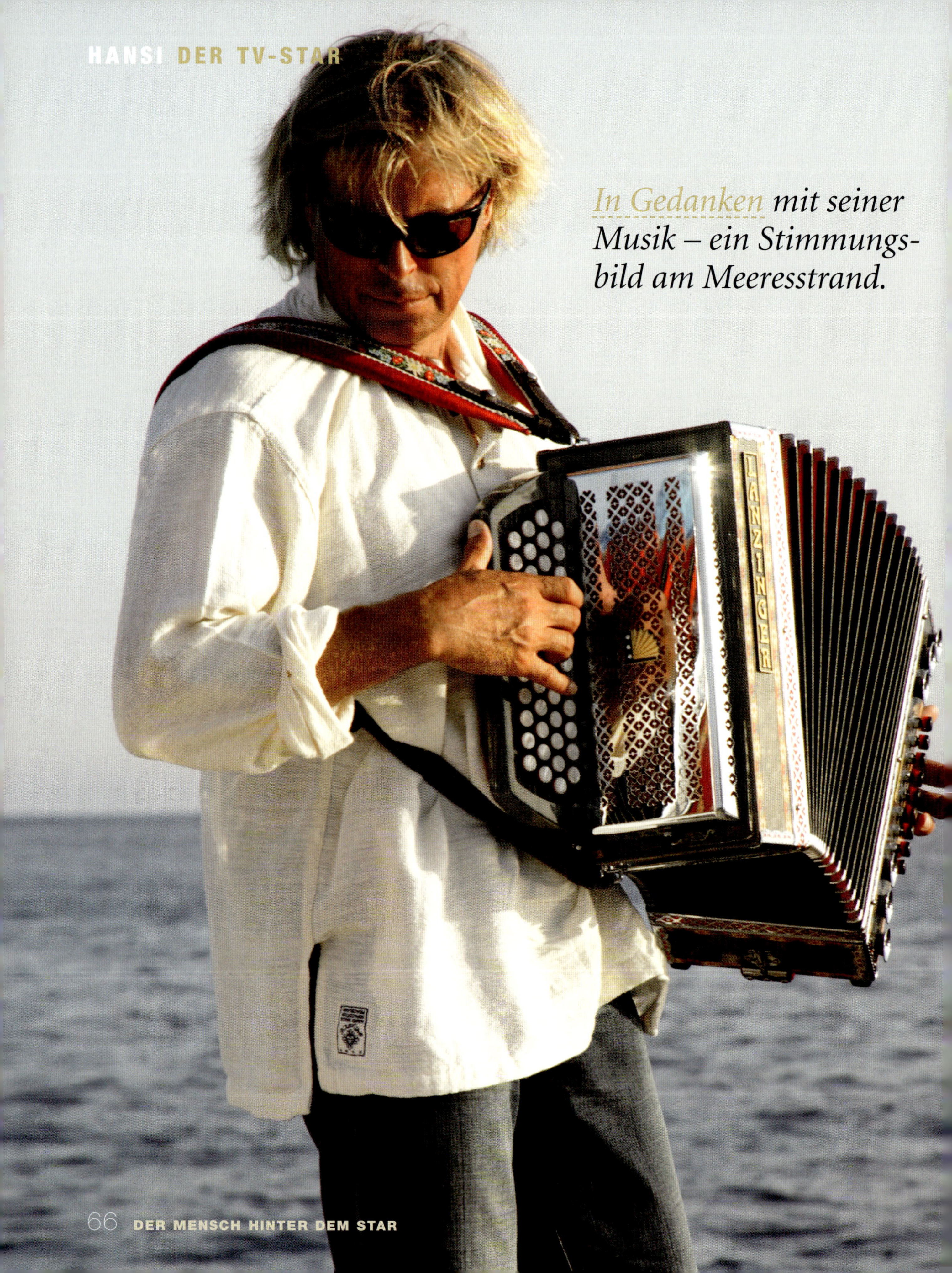

In Gedanken mit seiner Musik – ein Stimmungsbild am Meeresstrand.

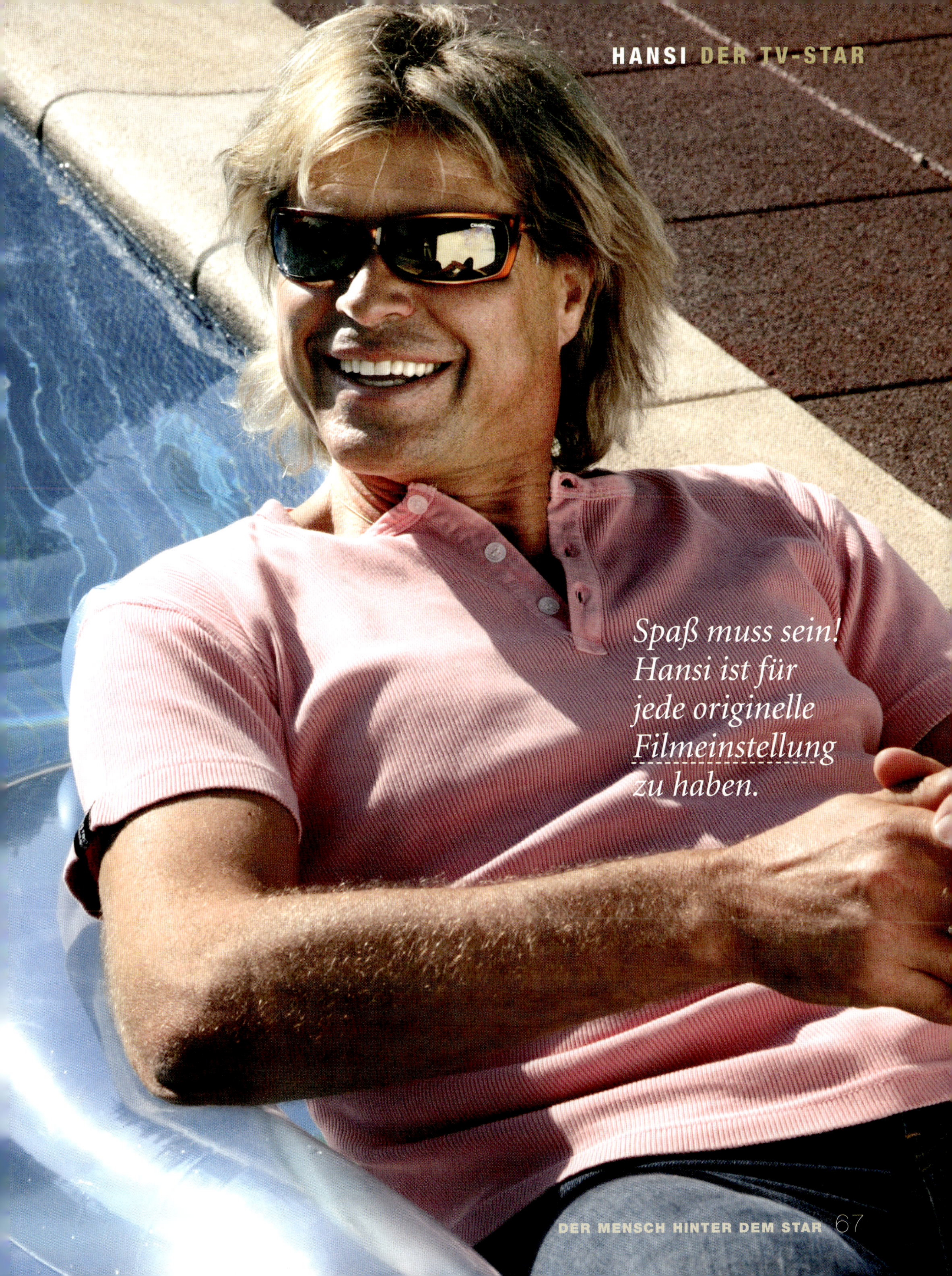

Spaß muss sein! Hansi ist für jede originelle Filmeinstellung zu haben.

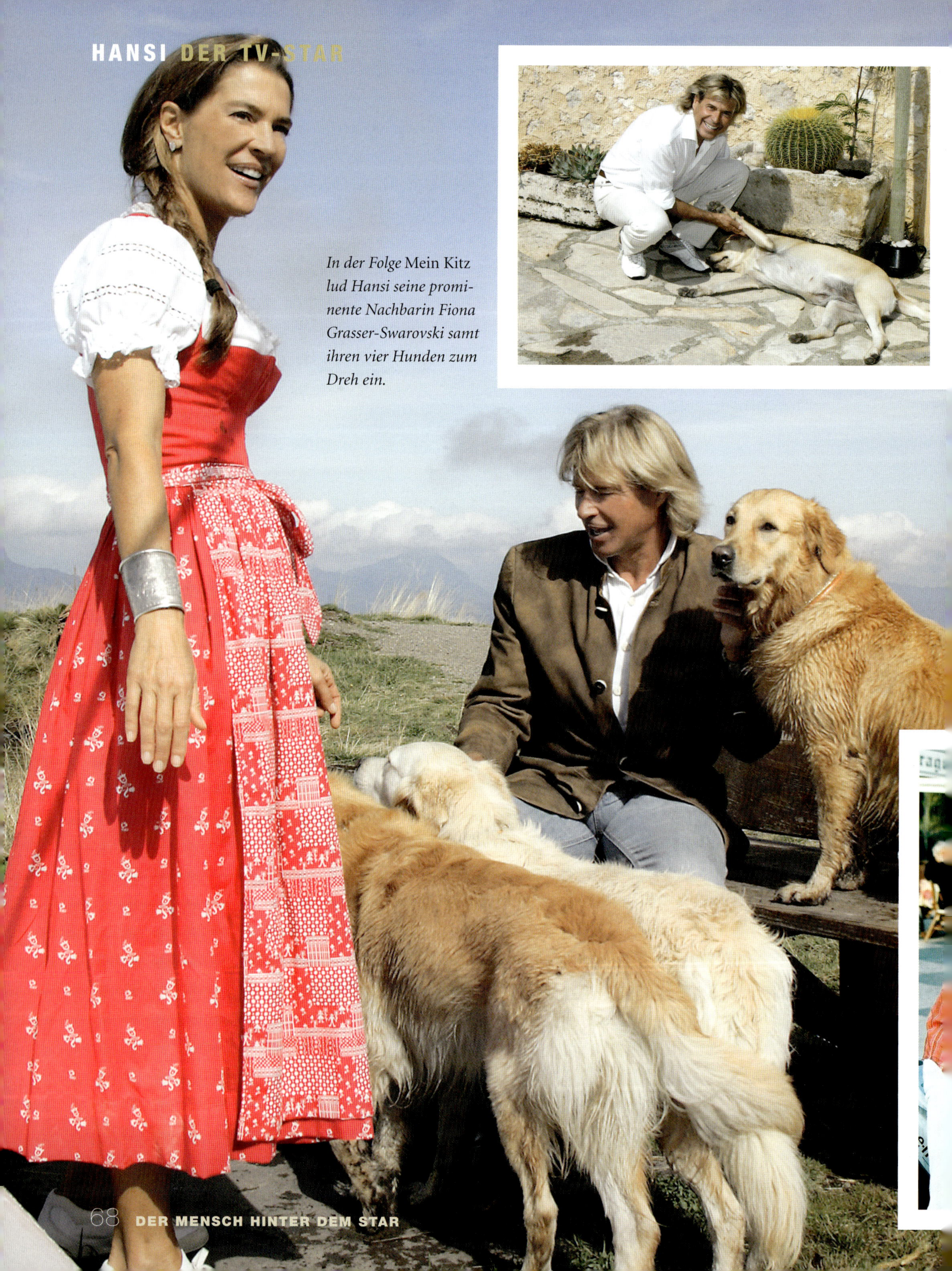

In der Folge Mein Kitz *lud Hansi seine prominente Nachbarin Fiona Grasser-Swarovski samt ihren vier Hunden zum Dreh ein.*

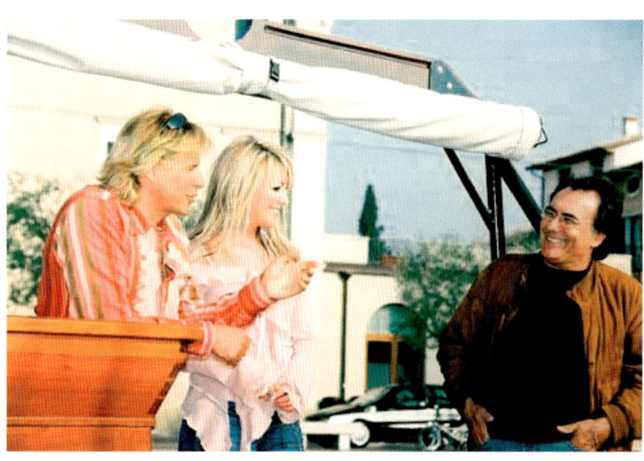

Dass das Ergebnis stimmt, beweisen nicht nur die Quoten seit mehr als 12 Jahren und nach immerhin 32 Folgen, sondern auch die Tatsache, dass sich bis auf den Titel, den man ab dem Jahr 2004 auf *Servus, Hansi* geändert hat, am eigentlichen Sendungsablauf nicht viel geändert hat.

Hansi zeigt als singender Gastgeber die jeweiligen Schönheiten und Besonderheiten der Region, in der er jeweils mit der Show zu Gast ist. Natürlich sind auch immer bekannte Kollegen mit von der Partie, und Hansi versucht auch, seinem Publikum lokale Musikanten, aber auch Brauchtumsgruppen oder Originale aus der Gegend vorzustellen.

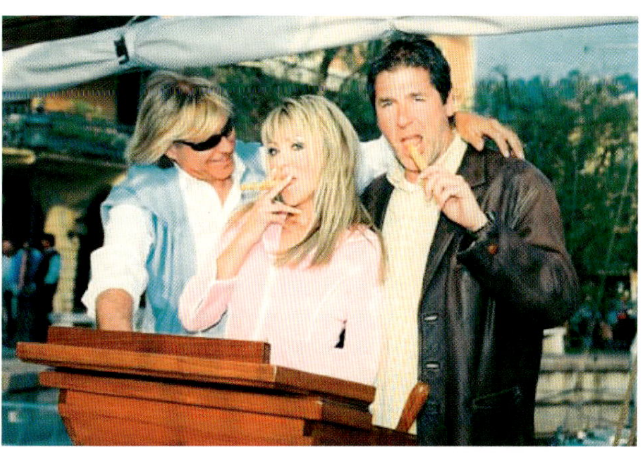

Nachdem sich Hansi zu Beginn der Showaufzeichnungen im engeren Raum seiner Heimat aufhielt, ging die Hinterseer-Show zwischen 1997 und 2006 auch auf Reisen in etwas weiter entfernte Gefilde wie etwa Griechenland, die Toskana oder Mallorca.

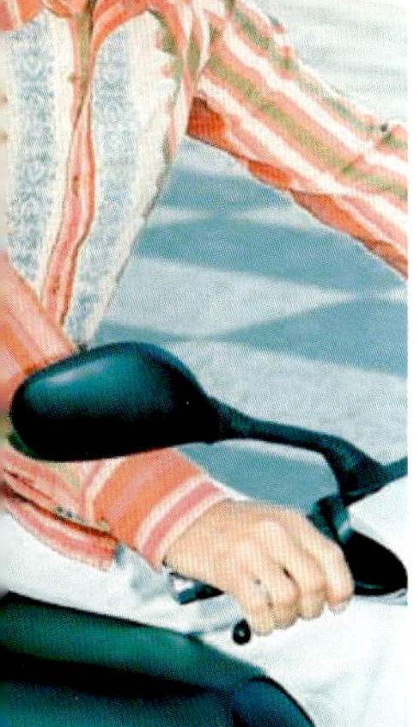

Besonderes Herzblut legte der Star natürlich in die Produktion *Mein Kitzbühel*", die am 28. Oktober 2006 ausgestrahlt wurde. Sämtliche prominente Nachbarn und Freunde aus Kitz, von Franz Beckenbauer bis Fiona Grasser-Swarovski, hatten ihre Auftritte, und die Zuseher sahen einen lockeren, glücklichen Hansi Hinterseer, der sichtlich stolz war, seine Heimat in dieser Form einem Millionenpublikum zu präsentieren. Für 2008 sind noch zwei *Servus, Hansi*-Shows geplant. Eine davon im Herbst, die zweite als traditionelle Weihnachtsshow wird uns die Schönheiten der Kitzbüheler Alpen und des Karwendel zeigen.

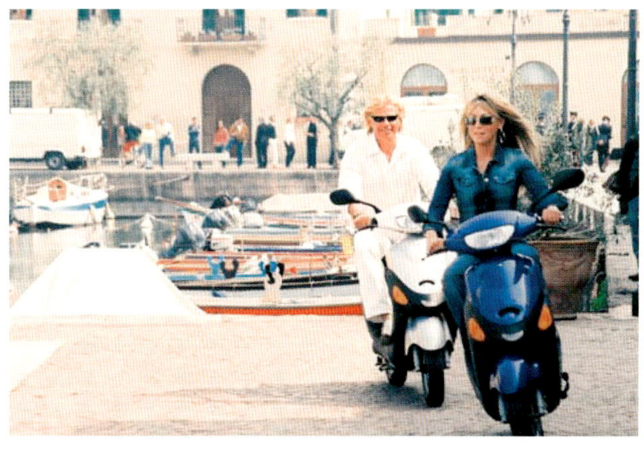

▲ *Szenen aus dem Dreh am Gardasee 2005. Spiel mit Albano Carrisi, Rosanna Rocci, Alberto Tomba und vielen anderen.*

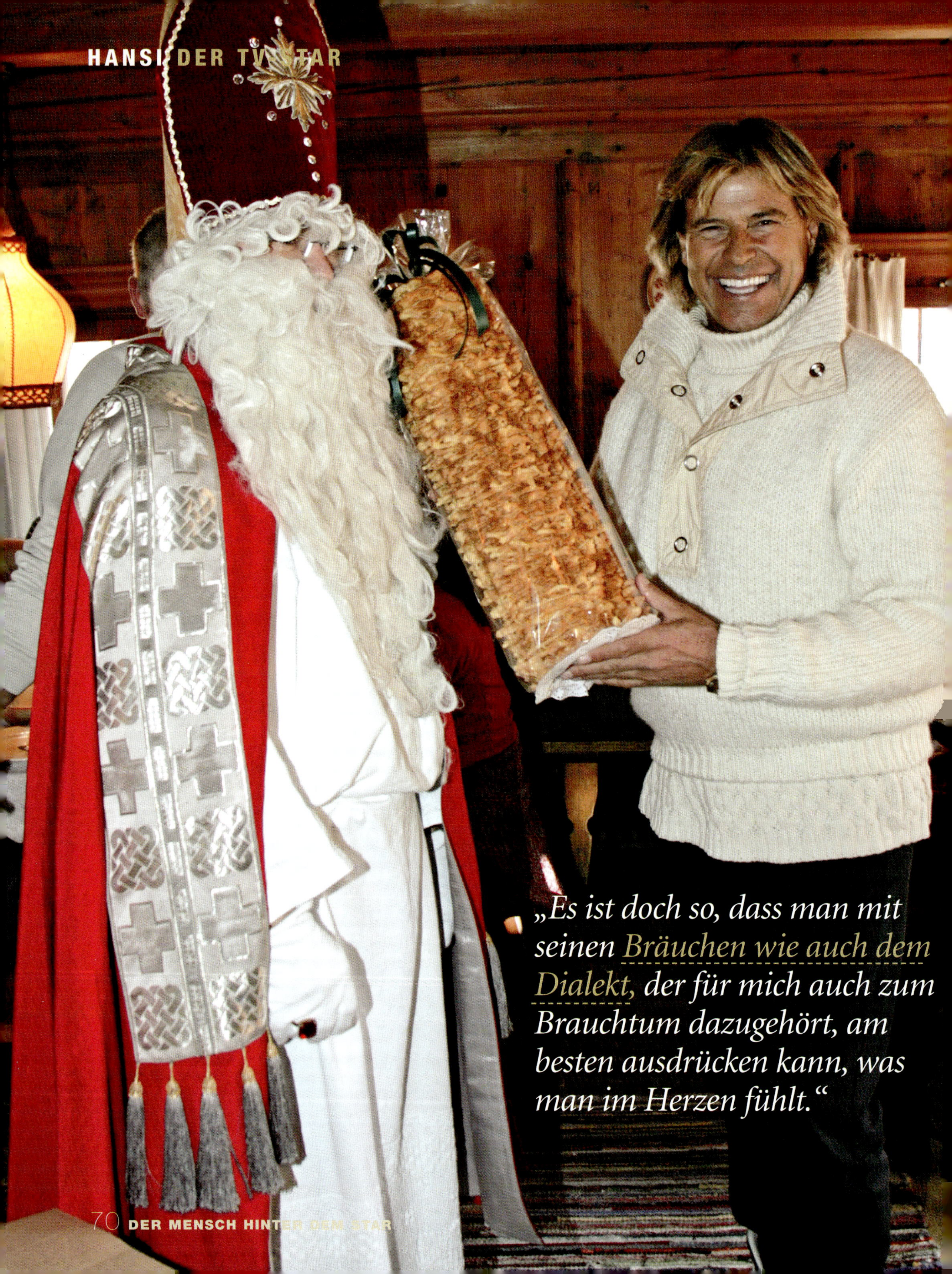

„Es ist doch so, dass man mit seinen Bräuchen wie auch dem Dialekt, der für mich auch zum Brauchtum dazugehört, am besten ausdrücken kann, was man im Herzen fühlt."

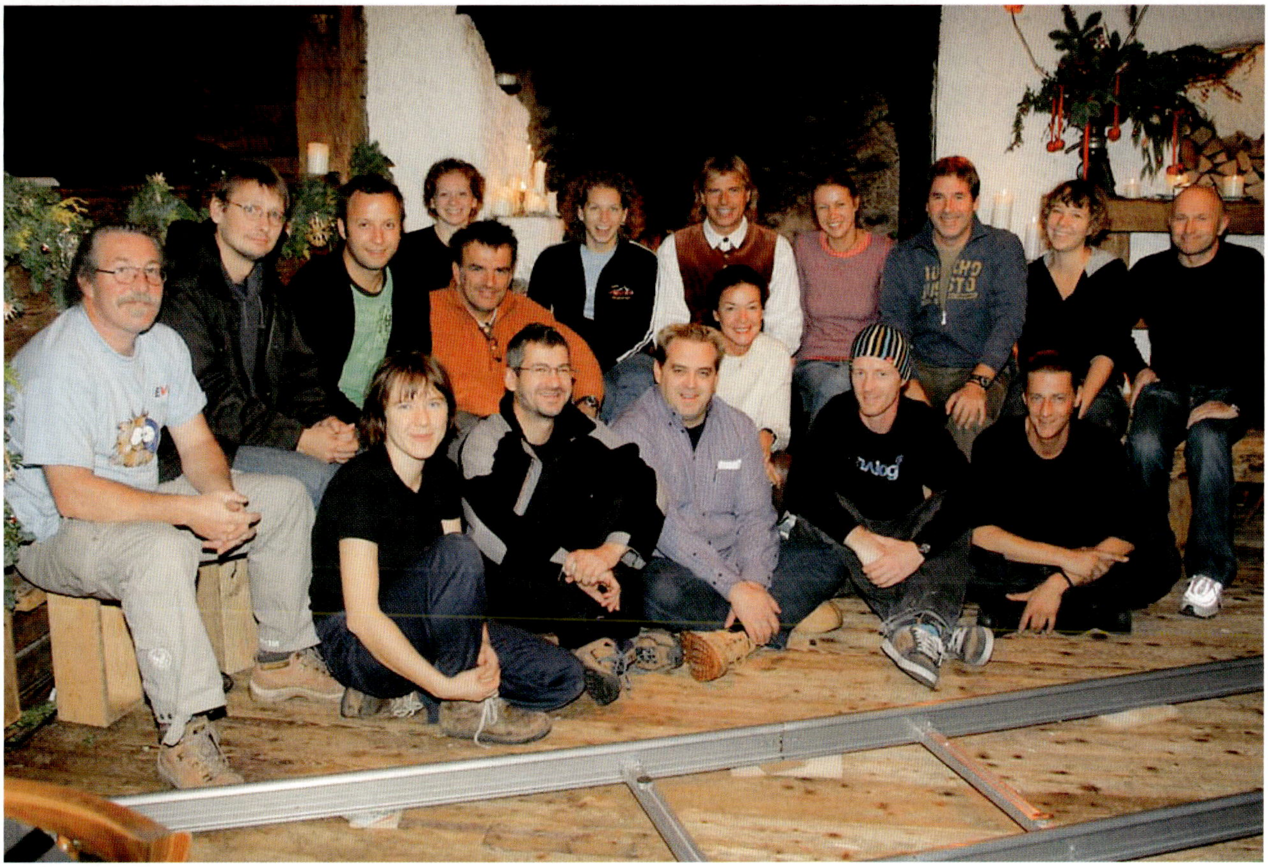

▲ *Das* Servus, Hansi-*Team in einer Drehpause beim* Stanglwirt *in Going.*

▼ *Traditionelle Tiroler Hausmusik.*

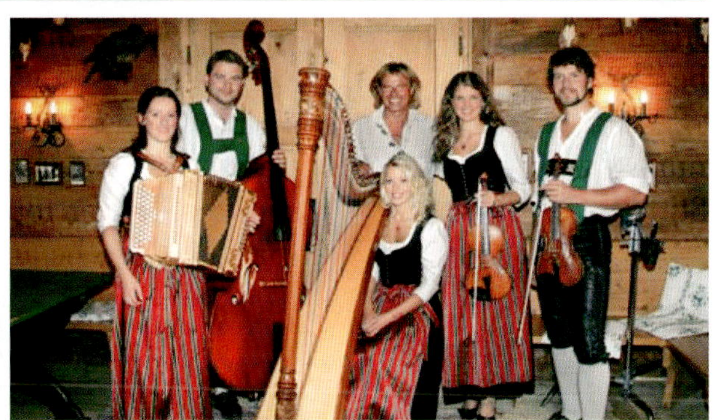

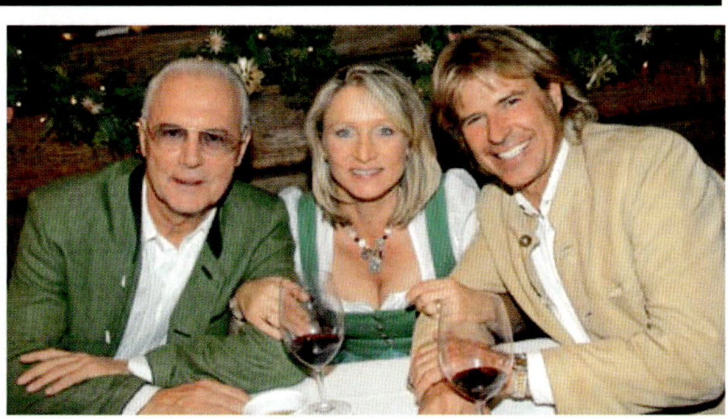

▲ *Internationale Stars, die mittlerweile in Kitz daheim sind: Familie Beckenbauer.*

MILLIONEN VON FERNSEHZUSCHAUERN

Hatten die „coolen" TV-Macher anfangs noch Zweifel, den Tiroler Urcharme von Hansi „ungeschnitten und im O-Ton" dem Publikum zu präsentieren, wurden sie durch die umwerfenden Quotenerfolge von Hansi eines Besseren belehrt. Hansi in Hochdeutsch – das wäre wie feiner italienischer Rotwein in Pappbechern! Die Hansi-Fans haben eindrucksvoll bewiesen: „Wir lieben unseren bärigen Hansi so, wie er ist!" Wohl auch deshalb wurde der Showtitel auf *Servus, Hansi* umgeändert – er passt einfach besser zur Authentizität der Inhalte.

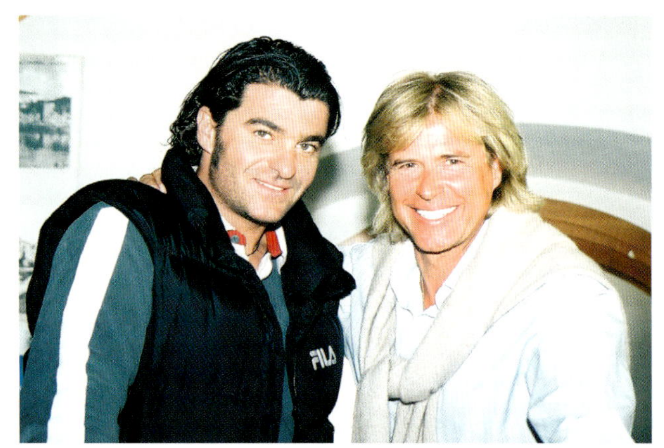

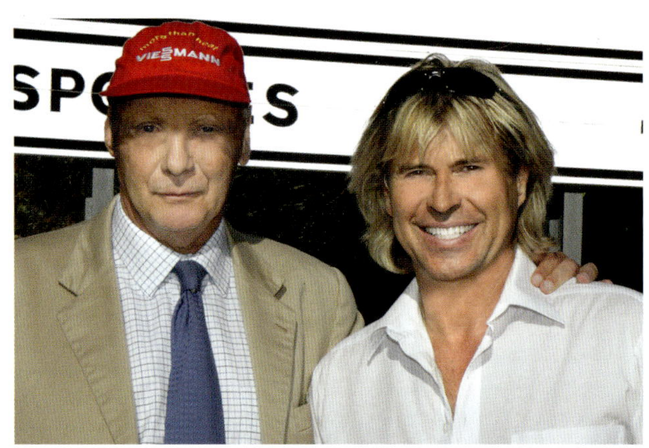

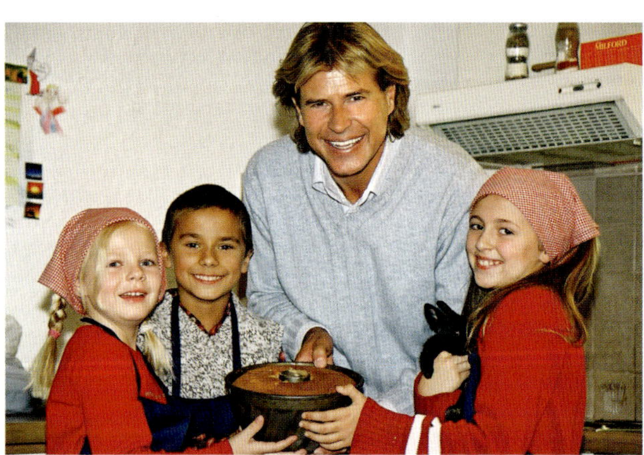

▲ *Zu Gast in Hansis TV-Shows:* Stars und Sternchen. *Mit Skifahrerkollege Alberto Tomba am Gardasee, mit Formel-1-Ass Niki Lauda auf Mallorca, mit Schulkindern aus Kitz beim Backen.*

MEHR ALS NUR FERNSEH-UNTERHALTUNG

Servus, Hansi ist in seiner Machart eigentlich moderne Brauchtumspflege. Die Shows schlagen den Bogen von Tradition und Brauchtum zu zeitgemäßer volkstümlicher Unterhaltung. Ein Weg, alte Volkslieder am Leben zu erhalten?

Hansi meint dazu: „Die Lieder sollten schon allein deshalb gehört werden, damit das alte Volksliedgut und die regionalen Dialekte nicht vergessen werden – und weil mir diese traditionellen Lieder sehr gut gefallen, ich bin damit aufgewachsen. Sie gehören zu meinen Wurzeln."

In Tirol wachsen die Kinder mit dem Brauchtum auf. Es ist wichtig, dass sie gefördert werden. Für Hansi Hinterseer ist Brauchtum etwas Wunderbares. Nicht nur die Tiroler Bräuche, auch die aus anderen Regionen sind schön und ehrlich. Das hat sehr viel mit gelebter Kultur und Tradition zu tun, und das muss gepflegt werden. Millionen von Fernsehzuschauern lernen so auf unterhaltsame Weise die Eigen- und Gepflogenheiten verschiedenster Landstriche kenne, die sie ohne Hansis Show nie im Leben sehen würden.

Kritiker meinen oft, dass viele Bräuche vor allem nur noch als Touristenattraktion inszeniert würden. Stimmt das? Und wenn: Hält nicht gerade der Tourismus in vielen Gegenden manche Bräuche am Leben?

„Wichtig ist es, Traditionen am Leben zu erhalten, indem man sie pflegt und darüber spricht. In unserer schnelllebigen, konsumorientierten Welt würden diese jahrhundertealten Bräuche sonst verloren gehen. Wie sollen die jungen Leute jemals erfahren, wie schön die alten Bräuche sind? Und wenn man dazu heute sogenannte ‚Events' braucht, soll es auch gut sein. Fernsehen ist einfach Bestandteil der Gegenwart, und wenn man dieses Jetztzeitmedium dafür nutzen kann, die Vergangenheit am Leben zu erhalten, warum nicht? Die Servus, Hansi*-Shows tragen dazu sicher mehr bei als viele, viele verstaubte Heimatkundebücher."*

Sänger Albano Carrisi.

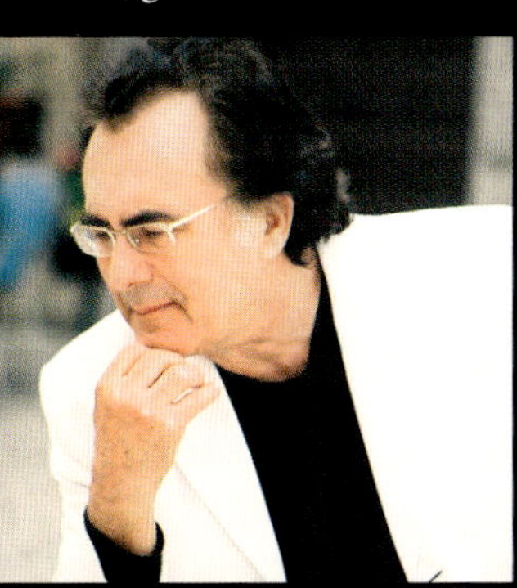

Skirennfahrer und Freund Markus Eberle im traditionellen Hochzeitsanzug bei Servus-Dreharbeiten.

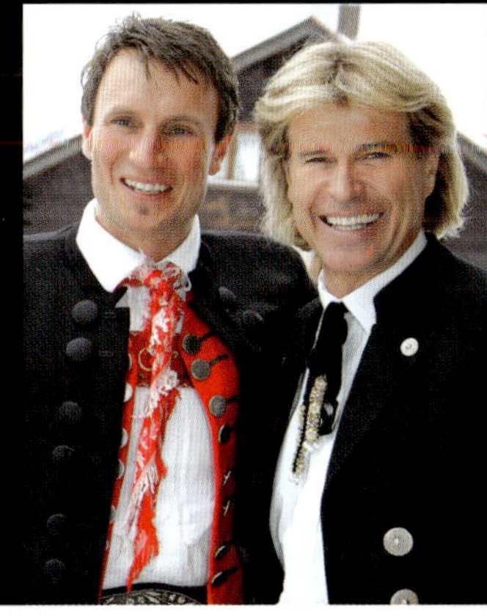

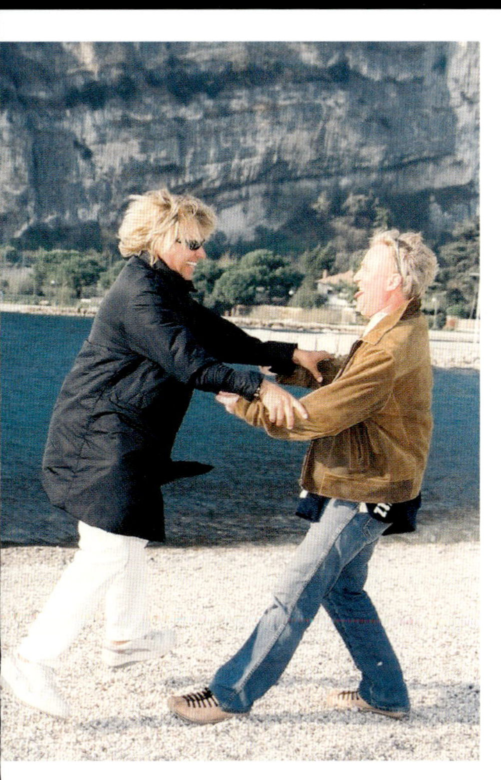

Handgemenge – nur für die Kamera, weil in Wirklichkeit sind die beiden „dicke" Freunde: Luis Plattner vom Tiroler Echo *und Hansi.*

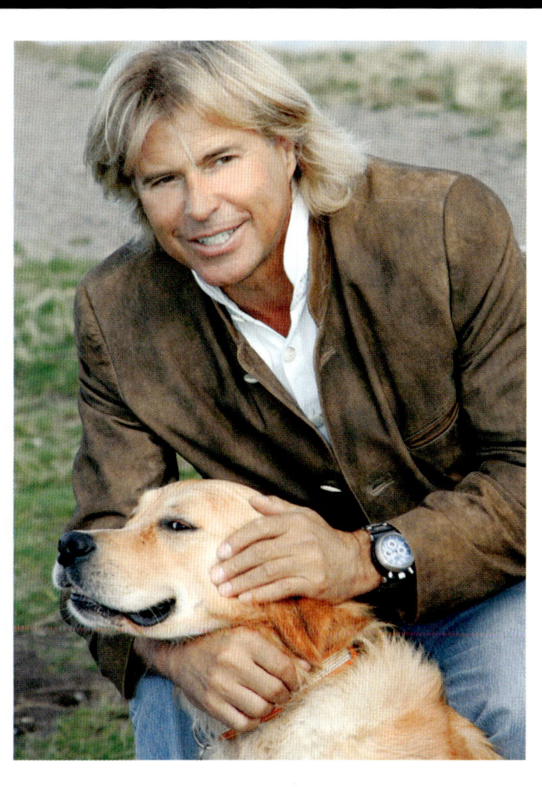

Einmal mehr: Hansi, der Hundenarr.

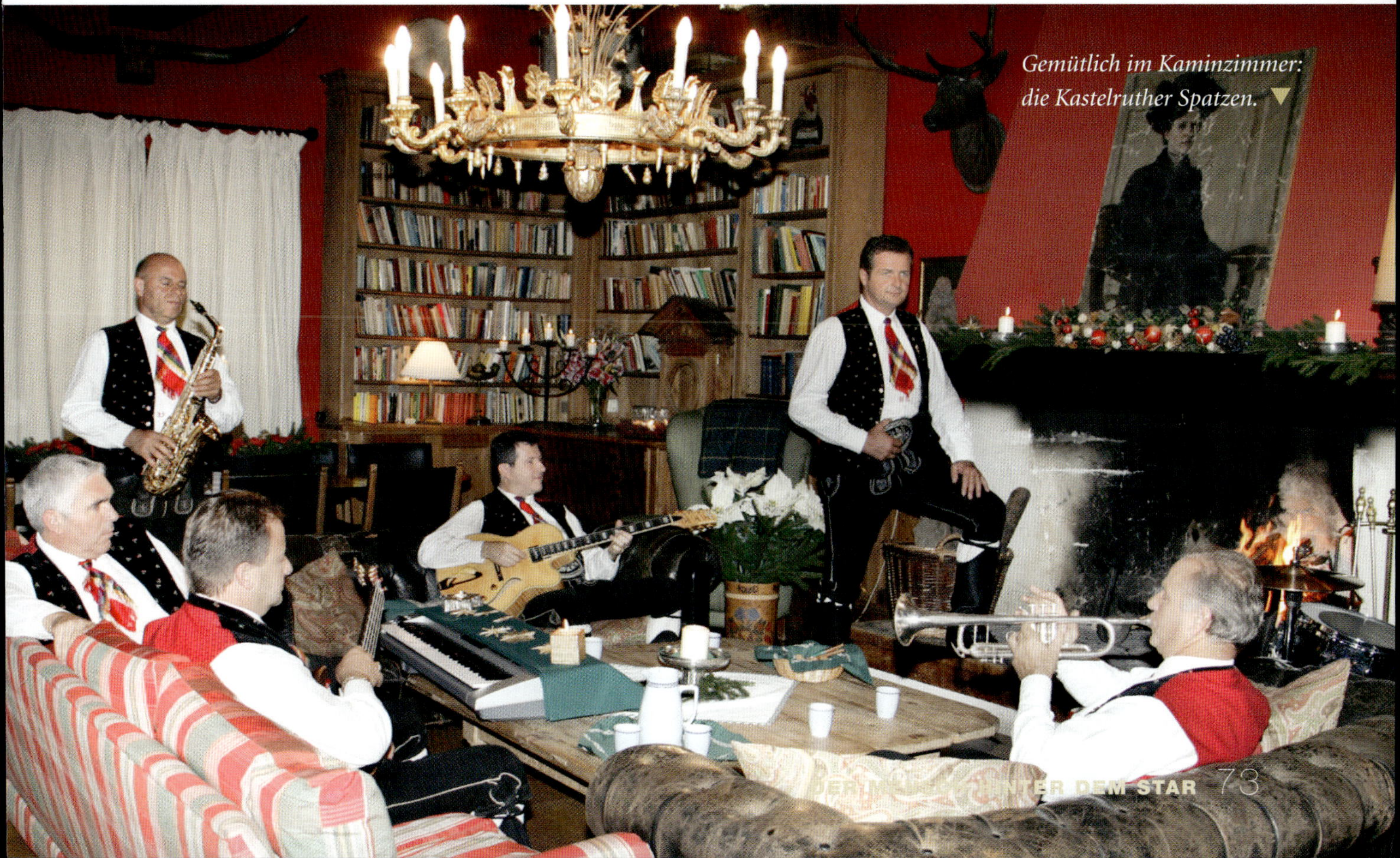

Gemütlich im Kaminzimmer: die Kastelruther Spatzen.

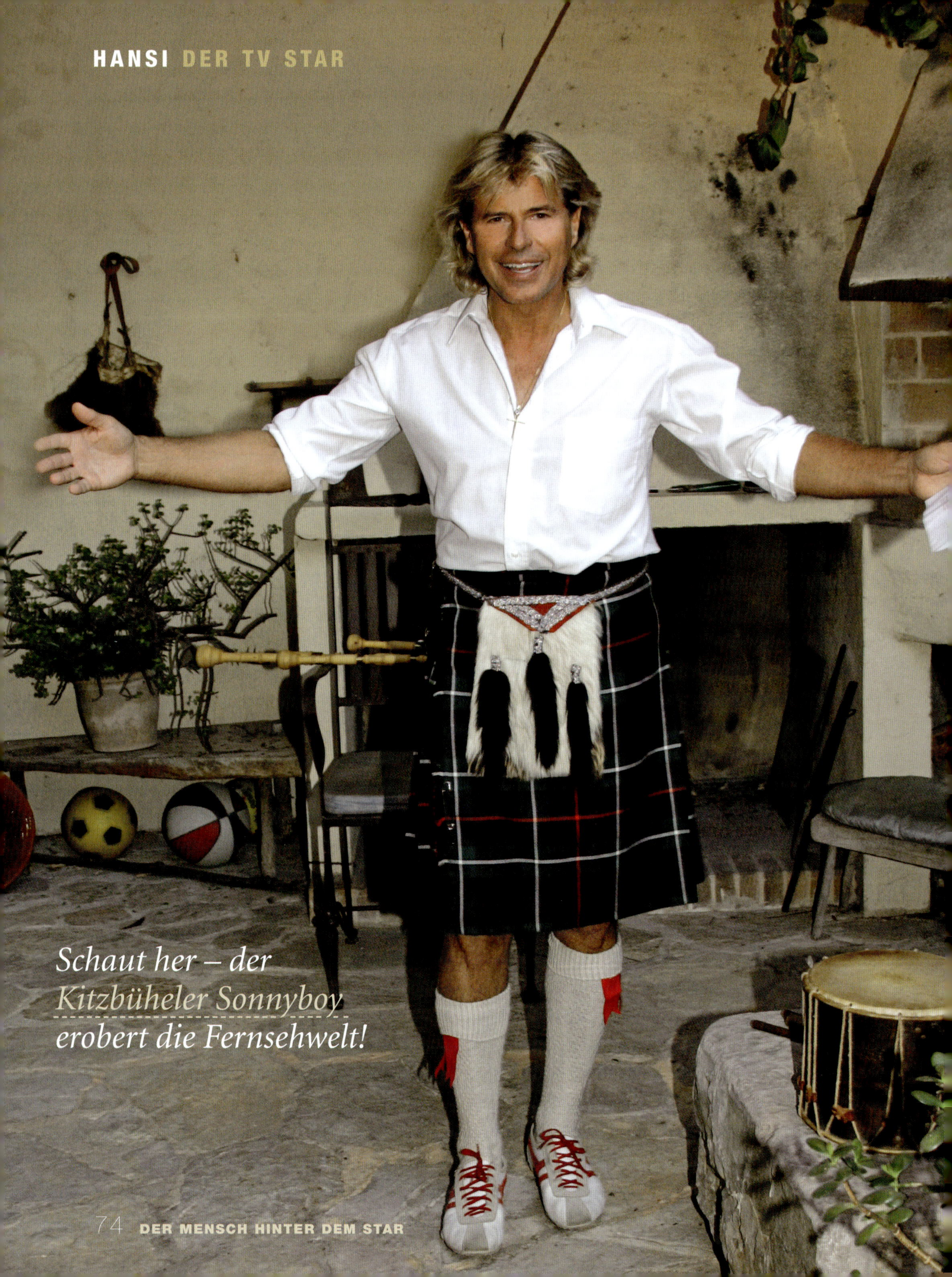

Schaut her – der *Kitzbüheler Sonnyboy* erobert die Fernsehwelt!

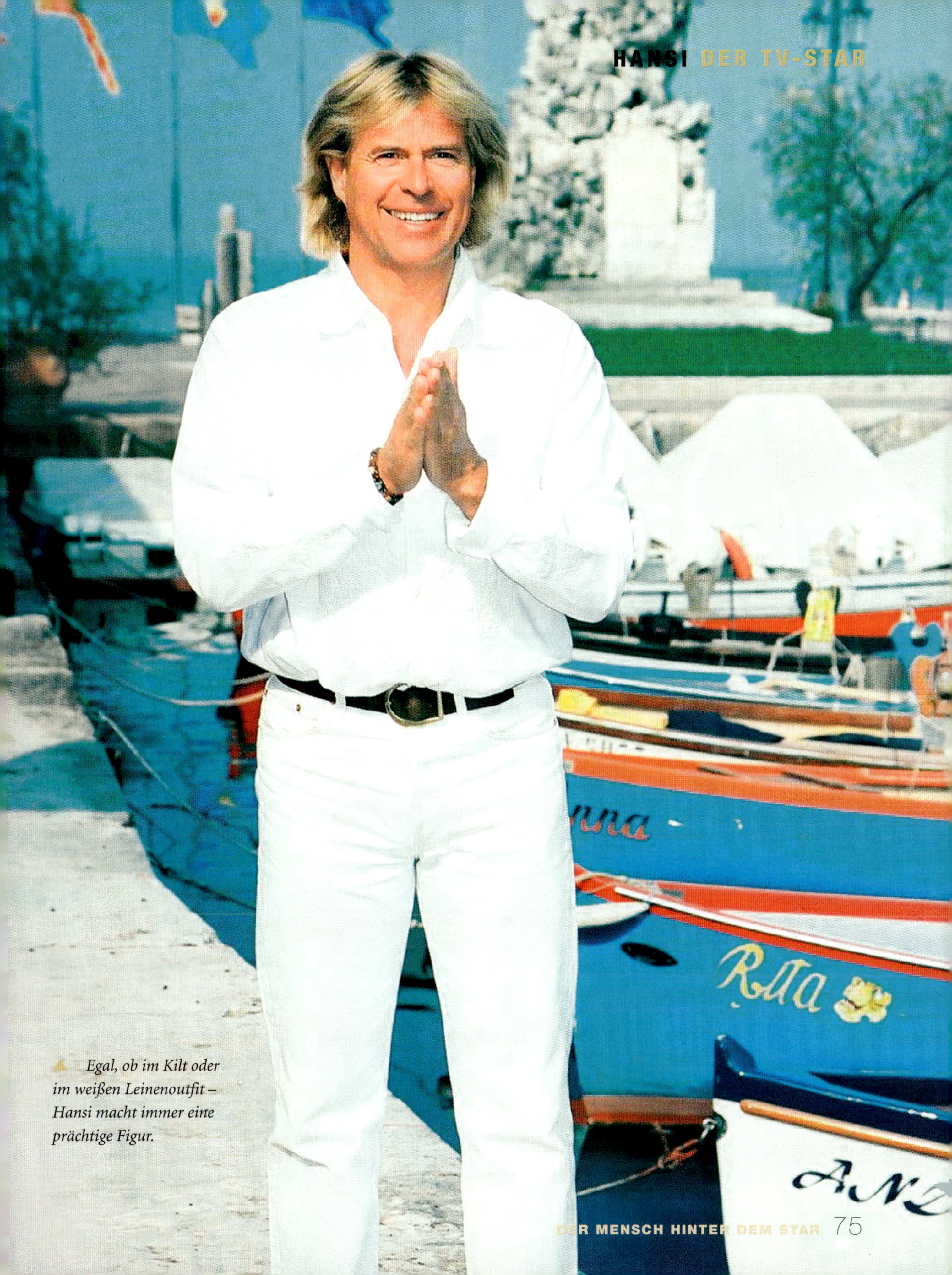

Egal, ob im Kilt oder im weißen Leinenoutfit – Hansi macht immer eine prächtige Figur.

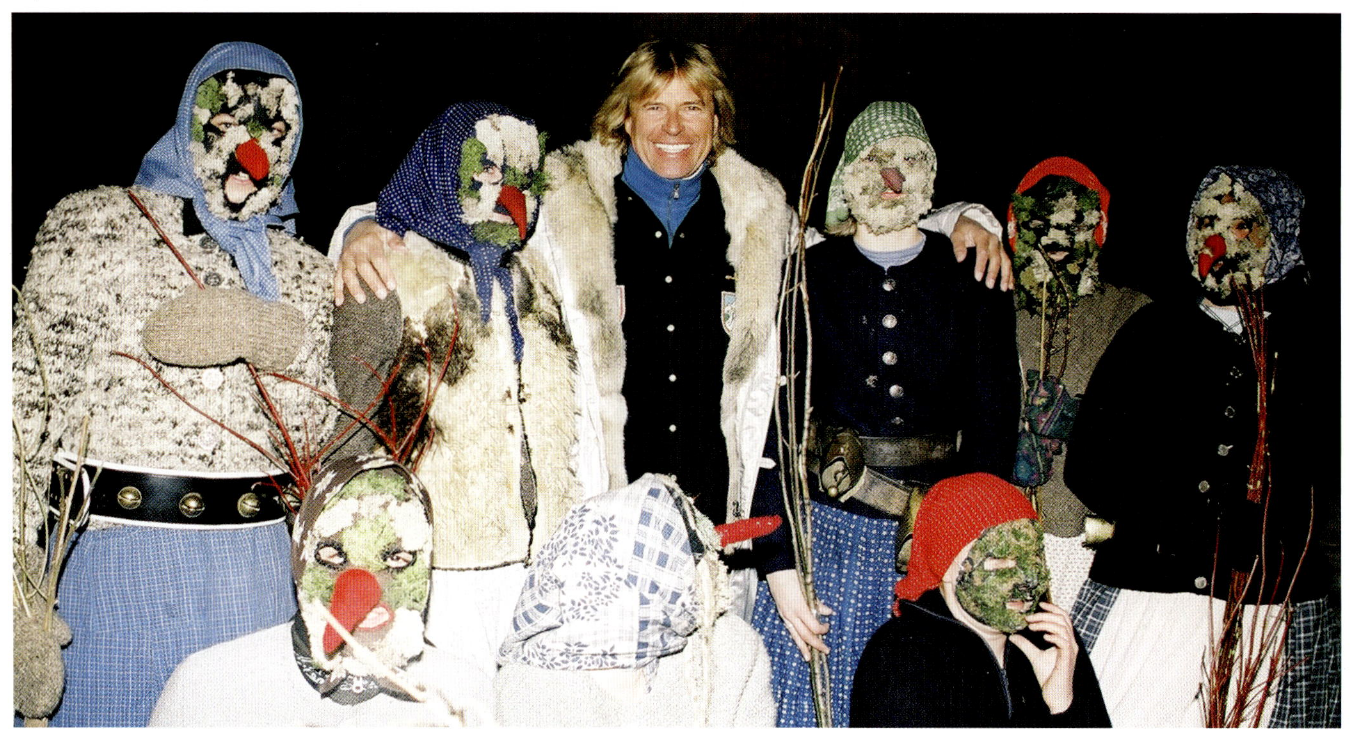

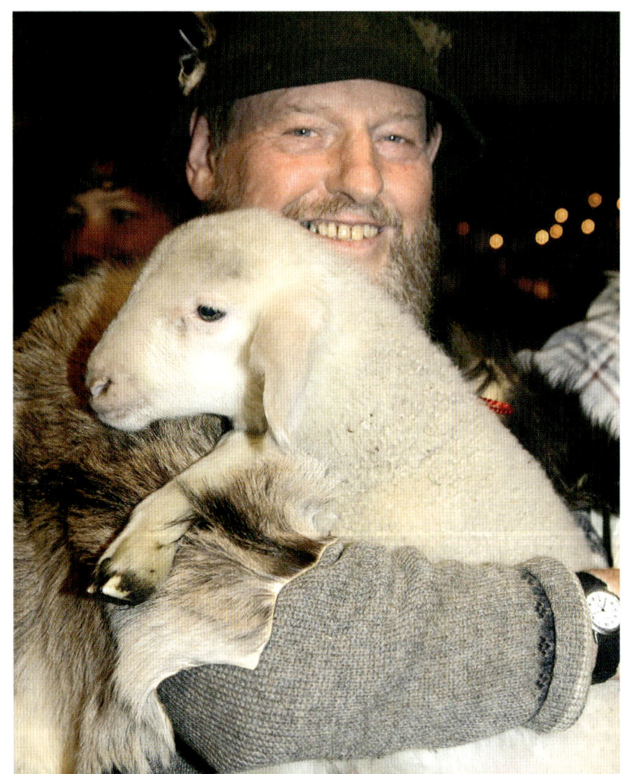

▲ *Als Tiroler ist er mit Brauchtum aufgewachsen und sieht es als seine Aufgabe, mit den Shows dieses Brauchtum am Leben zu erhalten. Perchten, Klöpfelsänger oder einfach ein zünftiges Stamperl Obstler – das alles gehört zur Marke Hansi.*

Hast Du einen Lieblingsbrauch?

„Nein, den gibt es nicht. Da mache ich keinen Unterschied. Bräuche sind Teil der Kultur, der Herkunft und der Identität, und mir sind alle gleich wichtig. Ich habe selbst schon ‚Gankerln' – Krampus, Perchte, Teufel, Spierifankerl … aus Scheu, den Namen Teufel auszusprechen, gibt man ihm andere Namen. Der Teufel hat ein Überbein, auch einen Geißfuß oder Pferdefuß. Teufel; meist als Kosewort benutzt … du bist a kloana Ganggerl oder Gankerl –, wie man sie bei uns in Tirol nennt, getragen. Das sind wunderschöne, aufwendige alte Kostüme. Gefürchtet hab ich mich auch als Bub nicht, aber spannend war's schon – und Spaß hat es auch gemacht, ganz gleich, ob man mitläuft oder nur zuschaut."

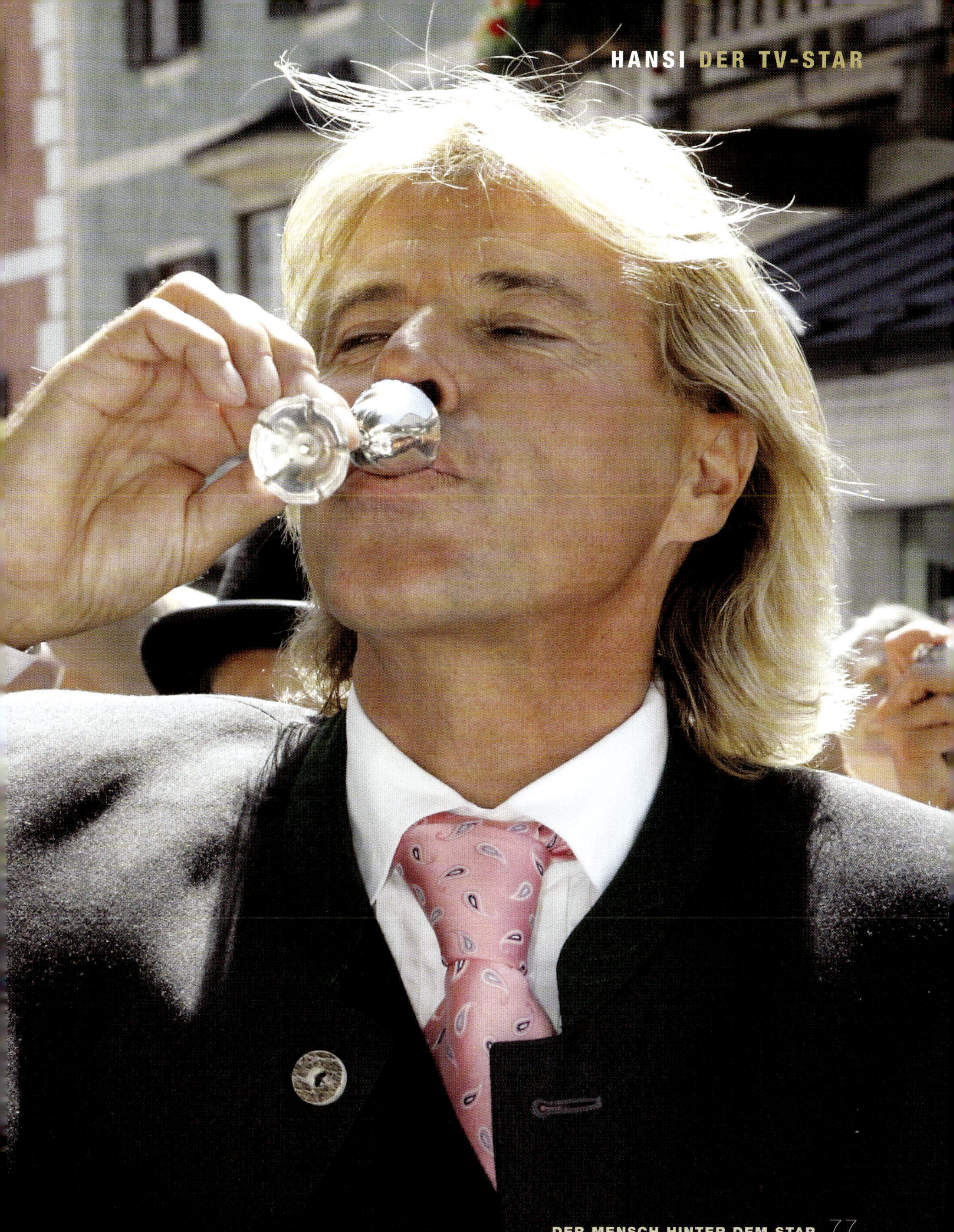

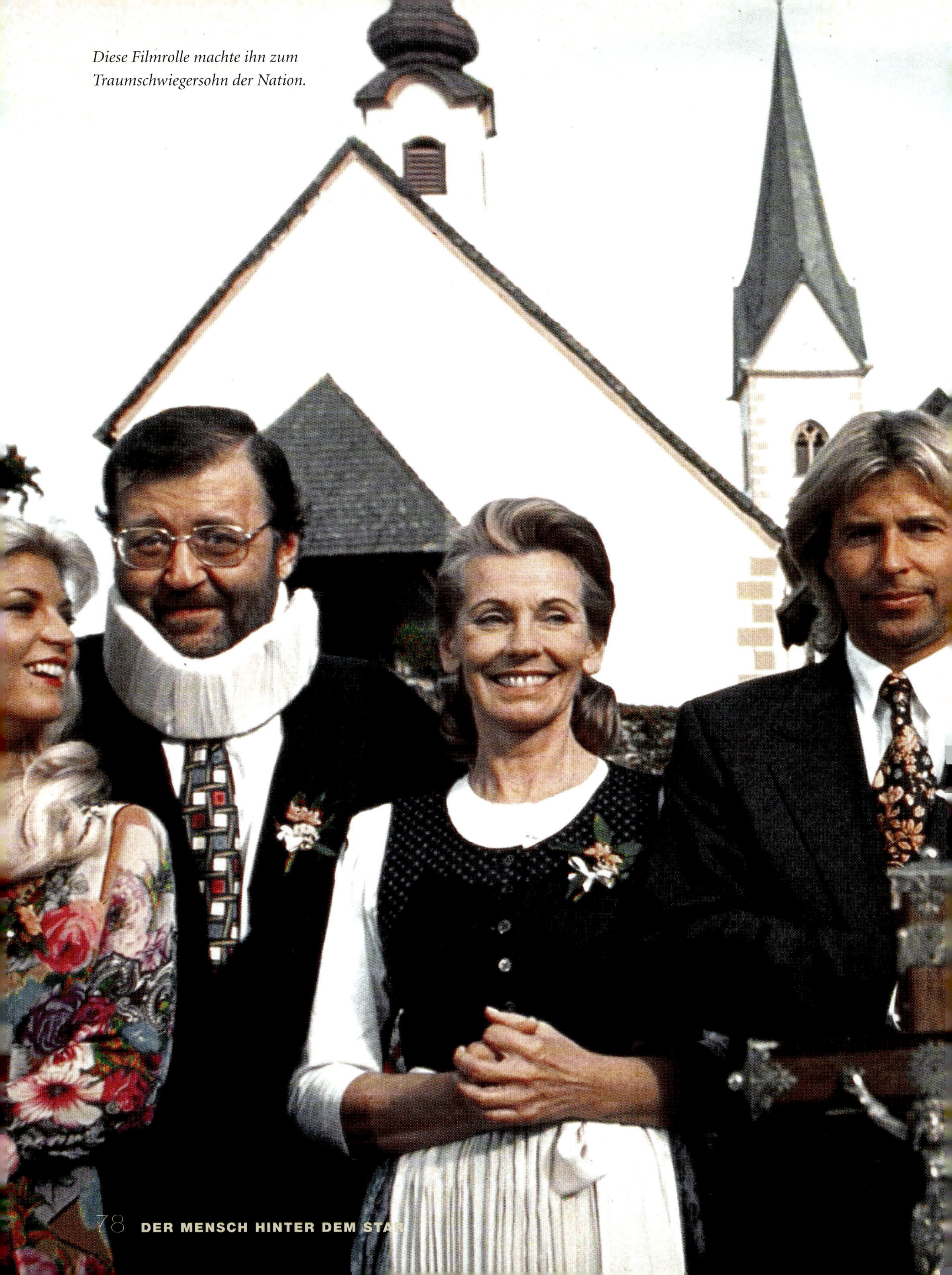

Diese Filmrolle machte ihn zum Traumschwiegersohn der Nation.

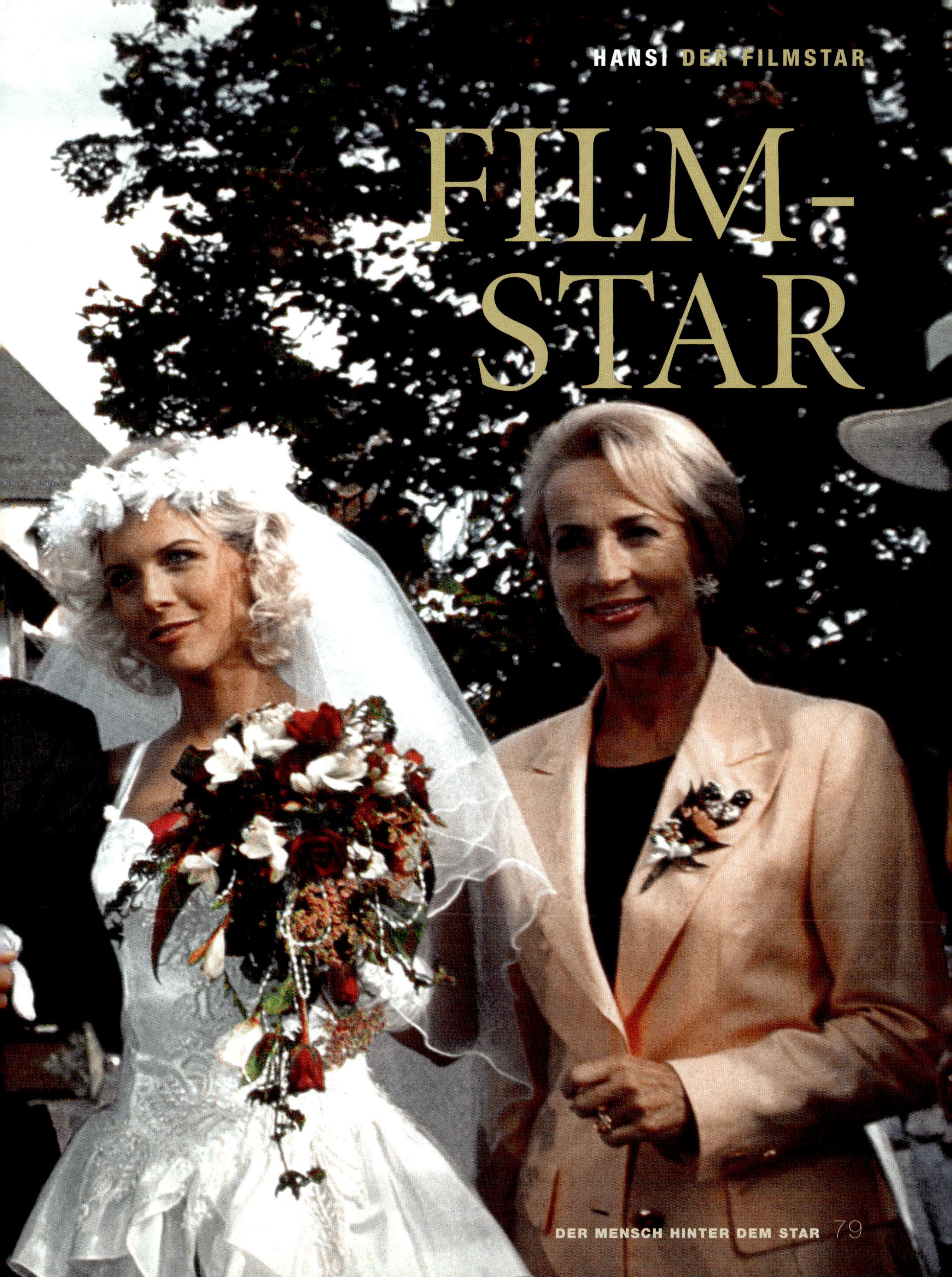

FILM-STAR

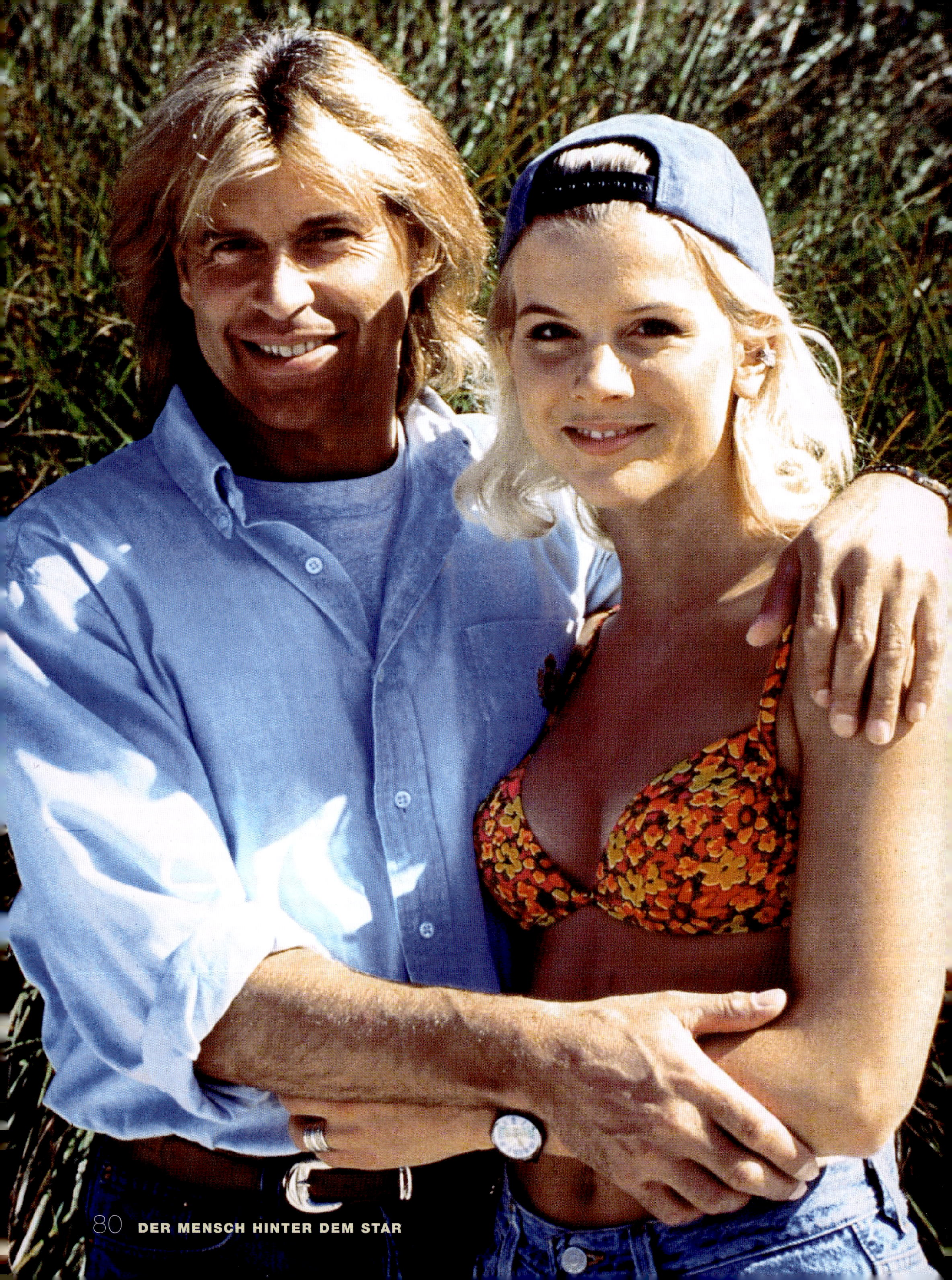

Der Filmheld der Berge

Was 1963 mit einer kleinen Gastrolle im Skilehrfilm *Treffpunkt Kitzbühel – kleiner Skikurs mit Toni Sailer* begann und 25 Jahre später über eine Hauptrolle in Otto Retzers Film *Hochwürdens Ärger mit dem Paradies* neben Stars wie Hans Clarin weiterging (bei der Erstausstrahlung 21 Prozent, mehr als 1,4 Millionen Zuschauer allein in Österreich; diese Produktion wurde mittlerweile mehrfach im Hauptabendprogramm wiederholt und hatte jedes Mal mehrere Hunderttausend Zuschauer), ist mittlerweile eine der bemerkenswertesten Filmkarrieren des vergangenen Jahrzehnts.

EINE RENAISSANCE DES DEUTSCHSPRACHIGEN HEIMATFILMS

Die *Da, wo die …*-Serie machte nicht nur Hansi und sein Kitz im deutschsprachigen Europa zu einem Filmpflichttermin. Man kann sagen, sie läutete eine Renaissance des deutschsprachigen Heimatfilms in seiner besten Form ein. Hansi als Hauptdarsteller verteidigt seine Heimat und deren intakte Natur. Natürlich gibt es eine Liebesgeschichte, ein Drama, eine böse Widersacherin – aber in erster Linie eine gehörige Portion schöne Bilder von Hansis Bergen und deren Geheimplätzchen.

◀ *Hansi in seiner ersten großen TV-Rolle mit Eva Habermann.*

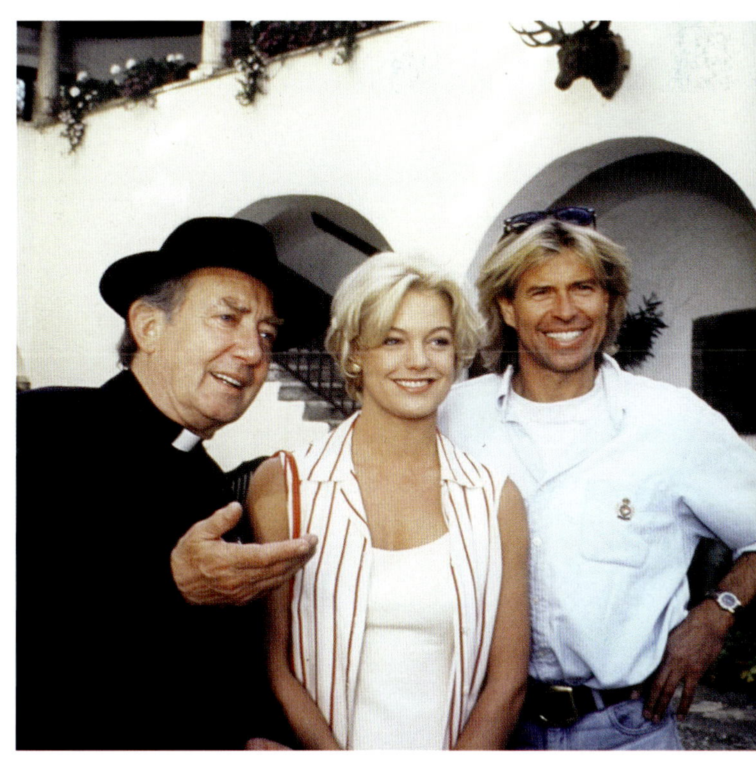

Mit dem legendären Hans Clarin und der blutjungen Elke Wilkens. ▶

HANSI DER FILMSTAR

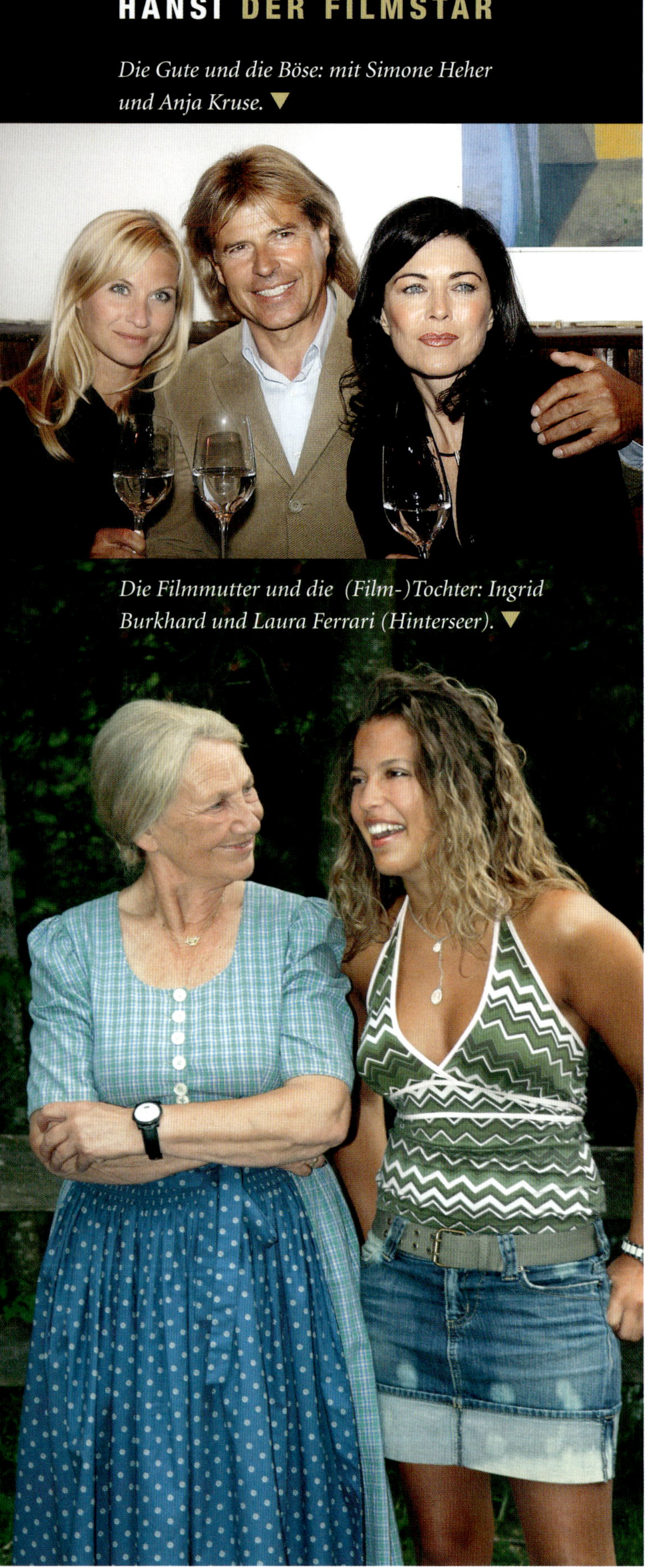

Die Gute und die Böse: mit Simone Heher und Anja Kruse. ▼

Die Filmmutter und die (Film-)Tochter: Ingrid Burkhard und Laura Ferrari (Hinterseer). ▼

Selbst kritische Journalisten wie Michael Seewald von der *FAZ* können nicht umhin, den unglaublichen Publikumserfolg von Hansis Filmkarriere, wenn auch mit den unvermeidlichen Zwischentönen, mit Respekt zu kommentieren:

Da, wo die Quoten sprießen. Wenn er jodelt, ziehen Tausende in die Klamm: Der Volksmusikant Hansi Hinterseer ahnt, warum die Menschen ihn lieben.

Häme ist das Erste, das einem in den Sinn kommt, wenn man über Filme mit Hansi Hinterseer schreibt. Allein die Titel der einschlägigen Werke, mit denen die ARD regelmäßig Traumquoten einfährt, klingen unfreiwillig komisch: Da, wo die Berge sind, Da, wo die Liebe wohnt, Da, wo die Heimat ist *und heute:* Da, wo die Herzen schlagen. *Und auch der Saga fünfter Teil,* Da, wo das Glück beginnt, *ist gerade abgedreht und harrt seiner Ausstrahlung im nächsten Jahr. Es ist, als ob die ARD bei ihrer Titelgebung syntaktisch Anleihen beim Nationalfußballtrainer Jürgen Klinsmann nähme. Da, wo der Ball hinrollt, muss der Stürmer hin, der da, wo das Tor steht, in den Winkel schießt. Eigentore inbegriffen.*

Gemeint ist mit „Da, wo" jedes Mal die Heimat Hansi Hinterseers und Wahlstadt des Fußballkaisers Franz Beckenbauer: Kitzbühel in Tirol am Wilden Kaiser. Es wäre zu leicht, über die Filme mit den eindimensionalen Büchern nur zu lächeln. Denn Alpensagas mit eindrucksvoller Bergkulisse, blauen Seen, stolzen Steinböcken sowie feschen Maderln in eng geschnürten Dirndln gibt es zuhauf. Auch sie erfüllen meist die Quotenerwartungen. Doch reicht kaum jemand an das Format Hansi Hinterseer heran. Der Mann ist ein Phänomen. Obschon einundfünfzig Jahre alt, wirkt der Blondschopf alterslos jugendlich. Fast könnte man meinen, er habe in dem gleichen Kühlfach einen Platz gefunden, das auch Peter Alexander jahrzehntelang ewige Jugend schenkte.

Hinterseer hat Charisma. Er selbst formuliert das in seinen einfachen Worten nach Drehschluss im historischen Branderhof bei einer Bretteljause so: „Irgendetwas habe ich wohl, das die Leute gernhaben und über das andere nicht verfügen. Ich versuche, das zu machen, was ich gern mache, und irgendwie läuft es gut. Die Leute mögen mich."

FAZ, *11. August 2005*

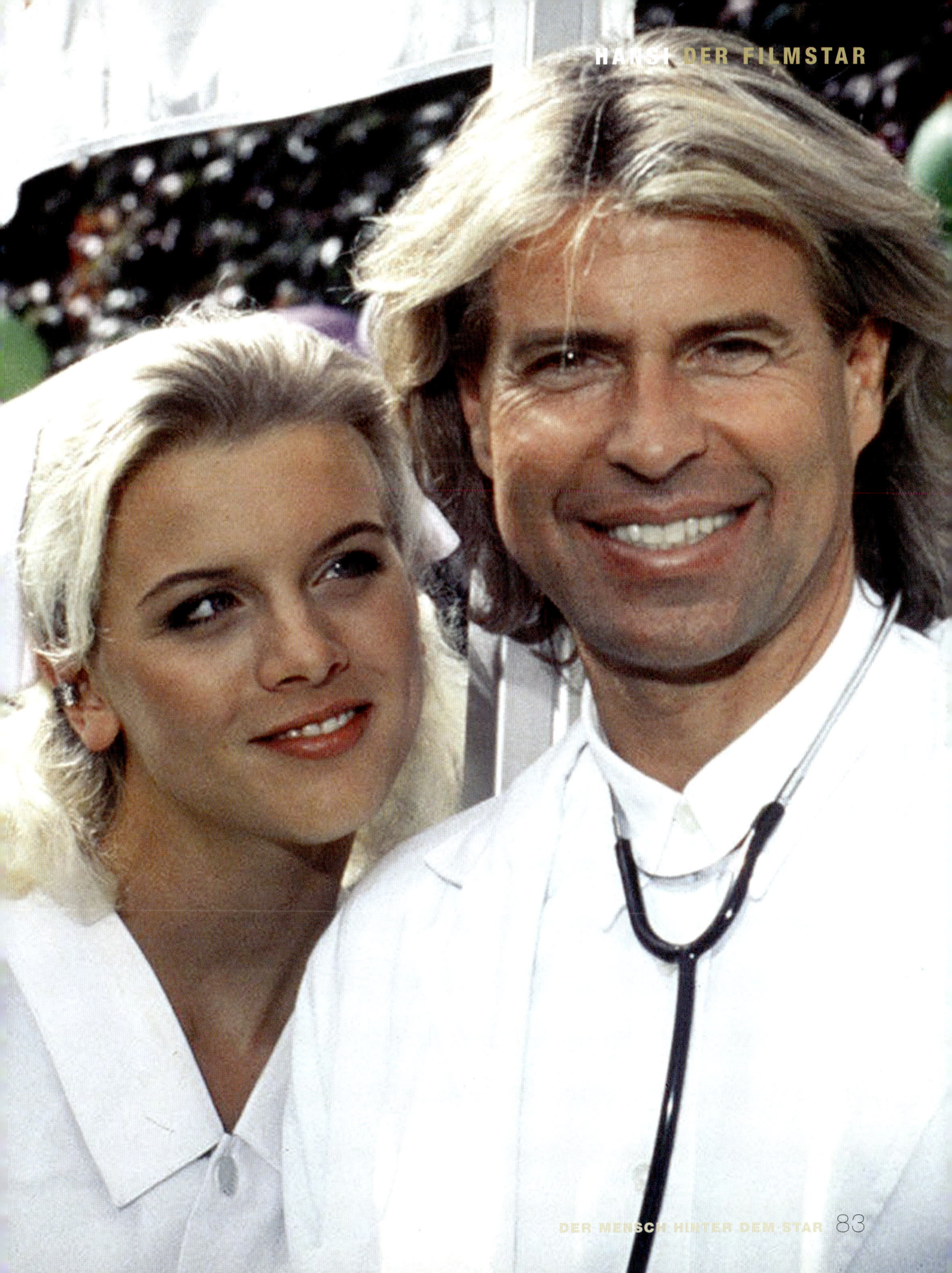

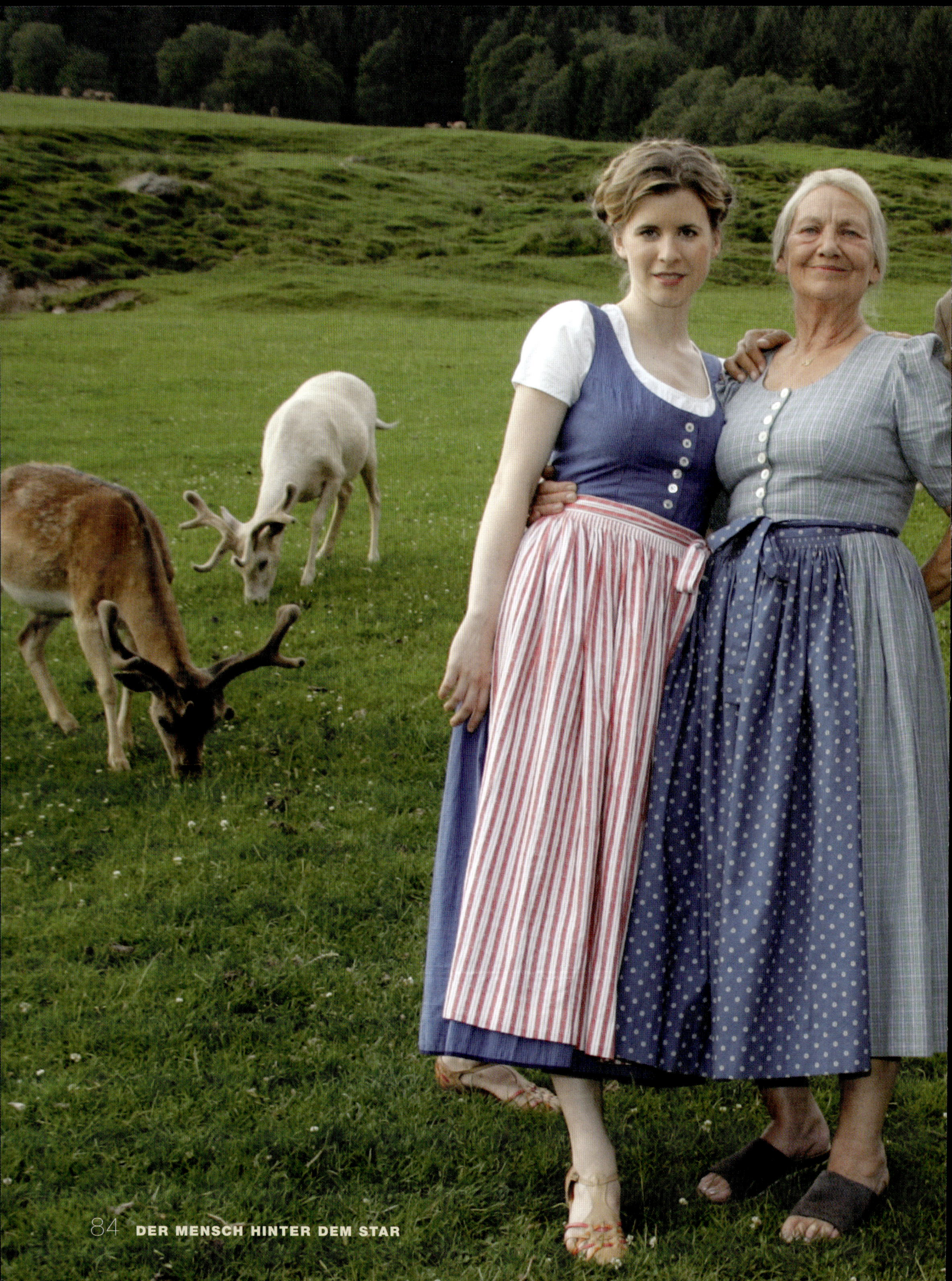

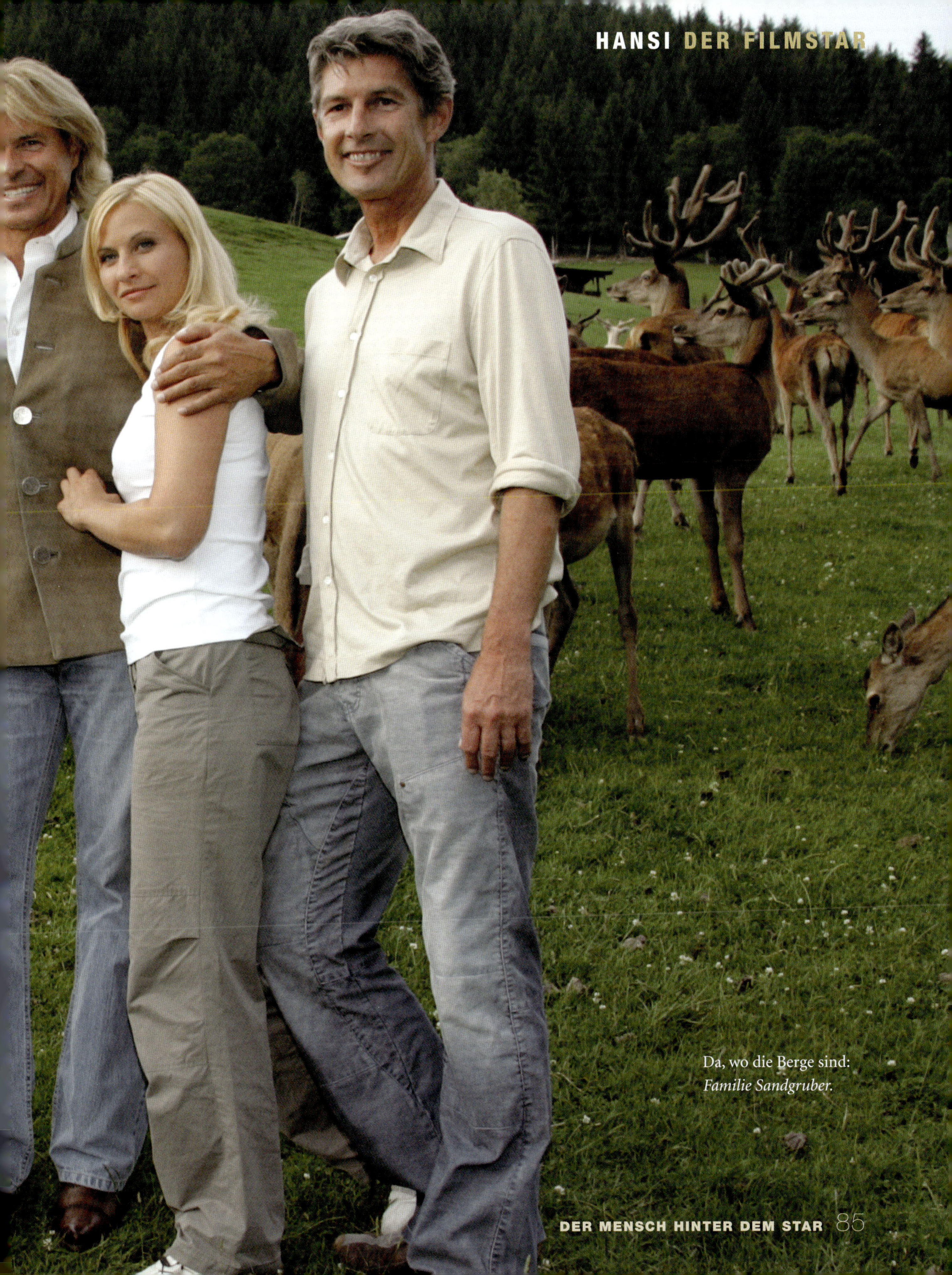

Da, wo die Berge sind:
Familie Sandgruber.

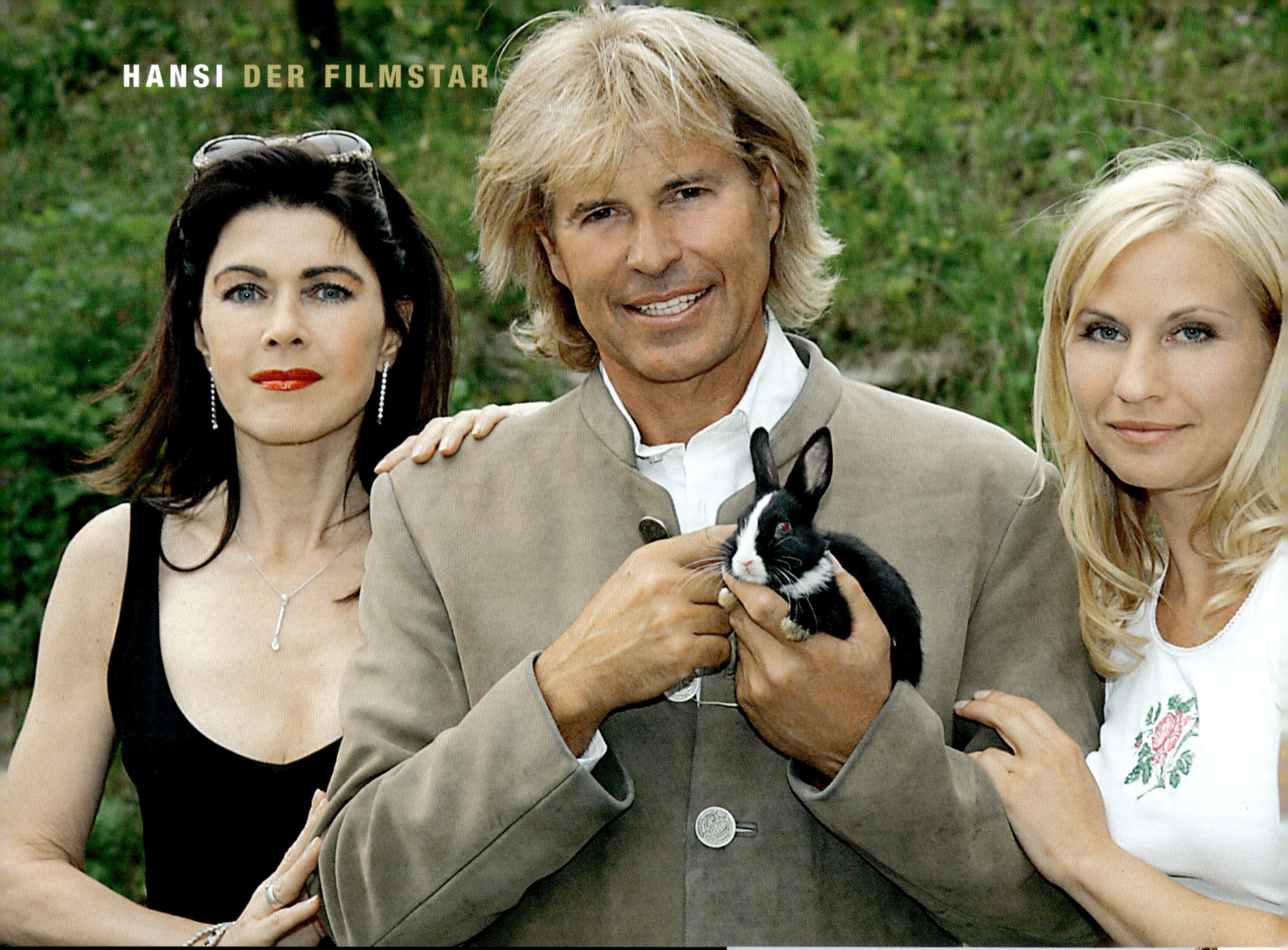

Gedreht wird an Originalschauplätzen in Kitzbühel und Umgebung. So muss Hansi für die Filmproduktion nicht extra weit anreisen, und Motive lassen sich in der Gegend um den Wilden Kaiser genug finden.

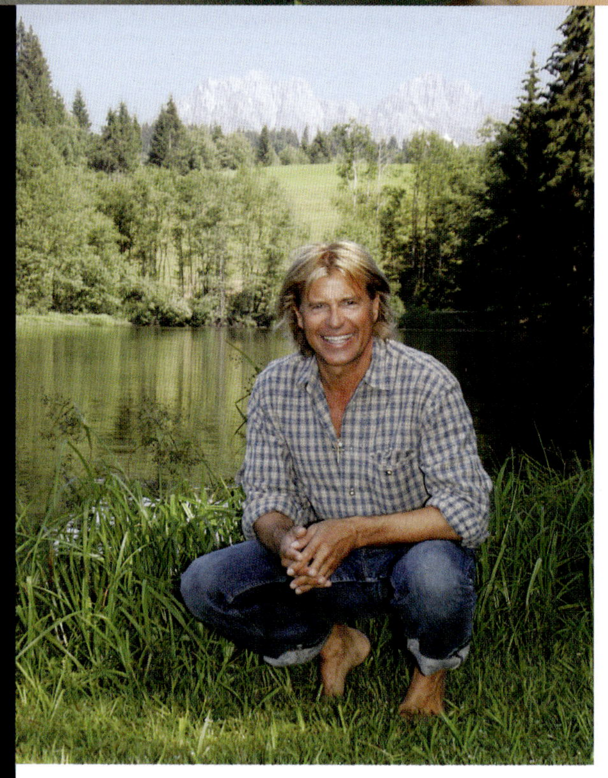

▲ *Erd- und naturverbunden.*

Der Start der *Da, wo die-*Filmserie

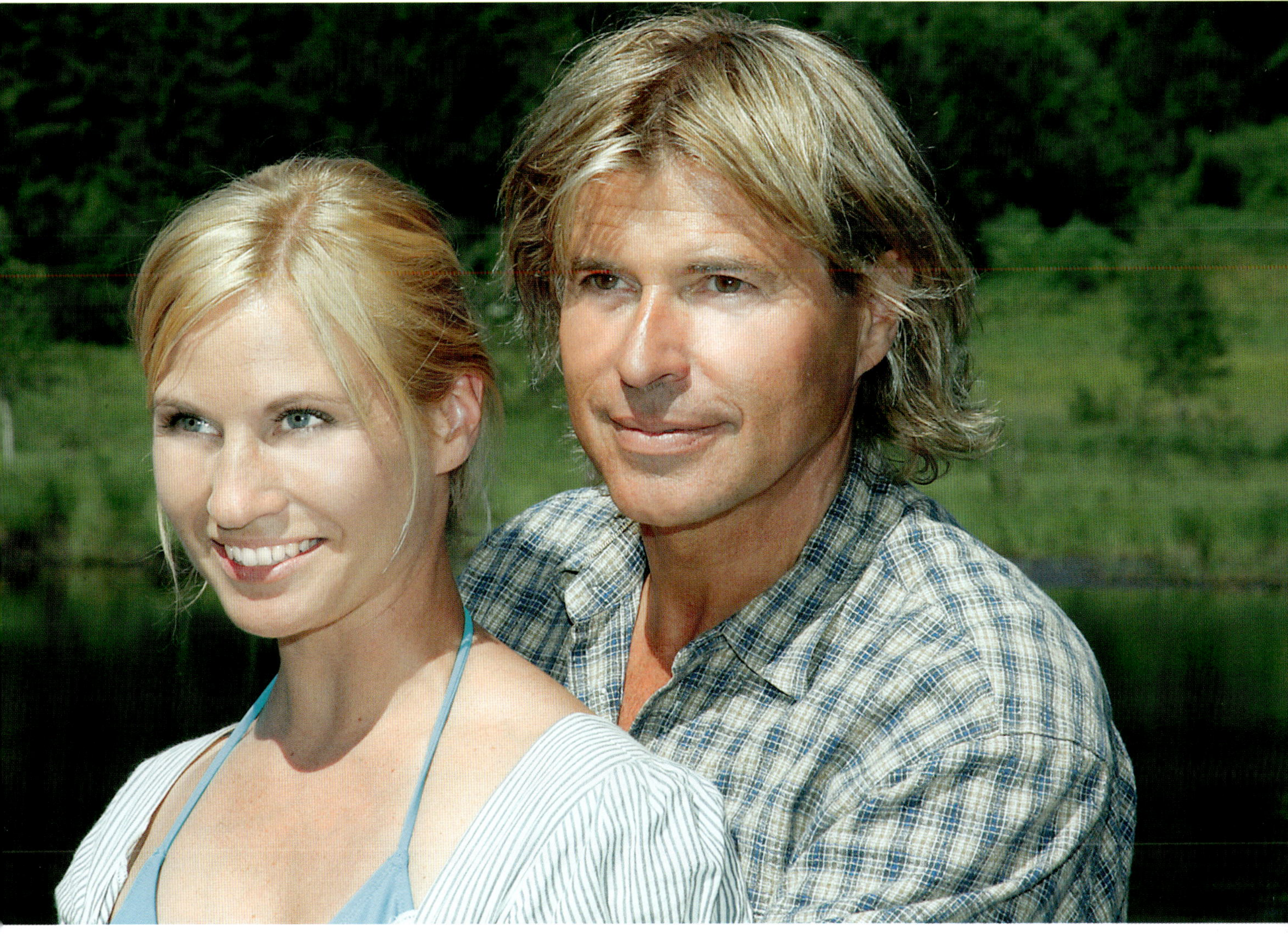

▲ *Im Filmteil 4 verliebt sich Hansi nach einigen Verwirrungen in die Radiomoderatorin Christl Huber.*

Was Anfangs als Wiedergeburt des Heimatfilms belächelt wurde, hat sich in den letzten sieben Jahren zu einem Kassen- und Publikumsmagneten entwickelt.

Mit Hansi Sandgruber wurde ein Filmheld entwickelt, der sehr viel Ähnlichkeit mit dem echten Hansi Hinterseer hat. Nicht nur, dass er in Kitz daheim ist, gehen seine Heimatliebe und sein unbeirrbarer Glaube an das Gute im Menschen den Fernsehzuschauern so stark zu Herzen, dass noch kein Ende dieses alpinen Familienepos abzusehen ist.

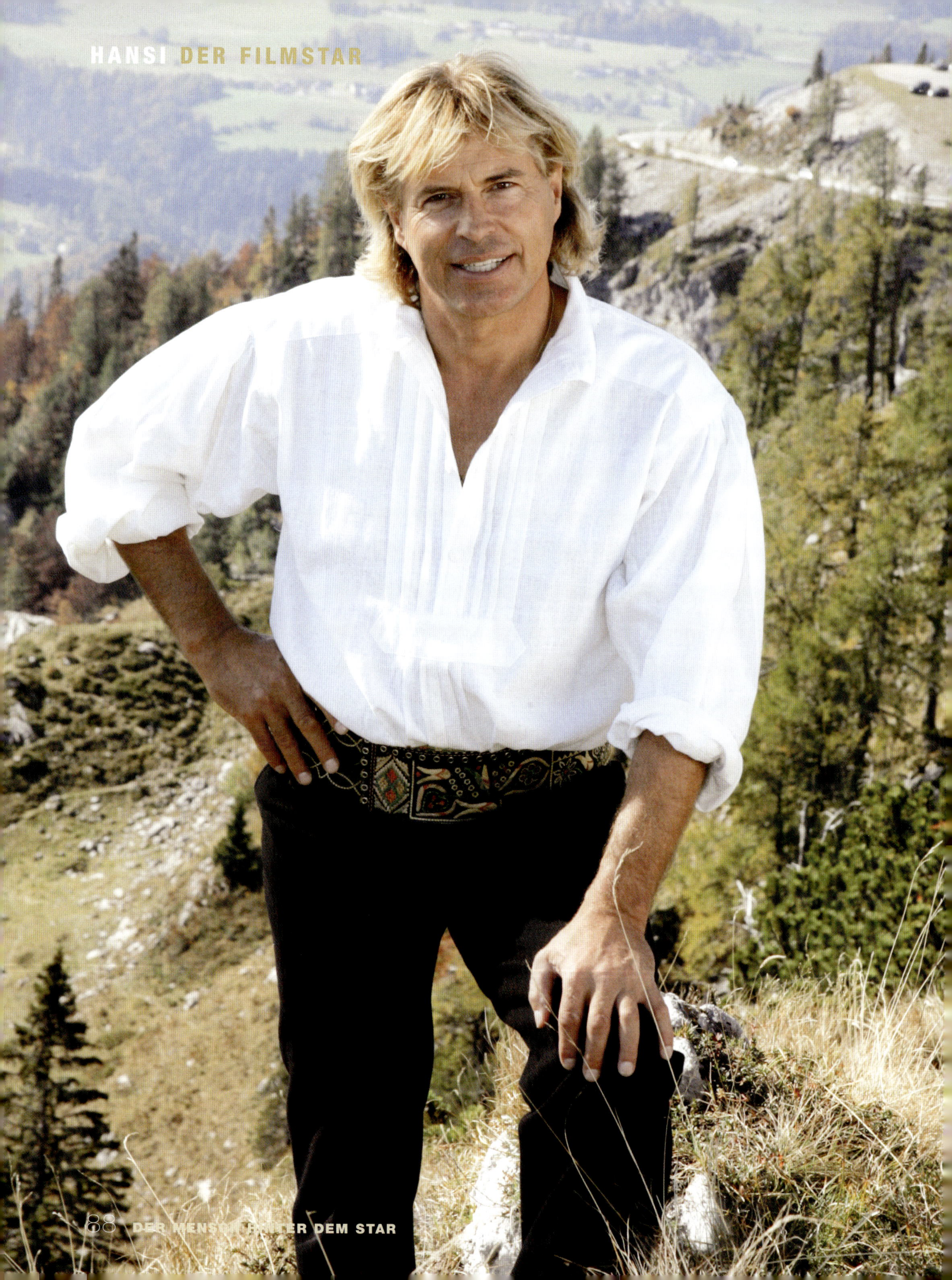

Teil 1 DA, WO DIE BERGE SIND

Der ARD strahlte Hansis *Da, wo die Berge sind* (Teil 1) als Koproduktion der Bavaria Media (München) und der Terra Film(Wien) im Auftrag von ARD/ Degeto und ORF aus.

In den Kulissen der Tiroler Berge stürzte sich Hansi wie einst in seinem richtigen Leben die weltbekannte und gefürchtete Streif in Kitzbühel hinab. Toni Sailer, der große Skistar von einst, spielte Hansis Trainer, Hinterseers echte Tochter Laura(14) begleitet ihren Papa vor der Kamera. Mit der Filmverlobten Pia (Julia Biedermann) an seiner Seite spielte Hinterseer den ehemaligen Skifahrer Hansi Sandgruber, der sich in Wien verlobt und erst in die Heimat zurückkehrt, als er vom Tod seines Vaters erfährt. Dort trifft er seine Jugendliebe (Karina Thayenthal) wieder. Zu seinem Entsetzen steckt der familieneigene Wildpark in finanziellen Nöten, und Hansi setzt alles daran, den Verkauf zu verhindern … Mit Anja Kruse wollen alle drei Frauen sein Herz erobern!

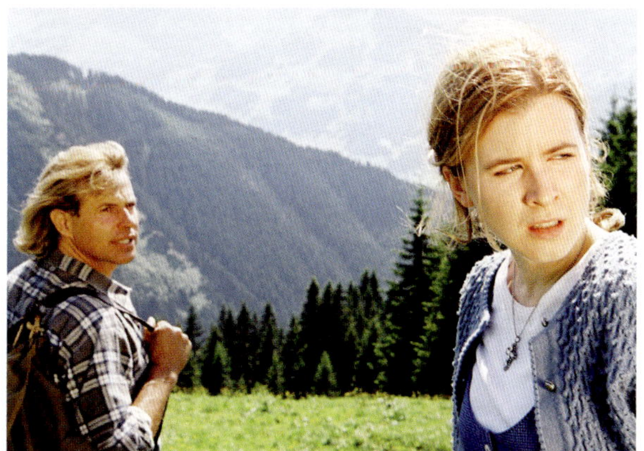

Teil 2 DA, WO DIE LIEBE WOHNT

hatte im ORF super Einschaltquoten. Der 1. November 2002 war auch der geplante Sendetermin für Deutschland. Aber die ARD ließ die deutschen Fans bis 20. April 2003 mit der Ausstrahlung warten.

Hansi ist im siebten Himmel: Er fühlt sich in Schönbichl wieder heimisch, hat seine Jugendliebe Regina geheiratet, und alle Verwandten haben sich versöhnt. Doch Glück, Idylle und Familienzusammenhalt werden erneut auf die Probe gestellt. Die bösartige Architektin Viktoria Perterer schmiedet Intrigen, um an den sandgruberschen Besitz zu gelangen. Sie verführt Hansis Bruder Franz und stellt

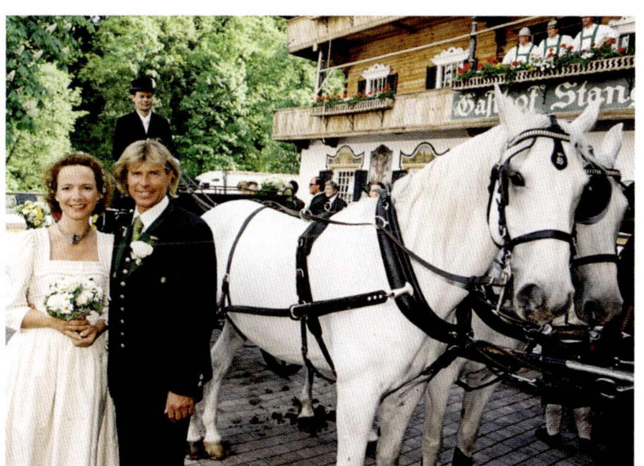

▲ *Die Hochzeit mit seiner Jugendliebe Regina, die in einer der nächsten Folgen tödlich verunglückt.*

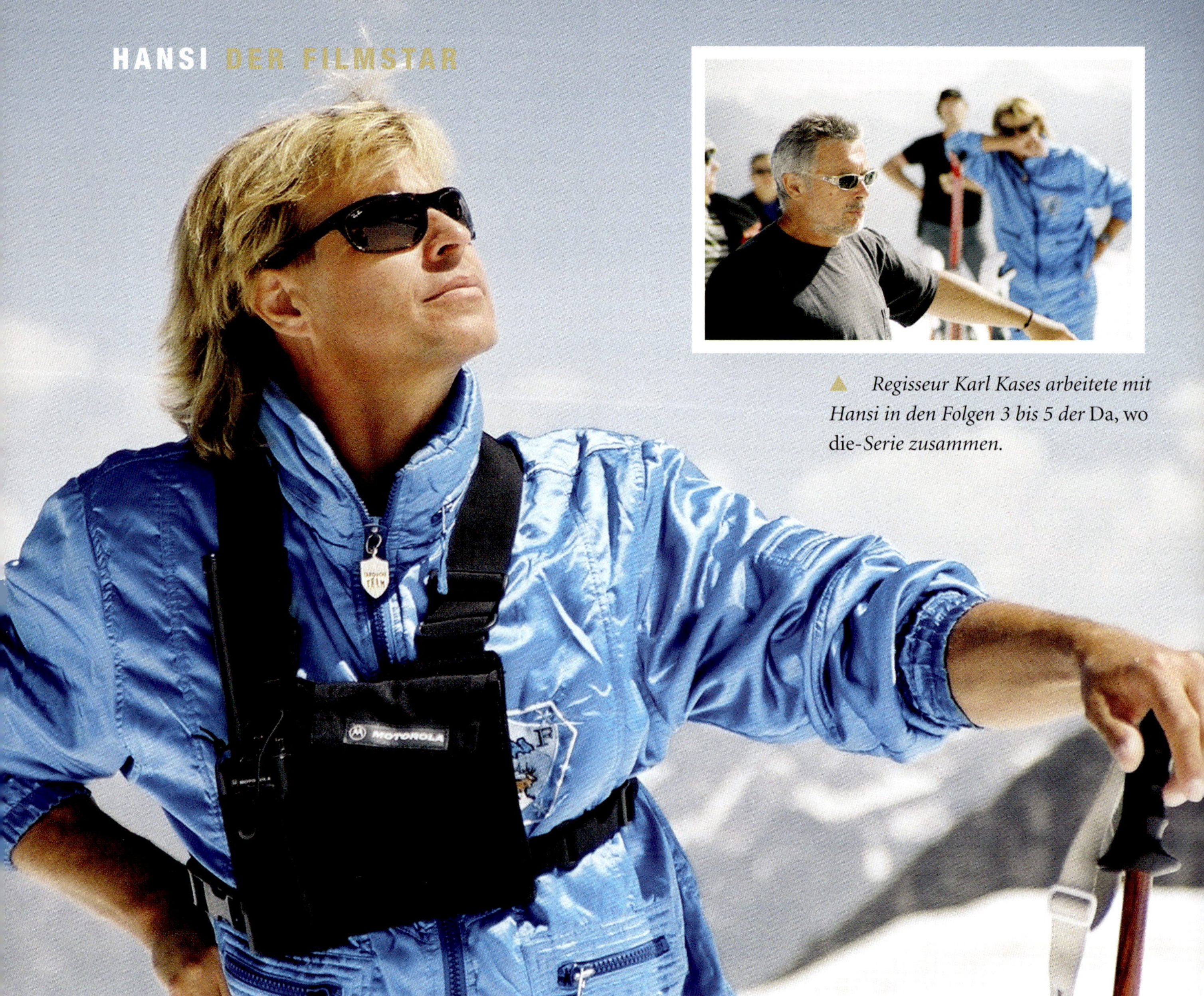

Regisseur Karl Kases arbeitete mit Hansi in den Folgen 3 bis 5 der Da, wo die-*Serie zusammen.*

Blick nach vorn: Hansi in Pose.

ihm den Posten des stellvertretenden Geschäftsführers eines Freizeitparks in Aussicht, den sie im benachbarten Seefeld bauen lässt. Franz beißt an, denn es grämt ihn immer noch, dass sein kleiner Bruder jetzt zu Hause das Sagen hat, während er selbst sich nur um den Wildpark kümmern darf. Als es Viktoria gelingt, auch Hansis Schwiegervater, Bürgermeister Brunner, auf ihre Seite zu ziehen, eskalieren die Ereignisse, denn auch die Sandgrubers haben dunkle Geheimnisse in ihrer Vergangenheit.

Teil 3 DA, WO DIE HEIMAT IST

Da, wo die Heimat ist wurde Ende Juli 2003 fertiggestellt. Der Ausstrahlungstermin des dritten Teils war im November 2003 im ORF. *Da, wo die Herzen schlagen* ist eine Koproduktion der Bavaria Media (Produzent: Boris Ausserer) mit der Wiener Terra Film (Norbert Blecha) im Auftrag von ARD/Degeto und ORF. Regie führt Karl Kases *(Liebe darf alles)* nach einem Drehbuch von Eduard Ehrlich

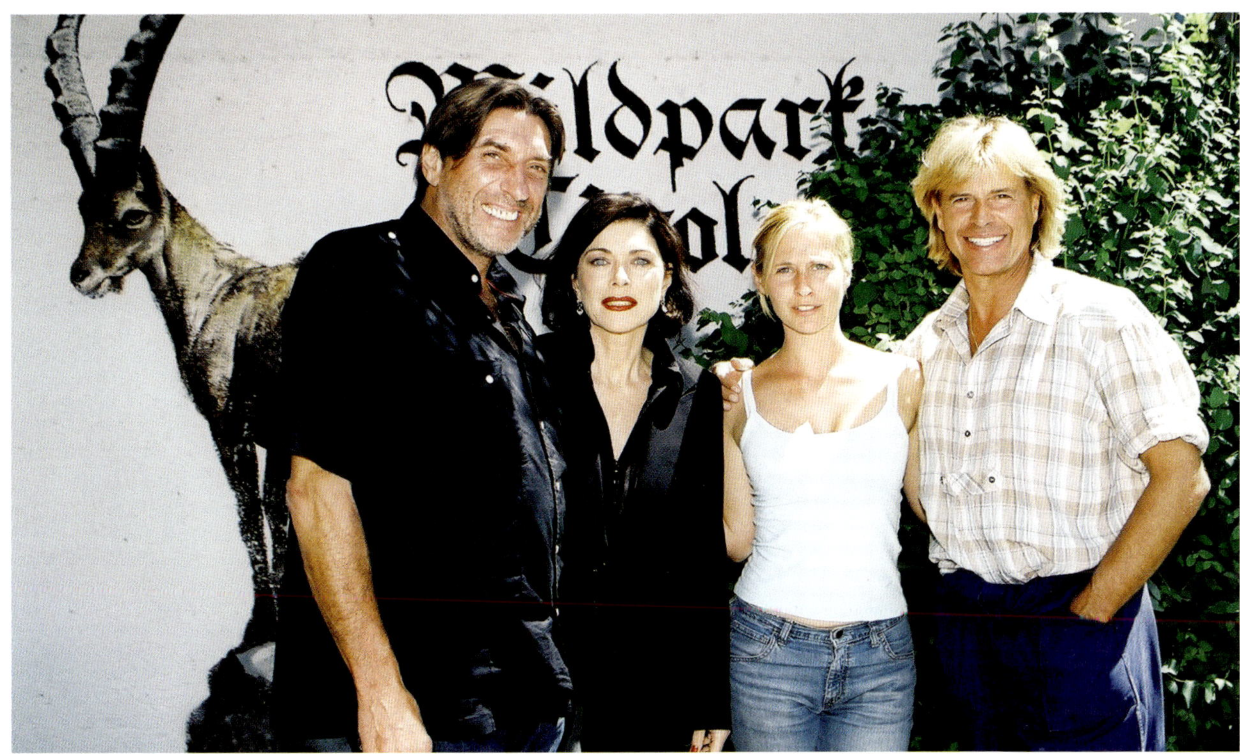

Das Da, wo die-*Kernteam: Produzent Norbert Blecha mit seiner Lebensgefährtin und Hauptdarstellerin „Viktoria" Anja Kruse, Simone Heher als „Christl" und Hansi.*

(Mein Freund, der Lipizzaner). Die Redaktion liegt bei Alexander Vedernjak (ORF) und Stefan Kruppa (ARD/Degeto).

Ohne Wissen der Familie hat Hansis Mutter, Irmi Sandgruber (Ingrid Burkhard), die Hypothek auf den Wildpark aufgestockt. Plötzlich erhält sie ein Schreiben von der Bank: Der gesamte Kredit wird fällig gestellt. Irmi muss diese Katastrophe Hansi beichten. Selbstverständlich steckt wieder die Architektin Viktoria dahinter, die ihr Projekt Mountain Sea World nicht aufgegeben hat und nun eine Chance wittert, das Areal des Wildparks der Familie Sandgruber in ihren Besitz zu bekommen. Viktoria hat ihre Beziehung zu Hansis Bruder Franz wieder aktiviert, von Verlobung ist die Rede, und so benutzt sie ihn als Spion in der Familie Sandgruber. Franz braucht lange, bis er dieses Spiel seiner Geliebten durchschaut. Als er begreift, dass es um die Existenz seiner Familie geht, ist er einmal mehr geläutert. Doch kann der Wildpark noch gerettet werden?

Teil 4 DA, WO DIE HERZEN SCHLAGEN

wurde Ende Juli 2004 fertiggestellt. An der Seite von Hansi Hinterseer stehen für *Da, wo die Herzen schlagen* unter anderem wieder Anja Kruse, Ingrid Burkhard, Günter Waidacher, Eva Maria Salcher, Karina Thayenthal, Ernst Griesser, Laura Ferrari und Kurt Weinzierl vor der Kamera. Erstmals dabei ist Simone Heher. Regie führt auch diesmal Karl Kases nach einem Drehbuch von Eduard Ehrlich. Der ORF zeigte *Da, wo die Herzen schlagen* am 18. Dezember 2004 mit sensationellen Quoten (987 000 Zuschauer), eine Koproduktion von Terra Film, Bavaria Media und ORF, hergestellt in Zusammenarbeit mit Degeto und mit Unterstützung von Cine Tirol. Die ARD strahlte den Film am 11. August 2005 um 20.15 Uhr aus.

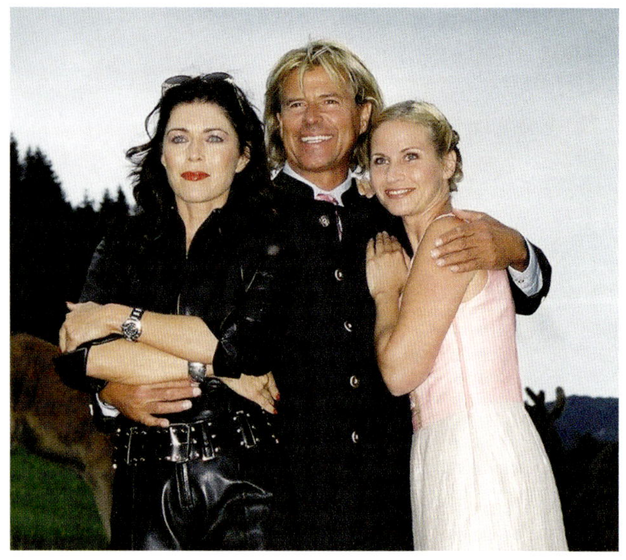

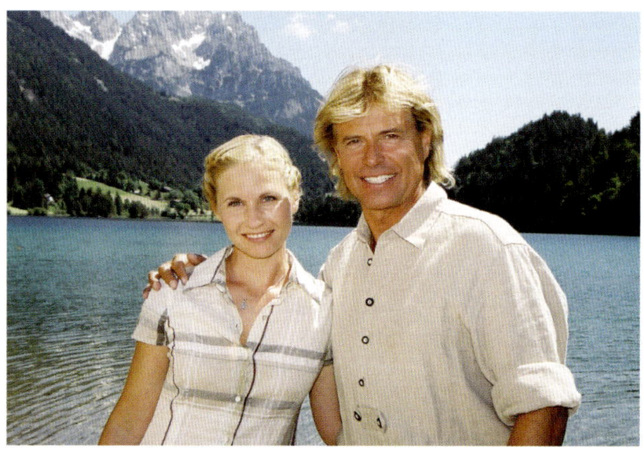

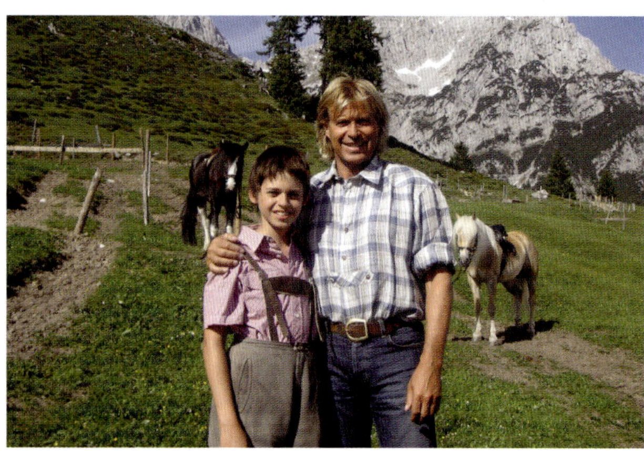

▲ *Die illustren Bergkulissen und die schönen Höfe bieten eine ideale Szenerie für die Heimatfilmserie.*

Auch diesmal hält das Schicksal wieder einige Prüfungen für das Kitzbüheler Original bereit: Als seine Frau Regina ihm beim Bergwandern eröffnet, dass sie schwanger ist, und kurz darauf tödlich verunglückt, scheint das Leben für Hansi Sandgruber keinen Sinn mehr zu haben. Er zieht sich innerlich zurück, um sich einige Zeit später in die Arbeit als Trainer des Damenskiteams zu stürzen. Nach rund einem Jahr taucht die junge Radioreporterin Christl Huber (Simone Heher) im Ort auf. Sie sucht nach ihrem leiblichen Vater. Hansi lernt sie kennen, und bald darauf stellt sich heraus, dass die Ähnlichkeit einen Grund hat: Christl hat denselben Vater. Als Hansi dies erfährt, reagiert er sehr verunsichert – wie soll er sich verhalten? Im Gegensatz dazu weiß die skrupellose Unternehmerin Viktoria Perterer genau, was sie will. Ebenso entschlossen, wie sie für das Bürgermeisteramt kandidiert, verfolgt sie auch noch das Ziel, Hansi nun nach dem Tod seiner Frau für sich zu gewinnen.

Teil 5 DA, WO DAS GLÜCK BEGINNT

Der fünfte Teil des Heimatepos wurde auf dem „Branderhof" der Familie Pletzer im Wildpark Aurach, in Kitzbühel und – zum ersten Mal – in Kufstein gedreht. Vor der Kamera stehen neben Hansi Hinterseer unter anderen Anja Kruse, Simone Heher und Günter Waidacher sowie in einer weiteren Rolle Wolfgang Fierek, außerdem Evamaria Salcher, Ingrid Burkhard, Ernst Griesser und Kurt Weinzierl. Im fünften Teil der Reihe scheint das Liebesglück von Hansi Sandgruber (Hansi Hinterseer) und der charmanten Radiomoderatorin Christl Huber (Simone Heher) zunächst perfekt – bis zu dem Zeitpunkt, als Hansi sich eines verwaisten Jungen annimmt, den das Jugendamt in Schönbichl am liebsten ins Heim stecken möchte. Nun wird die junge Liebe zu Christl auf eine harte Probe gestellt – und Erbin Viktoria Per-

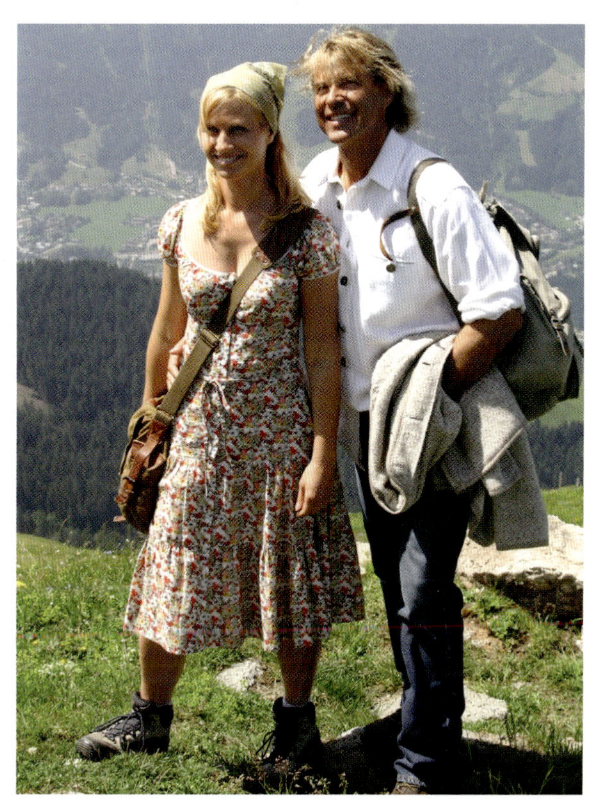

terer (Anka Kruse) wittert im Erbe des Jungen das große Geschäft … Besondere Highlights: zwei spektakuläre Stunts mit einem Traktor und einem Sonnwendfeuer.

Teil 6 DA, WO ES NOCH TREUE GIBT

Auf dem Brandnerhof, dem Familiengut der Sandgrubers, herrscht rege Betriebsamkeit, gilt es doch, das 30-Jahre-Jubiläum des dazugehörigen Wildparks Schönbichl zu feiern. Doch kurz vor dem großen Ereignis taucht ein Brief von Hansis Vater auf, in dem er sich die Schuld am Tod des alten Perterer, Viktorias Vater, gibt. Dieser ist vor Jahren unter mysteriösen Umständen bei einer Bergwanderung verunglückt. Auf undurchsichtigen Wegen gelangt diese Information ins Dorf, und Viktoria sieht einmal

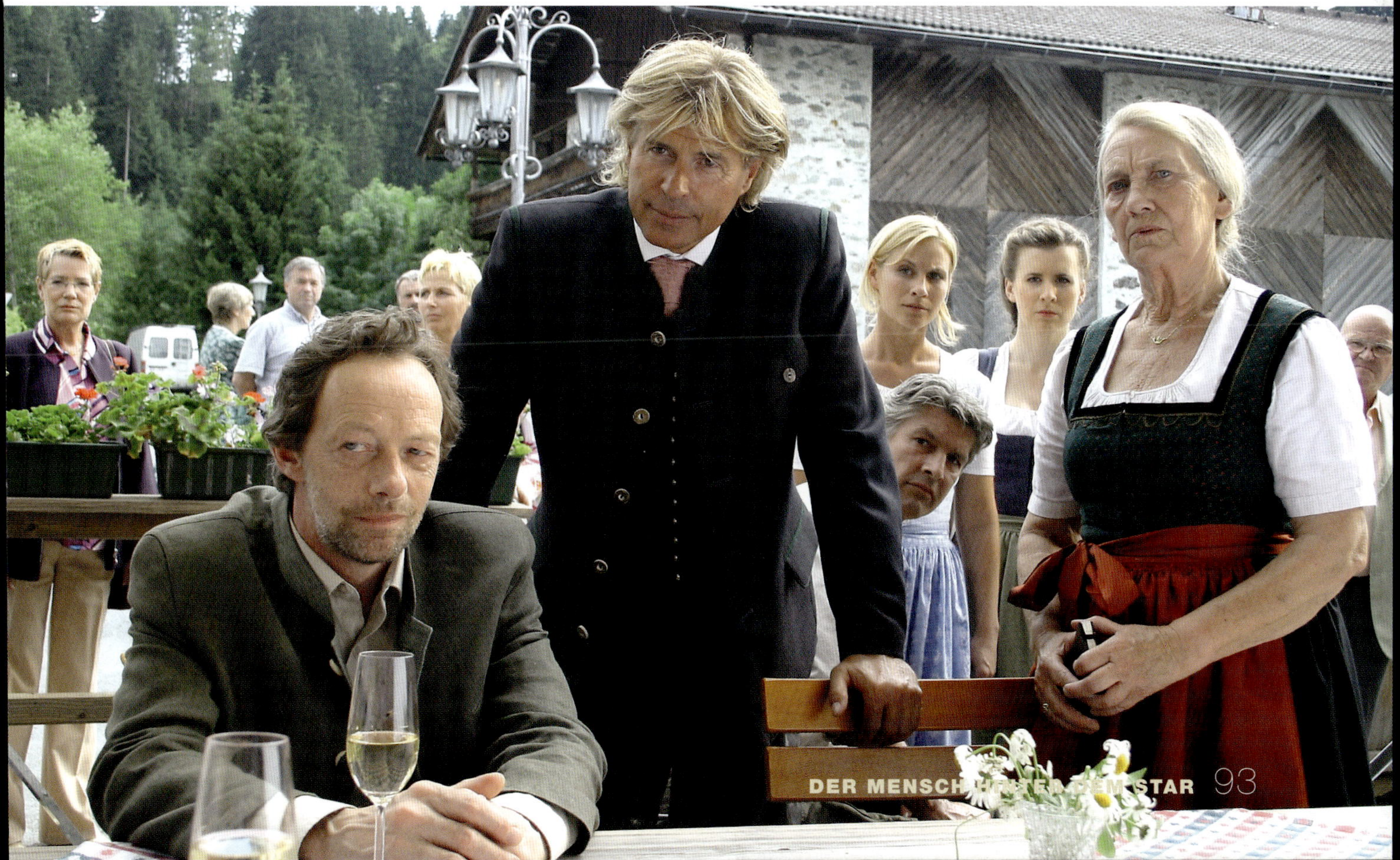

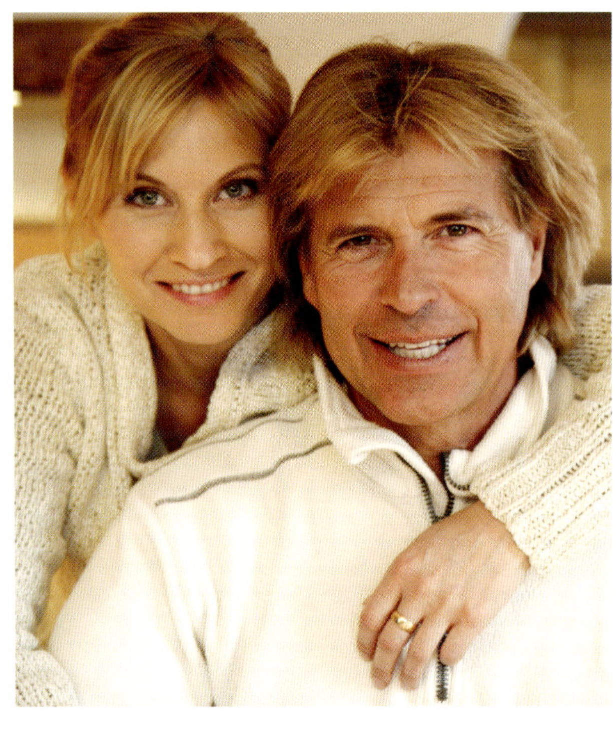

▲ *Mit Simone und sehr stolz mit seiner Laura.* ▼

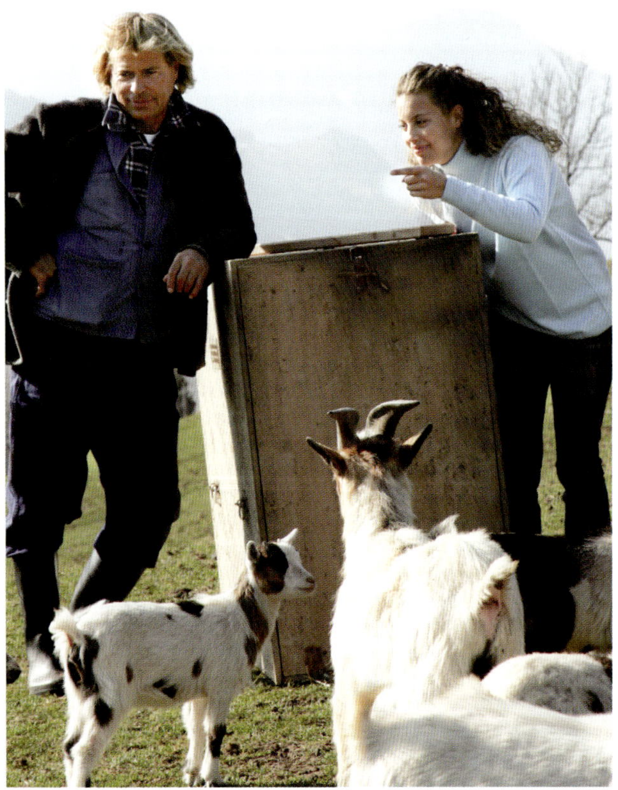

mehr die Chance, den Sandgrubers zu schaden und doch noch an die Gründe des von ihr seit Jahren begehrten Wildparks zu kommen. Für die einstige Baulöwin und smarte Geschäftsfrau ist das von existenzieller Notwendigkeit, denn ihr Finanzberater hat sich in Aktiengeschäften verspekuliert, und Viktoria steht vor dem Ruin. So zieht sie sofort alle Register ihrer Intrigenkunst und verbreitet – mithilfe des hinterhältigen Gemeindesekretär Lois Mostberger (Christoph Fälbl) – Geschichten um den Tod ihres Vaters in der Ortschaft. Plötzlich steht der gute Ruf der Sandgrubers auf dem Spiel, und Hansi – unter anderem unterstützt von seiner großen Liebe, der Journalistin Christl – setzt alle Hebel in Bewegung, um die Ehre seiner Familie wiederherzustellen.

Teil 7 DA, WO DIE FREUNDSCHAFT ZÄHLT

Als Hansi Sandgruber in den Wäldern um seinen Tiroler Heimatort Schönbichl unterwegs ist, beobachtet er aus der Ferne einen Wilderer. Er kann jedoch nicht erkennen, um wen es sich bei dem Schützen handelt. Kurz darauf lernt er die sympathische Lisa (Elisabeth Lanz) kennen, die als Pflegerin im Altenstift arbeitet. Dann aber entdeckt er durch Zufall Jägerwerkzeug in Lisas Gepäck – sollte sie die Wilderin sein? Vom neuen Bürgermeister Lois Mostberger (Christoph Fälbl) erhofft Hansi sich Hilfe bei der Suche nach dem Wildschützen. Allerdings zeigt der nur wenig Interesse an dem Fall – der eitle Mostberger verwendet seine ganze Energie auf ein lukratives und prestigeträchtiges Projekt der skrupellosen Geschäftsfrau Viktoria Perterer (Anja Kruse): Mit einer überdachten Skipiste will sie den Massentourismus nach Schönbichl holen. In dem charmanten Baron Friedrich von Lien (Max Tidof) scheint Viktoria einen finanzkräftigen Investor zu finden. Um den Weg für das gigantische Projekt frei zu machen, will der Bürgermeister sogar das Altenheim der Gemeinde ab-

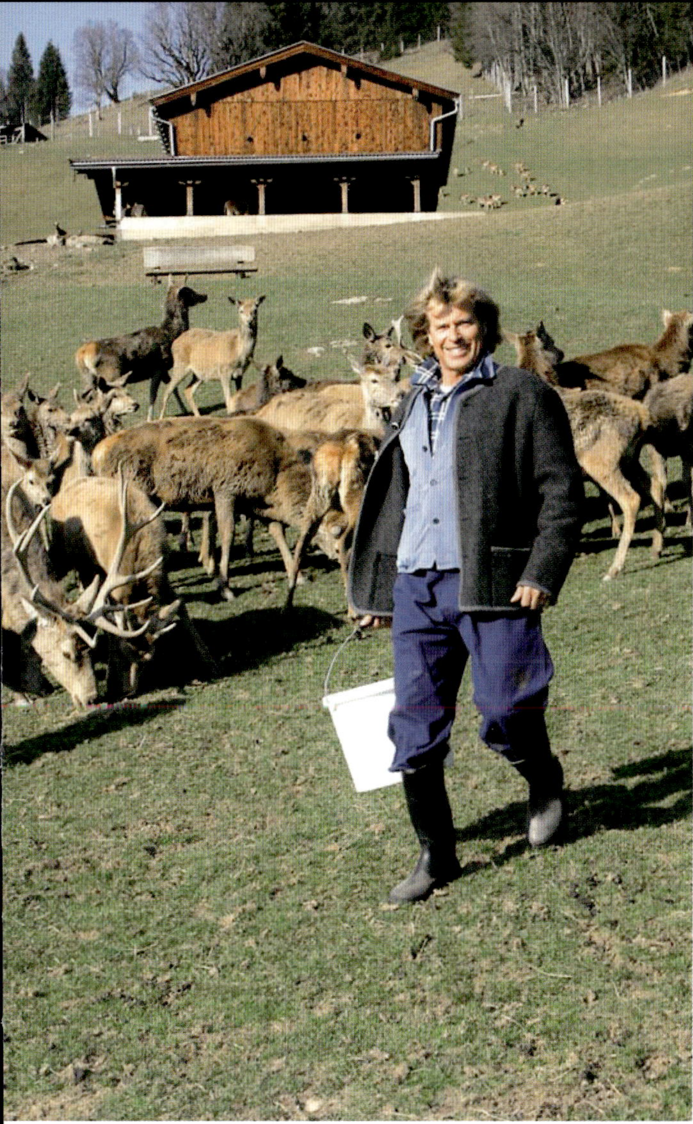

▲ *Im Wildpark von Aurach entstanden viele Szenen der letzten Folge,* Da, wo die Freundschaft zählt.

reißen lassen. Mit einer kritischen Reportage versucht die TV-Reporterin Christl (Simone Heher), die Öffentlichkeit auf das skandalöse Vorhaben aufmerksam zu machen. Als der Baron sich in die idealistische Altenpflegerin Lisa verliebt, schmiedet die intrigante Viktoria einen Plan, um ihren Hauptinvestor nicht zu verlieren. Mit Mostbergers Hilfe legt sie eine falsche Fährte und bringt Lisa so in den Verdacht, tatsächlich die gesuchte Wilderin zu sein. Die Rechnung scheint aufzugehen: Lisa wird von der Polizei in Untersuchungshaft genommen. Allerdings ahnt Hansi, dass bei dem Fall etwas nicht mit rechten Dingen zugeht.

Teil 8 DA, WO SICH DIE HERZEN FINDEN

Das glückliche Idyll der Familie Sandgruber steht vor dem Aus. Kathi trifft ihren alten Schulfreund Rolf wieder und will zu ihm nach München ziehen. Christl bekommt das Jobangebot ihres Lebens und will ebenfalls von Schönbichl weg. Schweren Herzens erkennt Hansi, dass er der Karriere seiner Christl nicht im Weg stehen darf und Kathi ein Recht auf ihre große Liebe hat. Aber für seine Mutter Irmi bricht eine Welt zusammen. Von einem Tag auf den anderen ist nichts mehr so, wie es war, zerbricht das märchenhafte Familienglück im Tiroler „Branderhof"-Wildpark.

Offenbar völlig selbstlos rettet die aus Amerika zurückgekehrte Viktoria Perterer eine Molkerei vor der Pleite. Niemand ahnt, dass sich hinter der Großzügigkeit der knallharten Geschäftsfrau eine finstere Absicht verbirgt, die einige Milchbauern Haus und Hof kosten könnte. Um ihre Ziele zu erreichen, scheut Viktoria nicht davor zurück, sich mit dem hinterhältigen Großinvestor Peter Stocker zu verbünden und durch gefinkelte Intrigen die Liebe zwischen Hansi und Christl auf eine harte Bewährungsprobe zu stellen. „Neben dem klassischen Kampf Gut gegen Böse wollen wir mit dieser Geschichte auch die emotionalen Gefühle einer auseinanderbrechenden Familie beschreiben. Ein Schicksal, das jeden von uns treffen kann", verrät Produzent Boris Ausserer.

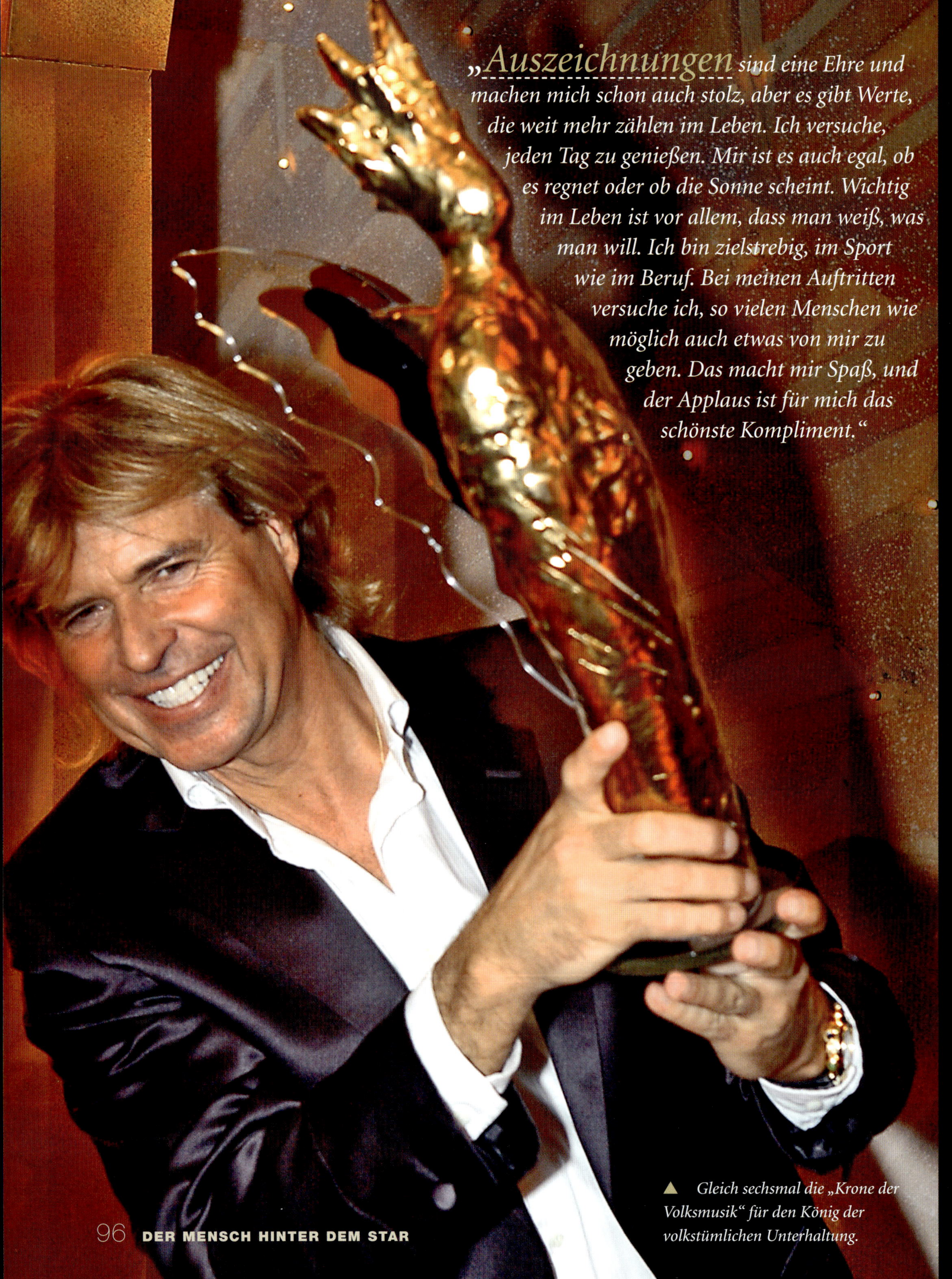

„Auszeichnungen sind eine Ehre und machen mich schon auch stolz, aber es gibt Werte, die weit mehr zählen im Leben. Ich versuche, jeden Tag zu genießen. Mir ist es auch egal, ob es regnet oder ob die Sonne scheint. Wichtig im Leben ist vor allem, dass man weiß, was man will. Ich bin zielstrebig, im Sport wie im Beruf. Bei meinen Auftritten versuche ich, so vielen Menschen wie möglich auch etwas von mir zu geben. Das macht mir Spaß, und der Applaus ist für mich das schönste Kompliment."

▲ Gleich sechsmal die „Krone der Volksmusik" für den König der volkstümlichen Unterhaltung.

Ehre, wem Ehre gebührt

Hansi Hinterseer kann auf 15 Jahre Erfolg im Musikgeschäft zurückschauen. Dieser spiegelt sich nicht nur in vollen Konzertsälen, durch Traumquoten bei den TV-Shows und immer mehr Teilnehmern an den Fanwanderungen wider, sondern zeigt sich auch in der Vielzahl renommierter Auszeichnungen: Publikumspreise wie auch die Awards bedeutender Fachjurys finden sich im Auszeichnungs-Portefeuille des Stars der volkstümlichen Musik.

DIE AUSZEICHNUNGEN

1994 begann Hansis musikalische Karriere mit seinem ersten großen TV-Auftritt im *Musikantenstadl.*

1997 gewann er den „Goldenen Roy" als erfolgreichster Sänger.

1998 bekam er die „Goldene Romy" der Tageszeitung *Kurier* als bester TV-Moderator Österreichs.

1997–2007 bekam er neun „Goldene Stimmgabeln", die letzte am 22. September 2007. Als „erfolgreichster Solist volkstümlicher Musik" wurde Hansi Hinterseer mit seiner neunten Goldenen Stimmgabel ausgezeichnet.

Die **Goldene Stimmgabel** ist die begehrteste Trophäe der deutschen Entertainmentbranche und ein echter „Publikumspreis", da die Gewinner nicht von einer Fachjury, sondern anhand der Albumverkäufe ermittelt werden.

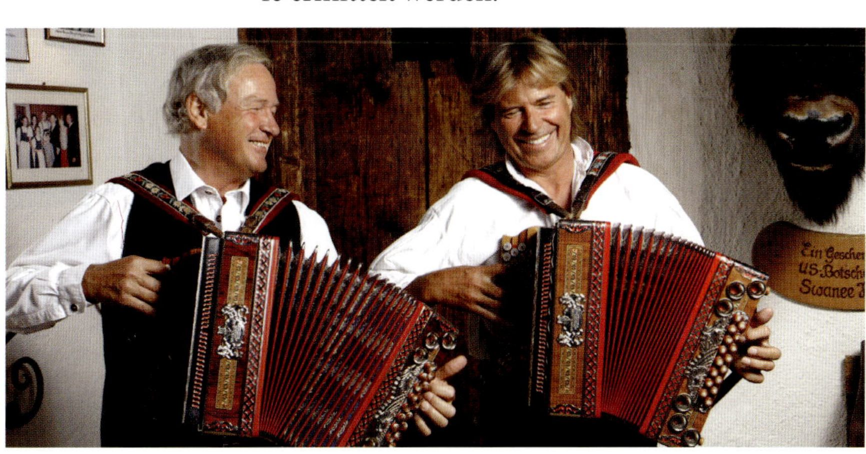

Balthasar Hauser: „Bei der ersten Melodie spürte ich bereits die riesige Begeisterung Hansis am Musizieren. Wer hätte damals an seinen Einstieg in eine sagenhafte Musikerkarriere gedacht oder gar an seine spätere Entdeckung als Volksmusikstar?"

HANSI AUSZEICHNUNGEN

Florian Silbereisen und Stefanie Hertel – zwei große Stars aus und in ihrer Heimat Deutschland. Unser Tiroler ist quasi der einzige gekrönte „Ausländer“ auf diesem Bild. ▶

▼ Zwei ganz große der Musikszene: „Kronen der Volksmusik“ für Heino und Hansi.

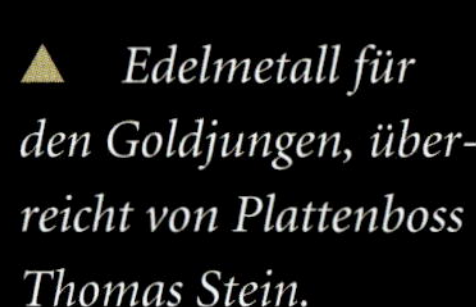

▲ Edelmetall für den Goldjungen, überreicht von Plattenboss Thomas Stein.

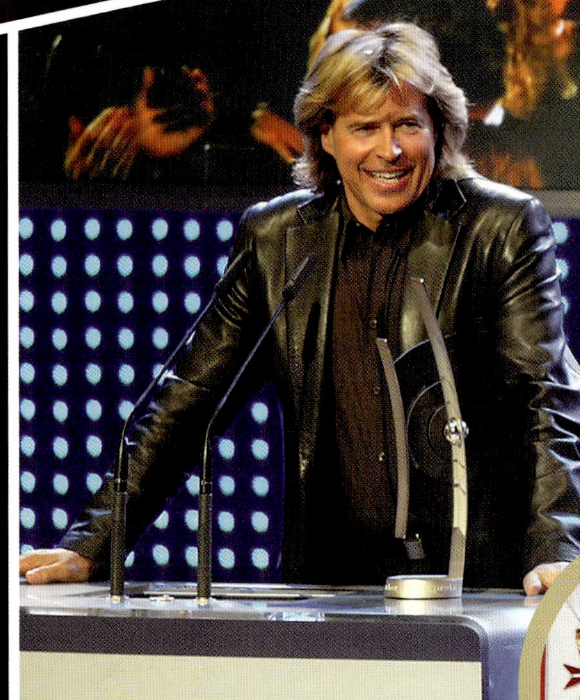

▲ Auch den Echo-Sieg konnte sich Hansi einmal holen.

2004 ECHO-GEWINN

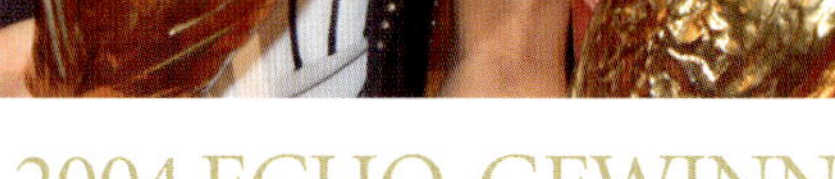

Der Echo ist ein deutscher Musikpreis und wird von der Deutschen Phono-Akademie seit 1992 jährlich vergeben. Die Rangfolge der Sieger ergibt sich in den meisten Kategorien aus den aufaddierten Ergebnissen der Mediacontrol-Verkaufs-Charts vom Februar eines Jahres bis zum Januar des Folgejahrs.

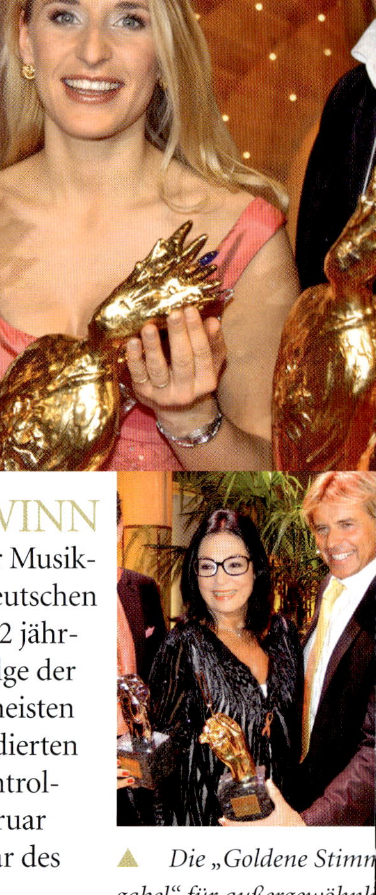

▲ Die „Goldene Stimm gabel“ für außergewöhnli che Stimmen: Nana Mou kouri und Hansi Hinters

■ **1998, 2001, 2004, 2005, 2006 und 2007** bekam er jeweils eine „Krone der Volksmusik“ verliehen.

■ **2001, 2003 und 2006** wurde er für den Amadeus Austrian Music Award nominiert, den er jedoch niemals gewinnen konnte. Nach dem Prinzip: „Prophet im eigenen Land …“ Ein Schicksal, das den Namensgeber des einzigen (!) österreichischen Musikpreises auch ereilte.

■ Diverse erste Plätze bei der *Volkstümlichen Hitparade* im ZDF seit 1994 sowie bei der *Schlagerparade der Volksmusik* in der ARD.

▲ Das Goldene Ehrenzeichen der Republik Österreich, verliehen vom damaligen Finanzminister Karl-Heinz Grasser. ▶

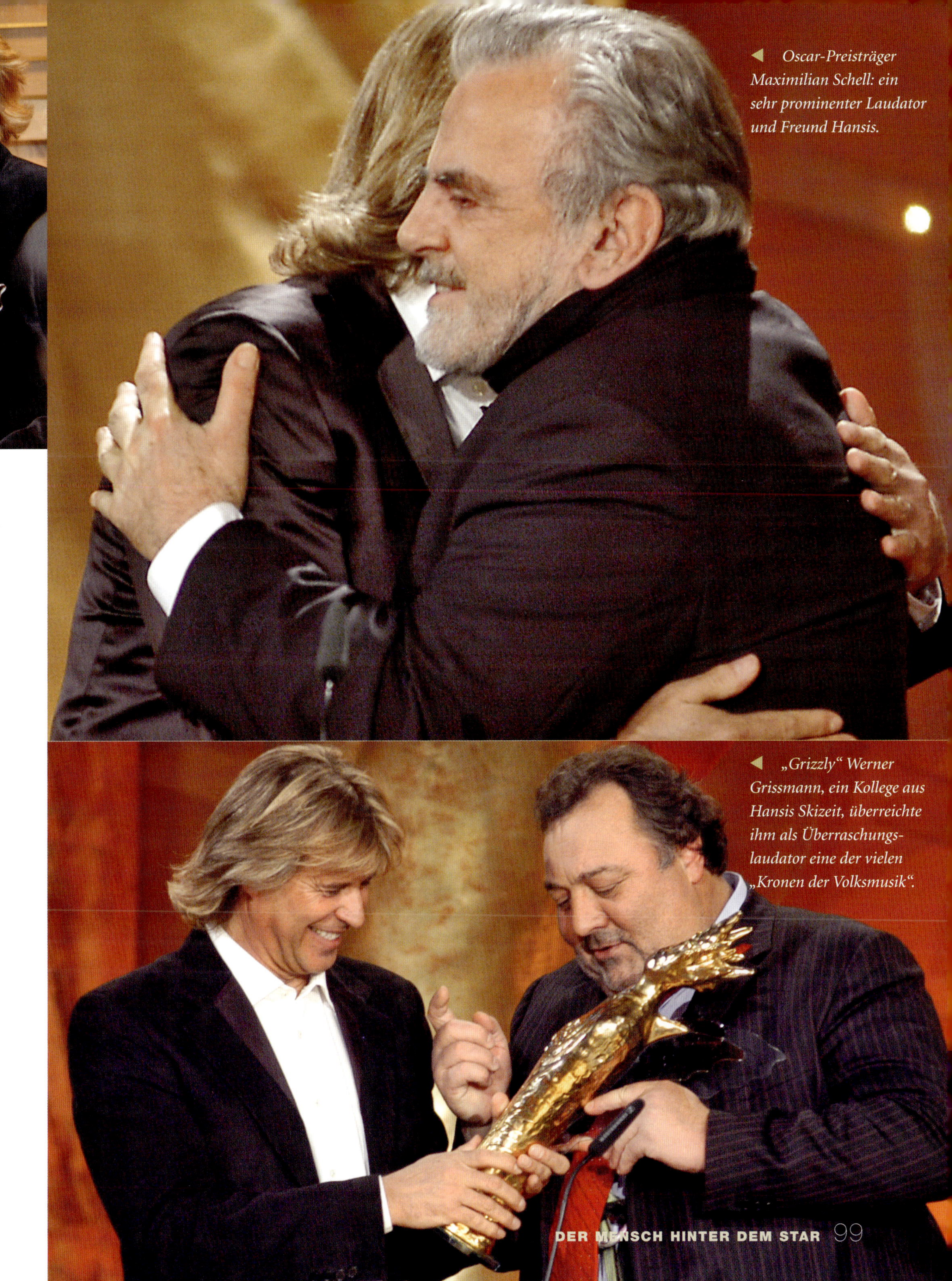

◀ Oscar-Preisträger Maximilian Schell: ein sehr prominenter Laudator und Freund Hansis.

◀ „Grizzly“ Werner Grissmann, ein Kollege aus Hansis Skizeit, überreichte ihm als Überraschungslaudator eine der vielen „Kronen der Volksmusik“.

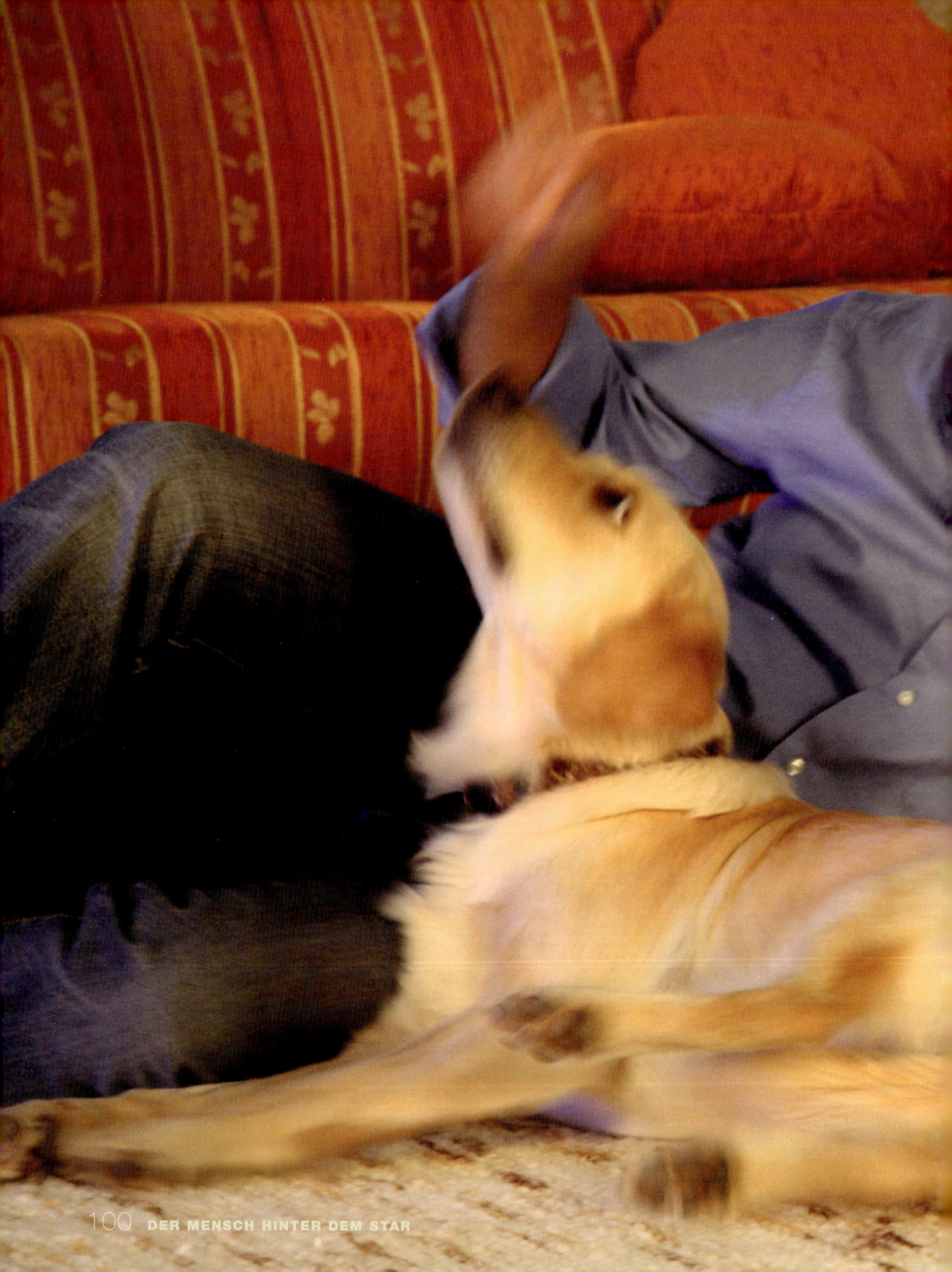

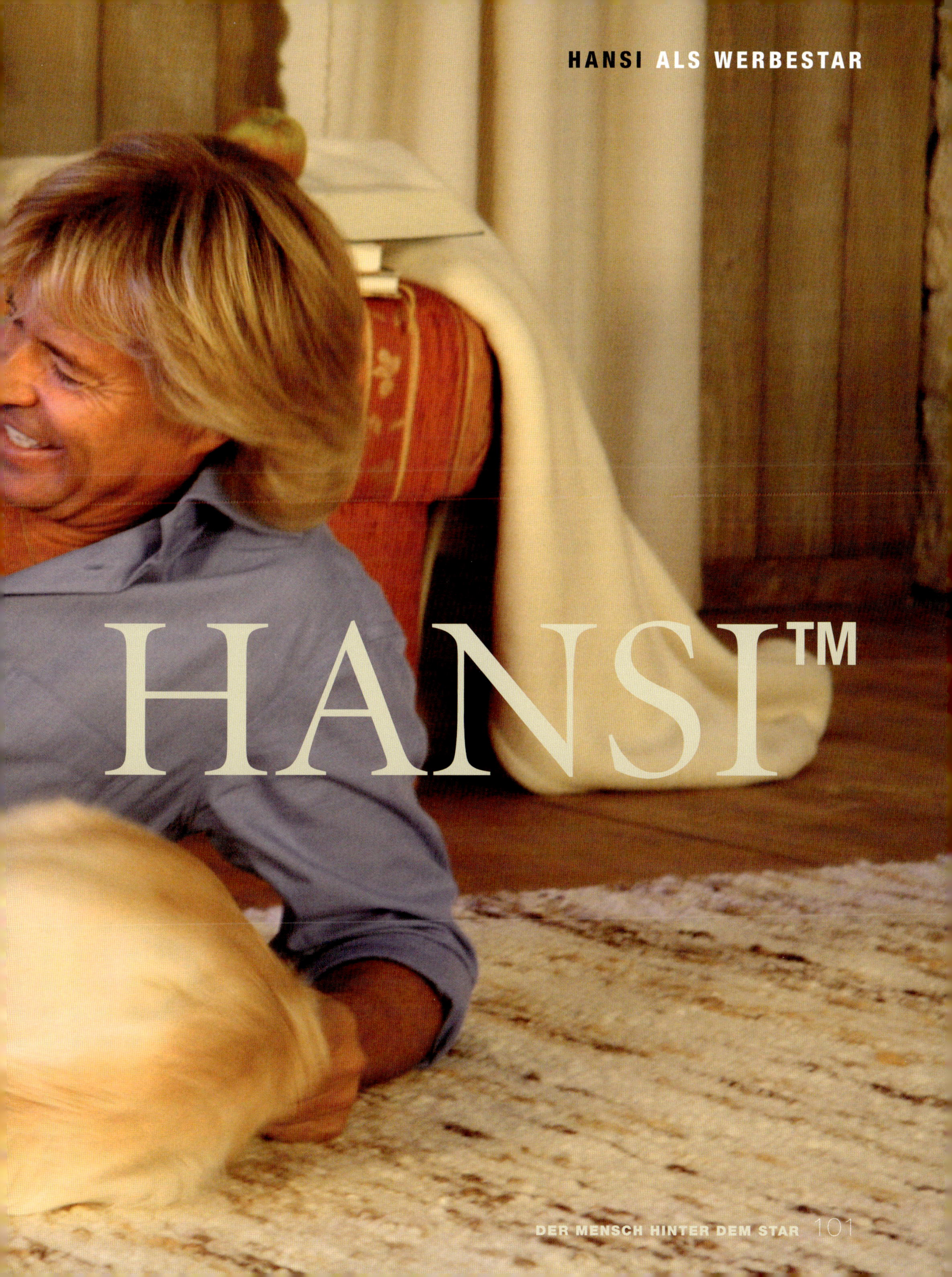

HANSI™

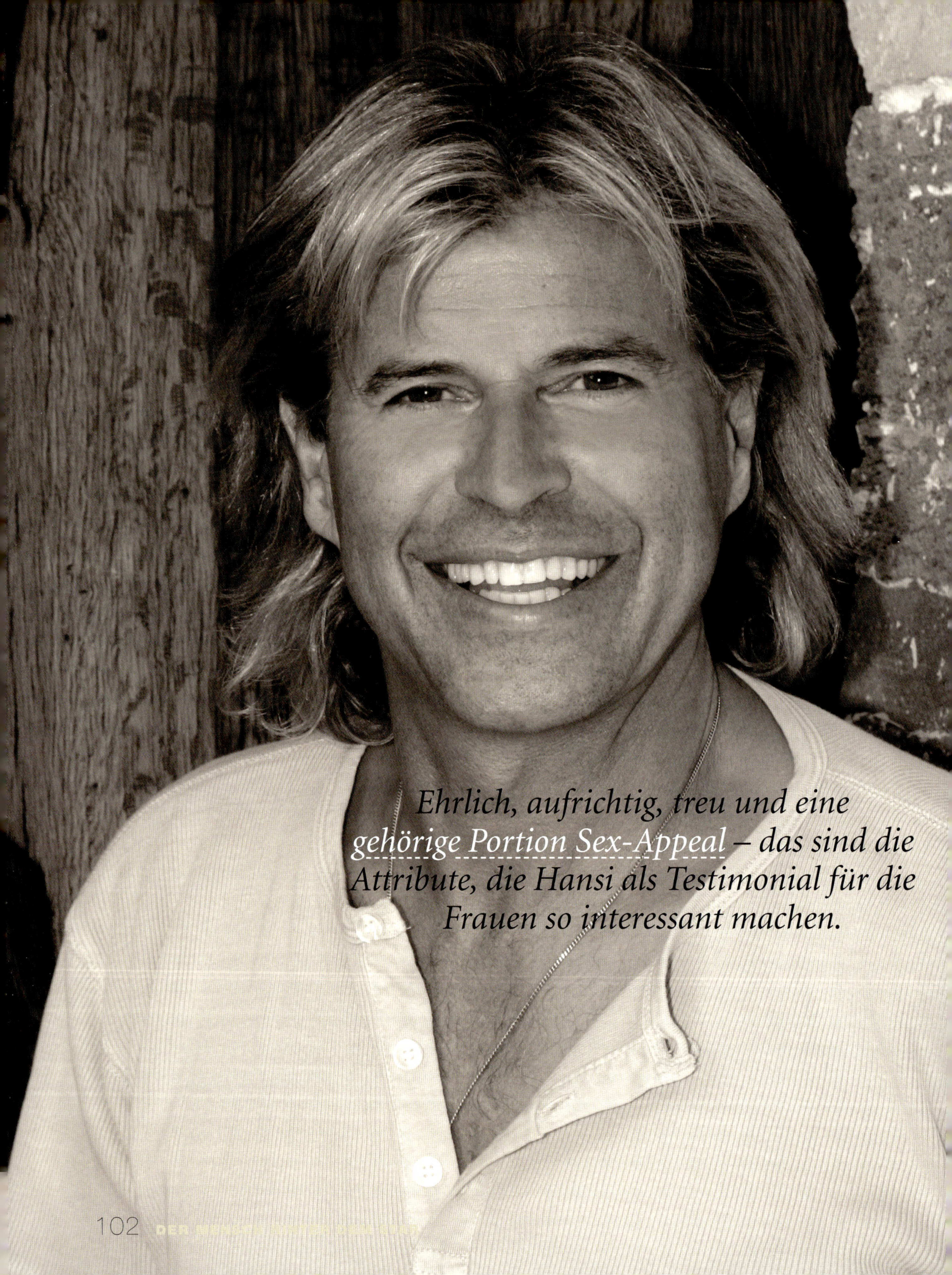

Ehrlich, aufrichtig, treu und eine gehörige Portion Sex-Appeal – das sind die Attribute, die Hansi als Testimonial für die Frauen so interessant machen.

Hansi als Markenbotschafter

Hansi Hinterseer ist der erfolgreichste Solist der Volksmusik. Komplettiert wird die Persönlichkeit Hansi Hinterseer durch eine sehr erfolgreiche Fernsehkarriere als Schauspieler und Moderator. Diese Erfolgsgeschichte wird von Medien dankbar aufgegriffen und spiegelt sich in über 50 Titelseiten und Hunderten von Artikeln pro Jahr wider.

HANSI HINTERSEER STEHT FÜR KONTINUITÄT

Mehr als 15 Jahre lang gleich bleibender Erfolg im sonst rückläufigen Musikgeschäft. Hohe Quoten bei den eigenen Fernsehsendungen und bei den Spielfilmen. Er bewegt die Masse vor dem Bildschirm oder bei den jährlichen Wanderungen in seiner Heimat Kitzbühel.

HANSI TRIFFT INS HERZ

Dies spiegelt sich in seiner Natürlichkeit und der Nähe zu den Fans und basiert auf bodenständigen Werten. Antizyklisch zu unserer schnelllebigen, konsumorientierten Gesellschaft hält Hansi Hinterseer an Werten wie Liebe, Familie, Heimat und Natur fest. Dies gibt den Fans und der Industrie Sicherheit.

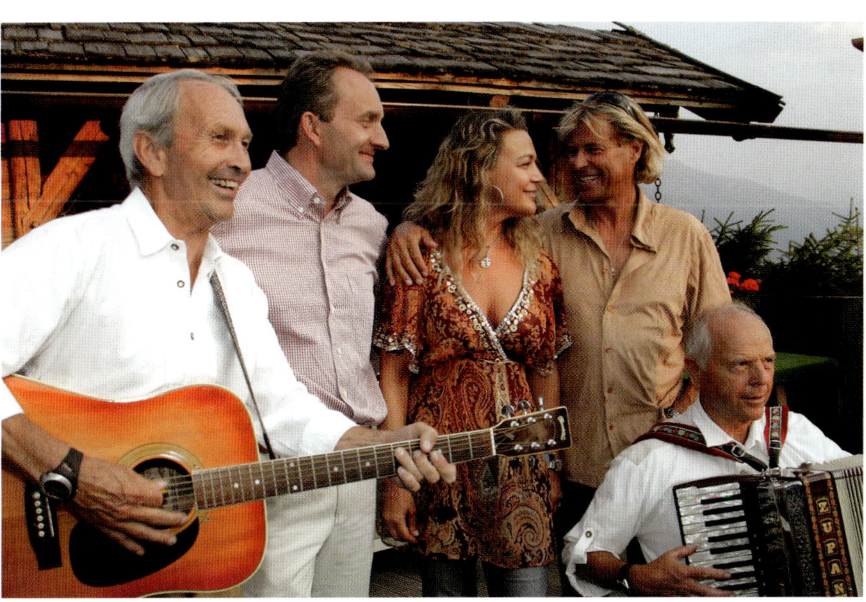

Nie ohne seine Romana: Sie gibt dem Star den Rückhalt, den er braucht.

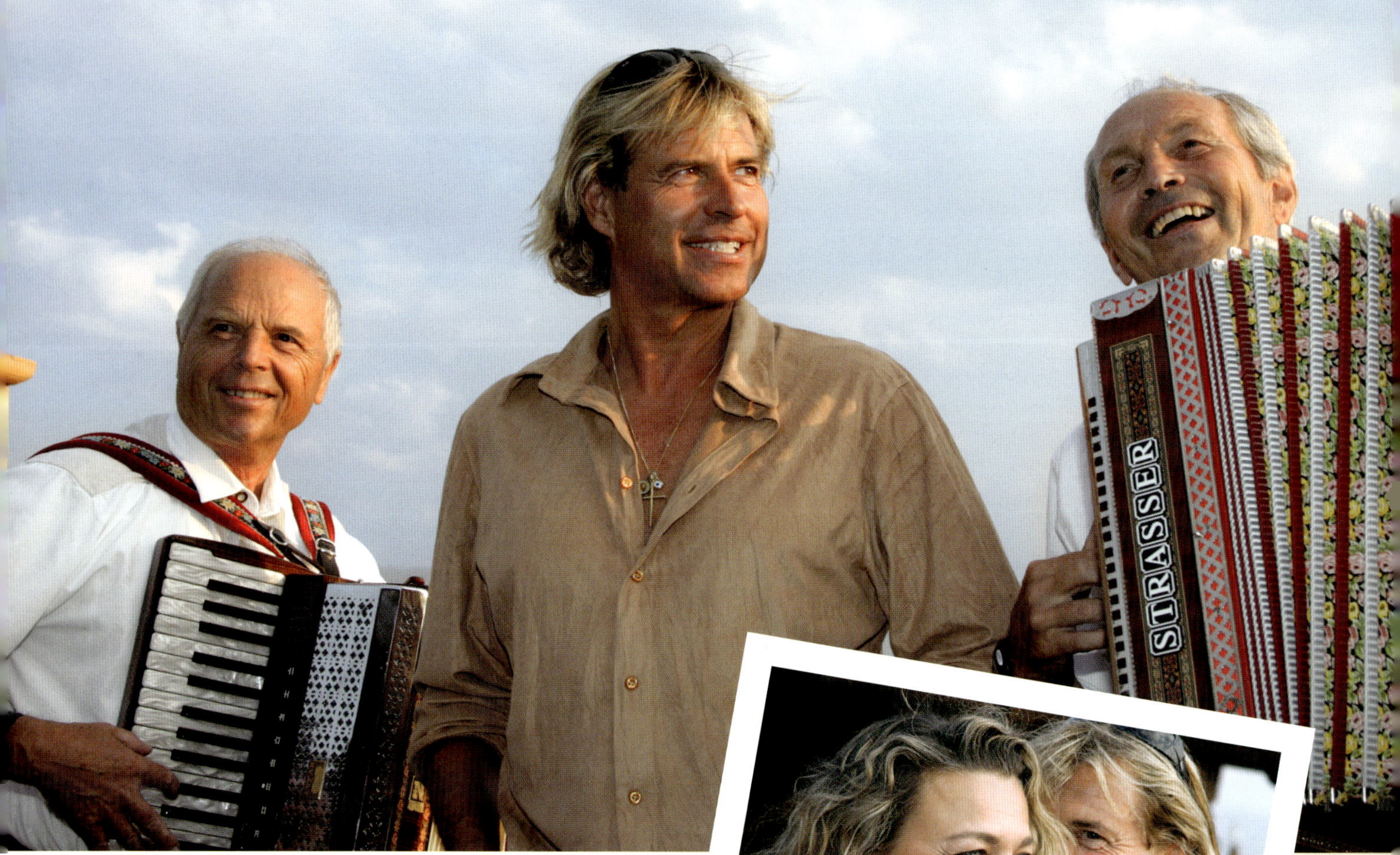

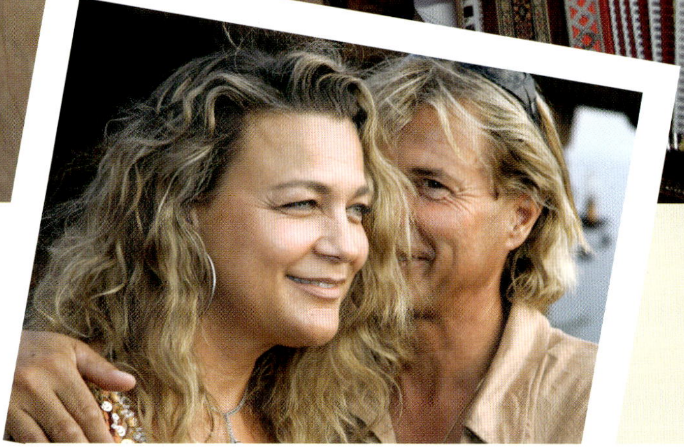

Treue und Aufrichtigkeit sind die Grundpfeiler ihrer fast 25-jährigen Ehe: Romana und Hansi. ▶

Hansi ist einer der wenigen Stars, die es geschafft haben, an eine erfolgreiche Sport- eine noch erfolgreichere Künstlerkarriere anzuknüpfen. Die im Sport so wichtigen Erfolgsfaktoren wie Belastbarkeit, Konzentration, Mut, Motivation und Disziplin hat der ehemalige Weltcupsieger eins zu eins im Showbiz eingebracht.

DIE ENTSCHEIDUNG ZU EINER KOOPERATION FÜR DIE MARKETING-ENTSCHEIDER FÄLLT LEICHT

Aufgrund der Zuverlässigkeit der beruflichen und privaten Person wird das Risiko auf schädliche Abstrahlungen auf die zu bewerbende Marke ausgeschlossen.

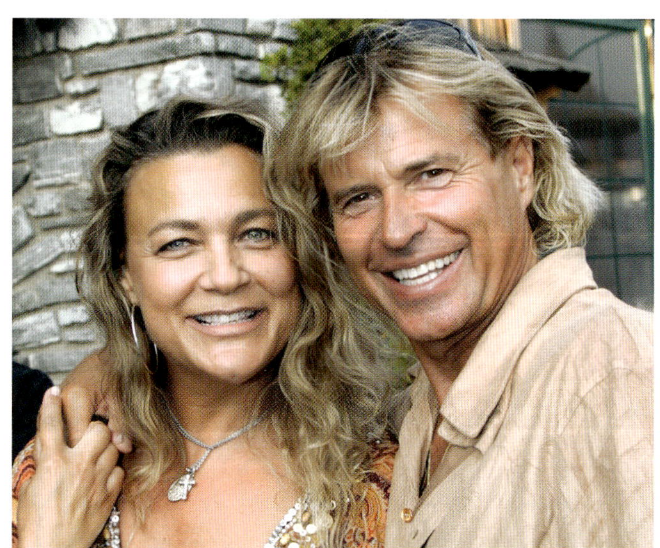

So sehen er sich und seine Fans ihn gern: mit Musikanten in den Tiroler Bergen.

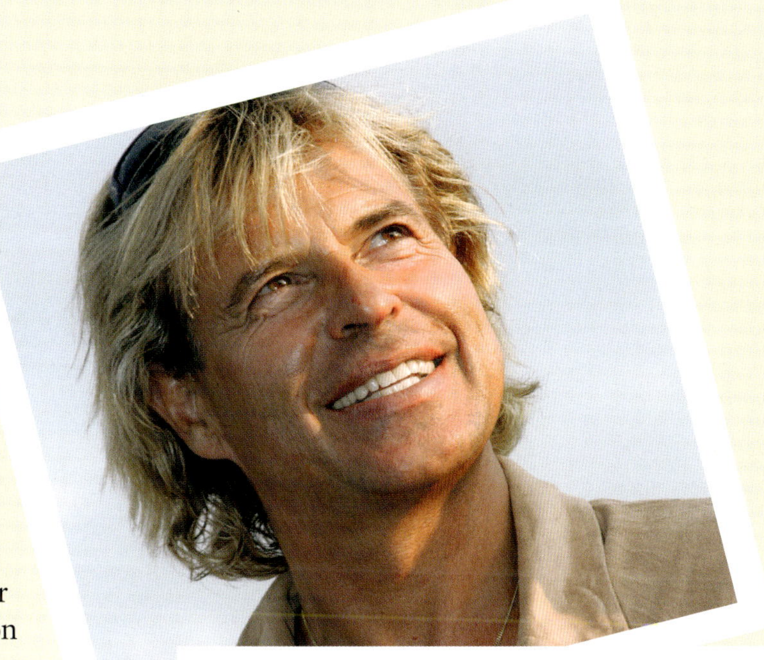

HANSI IST KLAR POSITIONIERT

Man weiß, was man hat, und kann sofort überprüfen, ob Hansi und Markenwerte übereinstimmen. Die Zielgruppe ist kaufkräftig, markenloyal, qualitätsbewusst und beständig. Entgegen der landläufigen Meinung ist das Altersniveau ein Querschnitt durch alle Altersklassen und nicht nur auf die Zielgruppe 45 plus beschränkt. Tanzende Kinder vor der Bühne mit jungen Müttern, begleitet von den Großeltern, sind die Realität.

- **Hansi wird medial dankbar und positiv erlebt.**
- **Hansi wird von seiner Zielgruppe glaubhaft und als Vorbild wahrgenommen.**
- **Hansis sportliche Herkunft hilft ihm, fair und auf den Punkt diszipliniert Leistung auf der Bühne oder vor der Kamera abzurufen.**
- **Hansi macht nur das, was er fühlt, aber dann mit hundertprozentigem Einsatz.**
- **Hansi ist ein Star zum Anfassen.**

Die Essenz der Marke „Hansi Hinterseer" ist aber sicher, dass er sich nicht verbiegt und die öffentliche nicht von der Privatperson unterscheidbar ist. Hansi ist ein Star zum Anfassen, da er nie vergessen hat, woher er kommt und wem er was zu verdanken hat.

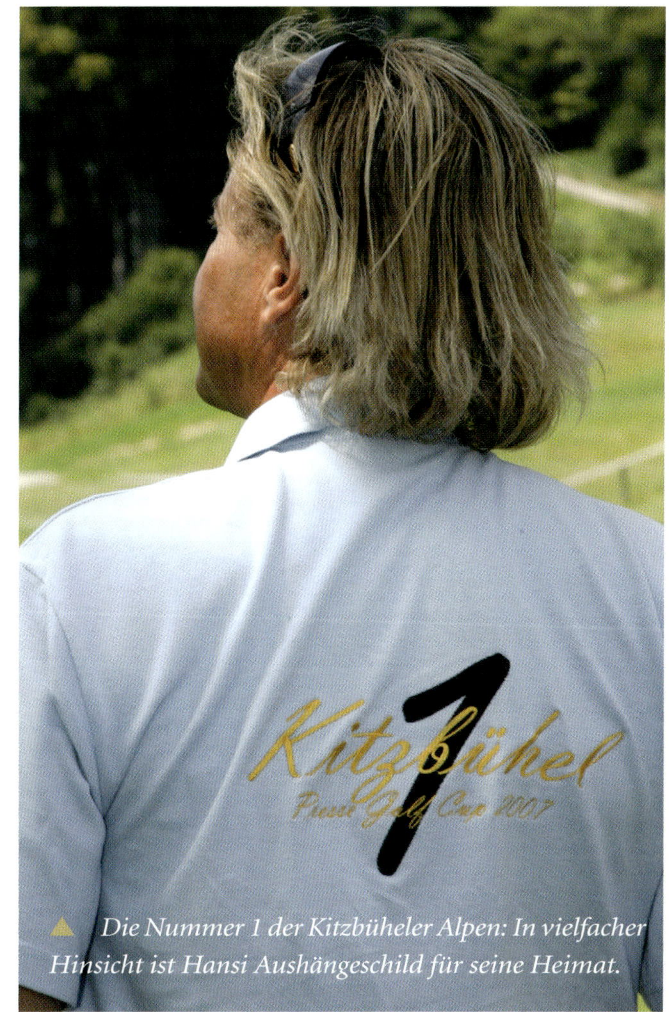

Die Nummer 1 der Kitzbüheler Alpen: In vielfacher Hinsicht ist Hansi Aushängeschild für seine Heimat.

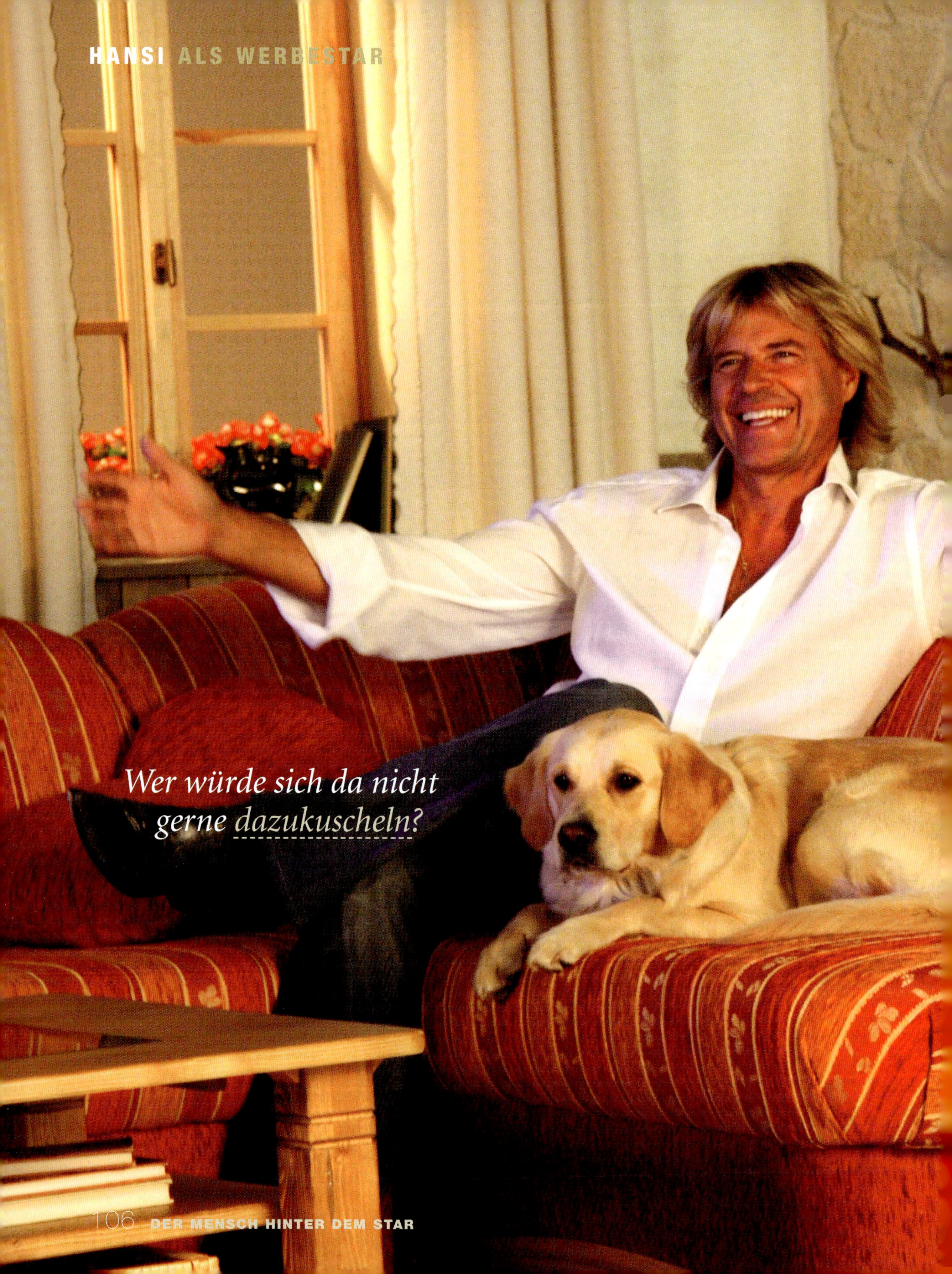

Wer würde sich da nicht gerne dazukuscheln?

DAS RENOMMIERTE VERSANDHAUS QUELLE GEHT MIT HANSI INS BETT

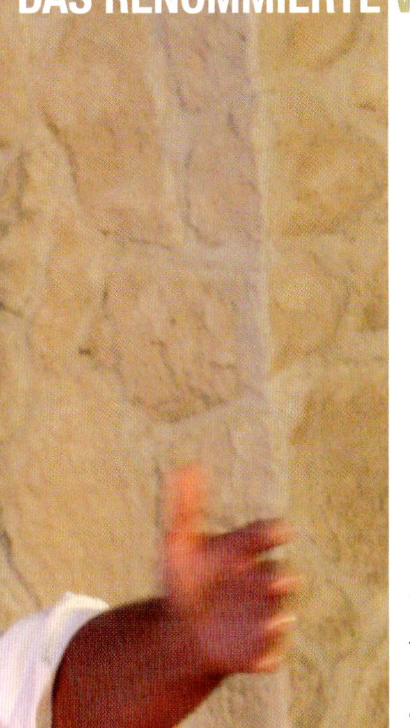

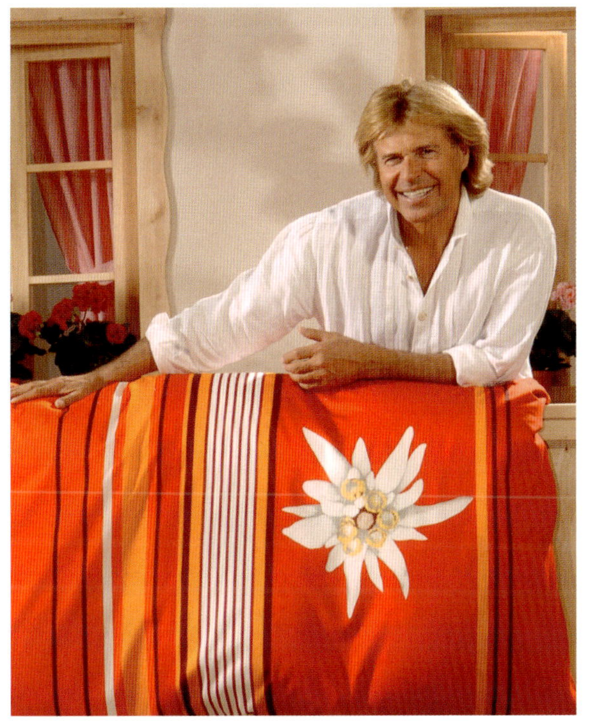

Hansi präsentiert seine eigene Heimtextilienkollektion – exklusiv bei Quelle AG.

HANSI HINTERSEER PRÄSENTIERT EXKLUSIV BEI QUELLE SEINE NEUE HEIMTEX-KOLLEKTION!

Quelle ist die eindeutige Nummer 1 im heimischen Versandhandel. Die österreichischen Kunden können aus einem Sortiment von mehr als 80 000 Waren 24 Stunden täglich und an 365 Tagen im Jahr bestellen. Vor einige Monaten hat sich Quelle etwas ganz Besonderes einfallen lassen und präsentiert nun Hansi Hinterseer und seine exklusive Heimtex-Kollektion im neuen Quelle-Katalog.

Hansi Hinterseer – ein begeisterter Quelle-Kunde!

Der Star beweist nun auch sein Talent als Designer und Ideengeber für das Versandhaus Quelle und kreierte eine eigene Heimtex-Kollektion. Im Quelle-Hauptkatalog Frühjahr/Sommer 2007 wurde bereits der erste Teil der Kollektion vorgestellt:

„Diese hat bei unseren Kunden reißenden Absatz gefunden, und so haben wir uns entschieden, dieses spannende Projekt fortzusetzen und auch im nächsten Quelle-Katalog unsere Kunden mit weiteren Produkten von Hansi Hinterseer zu erfreuen und zu überraschen!“, so Wolfgang Binder, Vorstandsvorsitzender von Quelle Österreich.

Auch Hansi zeigt sich begeistert von der Zusammenarbeit mit Quelle

„Ich wohne selbst in einem Landhaus in Kitzbühel. Nach langen Tourneen und vielen Nächten in Hotelzimmern freue ich mich so richtig auf mein gemütliches Zuhause und weiß vor allem, was es wert ist!“, so Hansi Hinterseer beim Fotoshooting für den neuen Quelle-Katalog.

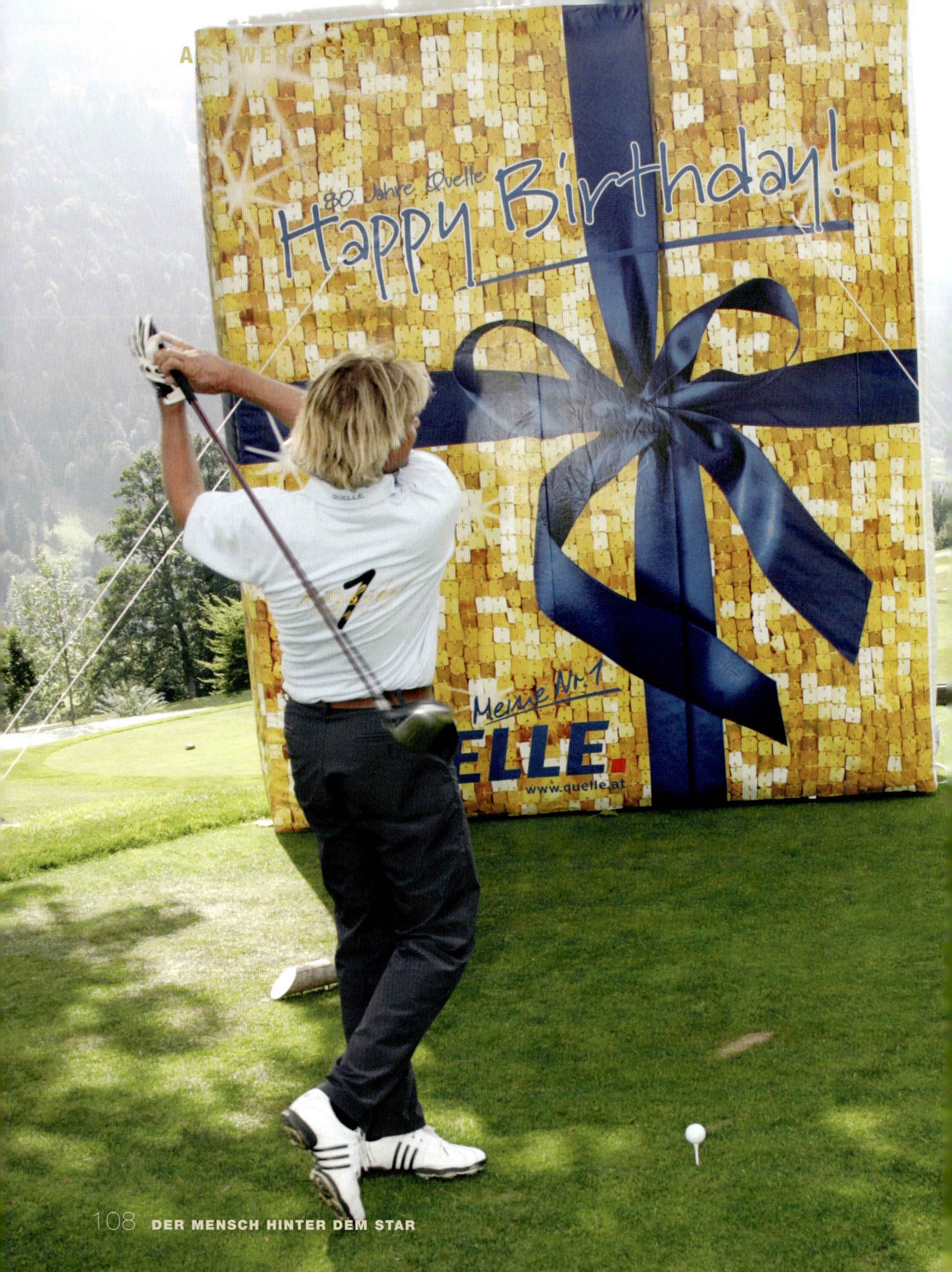
80 Jahre Quelle
Happy Birthday!
Meine Nr. 1
ELLE.
www.quelle.at

Abschlag für einen gewaltigen Erfolg: die Werbekooperation zwischen Quelle und Hansi.

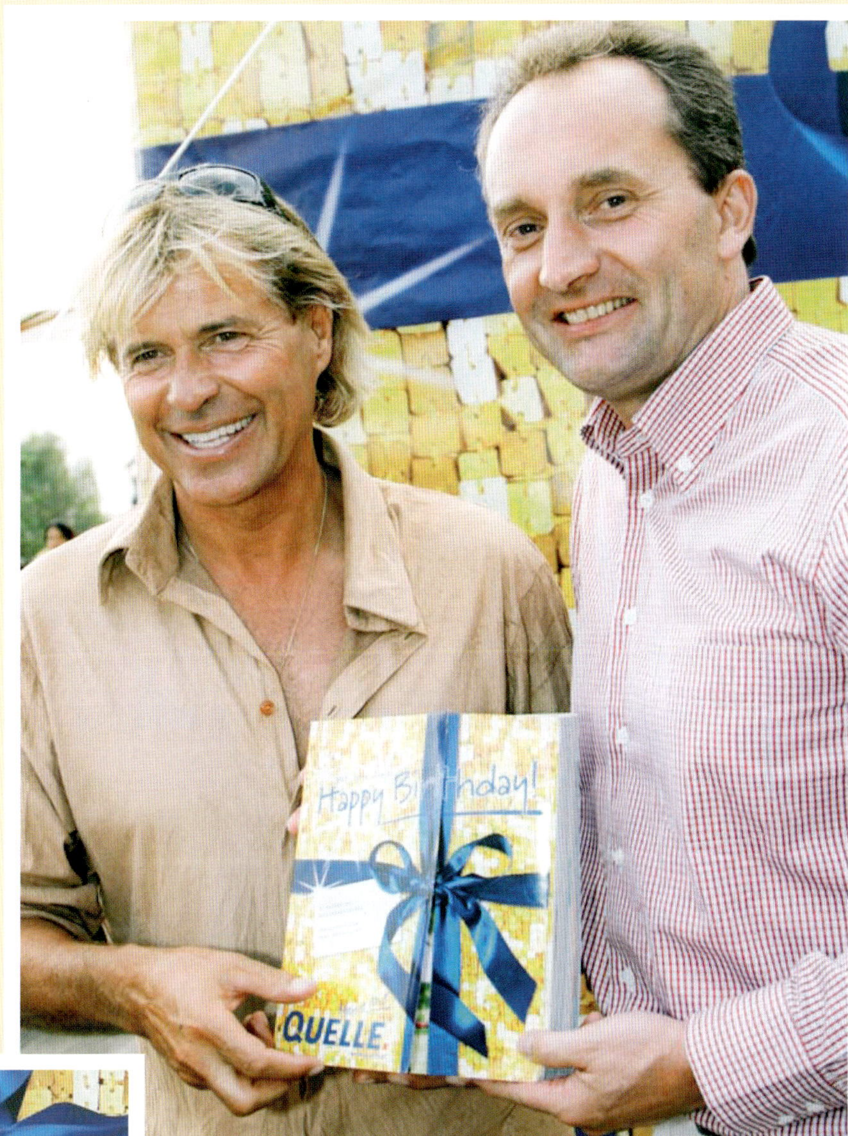

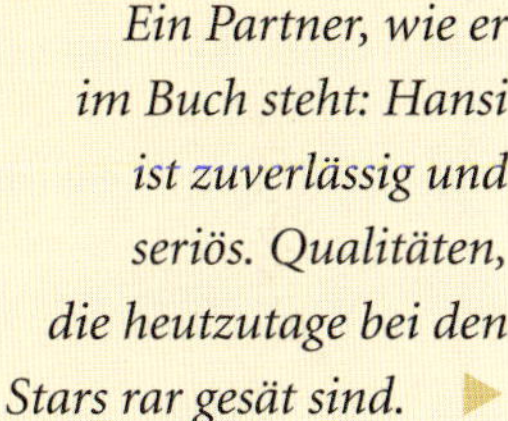

Ein Partner, wie er im Buch steht: Hansi ist zuverlässig und seriös. Qualitäten, die heutzutage bei den Stars rar gesät sind.

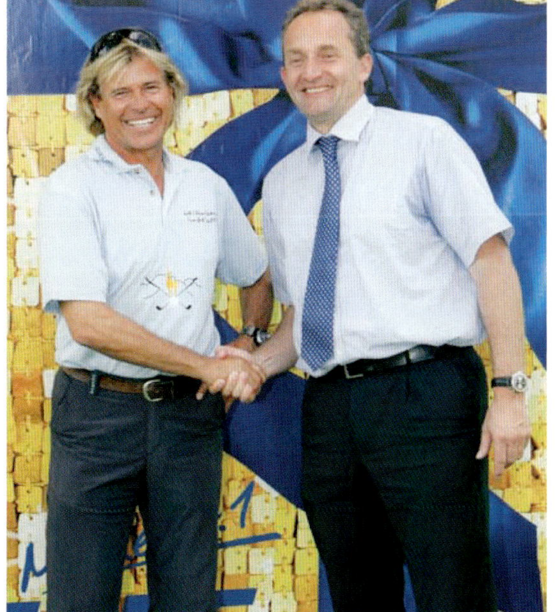

Handschlagqualität.

Der österreichische Quelle-Katalog

Die Quelle AG ist in Österreich klare Marktführerin im Versandhandel. Als größte Auslandstochter der KarstadtQuelle AG hat Quelle Österreich einen Marktanteil von mehr als 20 Prozent und ist so die klare Nummer eins. Bis zu 35 000 Pakete verlassen täglich die Versandzentrale in Linz. Nicht weniger als 40 Prozent der österreichischen Haushalte verfügen über einen Quelle-Katalog. Der neue Quelle-Katalog mit der Hansi-Hinterseer-Kollektion wurde im Vorjahr an mehr als 1,2 Millionen österreichischer Haushalte versendet. Eine gute Gelegenheit für sehr viele Hansi-Fans, die selbst designte Bettwäsche ganz hautnah auszuprobieren.

DIE MARKENMARKE: DIE ÖSTERREICHISCHE POST WIDMETE DEM PUBLIKUMSLIEBLING EINE EIGENE SONDERMARKENSERIE

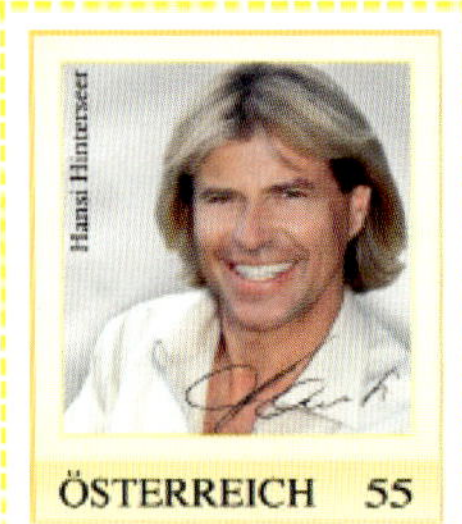

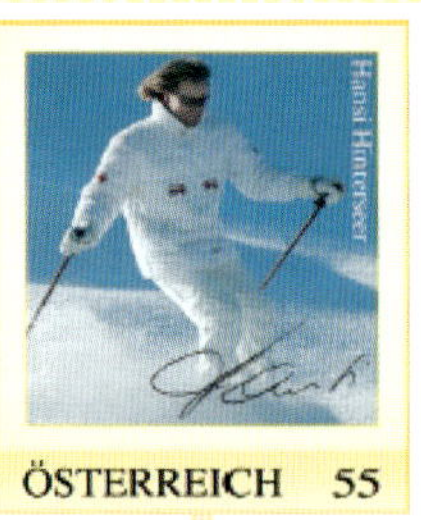

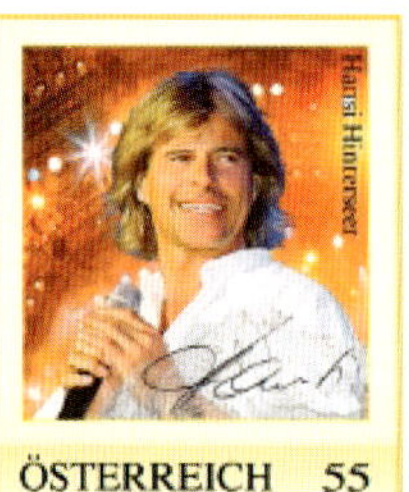

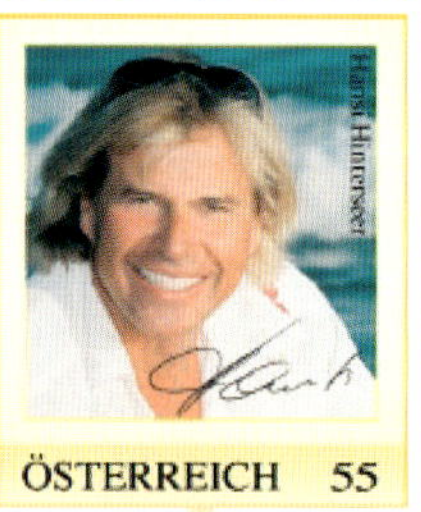

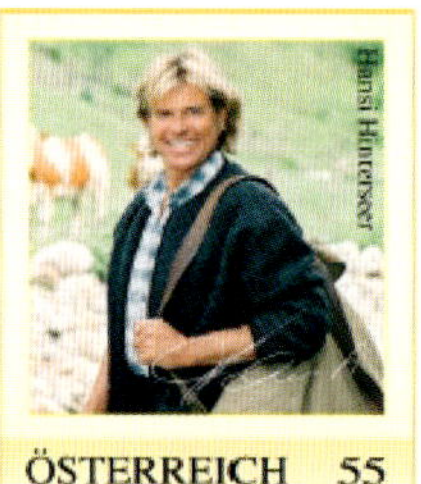

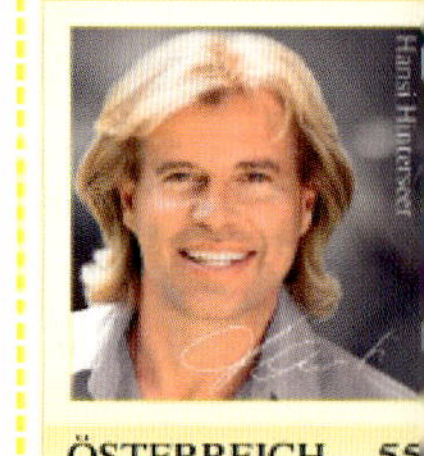

SPEZIALEDITION HANSI HINTERSEER

Am 25. August 2006 erschien die Hinterseer-CD *Meine Berge, meine Heimat.* Als Besonderheit präsentierte die Österreichische Post AG gemeinsam mit der CD ein Markenbooklet, das sechs personalisierte Briefmarken à 55 Cent von Hansi Hinterseer enthält. Die Spezialedition „Hansi Hinterseer CD inklusive Markenbooklet" wurde in einer Auflagenhöhe von 10 000 Stück produziert.

Ein unvergleichlicher Erfolg

Die verantwortlichen Stellen meinten dazu: „Die Hansi-Hinterseer-Sondermarken wurden nicht nur von den klassischen Philatelisten gekauft. Wir erlebten einen Kaufansturm, auch aus dem Ausland, den kein anderer lebender Künstler bis dato bei unseren Sondereditionen auslöste. Hansi Hinterseer ist tatsächlich ein Sonderbotschafter Österreichs."

Du bist nun auch auf Briefmarken verewigt. Was ist das für ein Gefühl?

Das ist schon außergewöhnlich, wenn man eine eigene Markenserie bekommt, und eine Ehre. Das kenne ich sonst nur von Königen, Denkmälern oder berühmten Landschaften. Vielleicht bin ich ja mittlerweile auch so eine Art „Landmark" für meine Heimat Tirol geworden. Das freut mich natürlich.

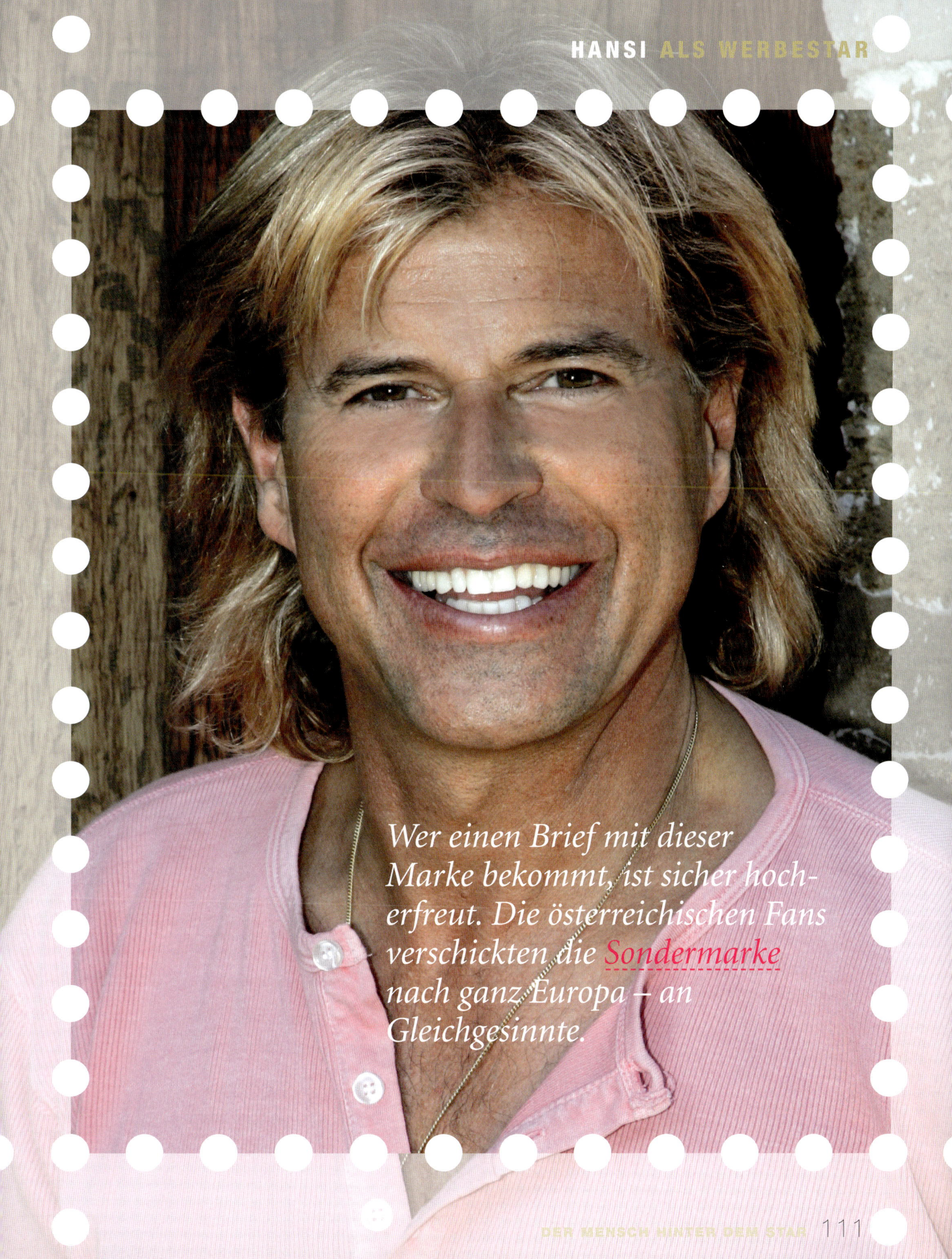

Wer einen Brief mit dieser Marke bekommt, ist sicher hocherfreut. Die österreichischen Fans verschickten die Sondermarke nach ganz Europa – an Gleichgesinnte.

OPEN AIR

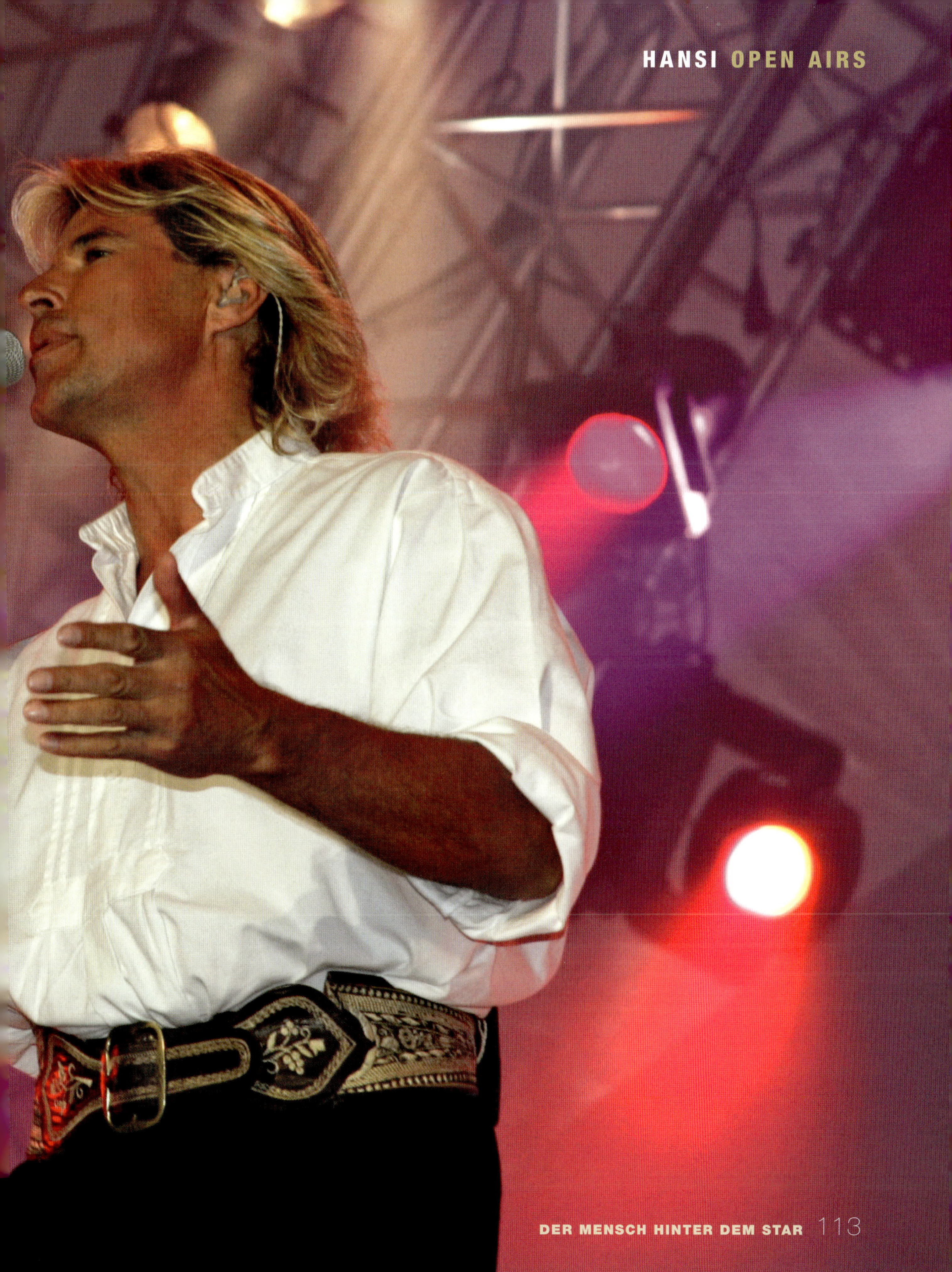

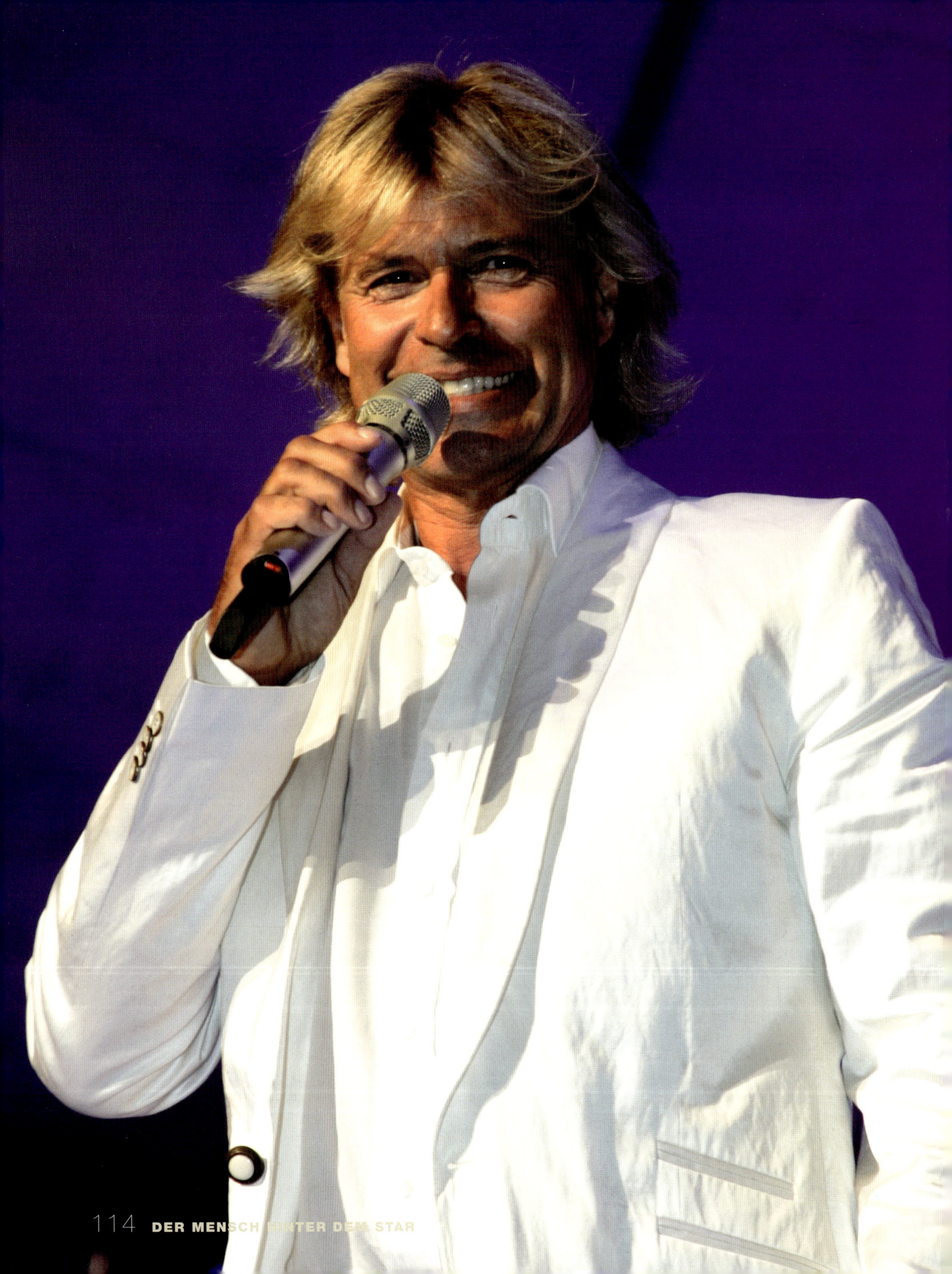

Hansis Konzertheimspiel

Wenn Kitzbühel im August ausgebucht ist, kann das nur eines bedeuten:
Hansi veranstaltet sein großes Kitzbühel-Open-Air, zu dem jährlich Tausende Fans anreisen. Topstars wie Peter Kraus, Andy Borg, die Höhner, Tony Christie, die Kastelruther Spatzen, Helene Fischer und Stephanie Hertel waren schon zu Gast auf der gigantischen Showbühne im Tennisstadion von Kitzbühel. Hansis Open-Air-Event hat mittlerweile Kultstatus erreicht.

HANSIS KONZERTHEIMSPIEL

Die Open-Air-Konzerte in Kitzbühel waren für 2008 bereits im Herbst 2007 mit Vorverkaufsstart innerhalb von 23 Minuten ausverkauft, an die zehntausend Fans aus ganz Europa wandern vor dem beeindruckenden Panorama des Wilden Kaisers auf dem Hahnenkamm mit dem bodenständigen Tiroler in den Bergen seiner Heimat – und alles nur, weil sich vor fünfzehn Jahren ein ehemaliger Skirennläufer aus einer Laune heraus auf das Singen eingelassen hat.

Anfangs waren es nur der Wunsch eines alterslosen Alpenlausbuben und der Spaß „an einer eigenen Platte".

„Der Franz Beckenbauer, der Toni Sailer und der Karl Schranz haben eine Platte aufgenommen, dann mache ich halt auch eine und gehe danach wieder

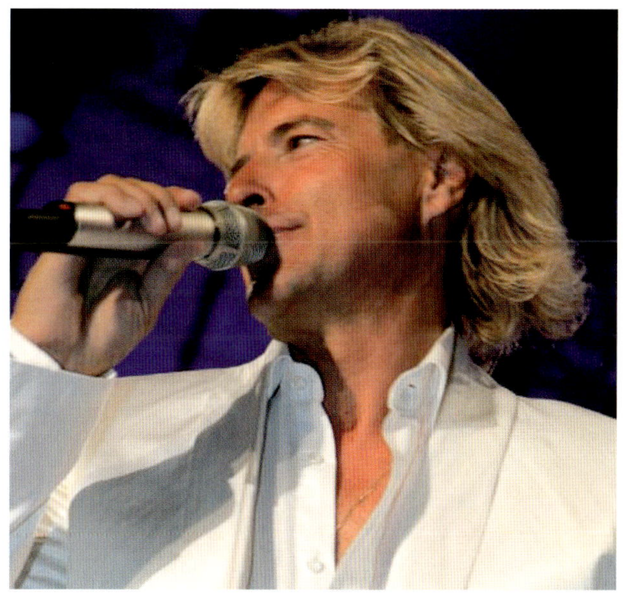

Strahlend, wie ihn seine Fans lieben: Hansi beim großen Auftritt.

Hansis Repertoire umfasst mehrere hundert Titel.

Nirgends fühlt sich Hansi auf der Bühne so wohl wie daheim in Kitz beim alljährlichen Stelldichein von Fans und Stars.

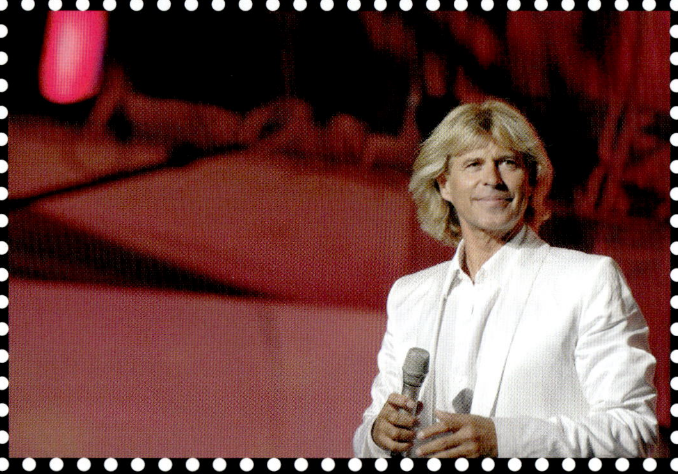

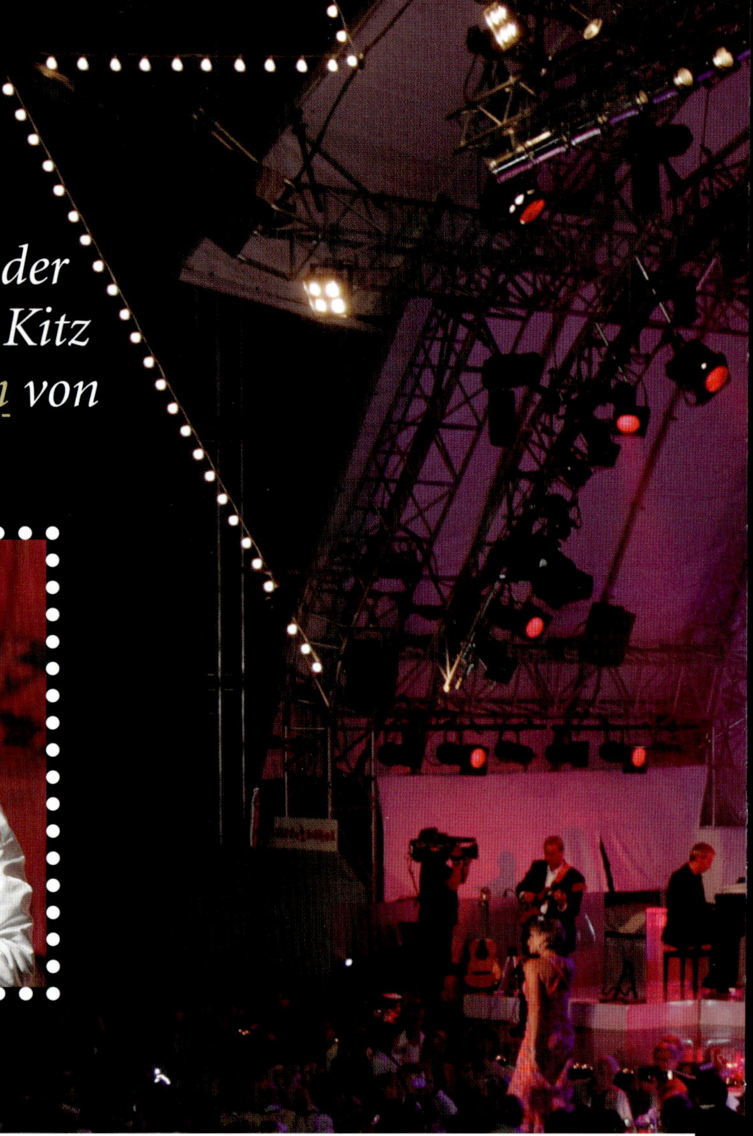

▼▲ *Auf der Bühne wird einiges geboten. Perfekte Licht- und Tontechnik gehören bei Hansi dazu.*

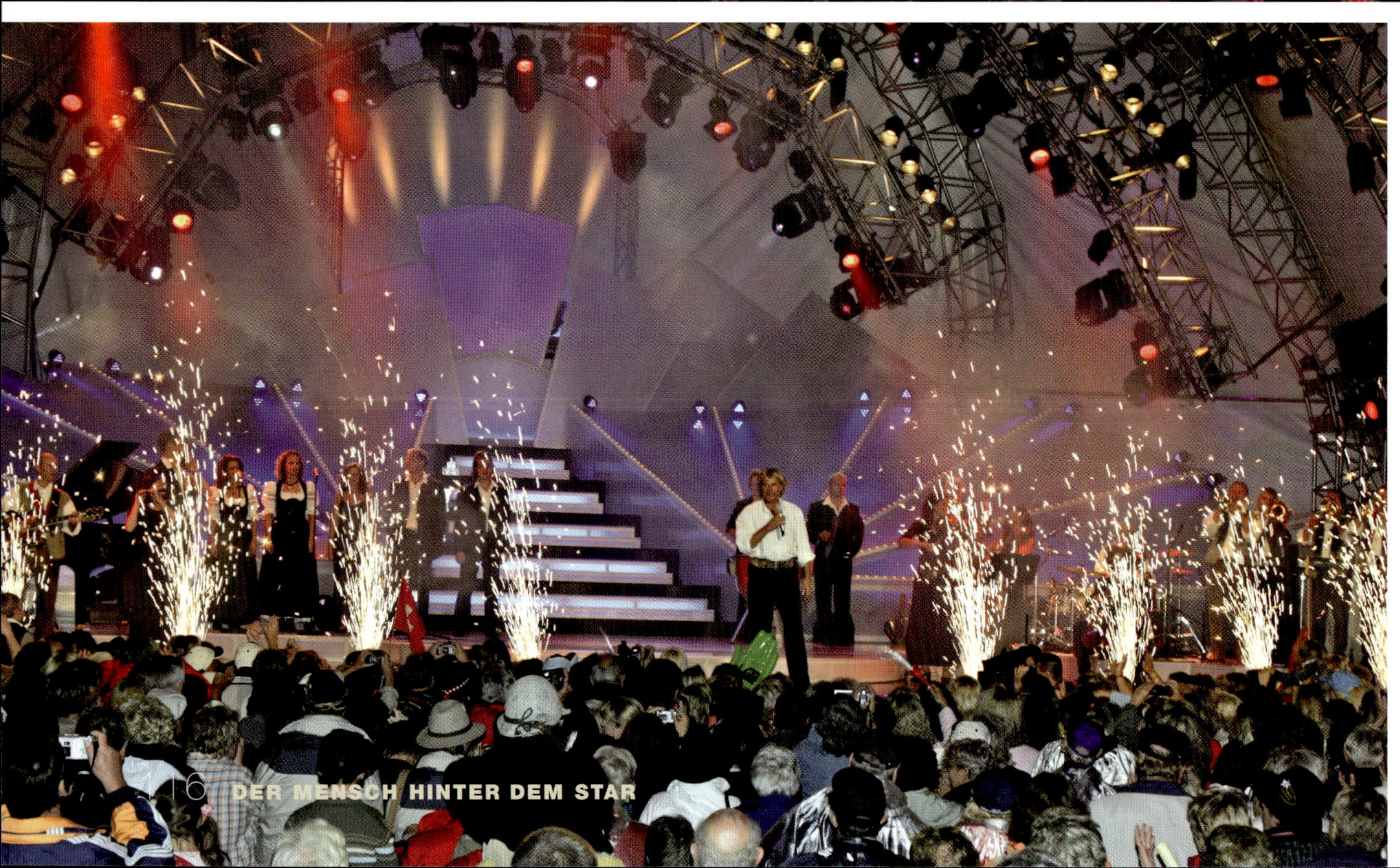

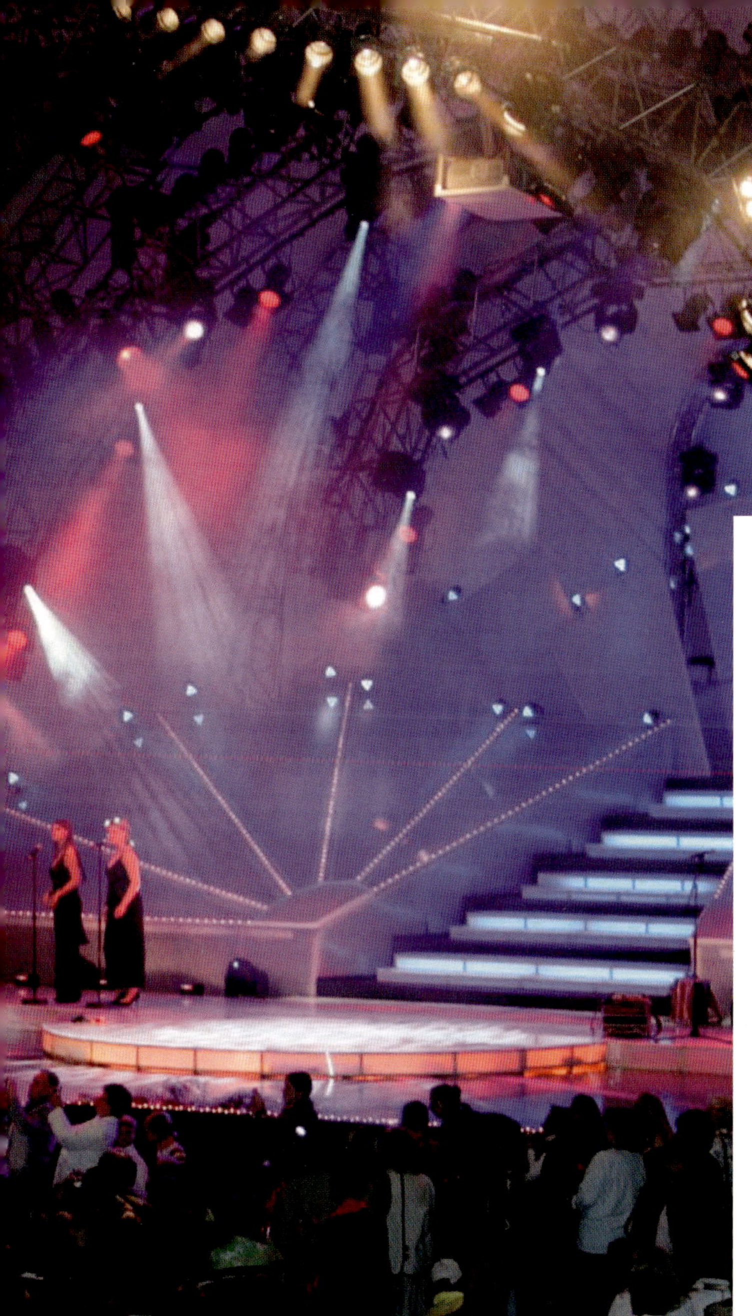

▲ *Trommelwirbel und Spannung im Publikum … in wenigen Minuten ist's so weit: Hansi betritt seine Bühne!*

„Griaß euch, Leitln – ich gfrei mi, dass ihr alle zu meinem Open Air kommen seids!" ▼

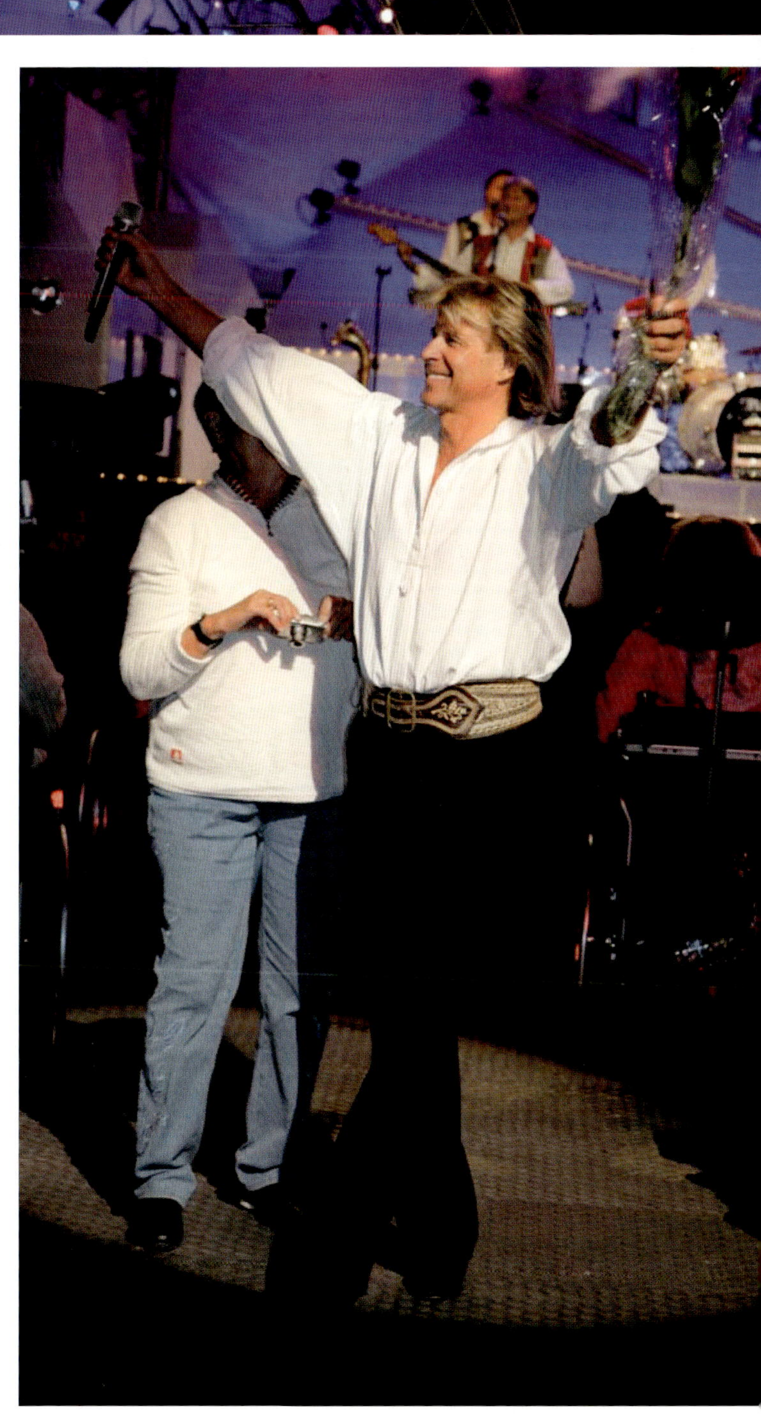

zum Skifahren", meinte Hansi damals unbekümmert. Aber es kam anders. „Das ist schon Wahnsinn!" Niemals hätte er sich träumen lassen, was nach dieser ersten Single passieren würde.

Auf das erste Lied, „Du hast mich heut noch nicht geküsst" (1993), folgten weit mehr als zweihundert weitere.

Der Hinterseer-Hans war und ist seitdem vom Glück geküsst. „Zuerst dachten die Skifahrerkollegen: Jetzt spinnt der Hansi. Doch als es nach oben ging, waren die Burschen schon beeindruckt. Aber keine Spur von Neid. Als Sportler wissen die, wie schwer

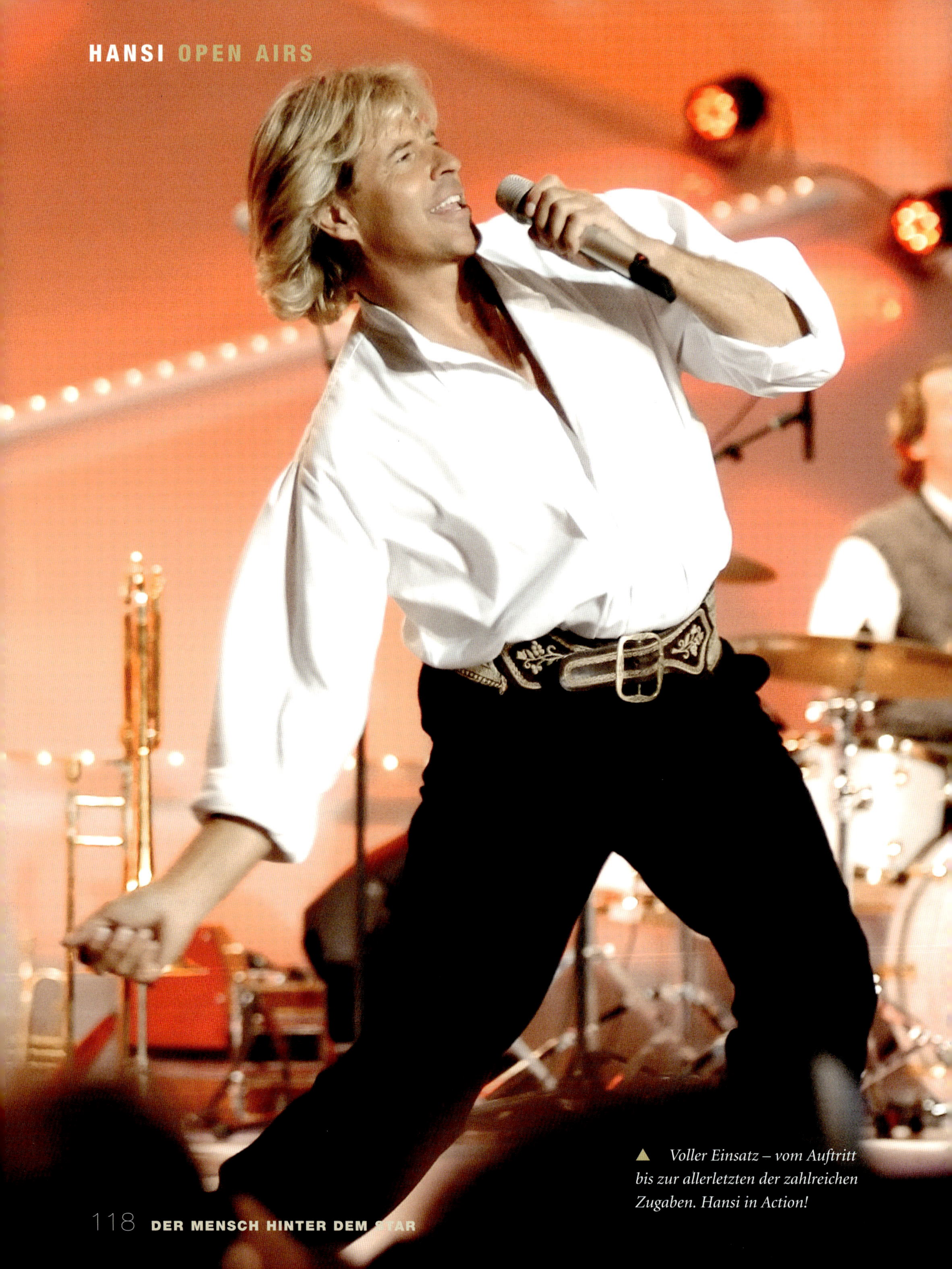

▲ *Voller Einsatz – vom Auftritt bis zur allerletzten der zahlreichen Zugaben. Hansi in Action!*

es ist, oben zu bleiben. Egal, ob im Showbusiness oder im Sport, auf beiden Gebieten bewegt man sich auf sehr rutschigem Boden. Man muss hier wie dort einen festen Willen und eine gute Kondition haben. Und eine gewisse Lockerheit und Spaß an der Sache braucht man auch."

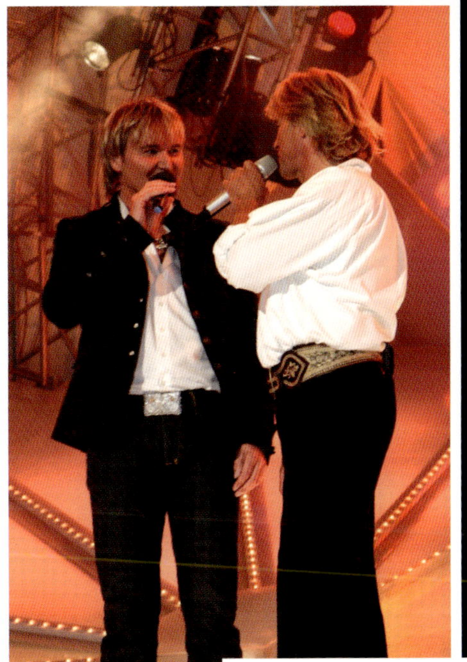

Dass das Glück ein flüchtiger Geselle sein kann, verunsichert und betrübt den Sänger, Schauspieler und Moderator nicht. Er ist es als Bergbauernbub und ehemaliger Skirennläufer zeit seines Lebens gewohnt, hart dafür zu arbeiten, weiß jeden noch so kleinen Erfolg zu schätzen, genießt aufgrund seiner Naturverbundenheit und Bodenständigkeit, die von seiner christlichen Grundeinstellung stark geprägt sind, das Hier und Jetzt und lebt die Liebe, die er auf der Bühne besingt, privat aus ganzem Herzen daheim mit seinen „drei Dirndln", Ehefrau Romana sowie den Töchtern Jessica und Laura.

Sein Frohsinn, seine Freiheitsliebe, die Freude am Miteinander durch die Musik und seine positive Ausstrahlung stecken an und reißen mit. Jahr für Jahr werden es mehr Menschen aus allen sozialen Schichten und Altersgruppen, die sich von diesem „Hansi-Virus" anstecken lassen und in der Gruppe Gleichgesinnter sorgenfreie Stunden verbringen.

„Beim Slalom hatte ich vor dem Start auch immer ein komisches Gefühl im Bauch. Beim Singen ist das ganz anders. Da bin ich nie nervös. Ich bin froh, wenn ich auf der Bühne stehen kann."

◄ *Große Namen zu Gast auf Hansis Open Air-Bühne: Charts-Stürmer Nik P., Rock-'n'-Roll-Evergreen-King Peter Kraus und …* ▼

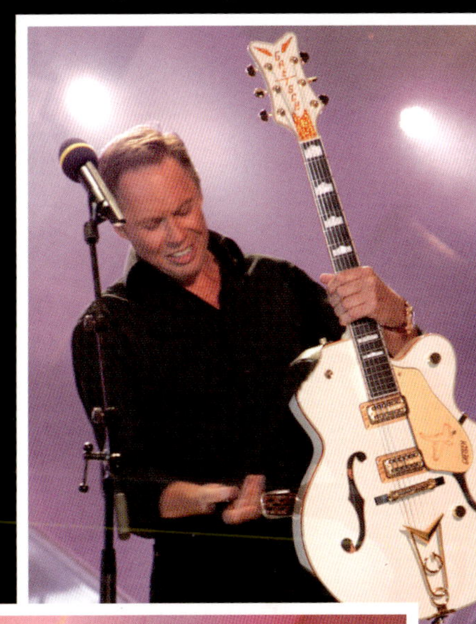

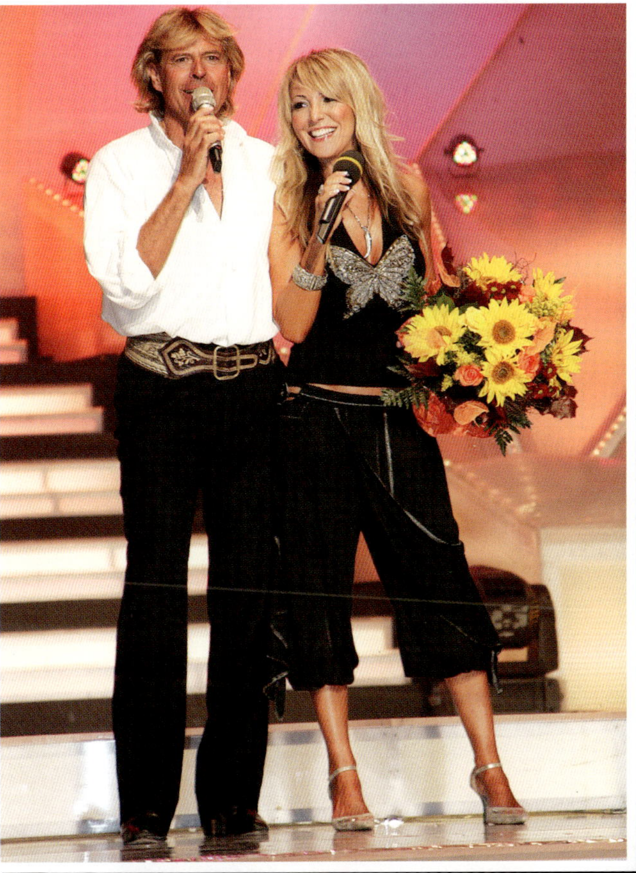

▲ *… die bezaubernde Rosanna Rocci, die Hansi sehr gern an seiner Seite hat. Sie singt auch immer wieder bei den* Servus, Hansi*-Shows.*

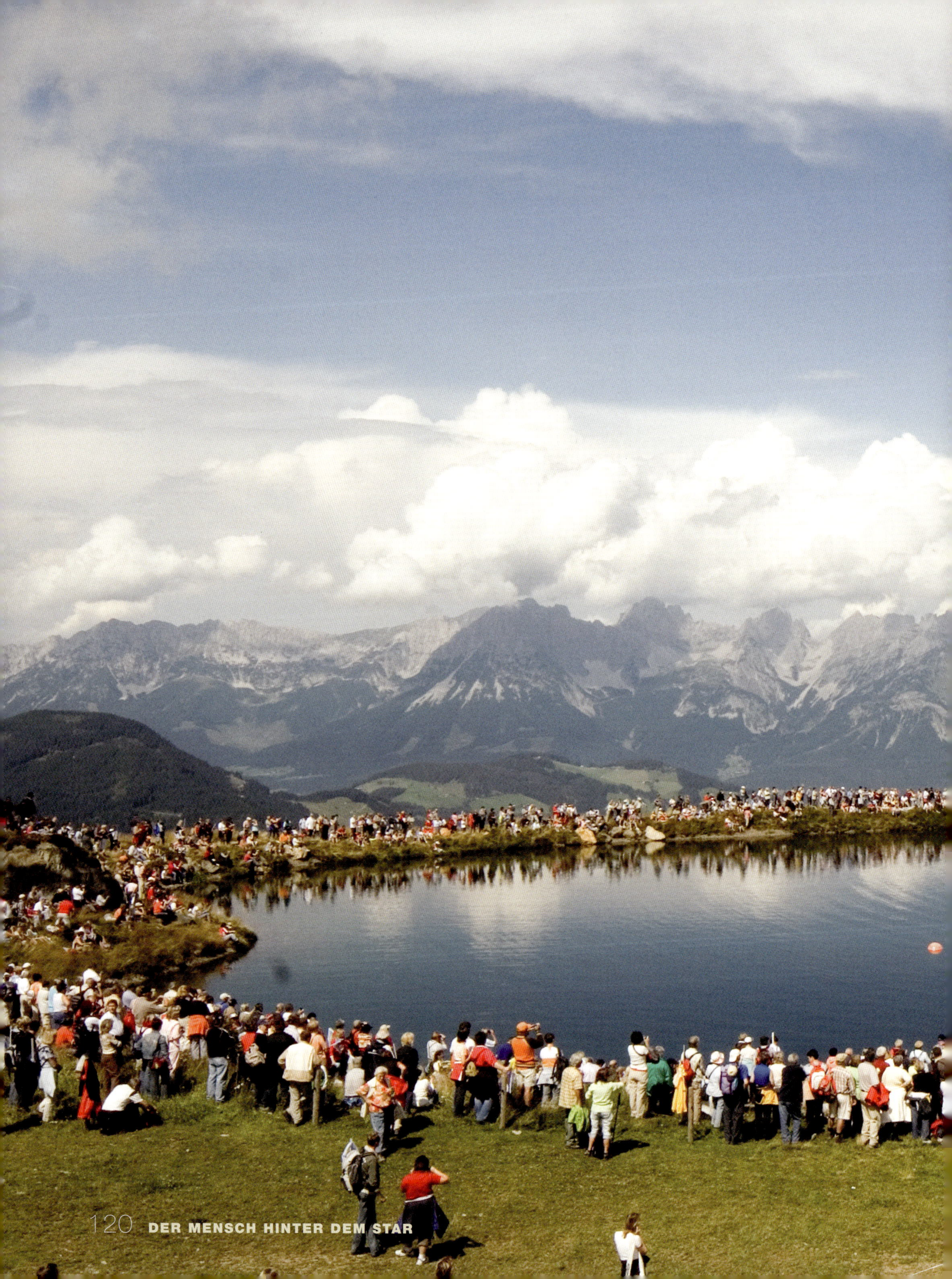

FAN-WANDERUNGEN

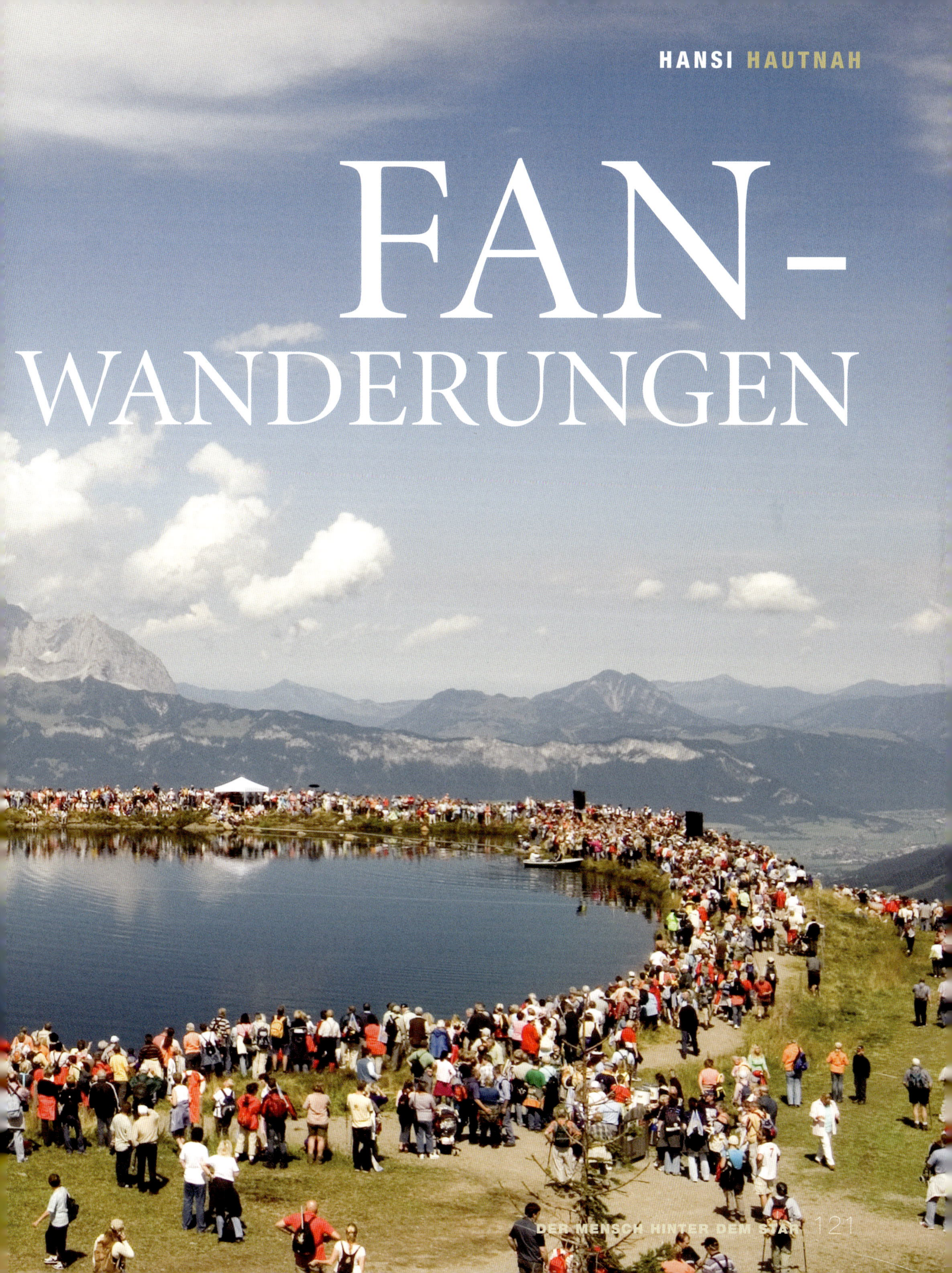

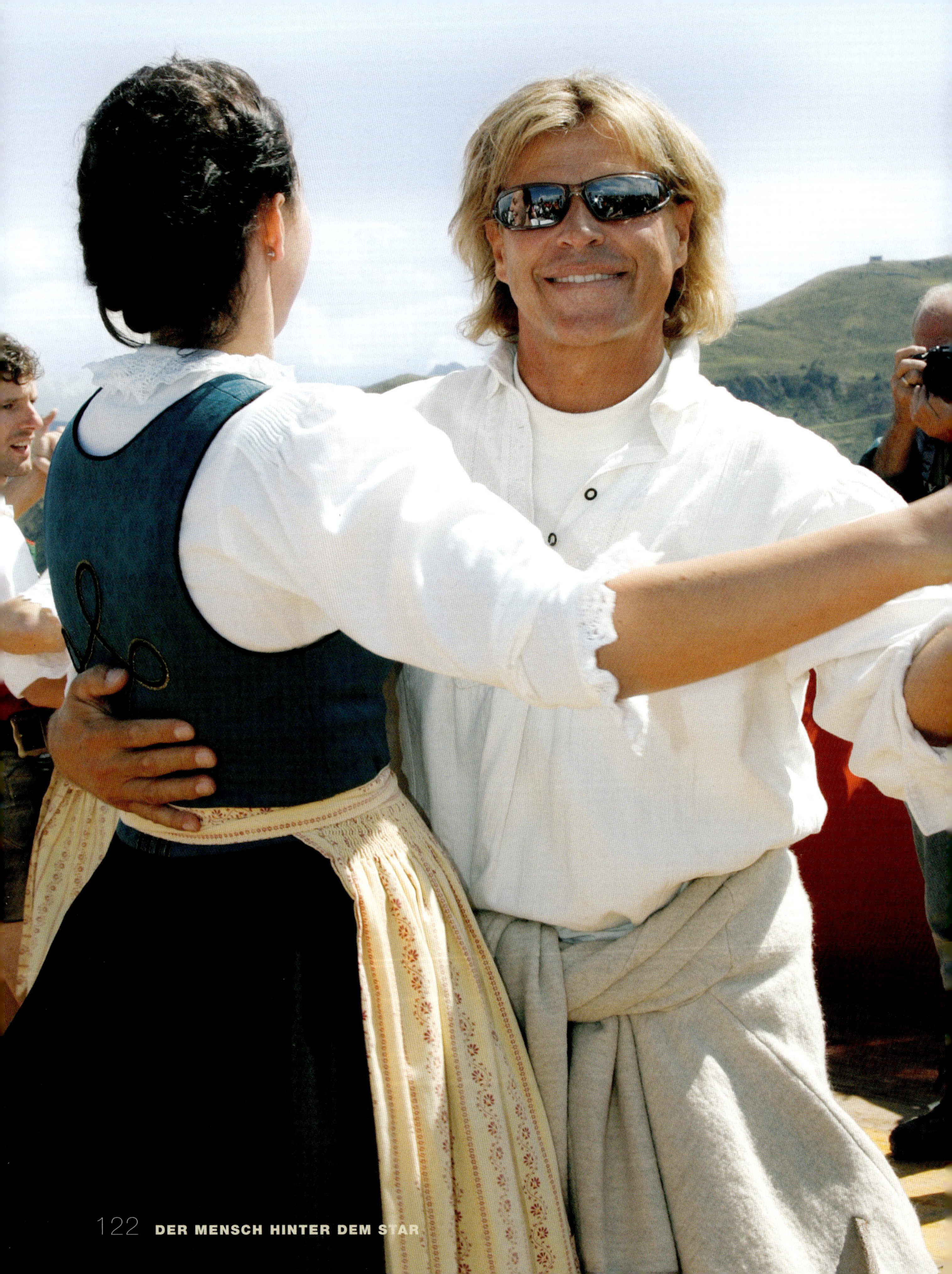

Hautnah – mehr als nur dabei

Hansi Hinterseer hat Charisma. „Irgendetwas habe ich wohl, das die Leute gernhaben und über das andere nicht verfügen. Ich versuche, das zu machen, was ich gern mache, und irgendwie läuft es gut. Die Leute mögen mich." Das ist nicht nur so dahingesagt. Wer sich einen Eindruck von der Hingabe seines Publikums machen will, muss nur am Donnerstag vor dem jährlichen Open-Air-Konzert in Kitz um zwölf Uhr an der Hahnenkamm-Bergstation stehen. Da wartet Hansi in Jeans auf seine Fans. Tausende sind es, die Seite an Seite mit ihrem Idol durch die Berge wandern. Und ein Ende dieser unglaublichen Geschichte ist nicht abzusehen.

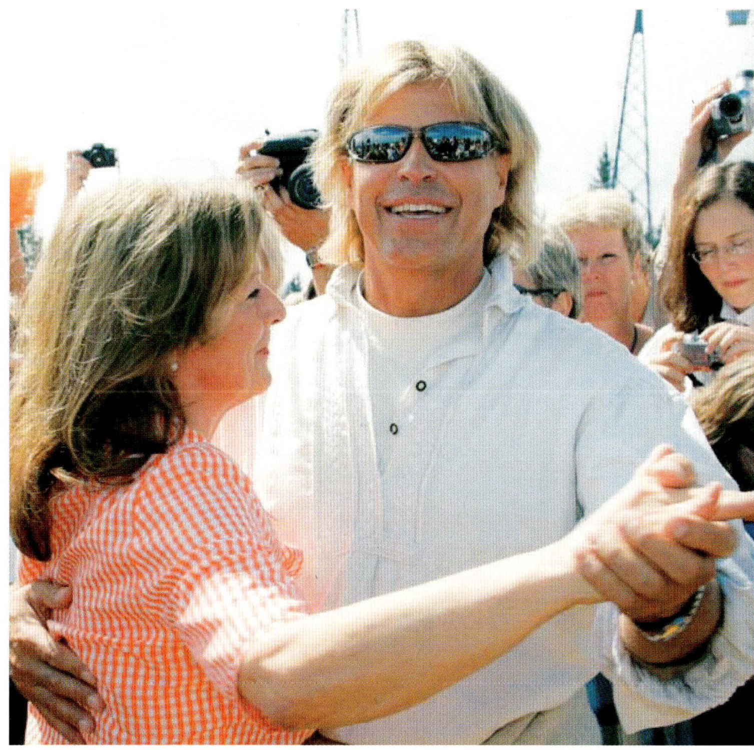

Ein Tänzchen in Ehren wird Hansi nicht verwehren …

… und alle würden gerne eine Runde Boarischen mit dem Sonnyboy tanzen.

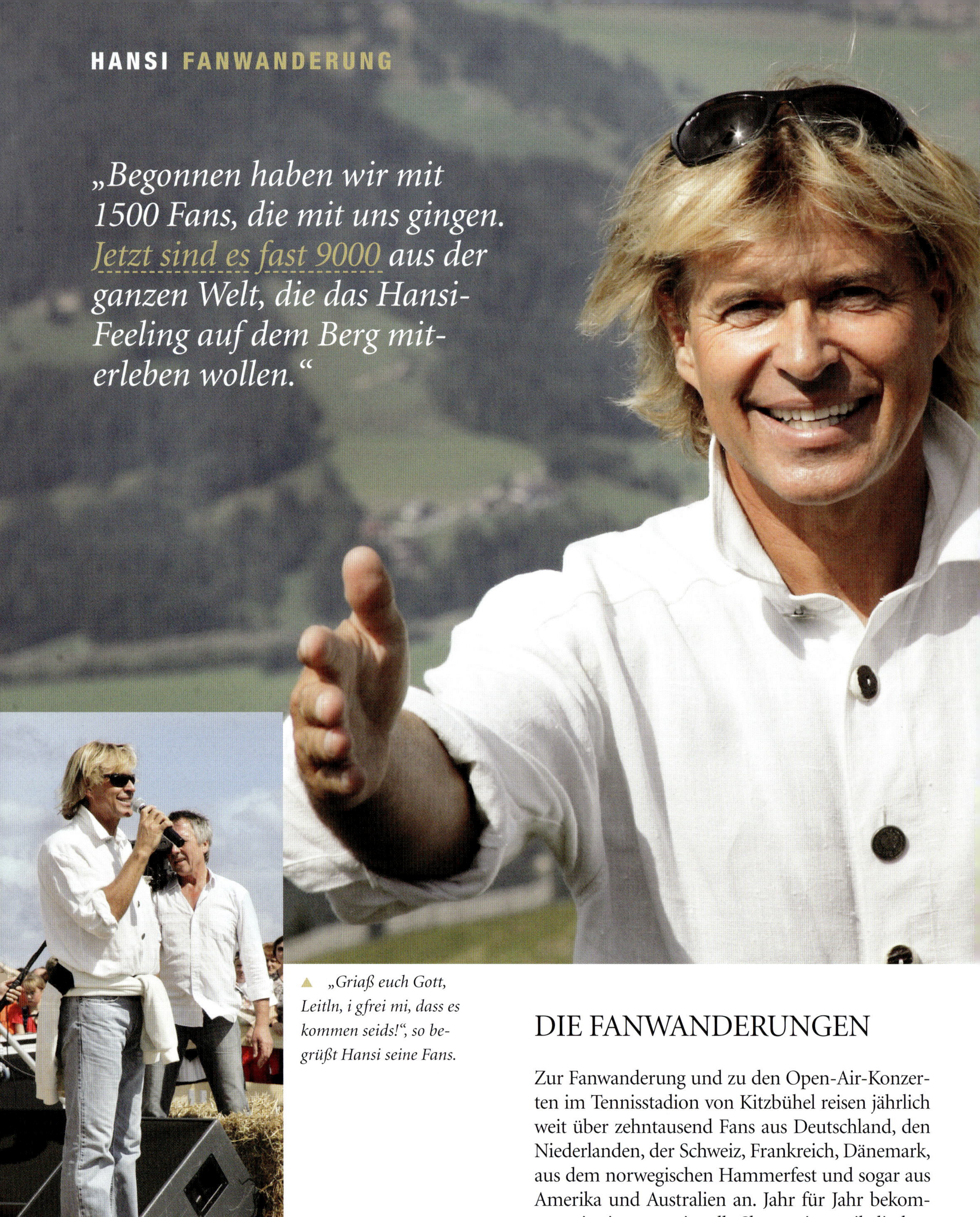

„Begonnen haben wir mit 1500 Fans, die mit uns gingen. Jetzt sind es fast 9000 aus der ganzen Welt, die das Hansi-Feeling auf dem Berg miterleben wollen."

▲ *„Griaß euch Gott, Leitln, i gfrei mi, dass es kommen seids!", so begrüßt Hansi seine Fans.*

DIE FANWANDERUNGEN

Zur Fanwanderung und zu den Open-Air-Konzerten im Tennisstadion von Kitzbühel reisen jährlich weit über zehntausend Fans aus Deutschland, den Niederlanden, der Schweiz, Frankreich, Dänemark, aus dem norwegischen Hammerfest und sogar aus Amerika und Australien an. Jahr für Jahr bekommen sie eine sensationelle Show mit musikalischen

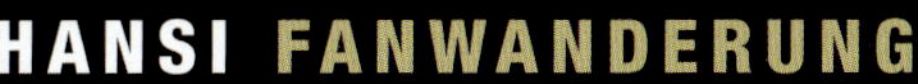

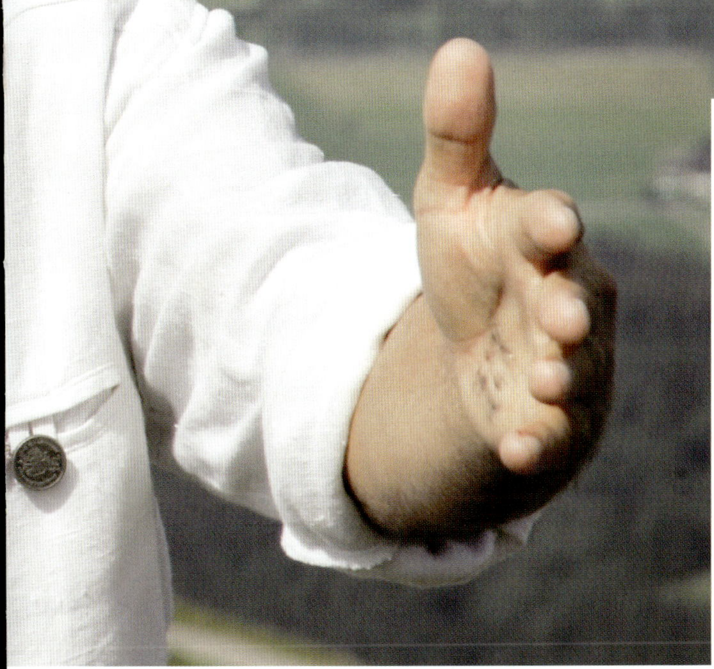

Transparente, lebensgroße Poster, alle Arten von Fanartikeln – die Hansi-Freunde wissen, wie man sich für die Wanderung ausstaffiert.

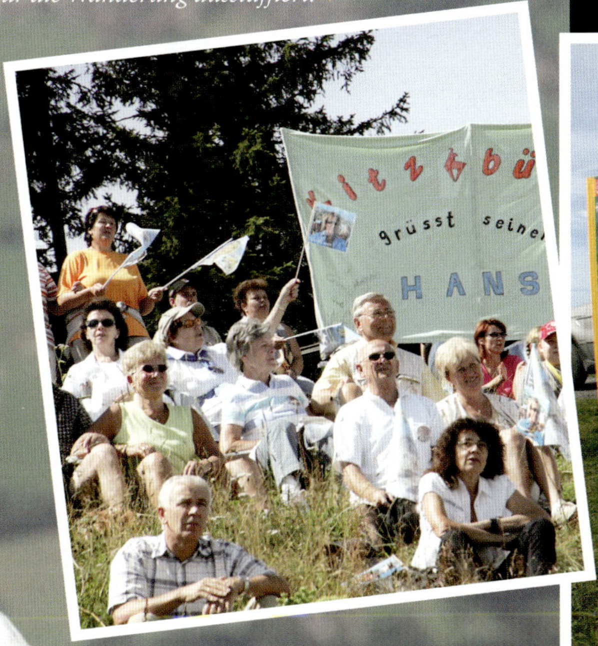

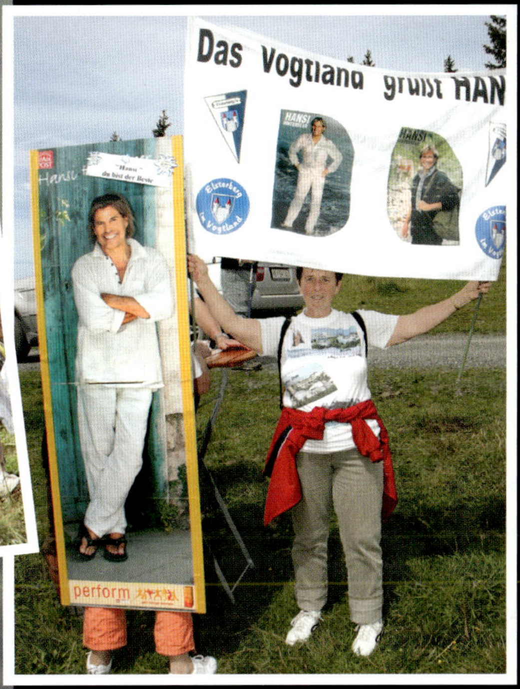

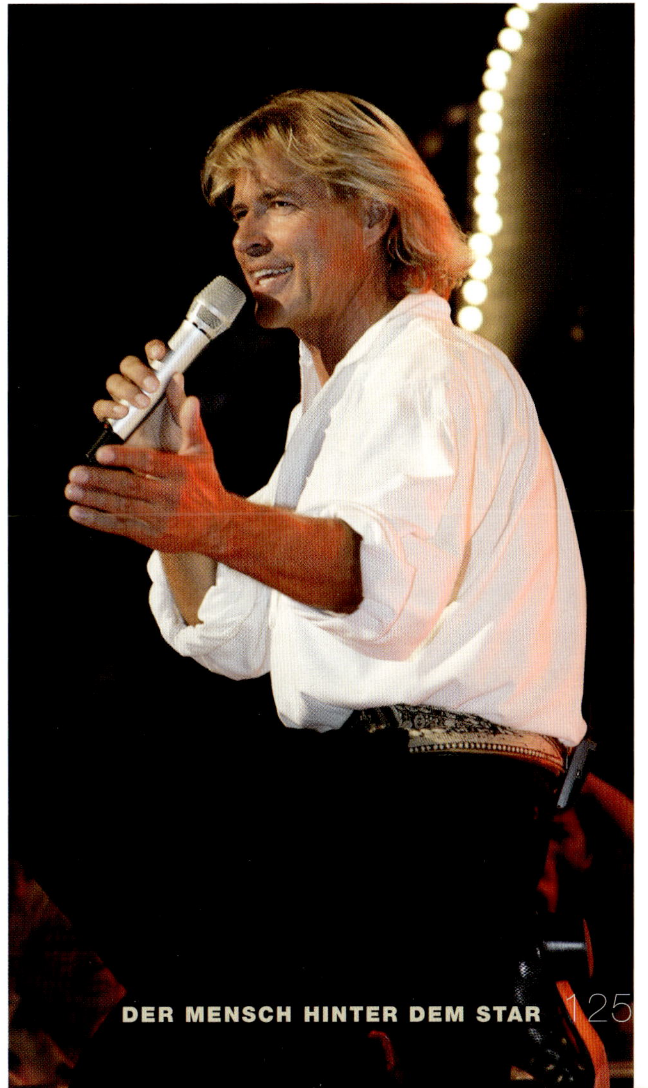

Topgästen geboten. Von ARD und ORF2 ausgestrahlt, erreicht *Das große Hansi-Hinterseer-Open-Air* jährlich weit über **10 Millionen Zuschauer,** zählt man die Einschaltquoten der *Servus*-Sendungen zusammen, hat Hansi Hinterseer weit über 100 Millionen Menschen mit seiner Musik erreicht und den Blick auf zauberhafte Naturschönheiten der unterschiedlichsten Landstriche vor unserer und seiner Haustür gelenkt.

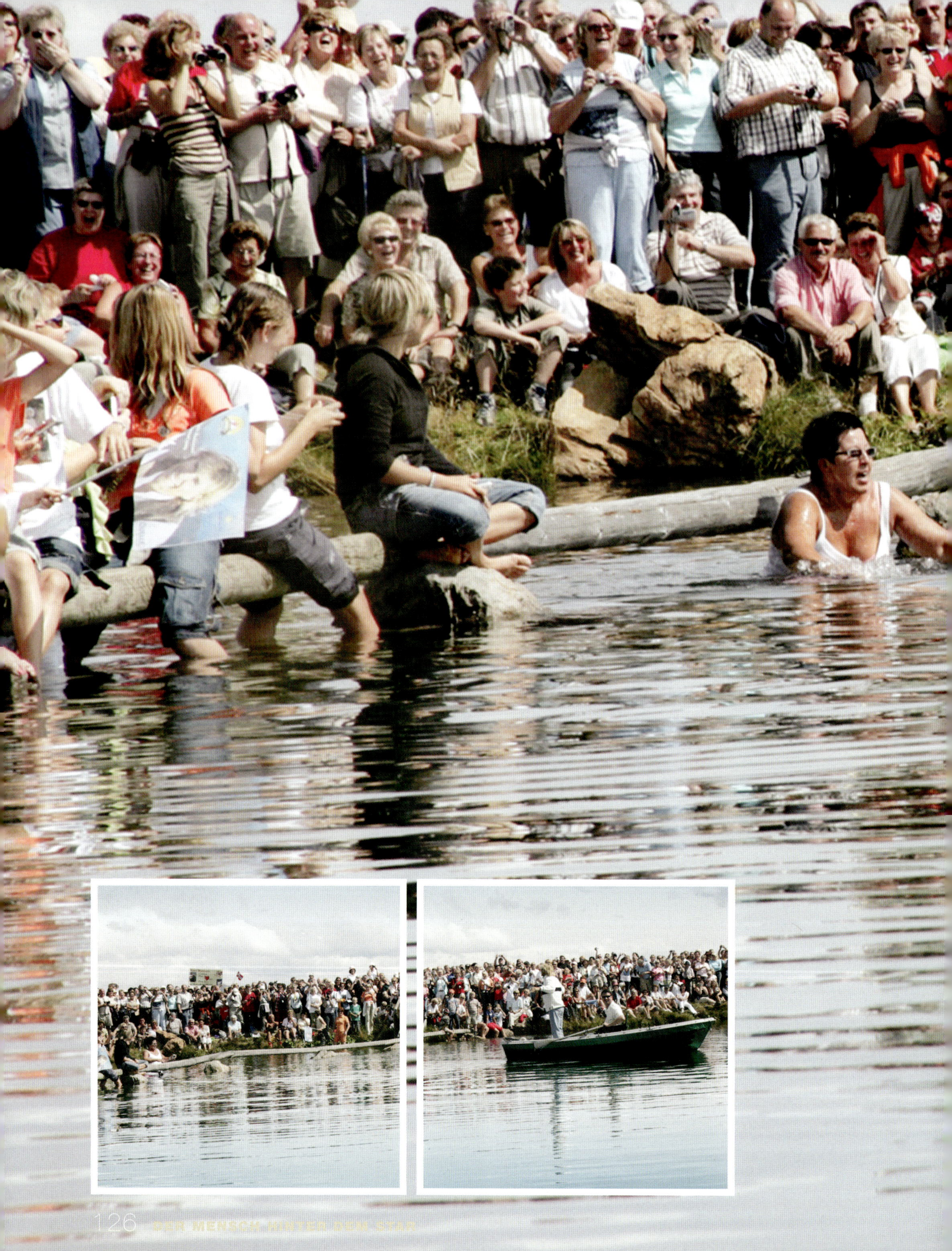

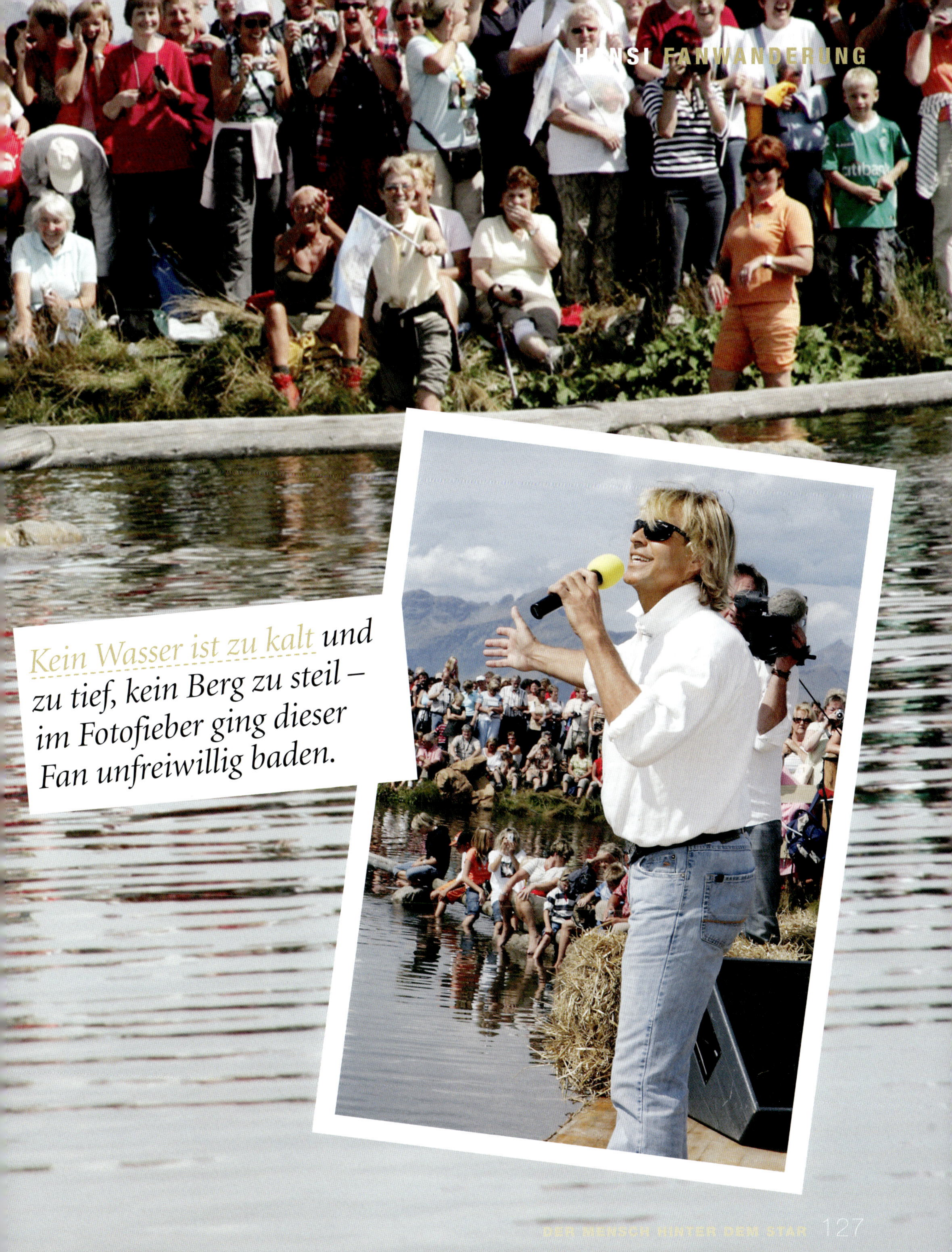

Kein Wasser ist zu kalt und zu tief, kein Berg zu steil – im Fotofieber ging dieser Fan unfreiwillig baden.

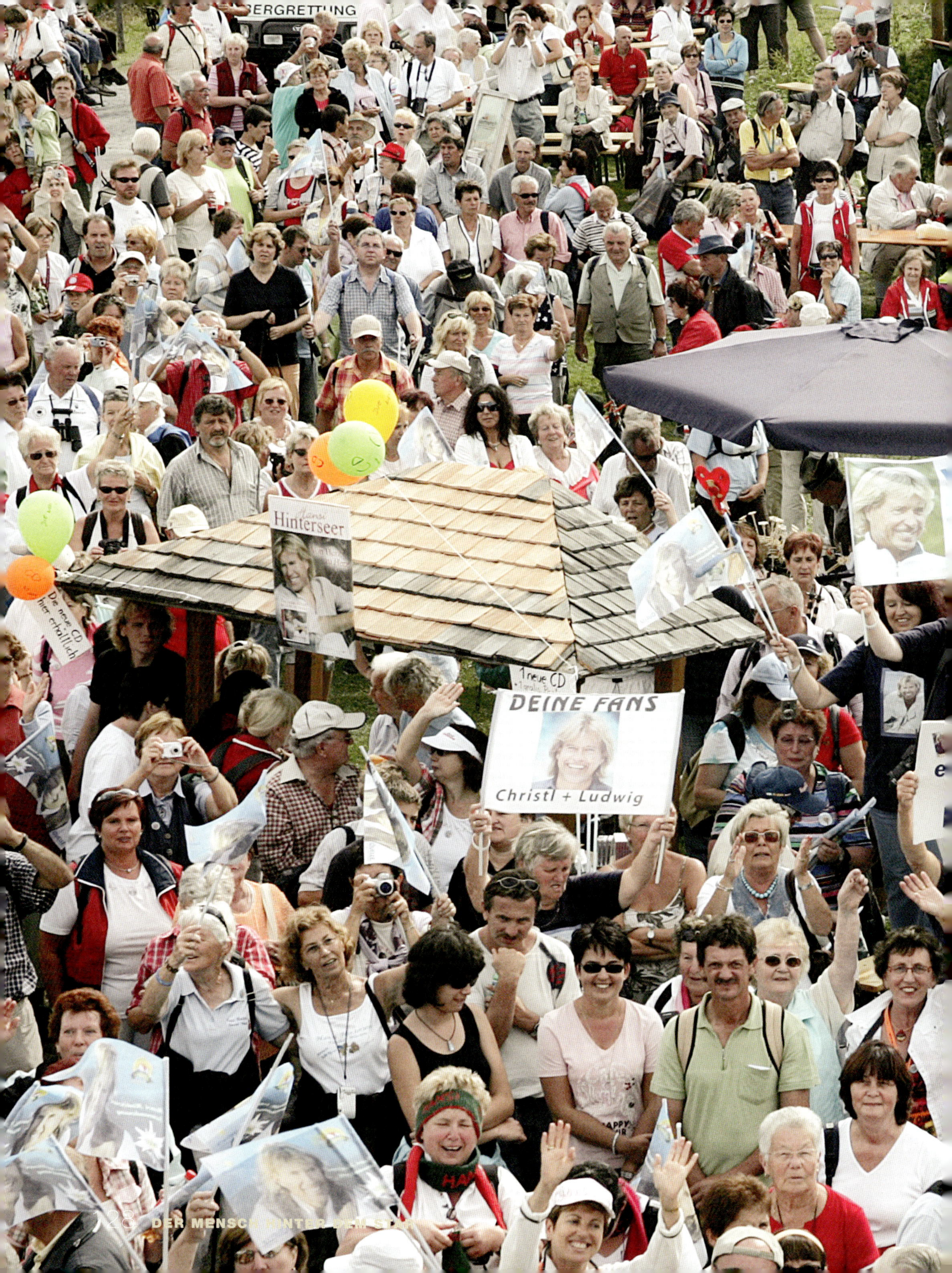
BERGRETTUNG
Hansi
Hinterseer
Die neue CD
hier erhältlich
DEINE FANS
Christl + Ludwig

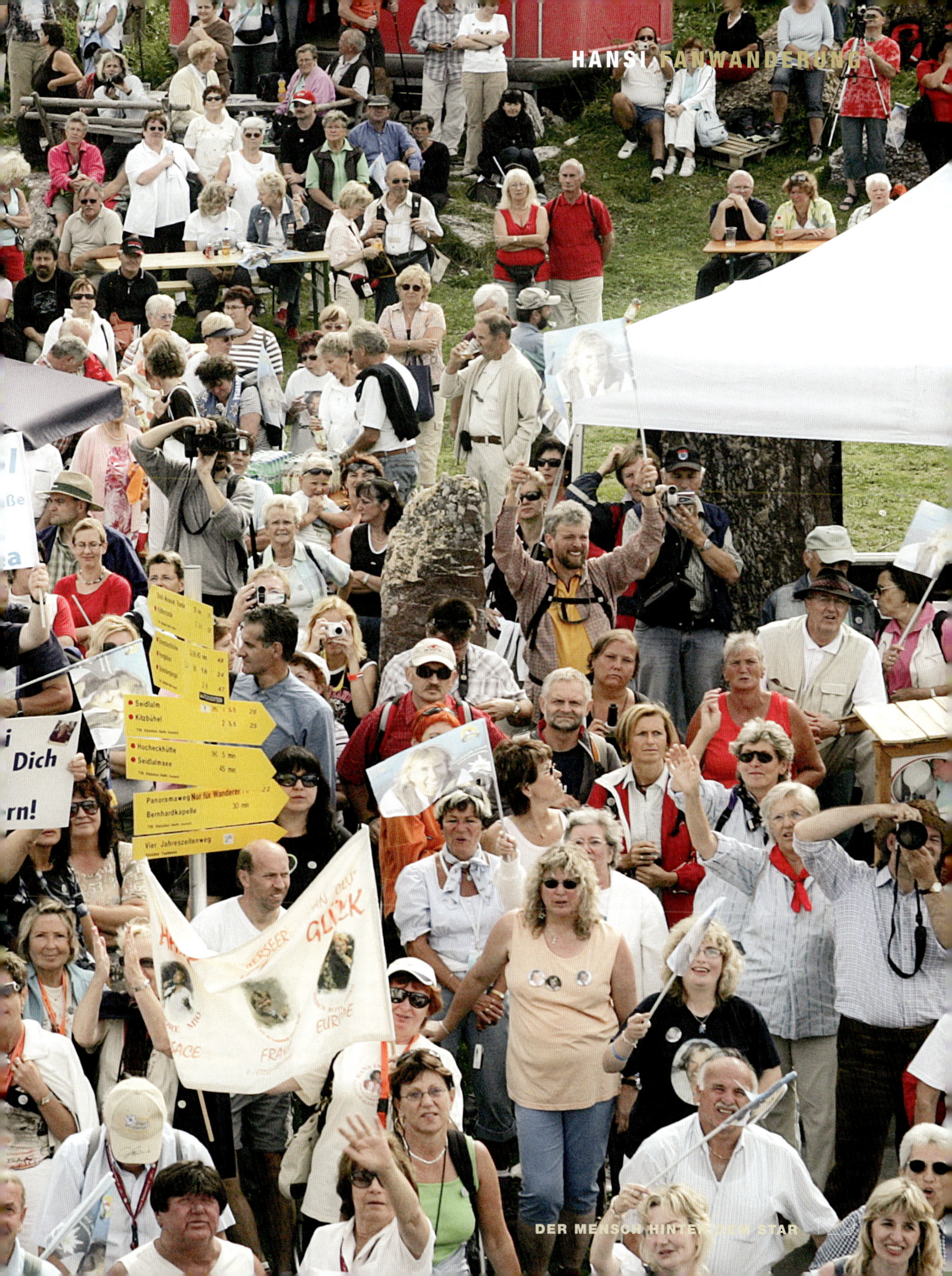
Seidlalm
Kitzbühel
Hocheckhütte
Seidlalmsee
45 min
Panoramaweg Nur für Wanderer
Bernhardkapelle
30 min
Vier Jahreszeitenweg
Dich
rn!
GLÜCK
EUROPE

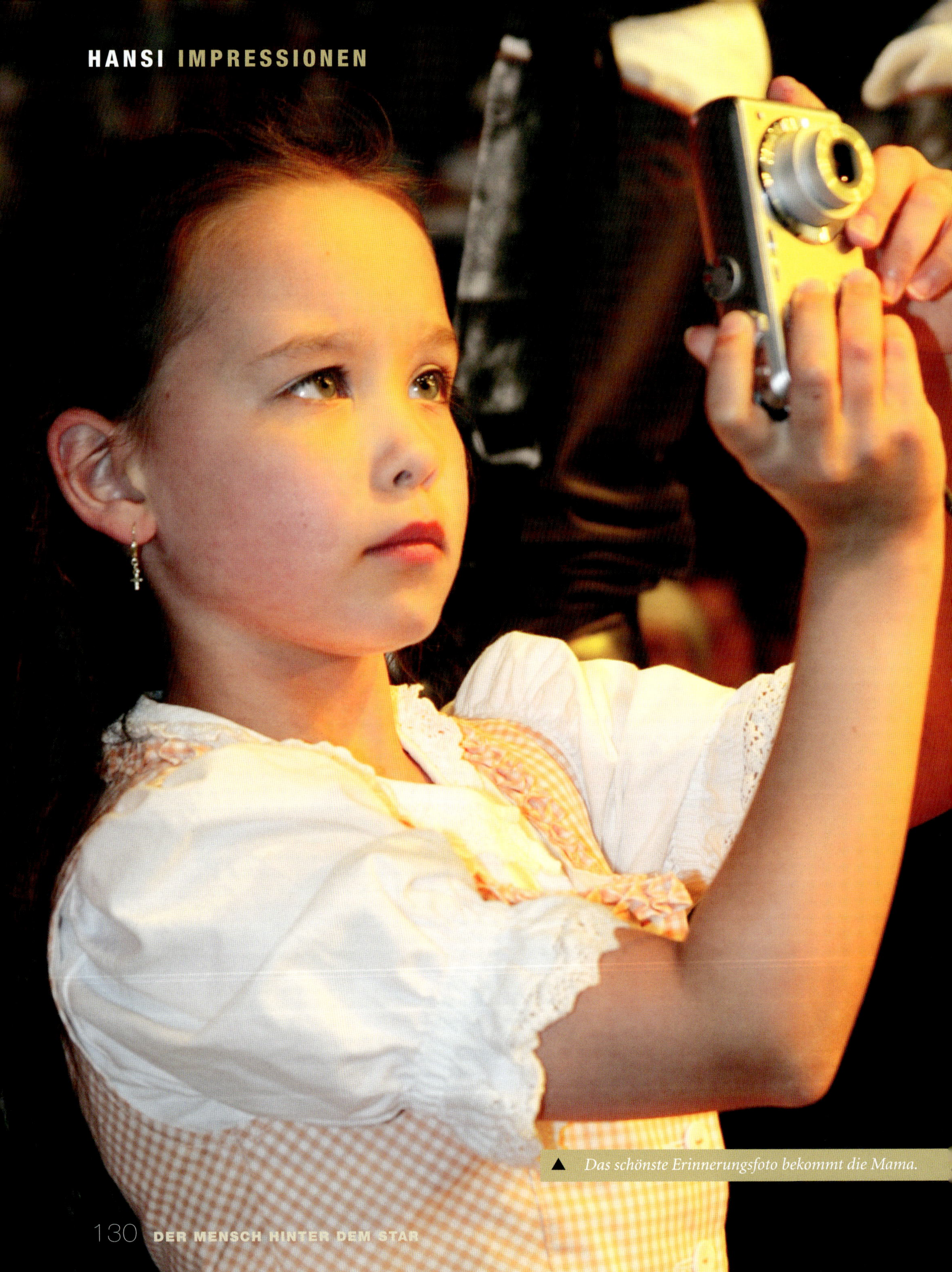

▲ *Das schönste Erinnerungsfoto bekommt die Mama.*

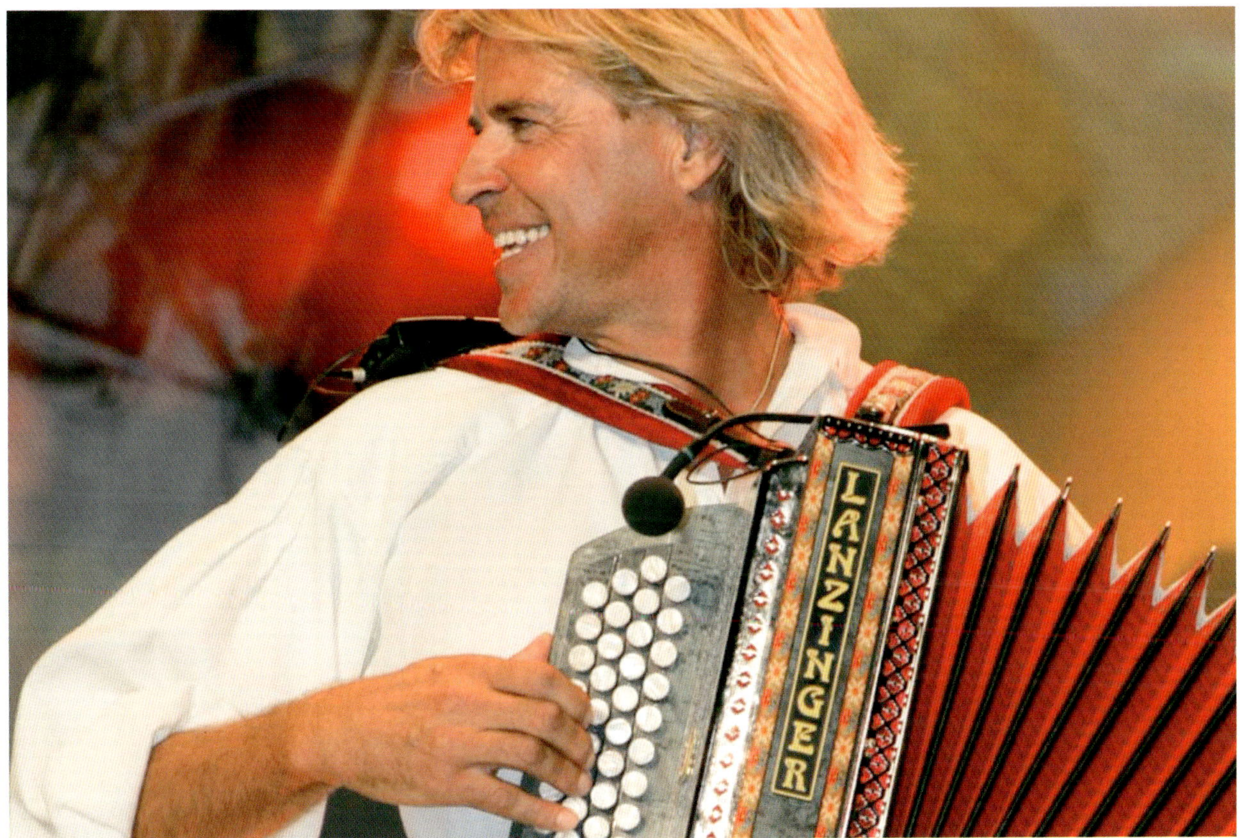

▼ *Hansi hat auch ganz junge Fans.*

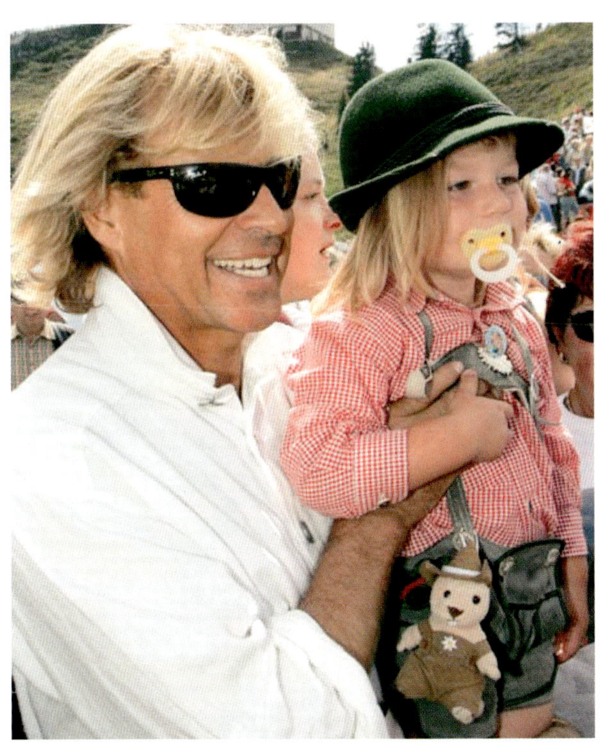

HANSIS IMPRESSIONEN

Was sind die Empfindungen, die Erinnerungen und Wünsche des Stars, wenn er an seine Wanderungen denkt, die er mit 1500 Leuten begonnen hat und die mittlerweile zu einem Massenevent, vergleichbar mit einer musikalischen „Bergpredigt" für rund 9000 Menschen, geworden sind?

Du gehst im wahrsten Sinn des Worts auf die Menschen zu, wanderst mit ihnen und warst im Frühjahr 2008 auf einer außergewöhnlich langen Tournee. Im Gegensatz zu anderen Künstlern suchst Du die Nähe der Fans.

Ich freue mich darüber, dass so viele Fans jedes Jahr den Weg nach Kitzbühel finden. Daher ist es mir eine Freude, jetzt einmal auf Tournee zu ihnen zu kommen. Mit meiner Show bringe ich ihnen auf Tournee für einen Abend die Berge und die schönsten Tiroler Lieder bis vor die Haustür. Die Fans geben mir übers Jahr so viel, das ist Wahnsinn.

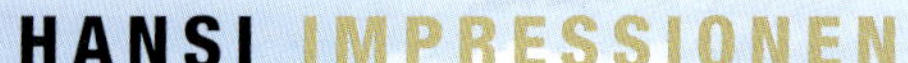

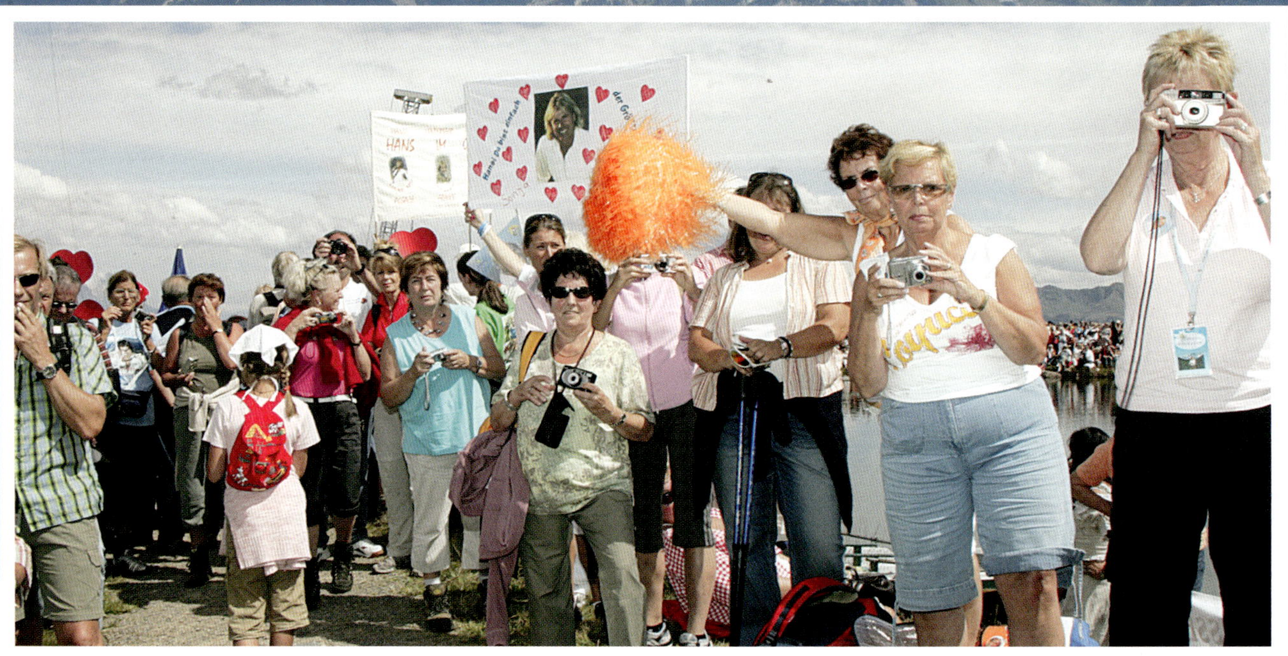

Das Ganze gipfelt dann in einem großen Einmarsch in die Stadt …

Richtig. Das sind schon tolle Momente. Auch für die Einheimischen. Die Trachtengruppen, die Kapellen – ein riesiges Volksfest. Ich bin dann immer unheimlich stolz auf meine Fans!

Die Presse spricht mittlerweile von der „Hansifizierung“ der Kitzbüheler Berge.

Beim letzten Mal waren es knapp 9000 Fans, die ihr Idol über Stock und Stein auf den Gipfel des Hahnenkamms geleiteten. Wenn Hansi vor seinen Fanmassen erscheint, braun gebrannt mit seinem strahlenden Lächeln, fit wie ein Turnschuh, und die Mitwanderer mit einem „Leitln, griaß eich! Des gfreit mi, dass es kommen seids!“ begrüßt, dann gibt es kein Halten mehr, und die Hansi-Fans brüllen begeistert, einem gewaltigen Bergecho gleich, zurück: „Griaß di, Hansi!“

Manche fallen ins acht Grad kalte Wasser des Speichersees, um das optimale Foto des Idols zu bekommen, manche haben eine eigene Fanadjustierung mit Hansi-Konterfeis vom Hut bis zu den Socken, ja sogar das Hündchen trägt ein „Hansi-Halstuch“. Und alle eint das unsagbare Glück, mit ihrem Idol in seinen Bergen zu sein.

Alle, die das Phänomen Hansi Hinterseer nicht begreifen können oder wollen, sind herzlich eingeladen, einmal bei dieser Bergwanderung mitzugehen. In diesem Sommer findet das Fanwochenende vom 21. bis 23. August statt.

▲ *Für jedes Foto, das an diesem Tag geschossen wird, nur ein Euro für einen guten Zweck. Da käme ein beträchtliches Sümmchen zusammen.*

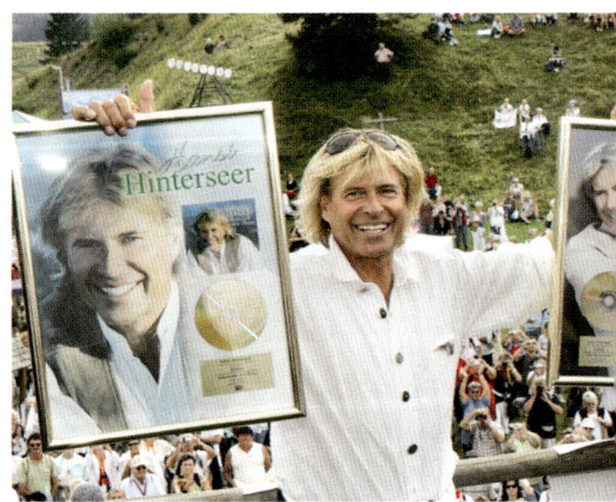

▲ *Alljährlich wird zur Fanwanderung eine neue Album-CD veröffentlicht – und zugleich „vergoldet“.*

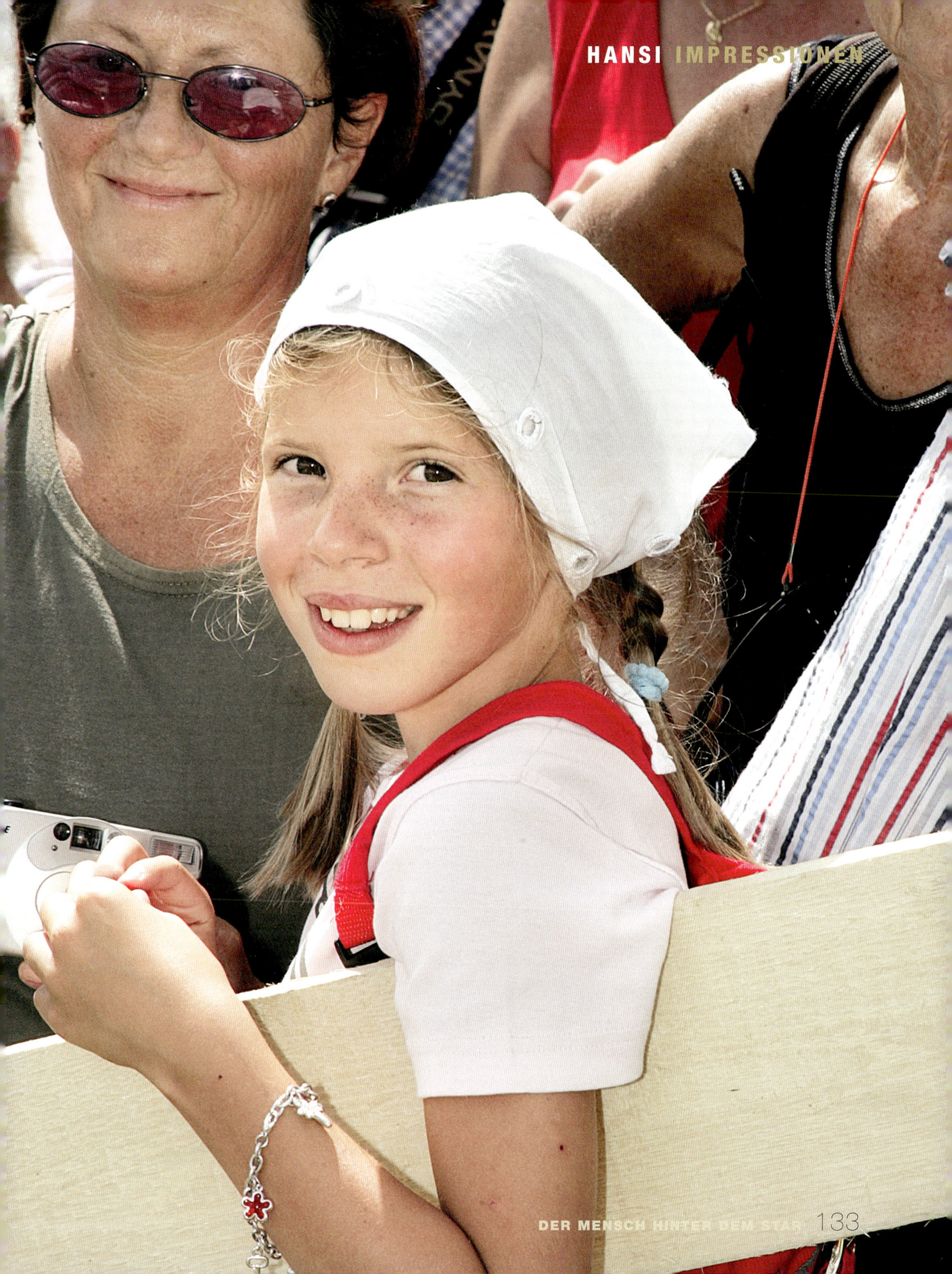

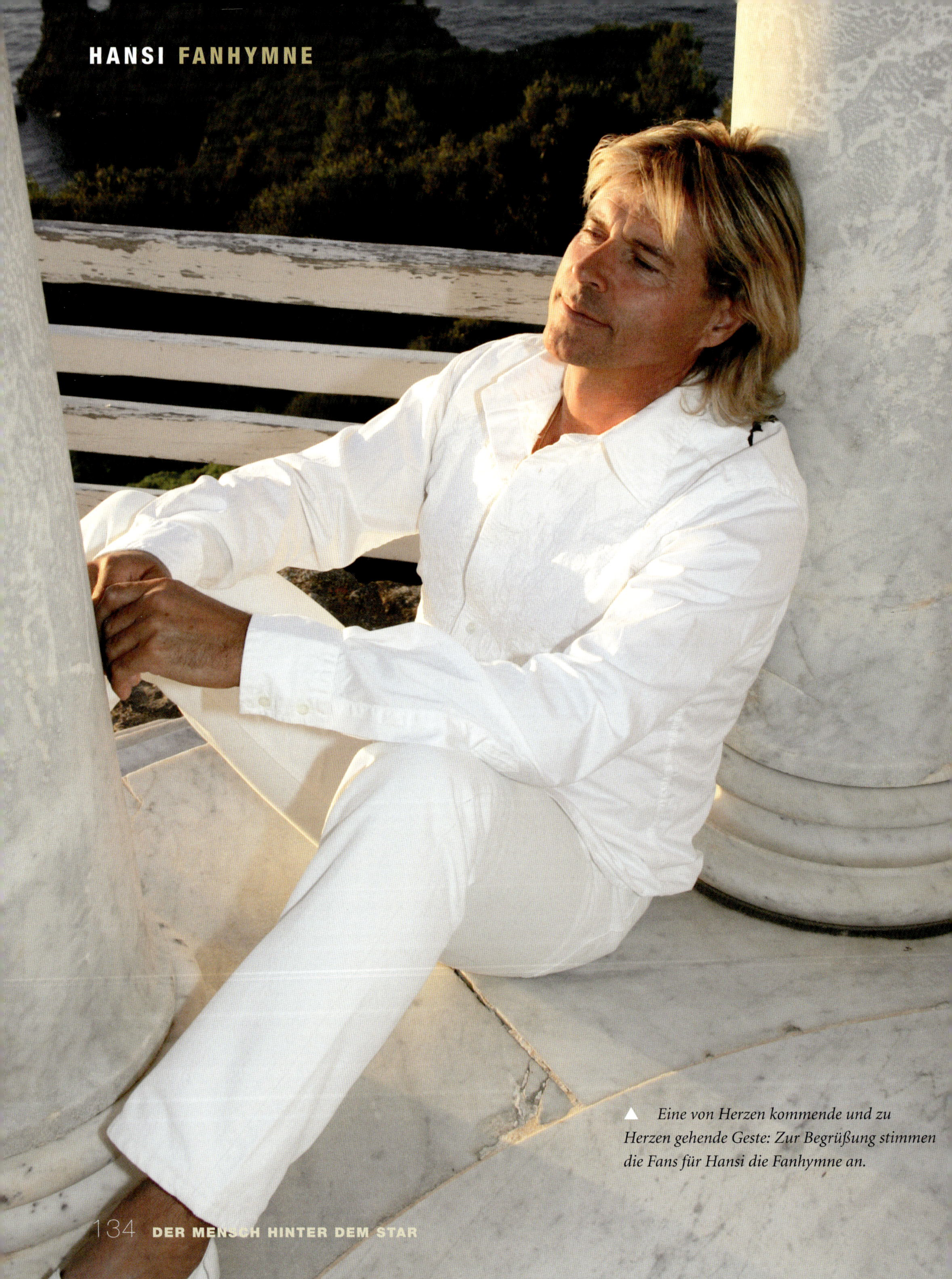

▲ *Eine von Herzen kommende und zu Herzen gehende Geste: Zur Begrüßung stimmen die Fans für Hansi die Fanhymne an.*

Traditionell wird bei der Ankunft von Hansi mit seiner Familie am jeweiligen Urlaubsziel gemeinsam mit allen die Fanhymne angestimmt. Zum Üben für die, die im nächsten Jahr mit dabei sein werden:

Hansi-Hinterseer-Fanhymne

Hansi, wie schön, dass es dich gibt

Text: Heidi Schwenkow
Nach der Melodie von „Du hast mich heut' noch nicht geküsst"

Ist unser Alltag manchmal grau und leer
Und würden wir ihm gern entfliehn
Was uns dann hilft, heißt: Hansi Hinterseer
Er ist die beste Medizin

Hansi, wie schön, dass es dich gibt
Du bist bei Jung und Alt beliebt
Mitten ins Herz trifft uns deine Musik
Lässt uns träumen vom Glück
Und heiler Welt
Hansi, wir sagen danke heut
Für schöne Lieder und die Zeit
Die du uns Fans immer neu schenkst
Zeigst uns so, dass du gerne an uns denkst

Wenn Hansi singt, dann strömen wir herbei
Wir sind niemals zu übersehn
Ja, deine Fans, die sind spontan und treu
Würden für dich durchs Feuer gehn

Hansi, wie schön, dass es dich gibt
Du bist bei Jung und Alt beliebt
Mitten ins Herz trifft uns deine Musik
Lässt uns träumen vom Glück
Und heiler Welt
Hansi, wir sagen danke heut
Für schöne Lieder und die Zeit
Die du uns Fans immer neu schenkst
Zeigst uns so, dass du gerne an uns denkst

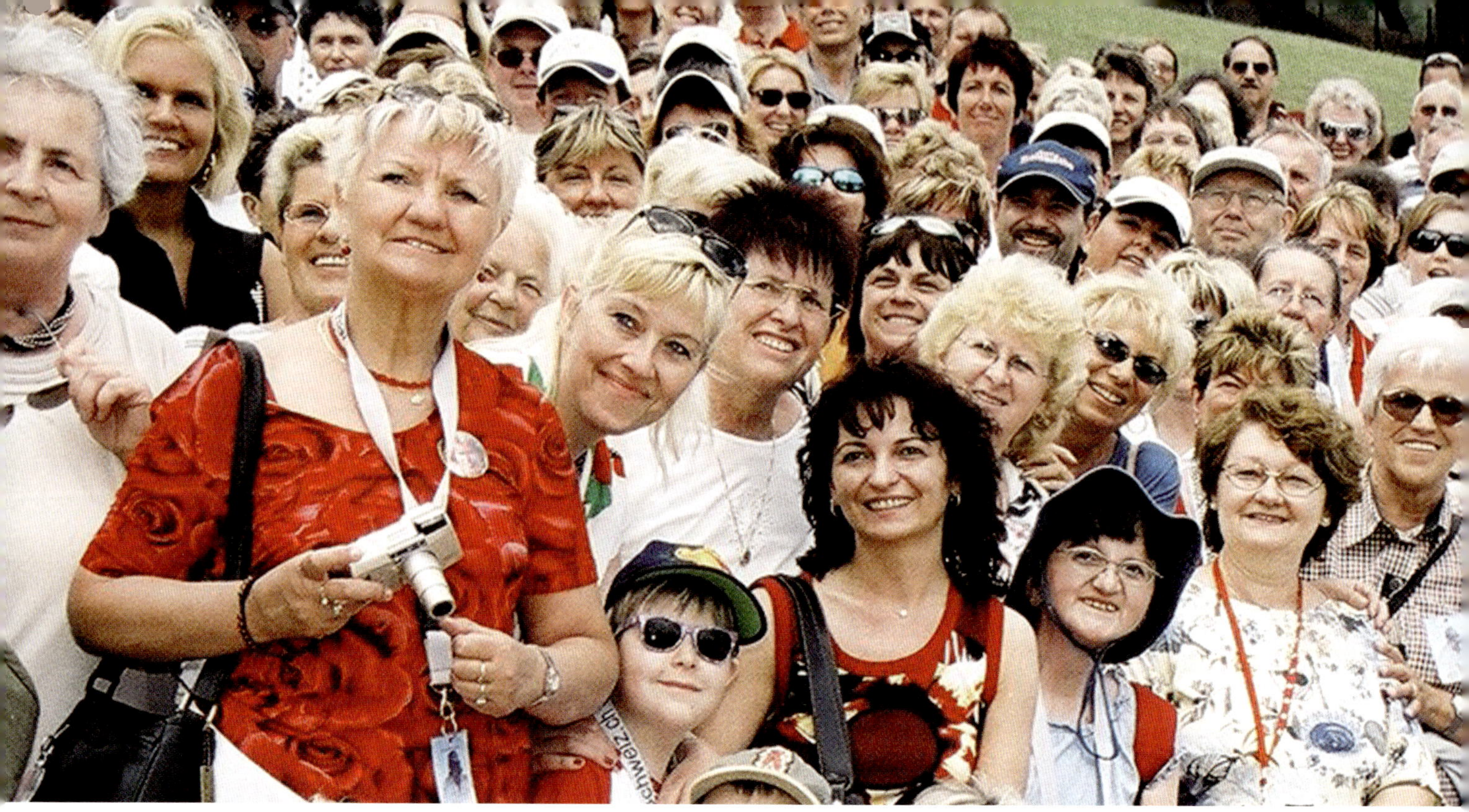

HANSI FA

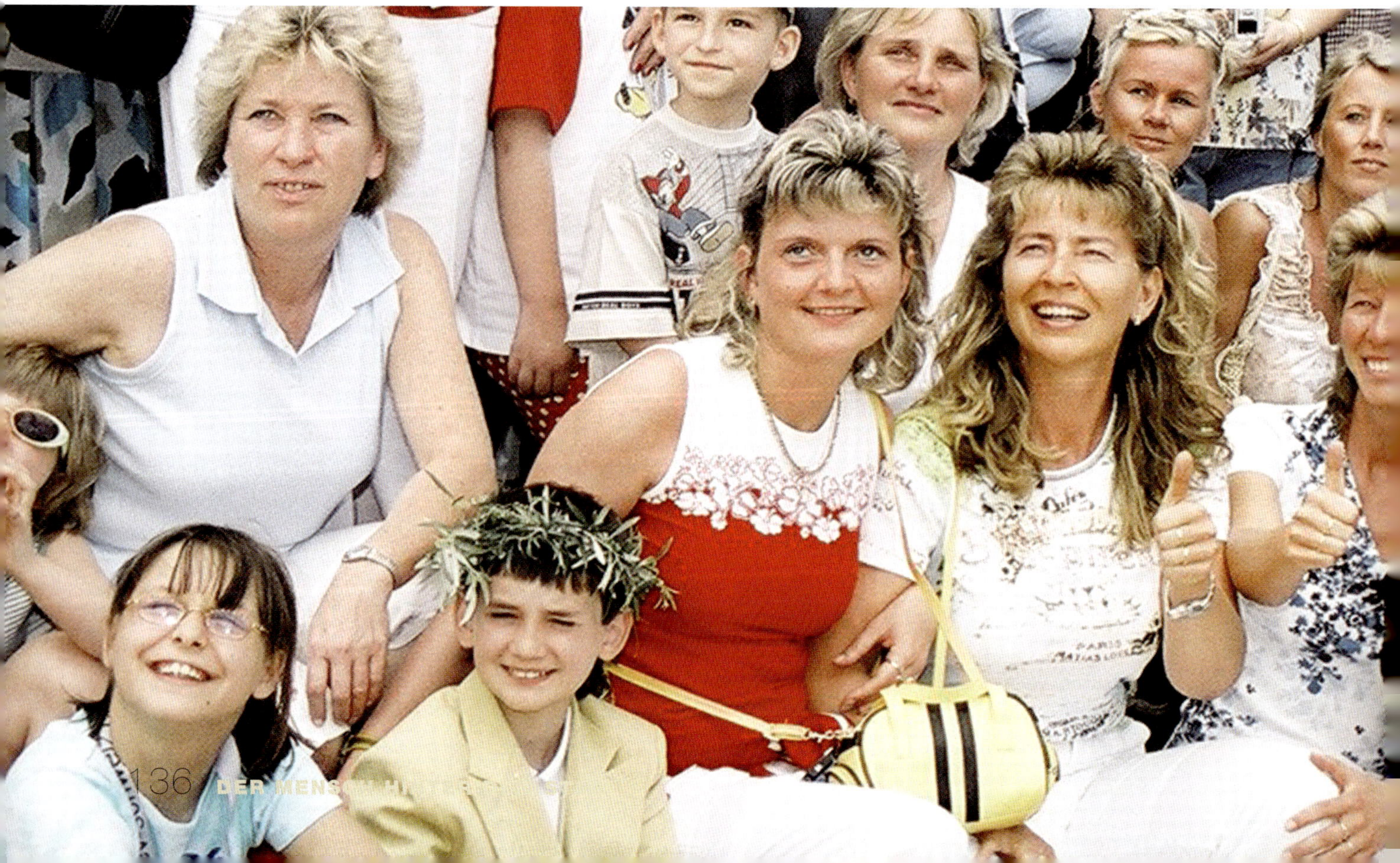

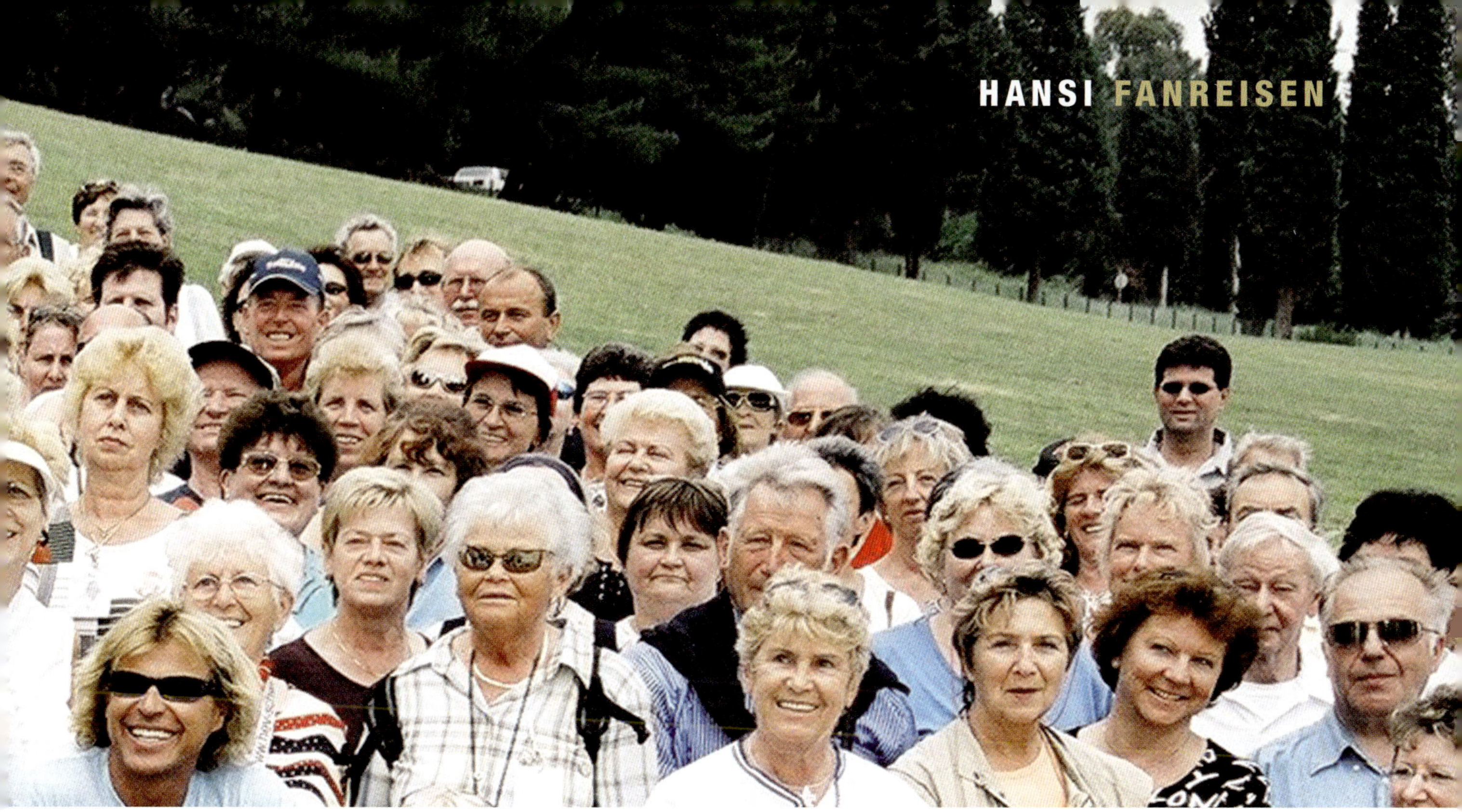

NREISEN

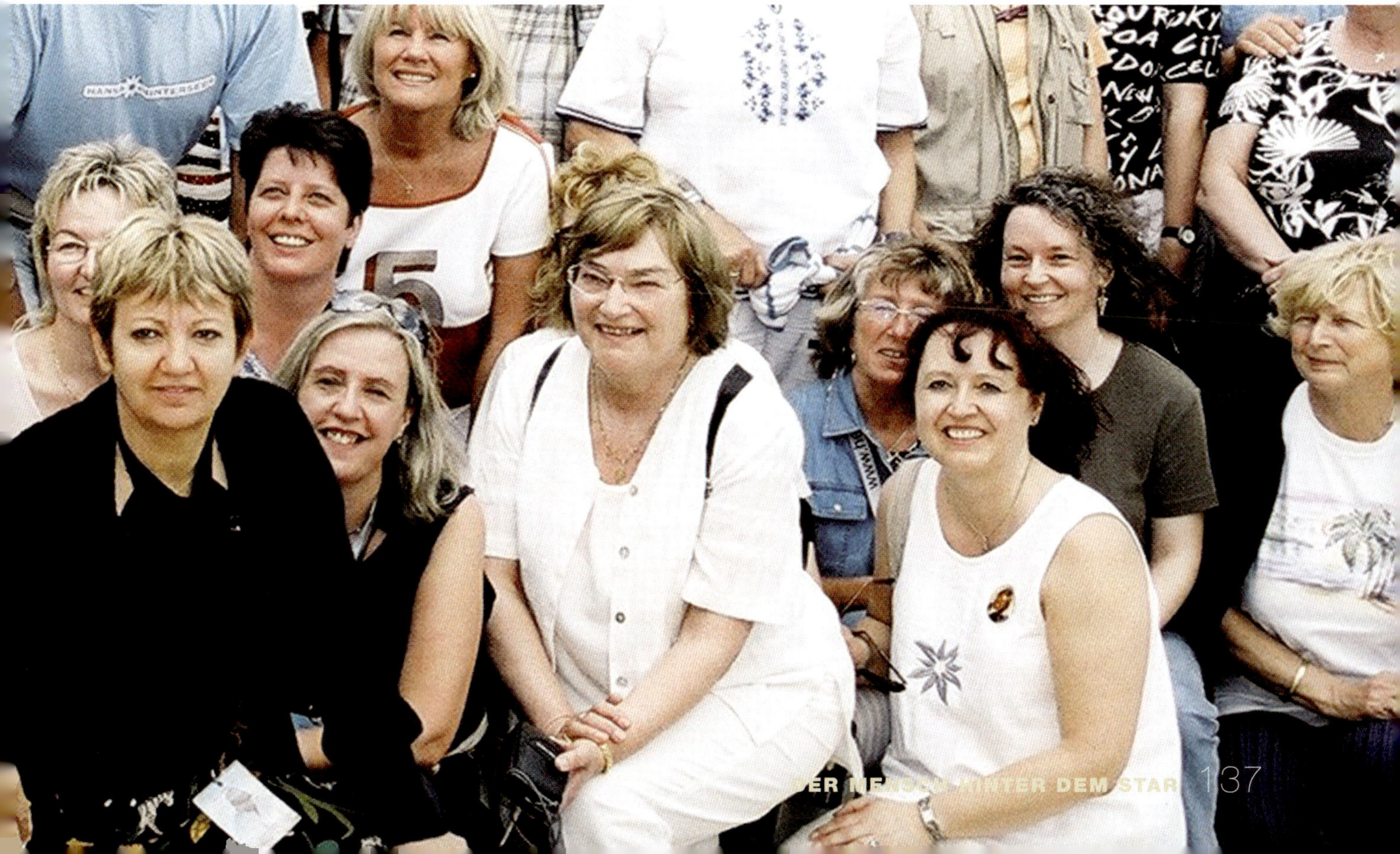

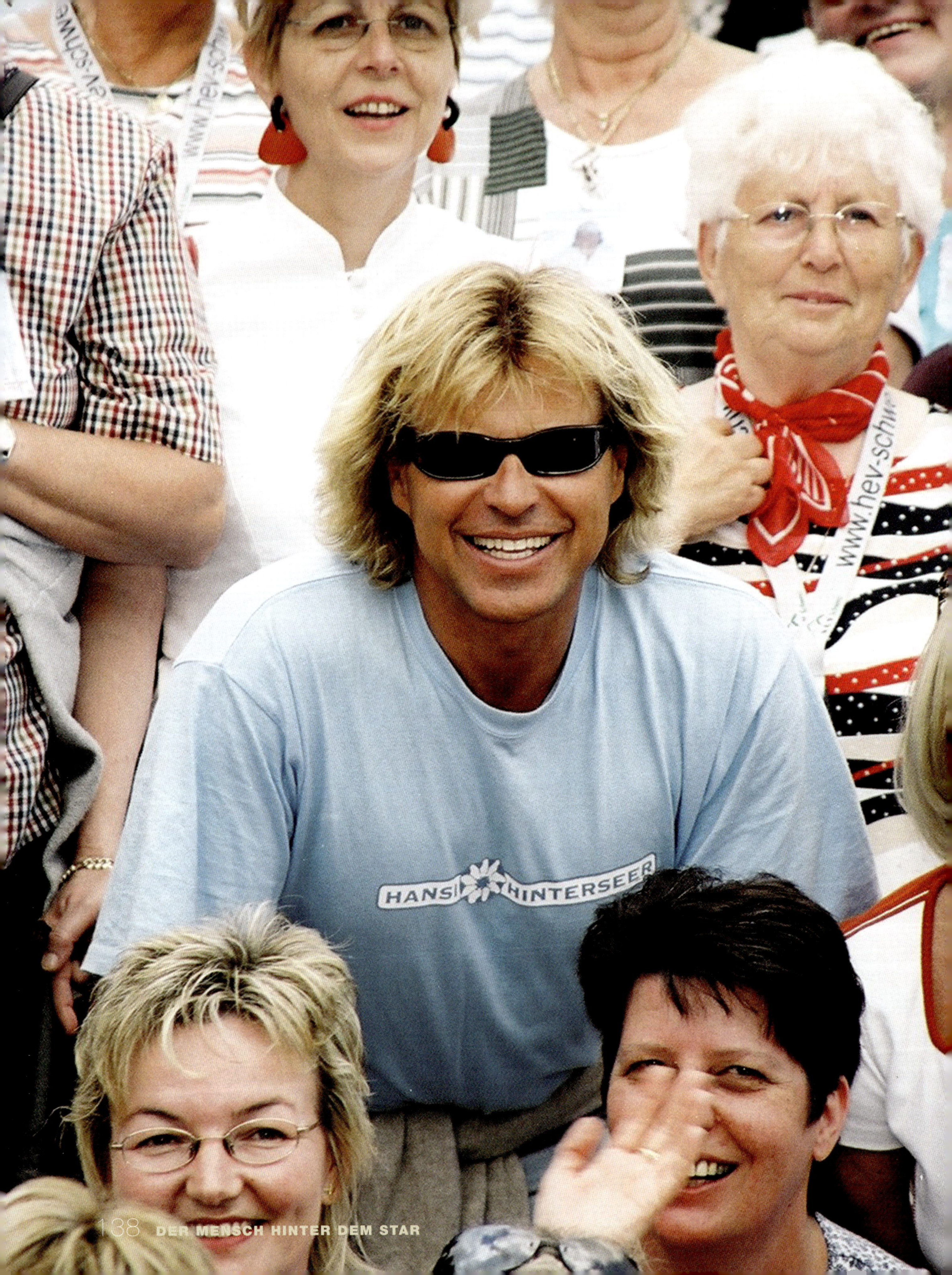
HANS HINTERSEER

Unterwegs, doch im Herzen zu Hause

Nur durch Reisen können neue Entdeckungen und Ansichten lebendig und rasch verbreitet werden. Johann Wolfgang von Goethe

Und was gibt es Schöneres, als seiner Reiselust im Kreis von Gleichgesinnten zu frönen? Die Hansi-Fanreisen sind Jahr für Jahr ein ganz besonderer Höhepunkt.

DIE HANSI-HINTERSEER-FANREISEN

Seine enge Verbundenheit mit dem Publikum festigt der seiner Heimat verbundene Mann aus den Bergen jährlich mit einer einwöchigen Fanreise. Nach dem Motto „Hinter jedem erfolgreichen Mann steht eine starke Frau" möchten wir Ihnen in diesem Kapitel die „Macherin" der Hansi-Reisen, Frau Heidi Schwenkow aus Berlin, vorstellen. Sie erzählt uns die Entwicklung dieses Reiseevents.

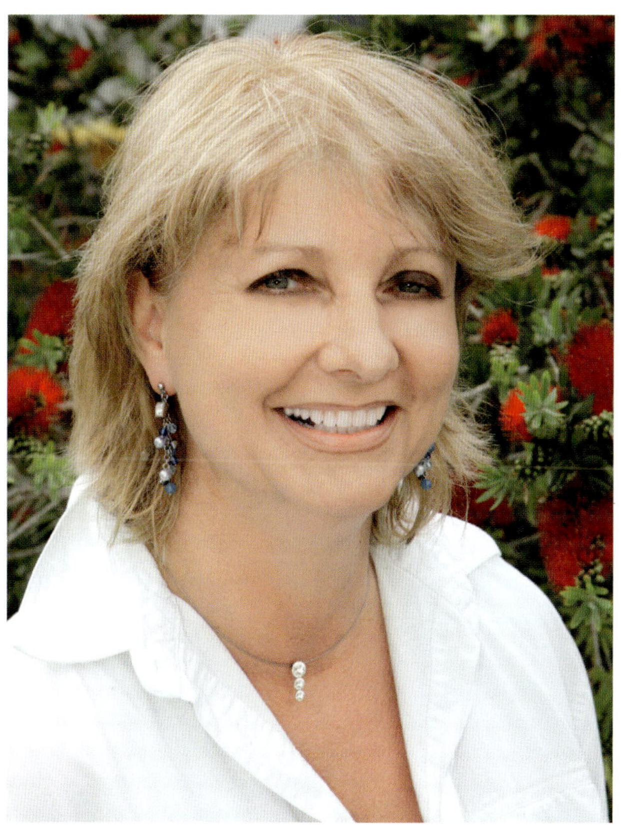

Die Reisemacherin: Heidi Schwenkow. ▲

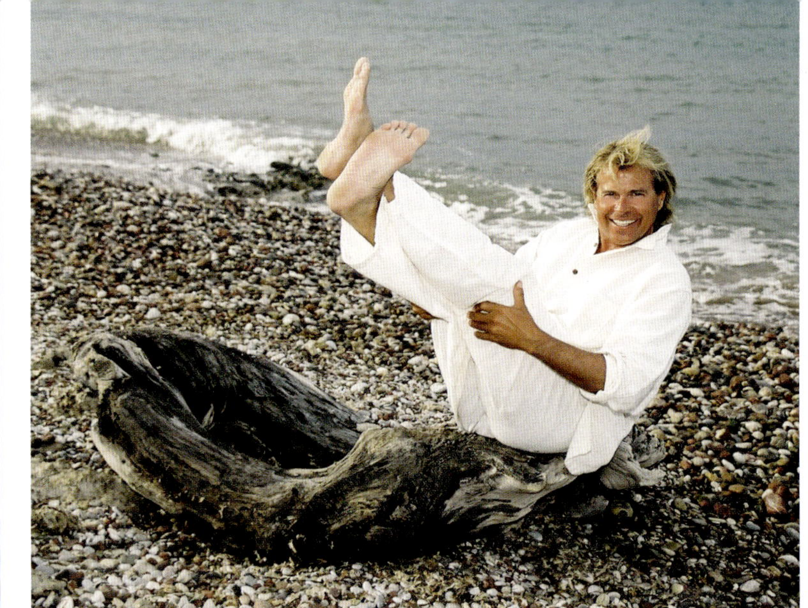

„Die Tage am Meer sind ein bisschen Ausgleich für mich Bergmenschen.“

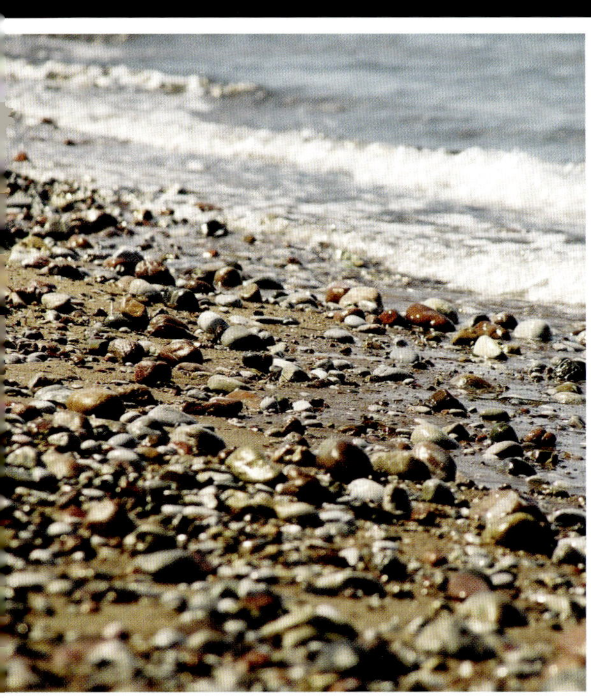

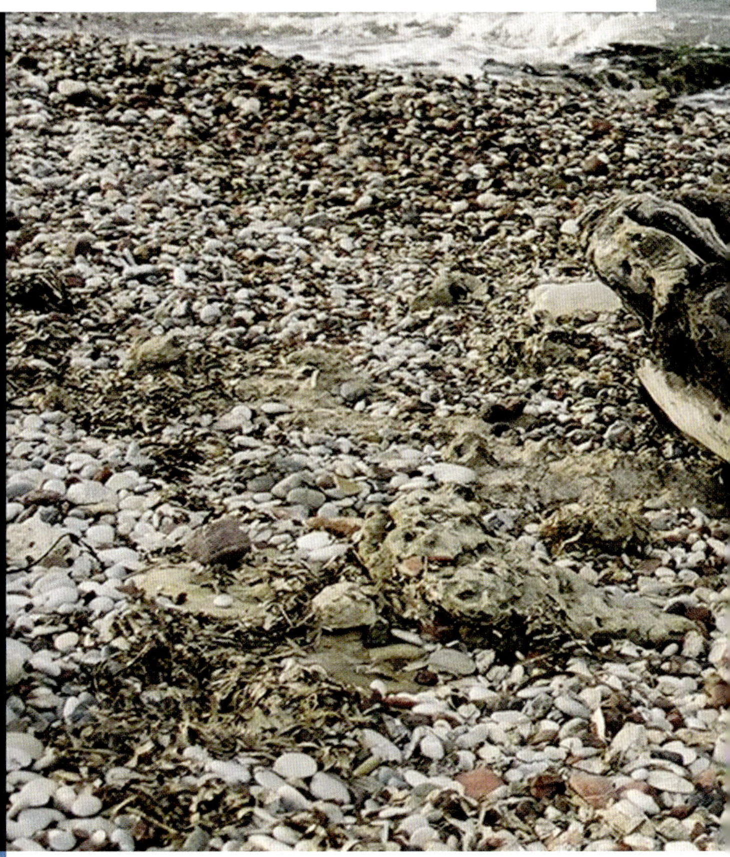

MICH KÜSST EIN SONNENSTRAHL

Aquamarinblau schimmert die Ägäis in der Morgensonne. Nur wenige Liegen sind schon besetzt. Hansi, Romana und ein paar weitere Frühaufsteher genießen noch vor dem Frühstück das erste Bad im Meer. Nach und nach belebt sich der Strand. Im-

„Jede Landschaft hat ihre ganz besonderen Schönheiten, und ich freue mich immer wieder, wenn wir die gemeinsam mit meiner Familie und den Fans erkunden können."

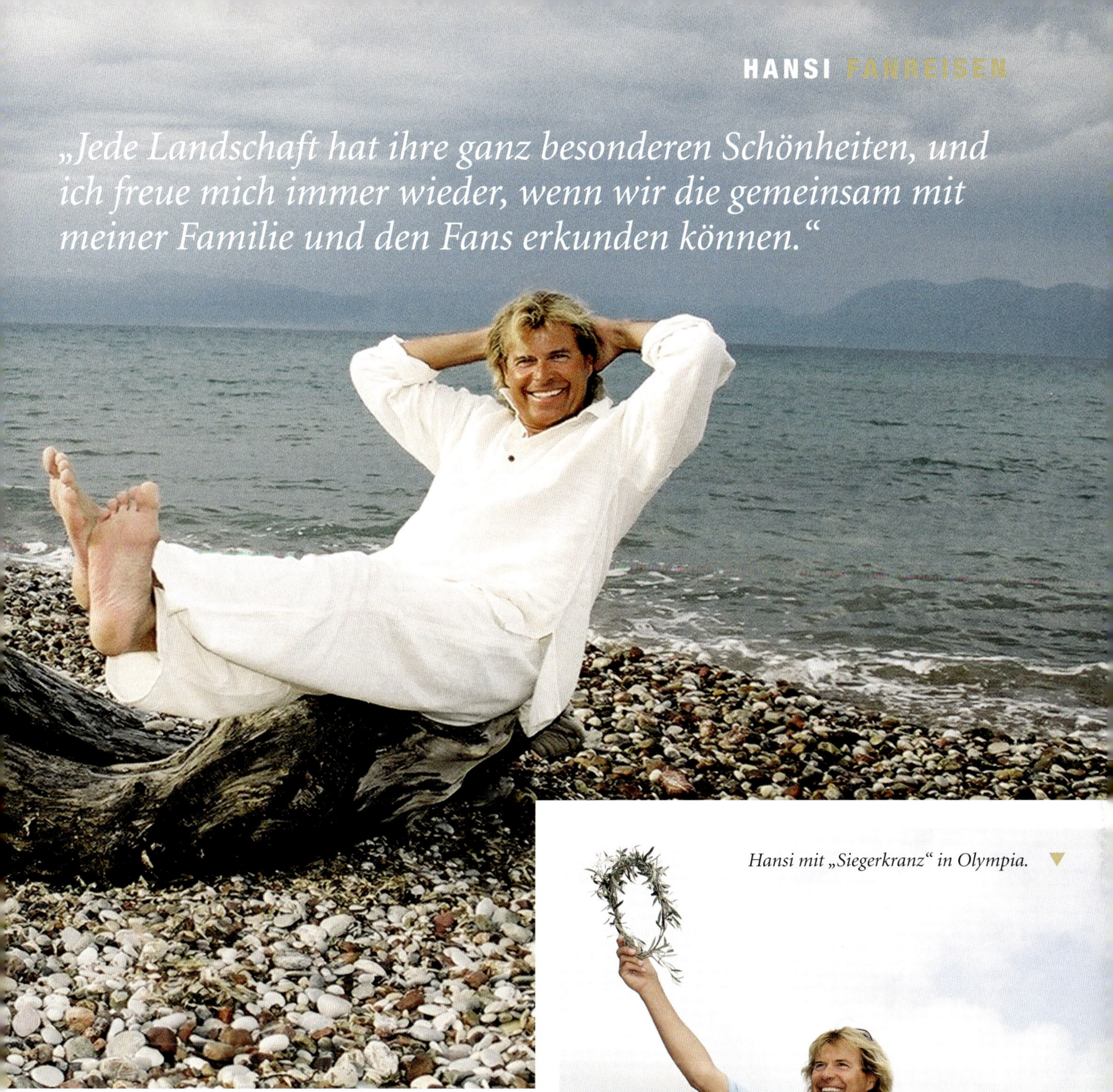

mer wieder hört man ein erfreutes Servus, wenn die Fans ihren Hansi entdecken. Rund 400 verbringen mit ihm eine Woche exklusiven Cluburlaub auf der griechischen Insel Kos. Aus Dänemark, Ungarn, Belgien, Frankreich, England, der Schweiz, Österreich und Deutschland sind sie angereist. Tag für Tag stehen neue Überraschungen mit Hansi auf dem Programm.

Hansi mit „Siegerkranz" in Olympia.

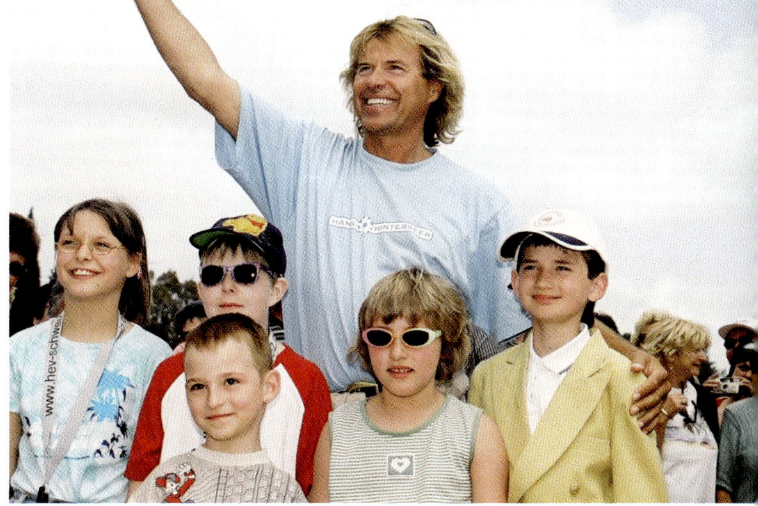

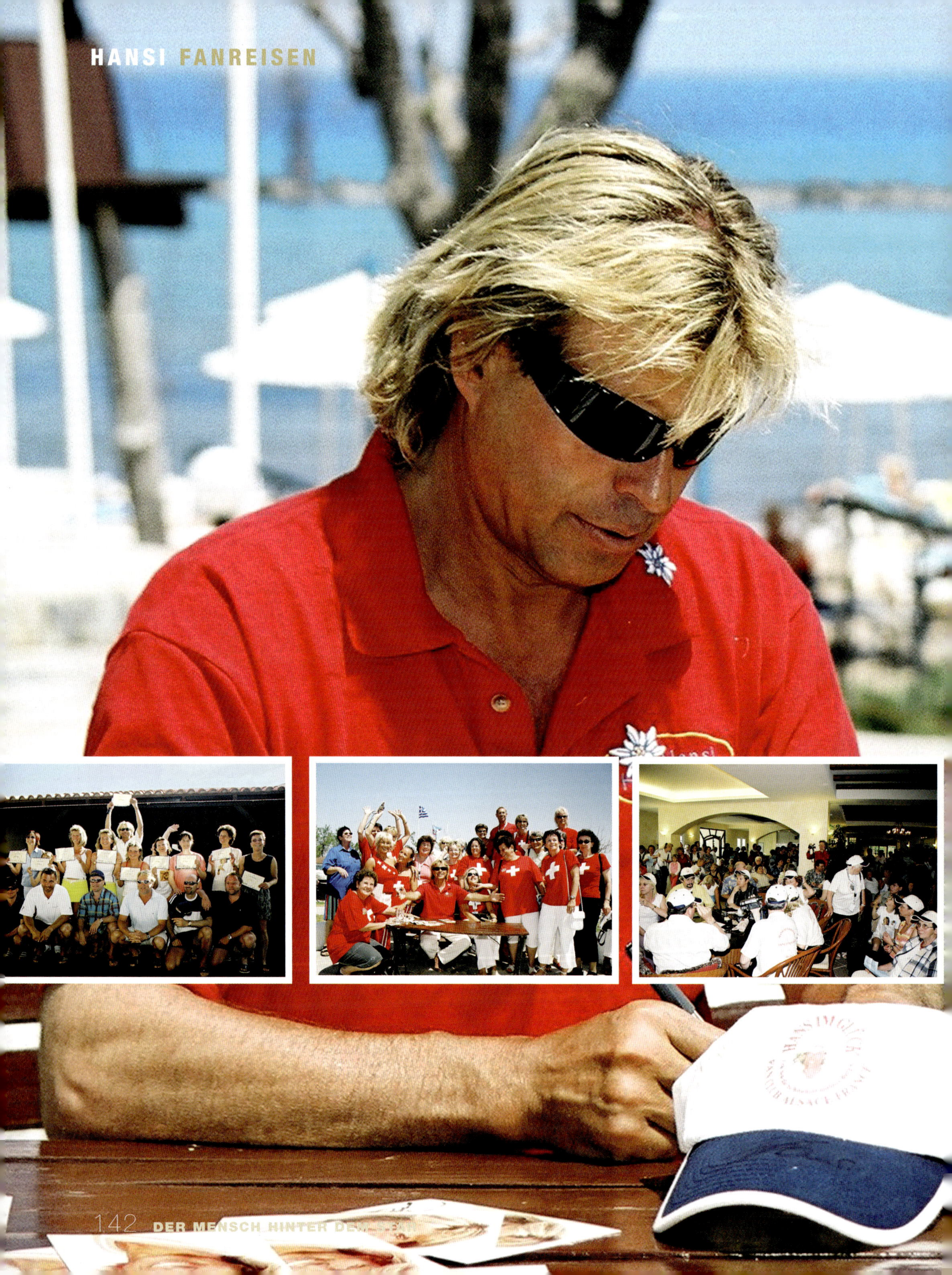

DA LACHT DAS LEBEN

Beim Einzug des mit Vorfreude erwarteten Stars der volkstümlichen Musik spielte das Tiroler Echo am Begrüßungstag auf, und die mitgereisten Hansi-Freunde brachten Hansi ein Ständchen. Begeistert umringten sie die einspännige Kutsche, mit der er am späten Nachmittag in der eigens für diese Tage angemieteten *Magic Life*-Clubanlage eintraf. Vom Sonnenaufgang bis zum letzten Tanz um Mitternacht schwelgte im Mai 2008 die internationale Reisegruppe im Hansi-Fieber. Ob beim Frühschoppen mit dem Tiroler Echo, den ausgelassenen Gesellschaftsabenden (inklusive Karaoke-Wettbewerb) und allabendlicher Tanzmusik, den sportlichen Spaßwettkämpfen, der Autogrammstunde mit persönlichem Erinnerungsfoto, dem Frühstück mit Hansi und dem in diesem Jahr erstmalig angebotenen und von den Fans mit viel Spaß angenommenen Mau-Mau-Turnier oder beim diesjährigen Schiffsausflug auf die benachbarte Vulkaninsel Nissiros wurde in der Gemeinschaft der Musikfreunde beste Unterhaltung geboten.

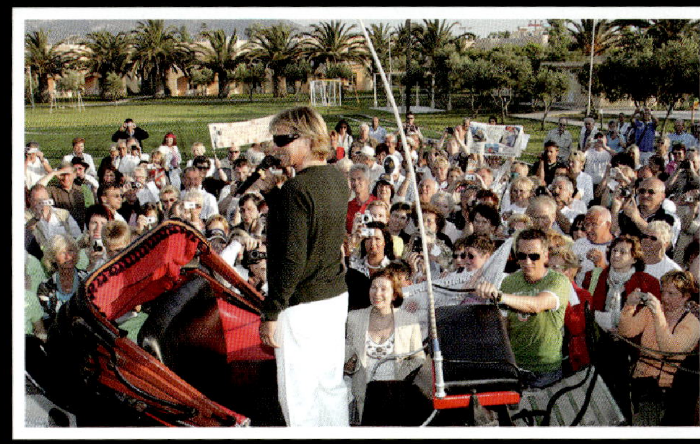

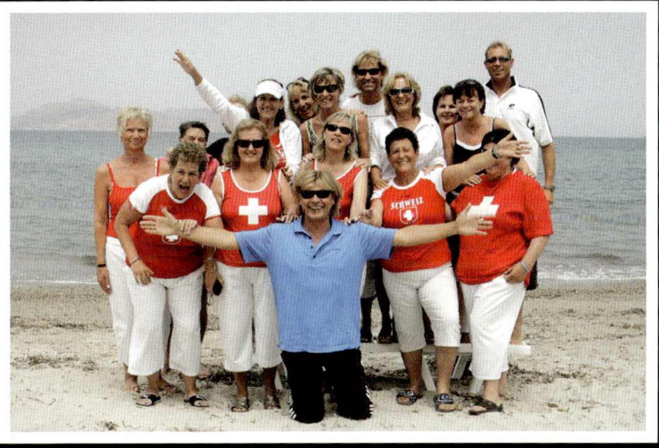

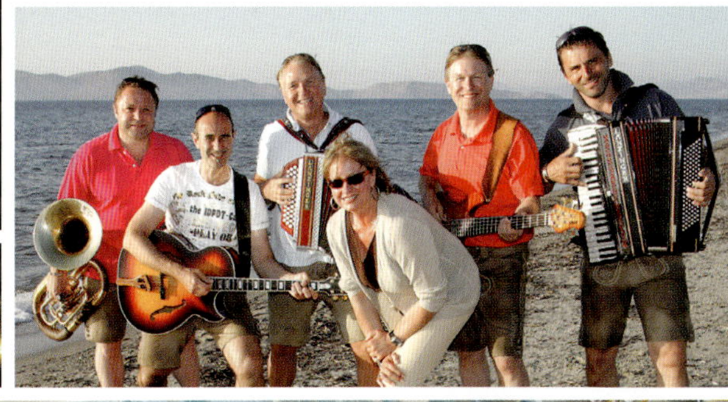

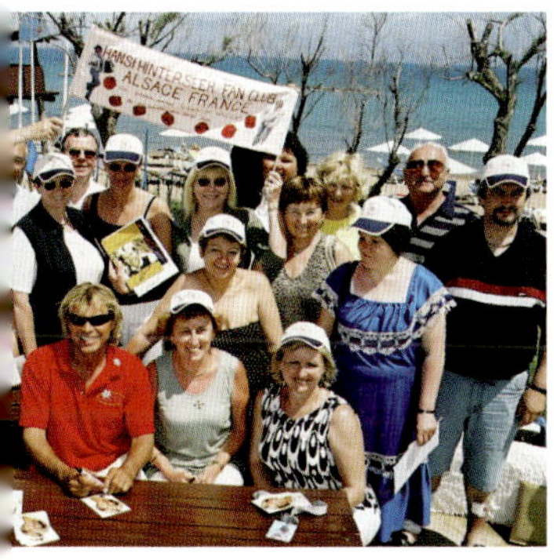

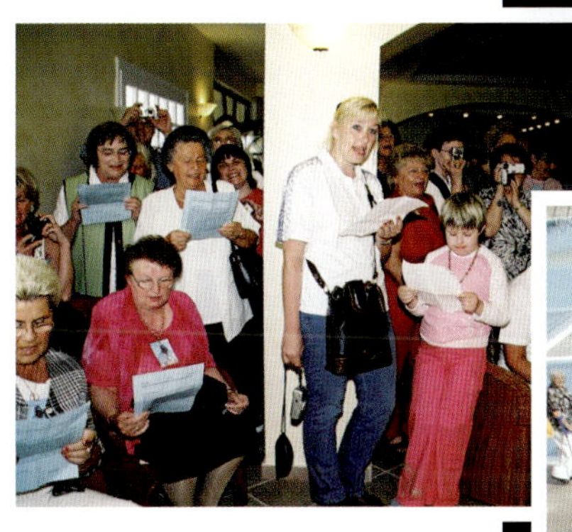

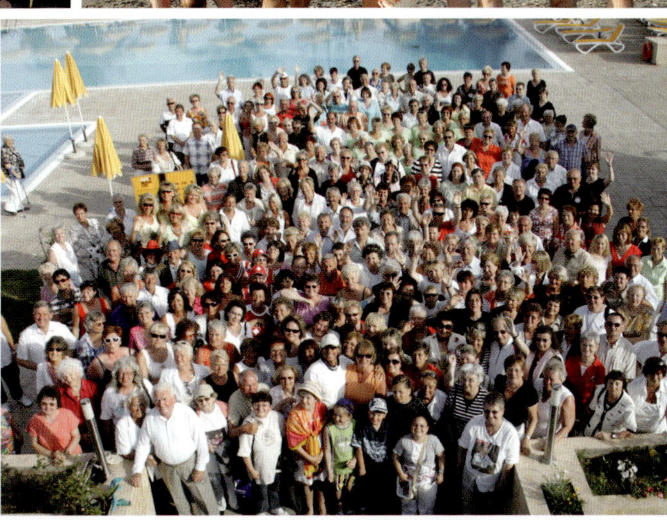

Eine Hansi-Fanreise bedeutet, dass Hansi wirklich für seine Fans da ist, egal, ob bei der Autogrammstunde, den gemeinsamen Strandspielen, beim Abendessen oder beim Konzertabend. Diese Reise ist wirklich all inclusive!

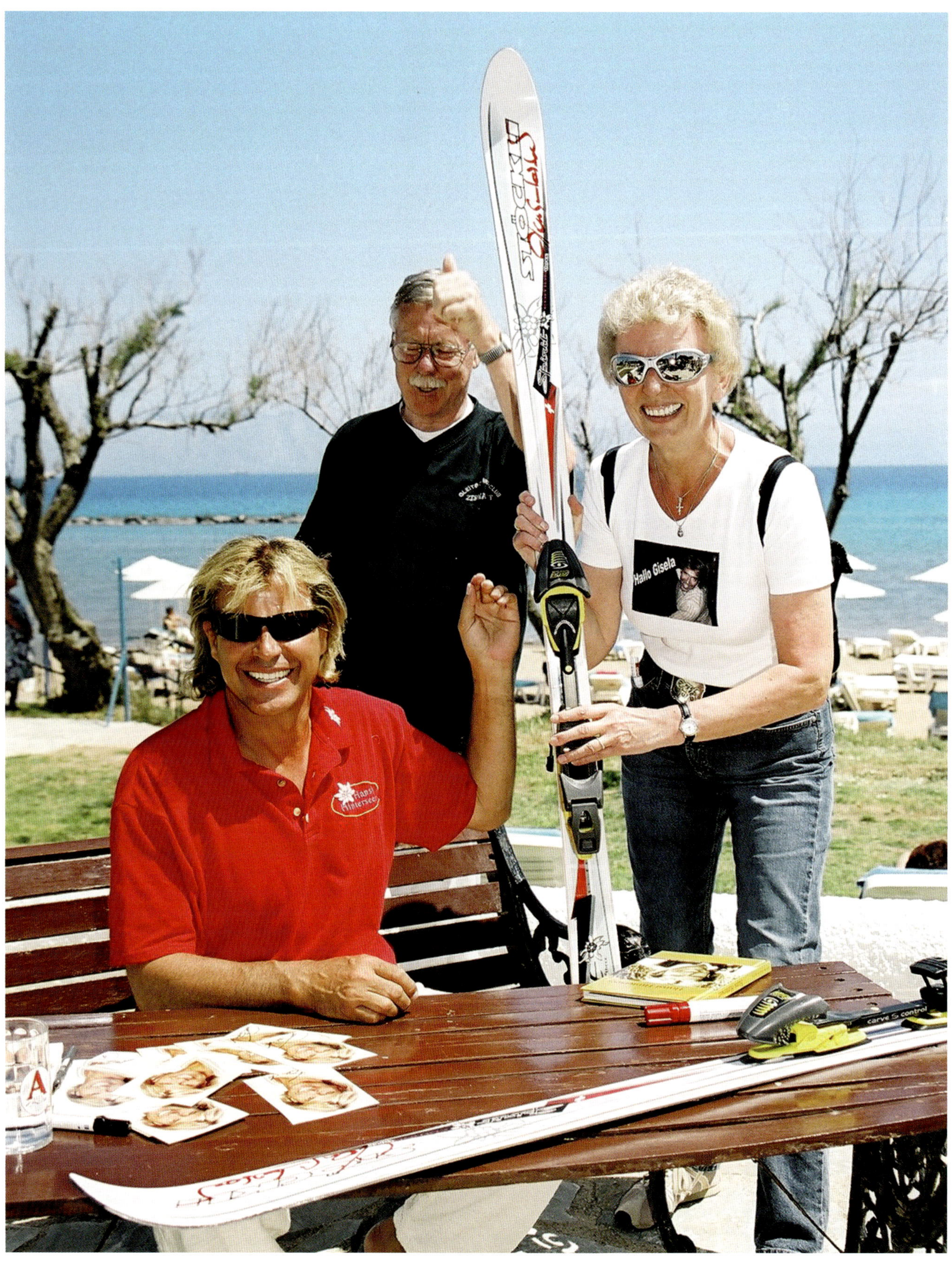
Hallo Gisela
Hansi Hinterseer

UND DANN AM ABEND

Unter dem griechischen Sternenhimmel einer lauen Frühsommernacht gibt Hansi mit seinen Freunden vom Tiroler Echo auf der eigens in der Clubanlage für diese Veranstaltung errichteten Bühne als Highlight der abwechslungsreichen Griechenlandwoche ein Open-Air-Konzert. Ein unvergessliches Erlebnis für seine Reisefreunde.

KOMM HER ZU MIR

Jeden Mai aufs Neue nimmt sich Hansi Hinterseer aus Dankbarkeit für die Treue seines Publikums Zeit für eine gemeinsame Urlaubswoche. Organisiert werden diese exklusiven Fanreisen von Heidi Schwenkow, die sich dieser Aufgabe mit viel Herzblut widmet. Sie erzählt uns, wie diese außergewöhnliche Idee geboren wurde.

„Die Idee, Fanreisen der etwas anderen Art zu organisieren und durchzuführen, kam mir erstmals 1999. Da ich selbst aus der Musikbranche komme, aber nicht als Sängerin, sondern eher hinter den Kulissen tätig war, hatte ich zum Glück die Verbindungen, diesen Gedanken auch in die Tat umsetzen zu können. So entwickelte ich zunächst ein detailliertes Konzept für das Projekt Fanreisen. Es ging mir nicht darum, diese Veranstaltungsform an sich zu erfinden. Ich wollte meine Reisen individueller gestalten als in der Branche bisher üblich. Der zweite Schritt war die Suche nach einem seriösen Veranstaltungspartner mit Gütesiegel, der mir garantieren konnte, dass meine Vorgaben eins zu eins umgesetzt werden. Ich fand ihn in der TUI Suisse. Ich wollte mein Projekt mit Künstlern aus dem Bereich der volkstümlichen Musik starten. Das konnte nur einer sein: Hansi Hinterseer!

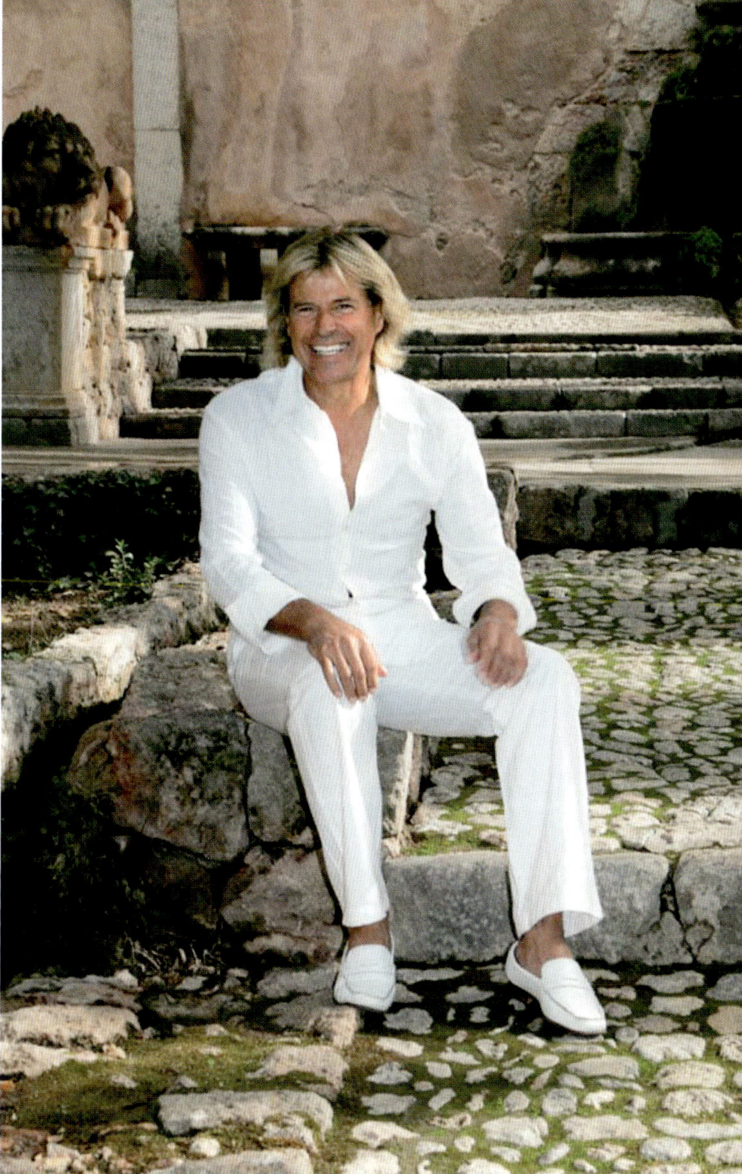

Ab und zu sucht Hansi an heißen Tagen auch ein bisschen Ruhe und kühlen Schatten.

Sogar Skier gingen zum Signieren mit auf die Hansi-Reise.

So kam es zur ersten Kontaktaufnahme mit Hansi und seinem damals neuen Manager, Mag. Michael König. Beide waren, ebenso wie ich, absolute Fanreisen-Neulinge. Ich bin sehr glücklich darüber, dass ich die Chance bekam, gemeinsam mit Hansi und Michael die Idee in die Tat umsetzen zu können. Wir sagen noch heute, dass es unser gemeinsames Baby ist.

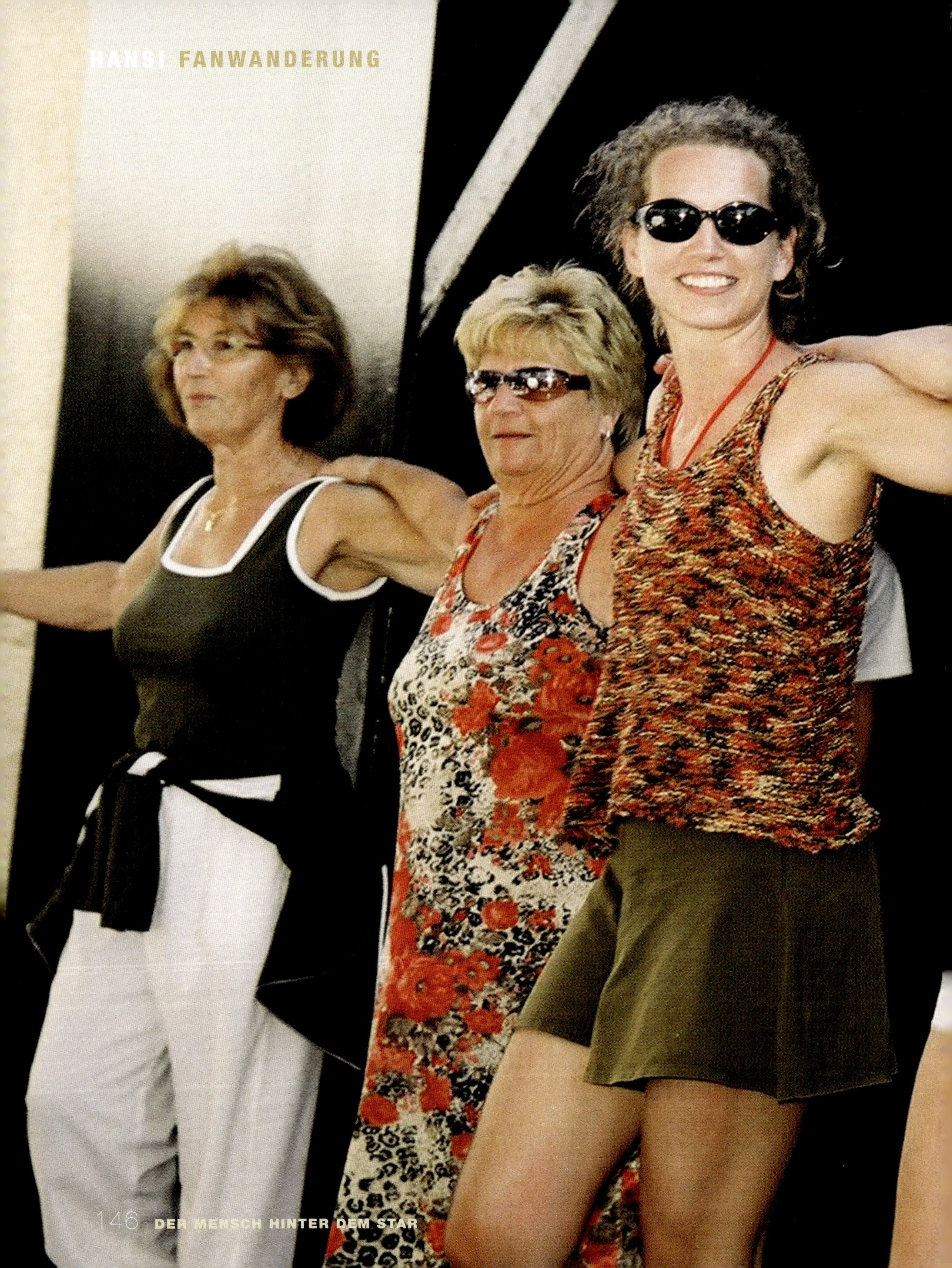

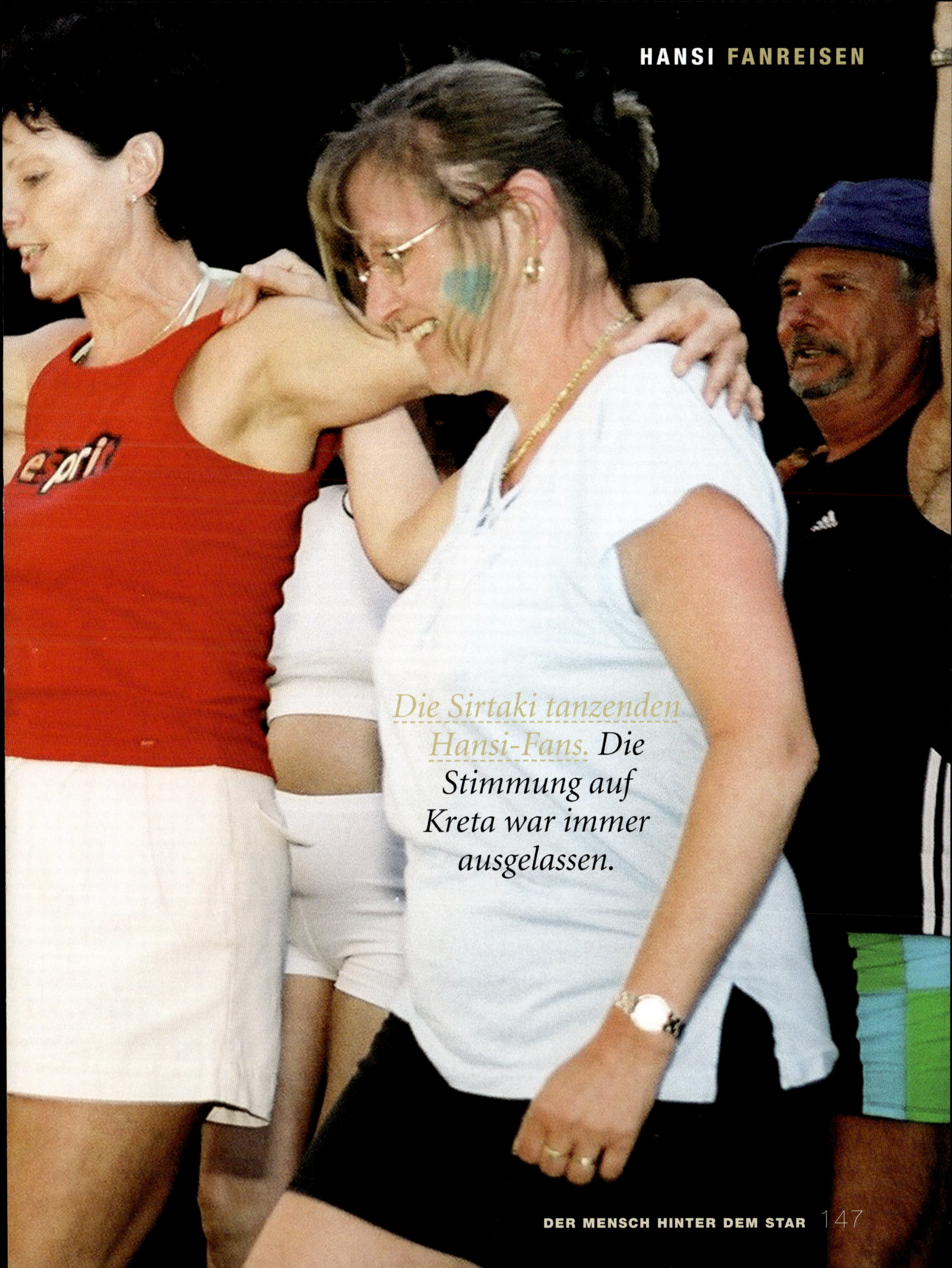

Die Sirtaki tanzenden Hansi-Fans. Die Stimmung auf Kreta war immer ausgelassen.

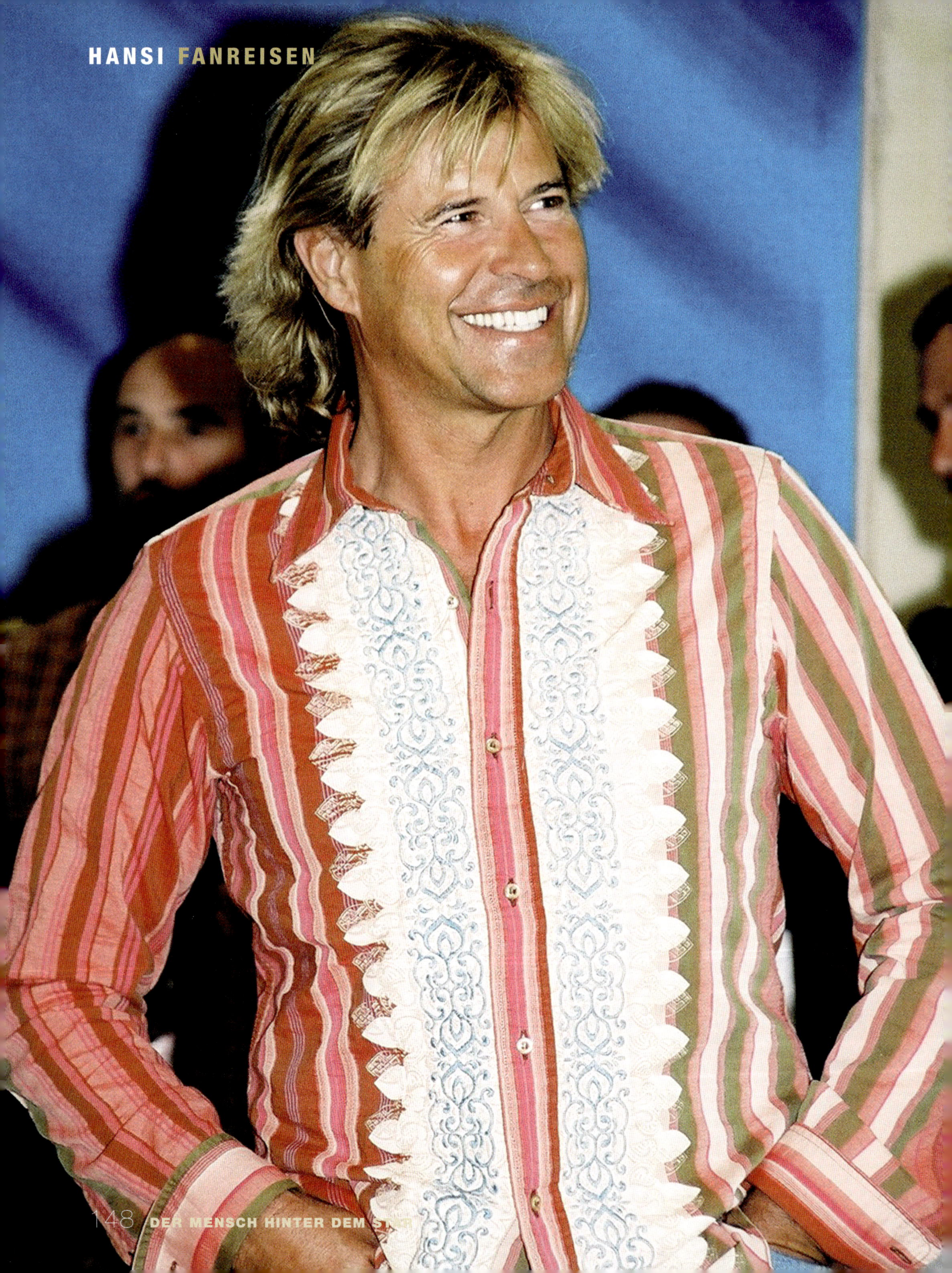

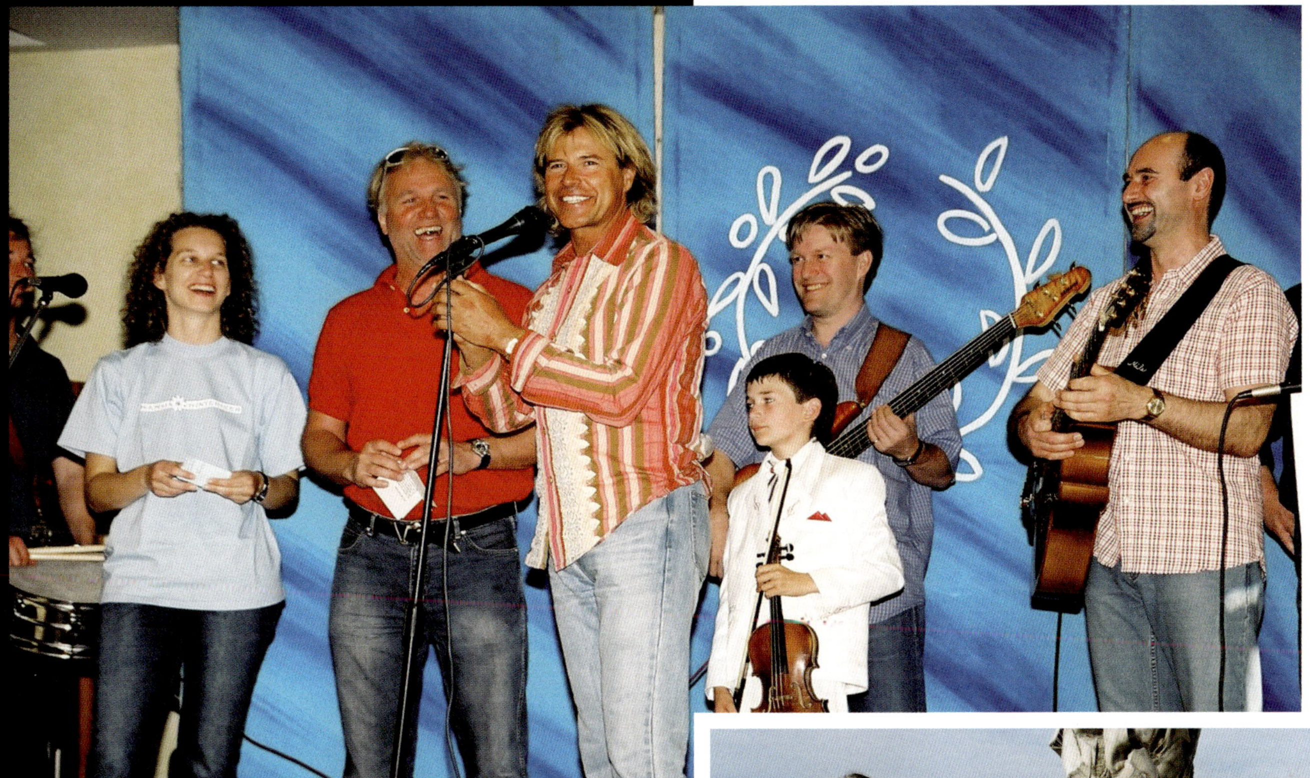

▲ *Gesungen wird gleich einmal beim Begrüßen. Immer mit dabei: das Tiroler Echo.*

Die erste Reise, die uns vom 10. bis 17. Mai 2003 in den *Magic Life Club* auf die griechische Insel Korfu führte, übertraf bei Weitem meine Erwartungen. Der Jahrhundertsommer schenkte uns bereits zu dieser Jahreszeit Tagestemperaturen um die 30 Grad, schönstes Badewetter und eine traumhafte Naturkulisse. Allen Reiseteilnehmern ist Korfu noch heute in bester Erinnerung. Beflügelt kehrte ich zurück an meinen Schreibtisch und startete sofort mit den Vorbereitungen für die nächste Fanreise im Jahr 2004.

Urkunden für die treuesten Mitreisenden und die sportlichsten Hansi-Fans. ▶

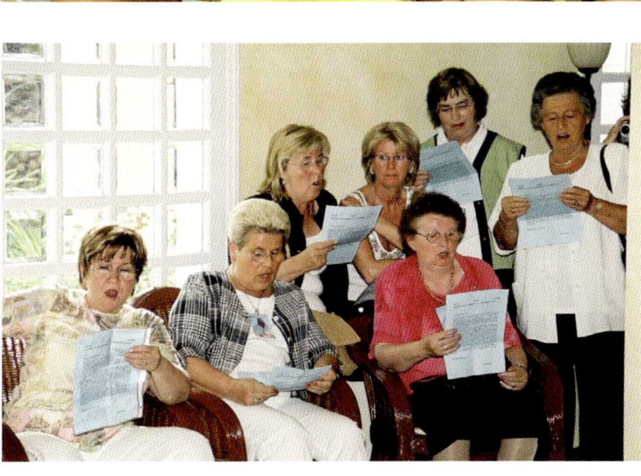

Hier singen die Fans für den Sänger. ▶

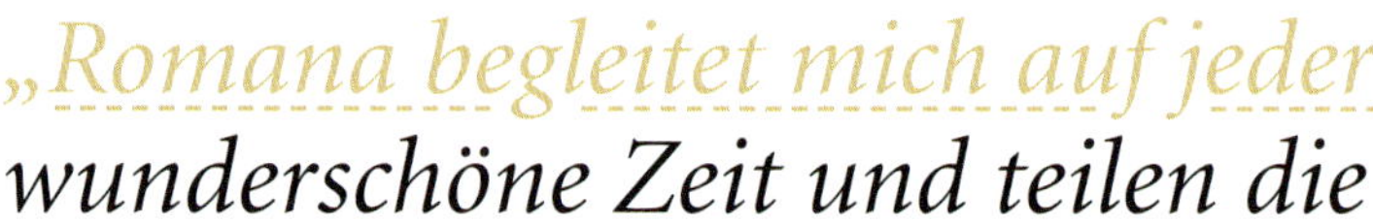

„Romana begleitet mich auf jeder
wunderschöne Zeit und teilen die

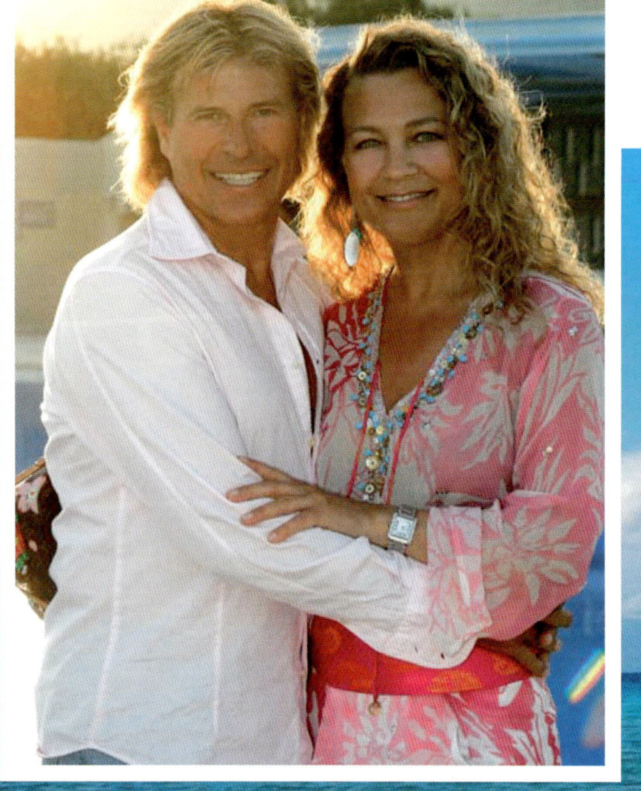

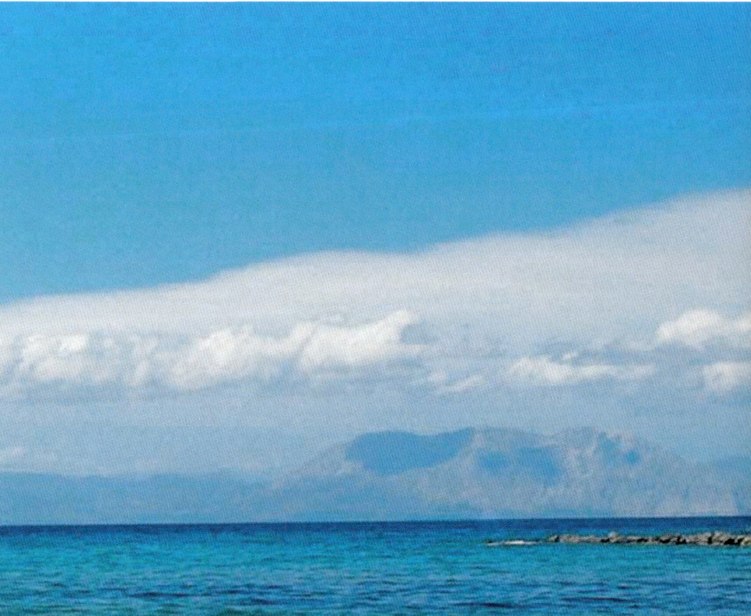

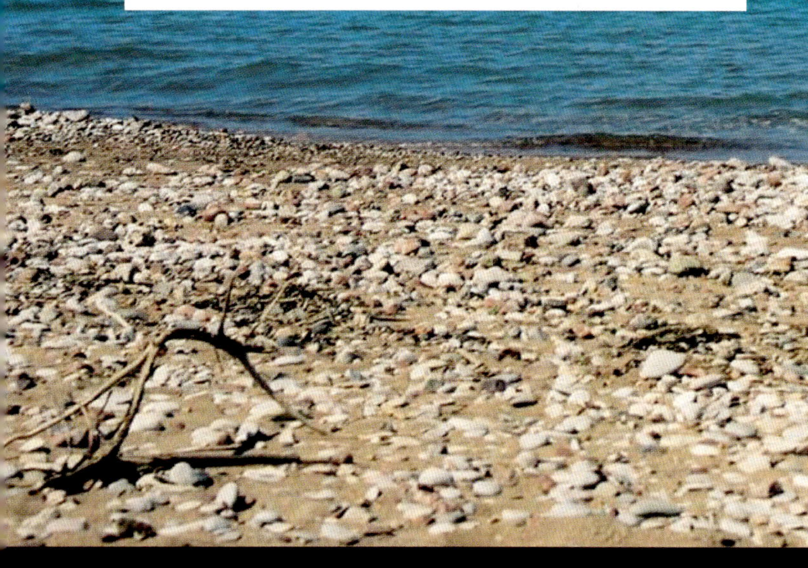

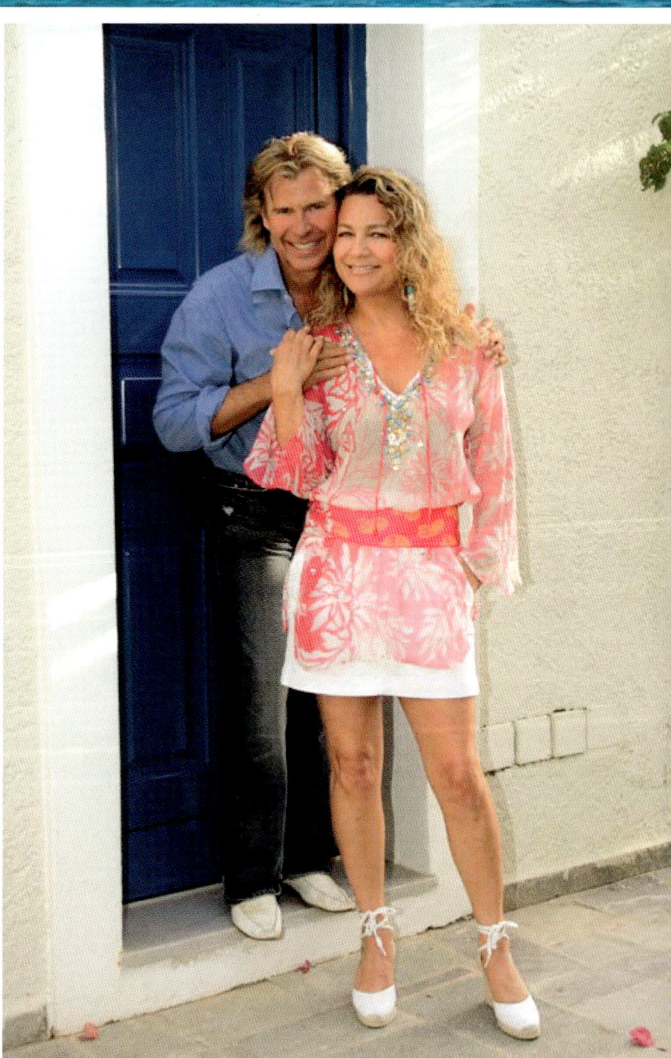

Fanreise. Gemeinsam erleben wir eine Impressionen der fremden Länder."

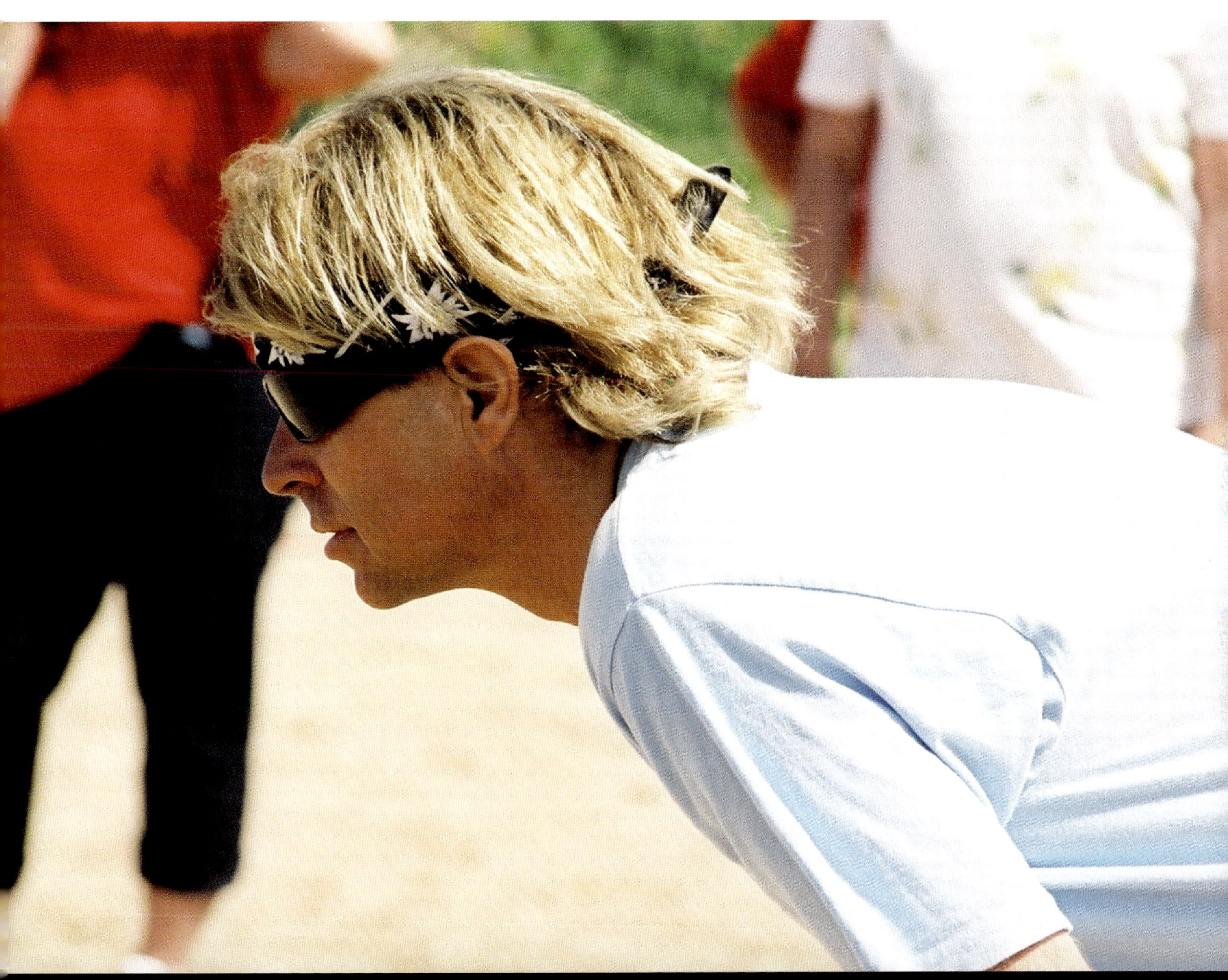

Beim Sport ist Hansi immer ganz vorn mit dabei. Hier macht er beim Boccia eine hervorragende Figur

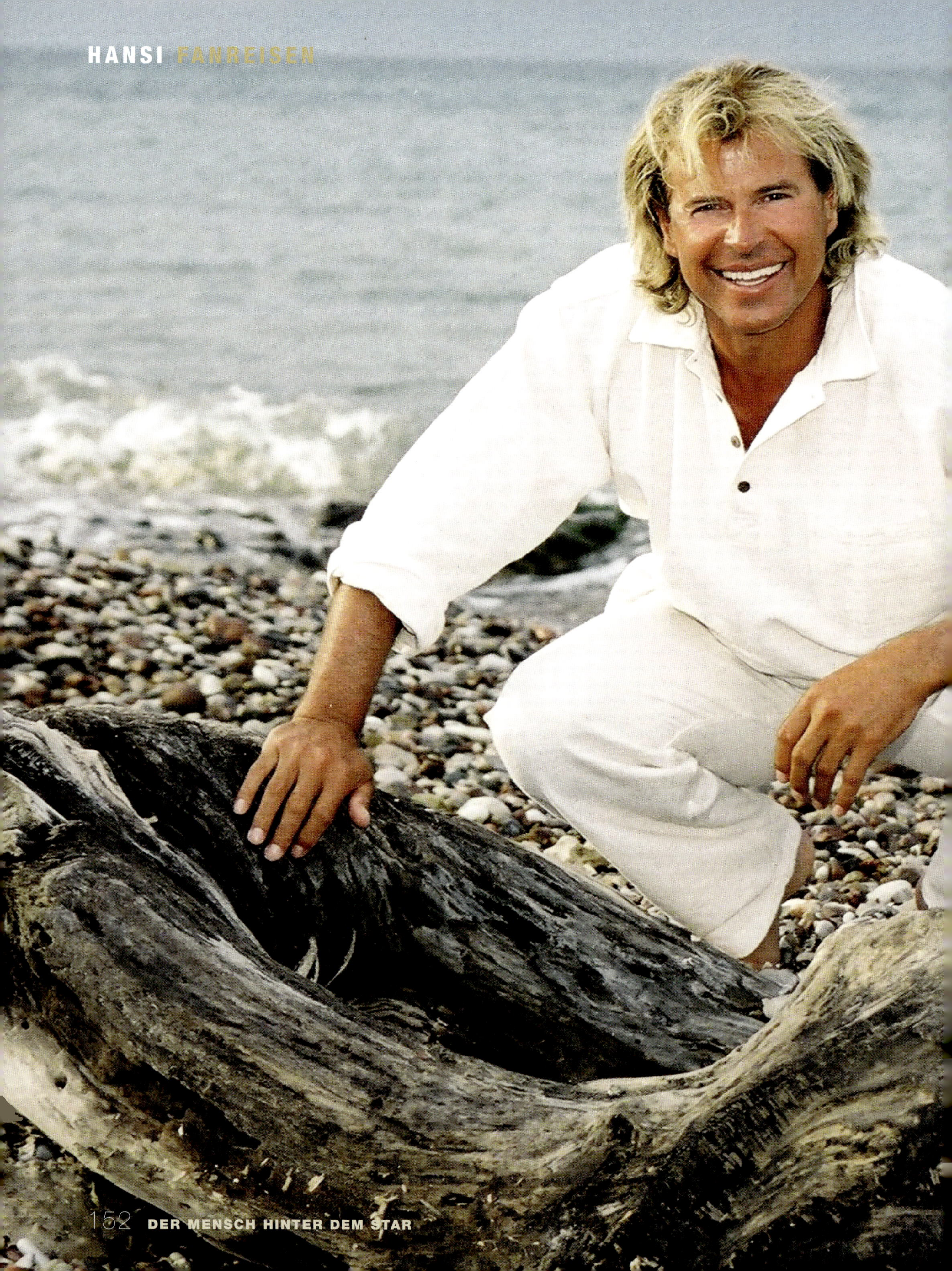

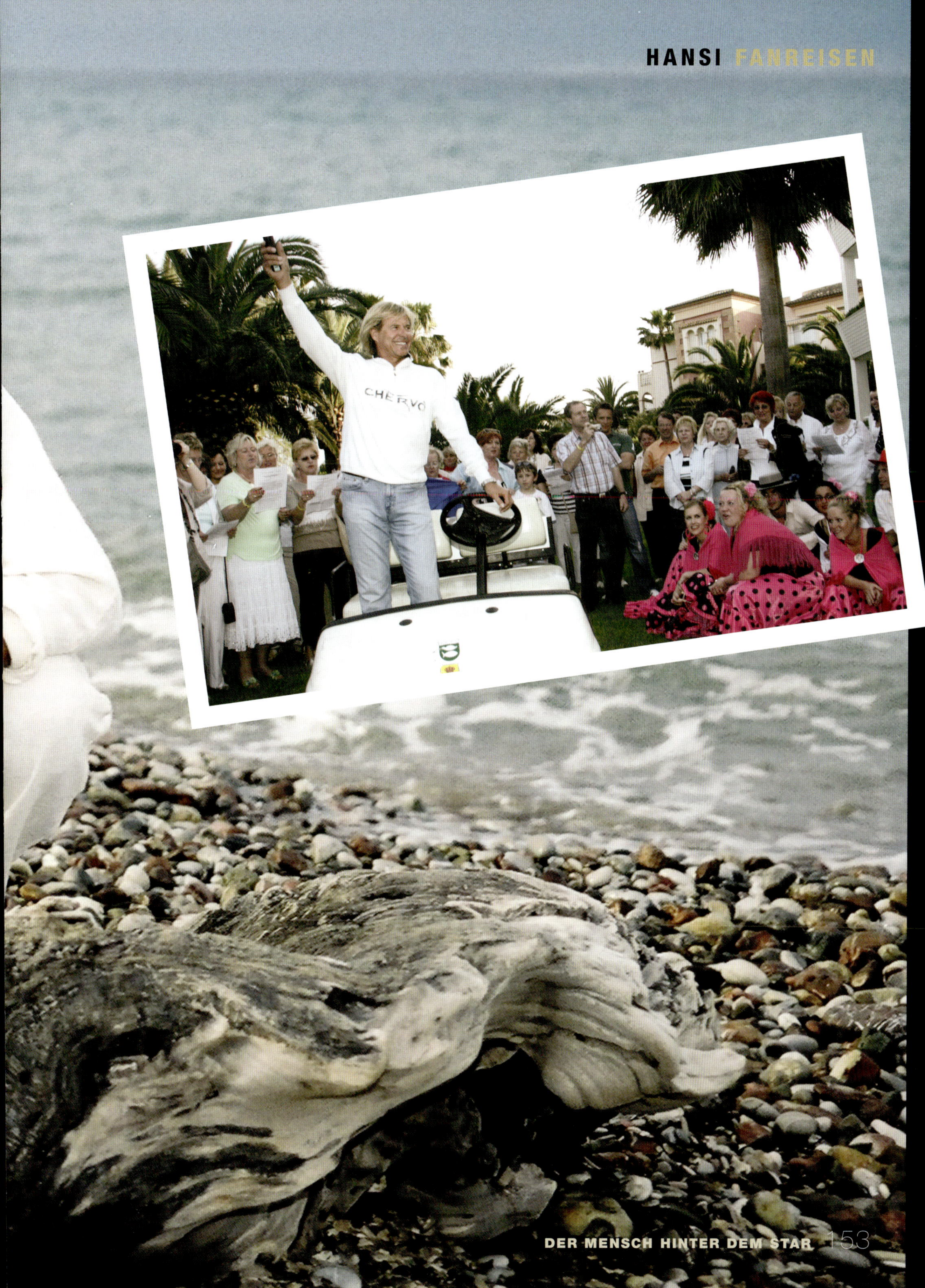
CHERVO

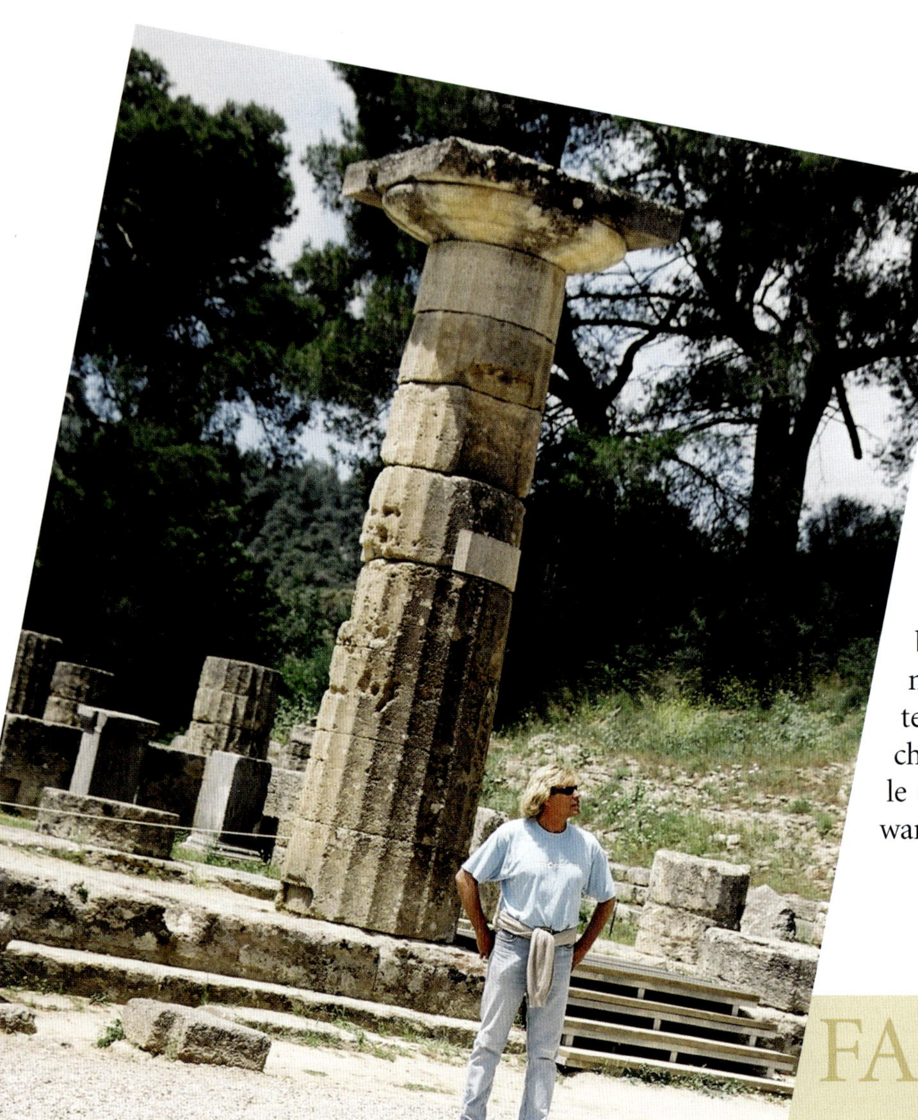

▲ *Reisen bildet! Und man kann wunderbare Erinnerungsfotos mitnehmen.*

Eine Anekdote möchte ich an dieser Stelle gern erzählen: Unser Tagesausflug auf Mallorca führte uns in das bekannte Kloster Valldemossa. Damit wir unsere Reisegruppe problemlos erkennen konnten, haben alle speziell angefertigte Hansi-Buttons sichtbar an der Kleidung getragen. Wir waren mit 400 Besuchern an diesem Tag selbstverständlich nicht die einzigen Klostergänger. Auf dem Spaziergang dorthin begegneten uns andere Touristen, von denen wir folgenden Kommentar aufschnappten: ‚Schaut mal, das muss eine größere christliche Gemeinschaft sein, die haben alle den Papst anstecken.' Dieser Ausspruch war natürlich der Brüller.

Inzwischen haben sich die Hansi-Hinterseer-Fanreisen – die Fans fiebern ihnen bereits Monate zuvor entgegen – zu einem jährlich wiederkehrenden Großevent entwickelt. Die Teilnehmerzahl hat sich seit 2003 verdreifacht. Mittlerweile arbeiten wir erfolgreich mit dem Reiseveranstalter touristic concept GmbH aus Berlin zusammen. Viele nette Freundschaften unter den Fans wurden auf den einwöchigen Reisen geschlossen, und das schöne Gemeinschaftserlebnis verbindet sie auch darüber hinaus.

FANREISEN

2003	**10. bis 17. Mai**	**Griechenland** Korfu, *Magic Life Club*
2004	**4. bis 11. Mai**	**Griechenland** Westpeloponnes, *Grecotel Lakopetra Beach*
2005	**21. bis 28. Mai**	**Türkei** Side, *Clubhotel Pegasos World*
2006	**20. bis 27. Mai**	**Griechenland** Kreta, *Magic Life Club Lyktos*
2007	**29. April bis 6. Mai**	**Mallorca** *Clubhotel Esperanza Mar*
2008	**14. bis 21. Mai**	**Griechenland** Kos, *Magic Life Club*

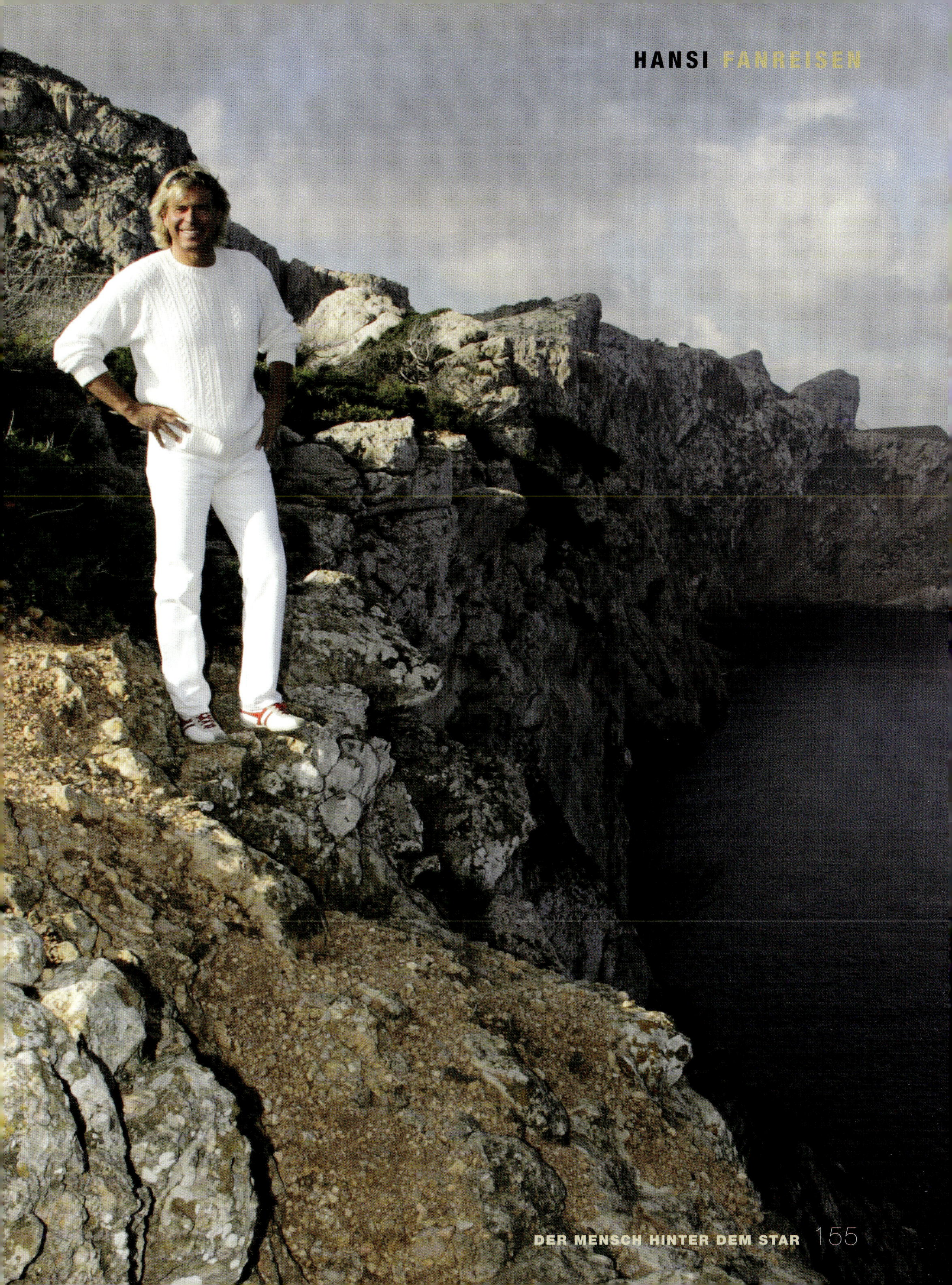

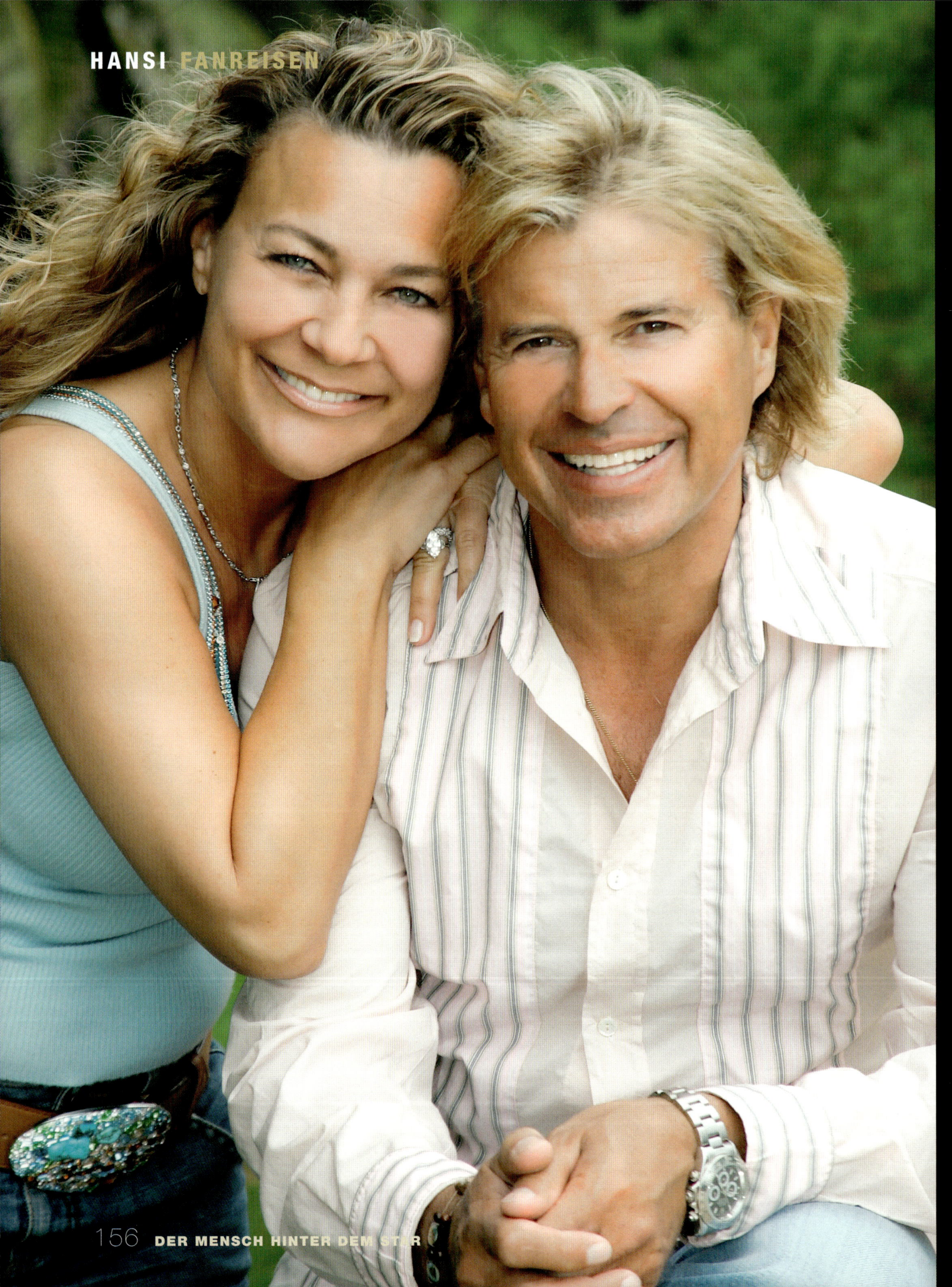

MAN SAGT NICHT GOODBYE

Natürlich kursieren alljährlich Spekulationen darüber, wohin die nächste Fanreise führen könnte. Die Buschtrommeln funktionieren hervorragend, denn immer wieder sickern trotz ‚höchster Geheimhaltungsstufe' Informationen durch, spätestens wenn wir mit Michael König zur Vorbesichtigung reisen, um die Möglichkeiten vor Ort persönlich zu überprüfen. Es gibt von Jahr zu Jahr mehr ‚blinde' Vorausbuchungen. Es spricht sich sogar unter Erstbuchern herum, dass mit der Hansi-Fanreise ein ganz besonderes Erlebnis garantiert ist, unabhängig vom jeweiligen Urlaubsort.

DICH GIBT'S NUR EINMAL

Unser Hansi ist in der Tat ein Künstler zum Anfassen. Dass die Begegnungen und das Miteinander im Urlaub so zwanglos möglich sind, ist auch dem verständnisvollen Umgang der Fans mit der Privatsphäre von Hansi und seiner Familie zu verdanken. Immer wieder ergeben sich im Tagesablauf spontane Begegnungen und Gespräche. Mir ist es neben der außergewöhnlich intensiven Künstler-Fan-Nähe mindestens ebenso wichtig, auch organisatorisch Qualität und Individualität auf hohem Niveau zu bieten, sodass die Fans, Familie Hinterseer, die Familien des Tiroler Echos, die technische Konzertcrew und das Management gleichermaßen Erholung finden.

Herzlichen Dank an dieser Stelle an Hansis Ehefrau Romana, die Töchter Jessica und Laura sowie an die Schwiegereltern Ferrari, die den Fanreisen durch ihre Anwesenheit den ganz besonderen familiären Charakter geben.

Herzlich willkommen auf einer der nächsten Fanreisen!"

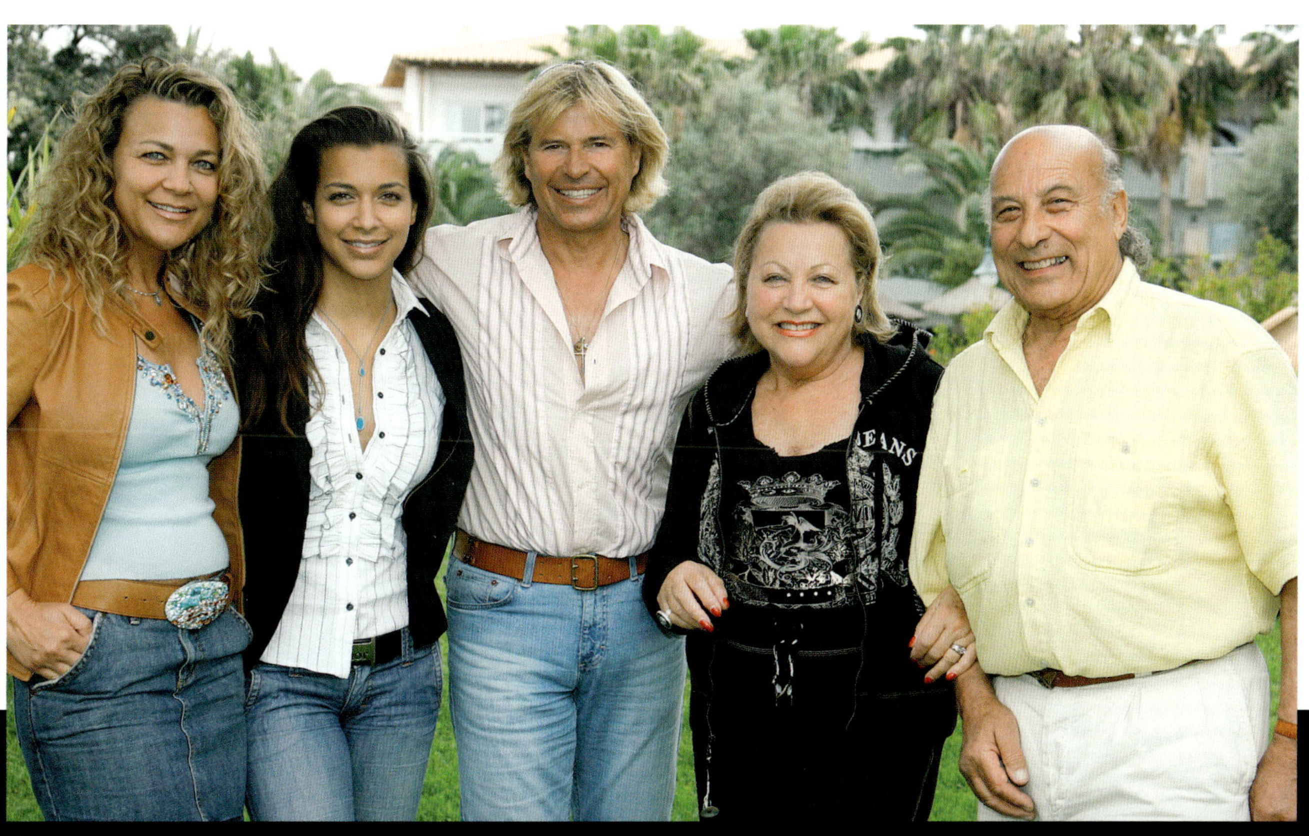

Hansi im Kreise seiner Familie.

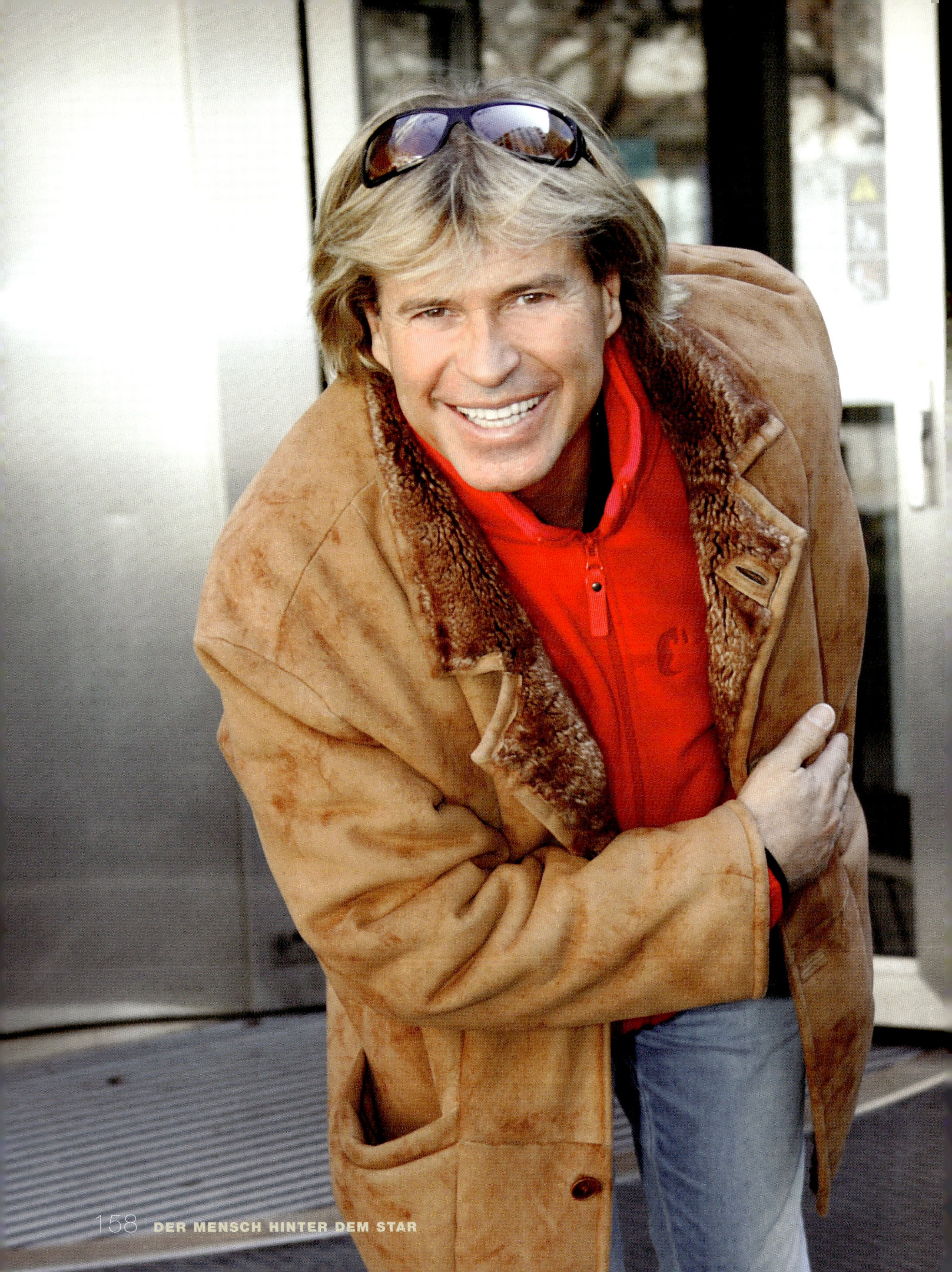

Star zum Anfassen auf Tour

Hansi Hinterseer präsentierte zuletzt im Frühjahr 2008 mit seinen Freunden vom Tiroler Echo in 46 Konzerten auf großer Tournee in Deutschland, den Niederlanden, Frankreich, Schweiz und Österreich sein neues Konzertprogramm. Mit Titeln des aktuellen Albums *Von Herz zu Herz* sowie den Tophits der vergangenen 15 Jahre begeisterte der charmante Tiroler sein Publikum.

Herzlich willkommen! Hansi spielt auf diesem Foto Tourempfangschef.

Es ist jedes Jahr wie ein Wiedersehen mit Freunden. Viele Gesichter im Publikum sind bereits bestens bekannt. In jeder Stadt gibt es Hansi-Fans, die bereits siebenmal bei den Konzerten dabei waren.

Hansi Hinterseer und seine Freunde vom Tiroler Echo sind ein Garant für gute Laune! Der abwechslungsreiche Reigen romantischer Balladen

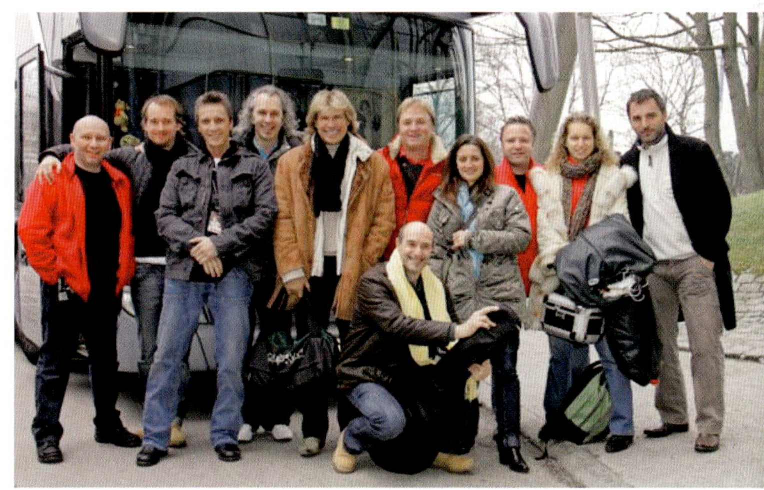

Ein Team wie Pech und Schwefel: Sie sind viele Wochen gemeinsam unterwegs.

wie „Amore Mio“, stimmungsvoller volkstümlicher Titel und eingängiger Stimmungshits bis hin zum humorvoll-beschwingten „Musica“ schließt sich, in sich stimmig und hochwertig arrangiert, zu abwechslungsreichen Showprogrammen und einer vielseitigen Auswahl an CD-Alben. Mit Liedern wie „Herzlich willkommen“, „Es grüßt der Wilde Kaiser“, „Tiroler Berge“ fängt Hansi Hinterseer die Weite und Erhabenheit der Kitz-

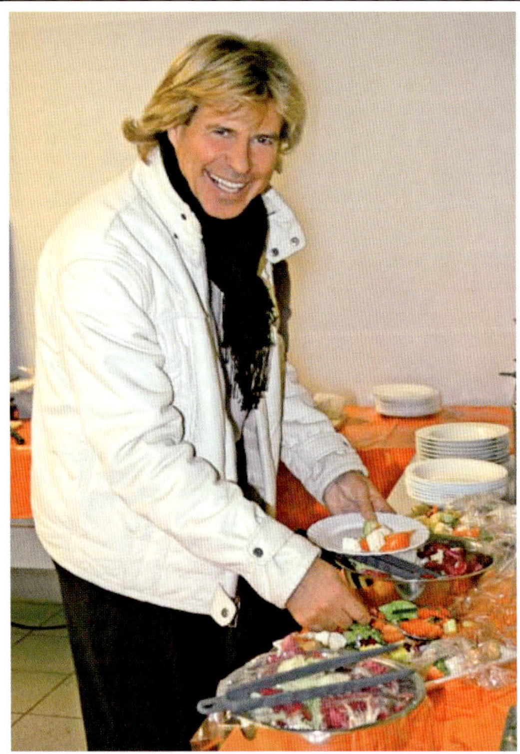

Gesunde, leichte Ernährung ist ganz nach Hansis Geschmack.

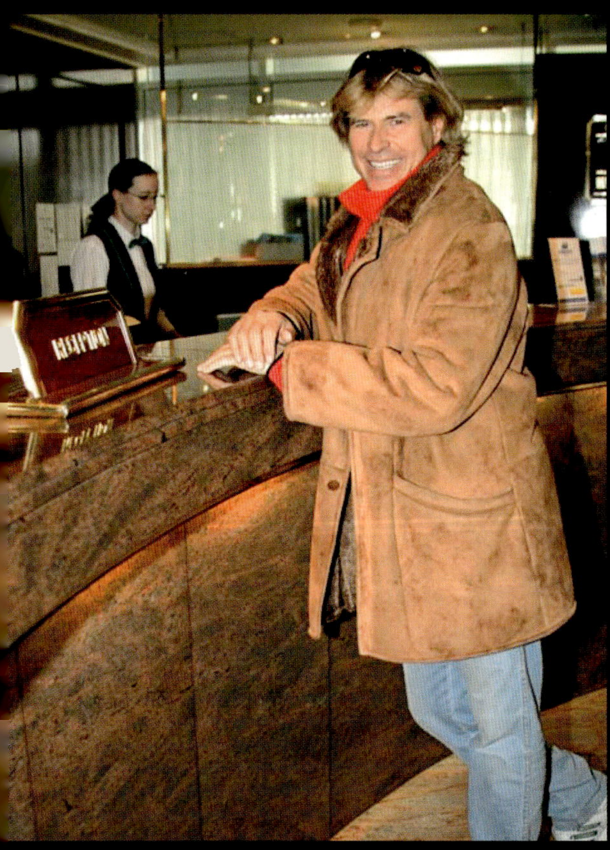

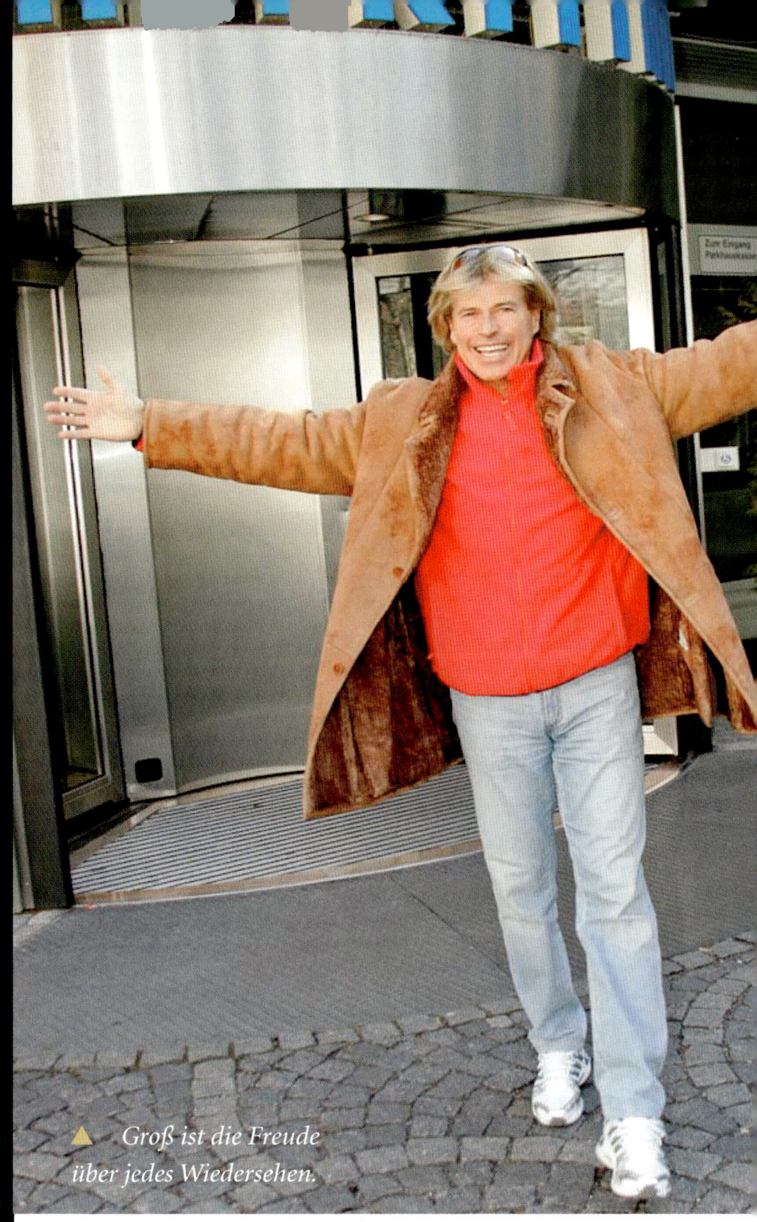

Groß ist die Freude über jedes Wiedersehen.

büheler Bergwelt ein, greift überlieferte Melodien auf und schlägt musikalisch den Bogen von Tradition und Brauchtum Tirols zu zeitgemäßer volkstümlicher Unterhaltung. Für sein jüngstes Volksliedgutalbum, *Ein kleines Edelweiß*, hat Hansi Hinterseer die schönsten traditionellen Mundartmelodien seiner Heimat zusammengetragen und mit seinen Freunden und namhaften Kitzbüheler Volksmusikanten wie Fritz Feyrsinger, Fritz Koch, Pepi Eberharter, Georg Anker und Martin Huber eingespielt.

Mit vielen seiner legendären Hits, mit den Titeln der aktuellen CD *Volksmusik der Berge* und den Liedern seiner neuen Produktion *Ein kleines Edelweiß*, mit volkstümlichen Klängen und urigen Gstanzeln hat Hansi – wie alljährlich von seiner Band, dem Tiroler Echo, begleitet – die lang ersehnte Tournee 2008, „das Volksmusik-Highlight der Saison", eröffnet.

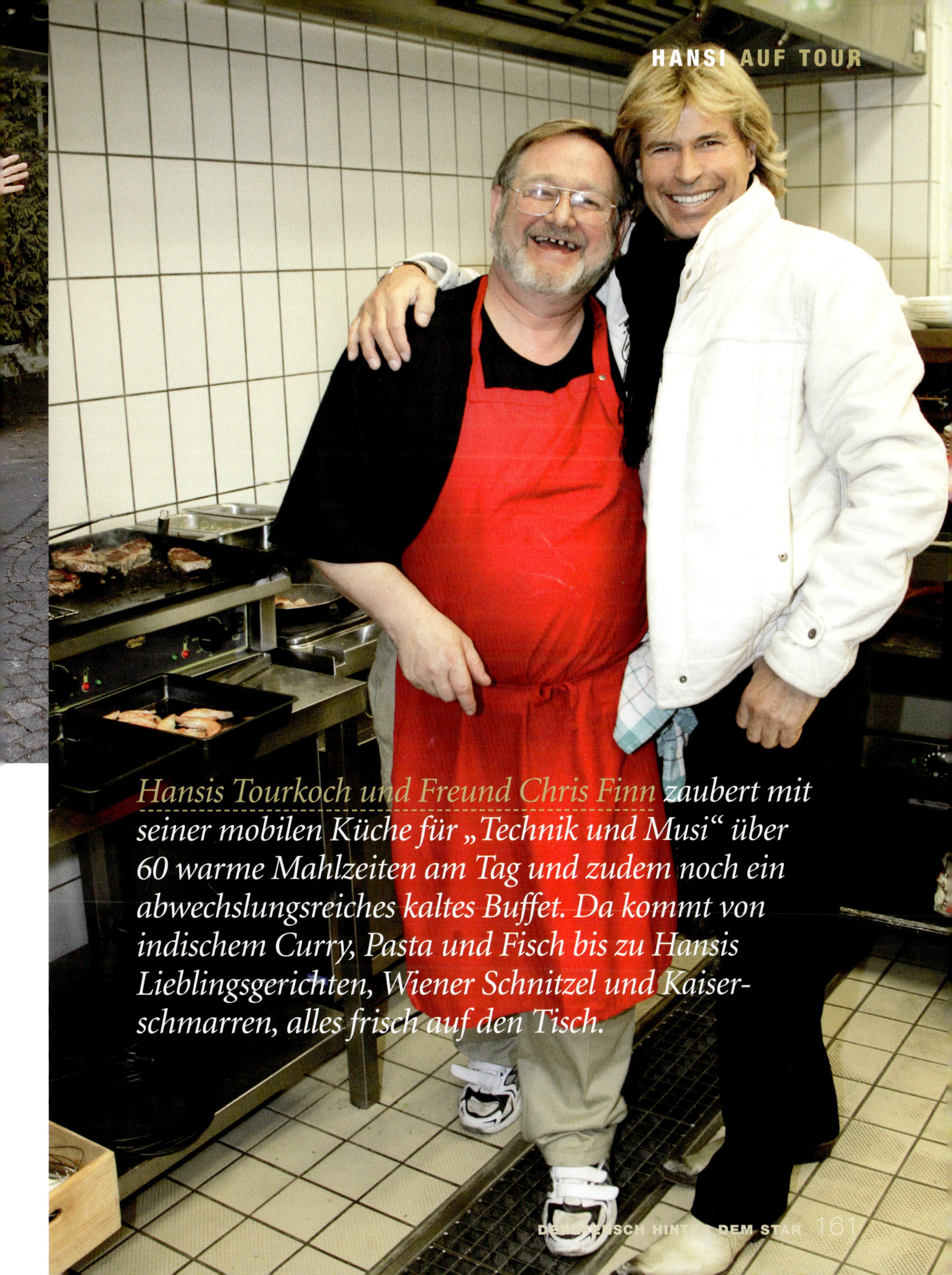

Hansis Tourkoch und Freund Chris Finn zaubert mit seiner mobilen Küche für „Technik und Musi" über 60 warme Mahlzeiten am Tag und zudem noch ein abwechslungsreiches kaltes Buffet. Da kommt von indischem Curry, Pasta und Fisch bis zu Hansis Lieblingsgerichten, Wiener Schnitzel und Kaiserschmarren, alles frisch auf den Tisch.

Luis Plattner vom Tiroler Echo und Hansi Hinterseer teilen die Freude an der Hausmusik. Auf Tour genießen sie die Zeit zwischen Soundcheck und Showbeginn und suchen abseits des Tourneealltags Entspannung mit der Musik. Dann setzen sich die Freunde allein mit ihren Ziachorgeln auf die Showtreppe der dunklen Bühne und spielen die Volkslieder ihrer

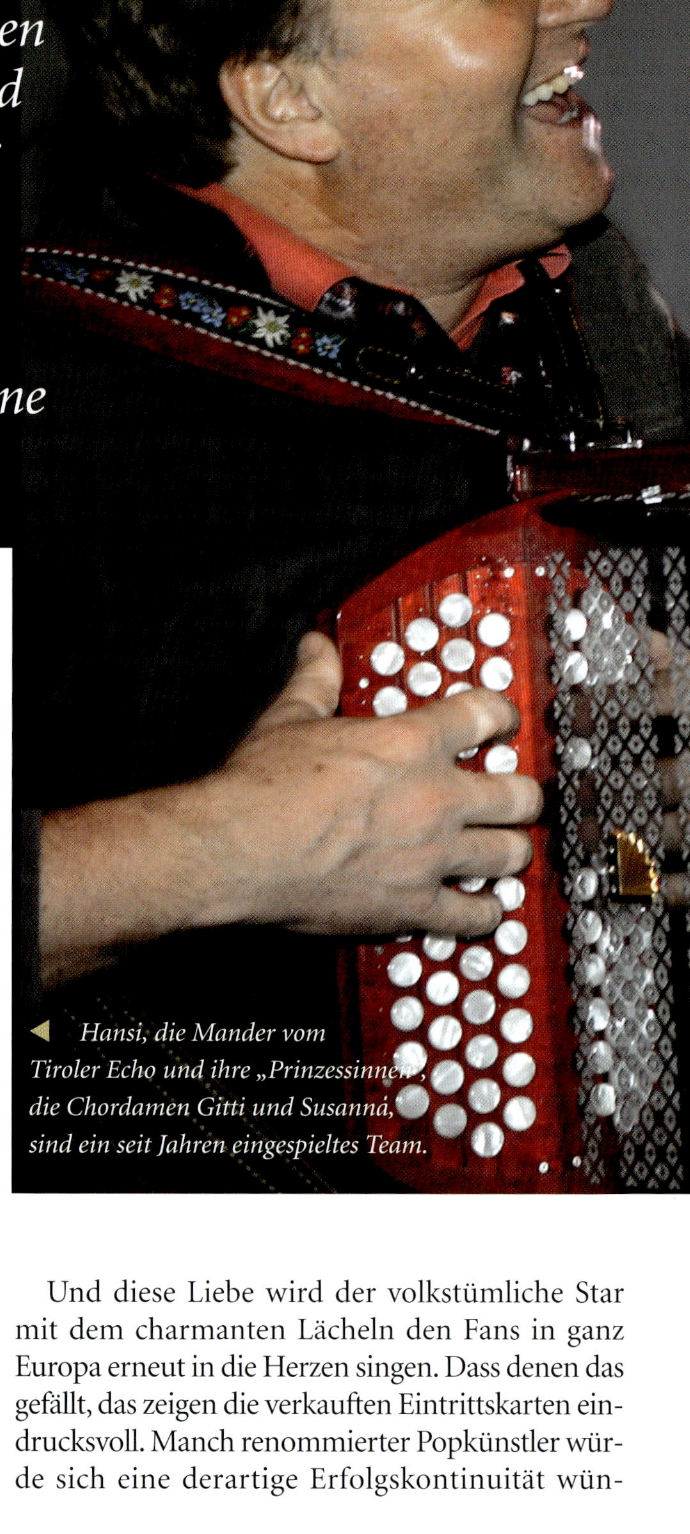

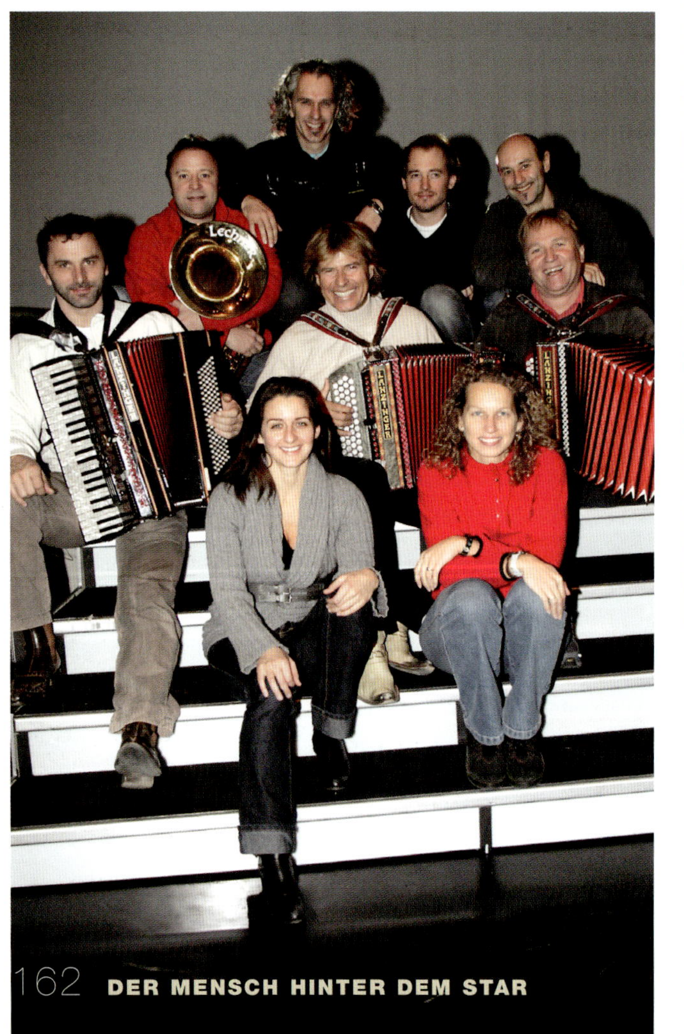

Hansi, die Mander vom Tiroler Echo und ihre „Prinzessinnen", die Chordamen Gitti und Susanna, sind ein seit Jahren eingespieltes Team.

Und diese Liebe wird der volkstümliche Star mit dem charmanten Lächeln den Fans in ganz Europa erneut in die Herzen singen. Dass denen das gefällt, das zeigen die verkauften Eintrittskarten eindrucksvoll. Manch renommierter Popkünstler würde sich eine derartige Erfolgskontinuität wün-

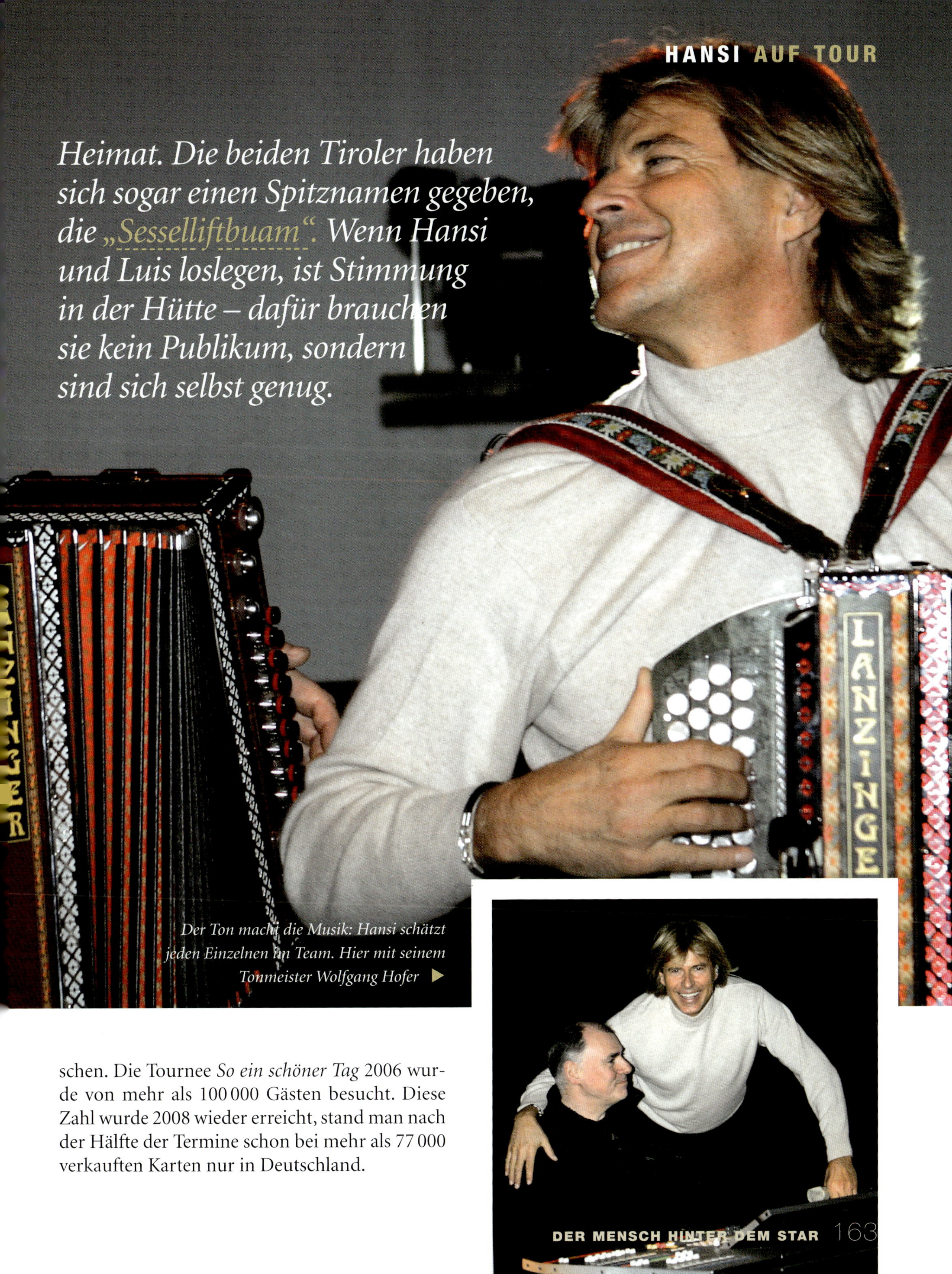

Heimat. Die beiden Tiroler haben sich sogar einen Spitznamen gegeben, die „Sesselliftbuam". Wenn Hansi und Luis loslegen, ist Stimmung in der Hütte – dafür brauchen sie kein Publikum, sondern sind sich selbst genug.

Der Ton macht die Musik: Hansi schätzt jeden Einzelnen im Team. Hier mit seinem Tonmeister Wolfgang Hofer ▶

schen. Die Tournee *So ein schöner Tag* 2006 wurde von mehr als 100 000 Gästen besucht. Diese Zahl wurde 2008 wieder erreicht, stand man nach der Hälfte der Termine schon bei mehr als 77 000 verkauften Karten nur in Deutschland.

Die Fans legen ihrem Hansi Abend für Abend bei den Tourneekonzerten Blumen zu Füßen. Ein freundliches Dankeschön ist da für Hansi selbstverständlich. Berührungsängste sind ihm fremd. Das Miteinander ist dem Star wichtig.

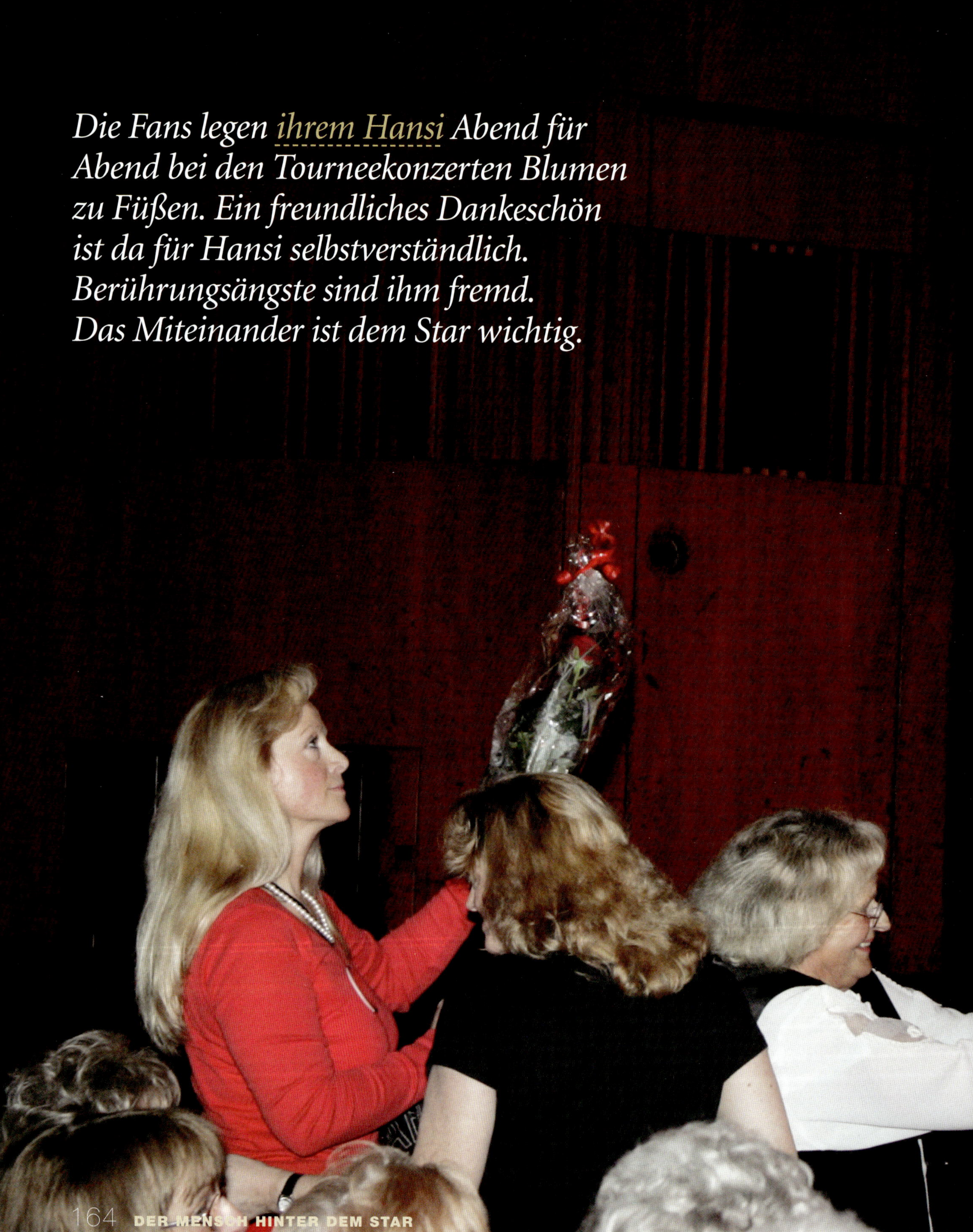

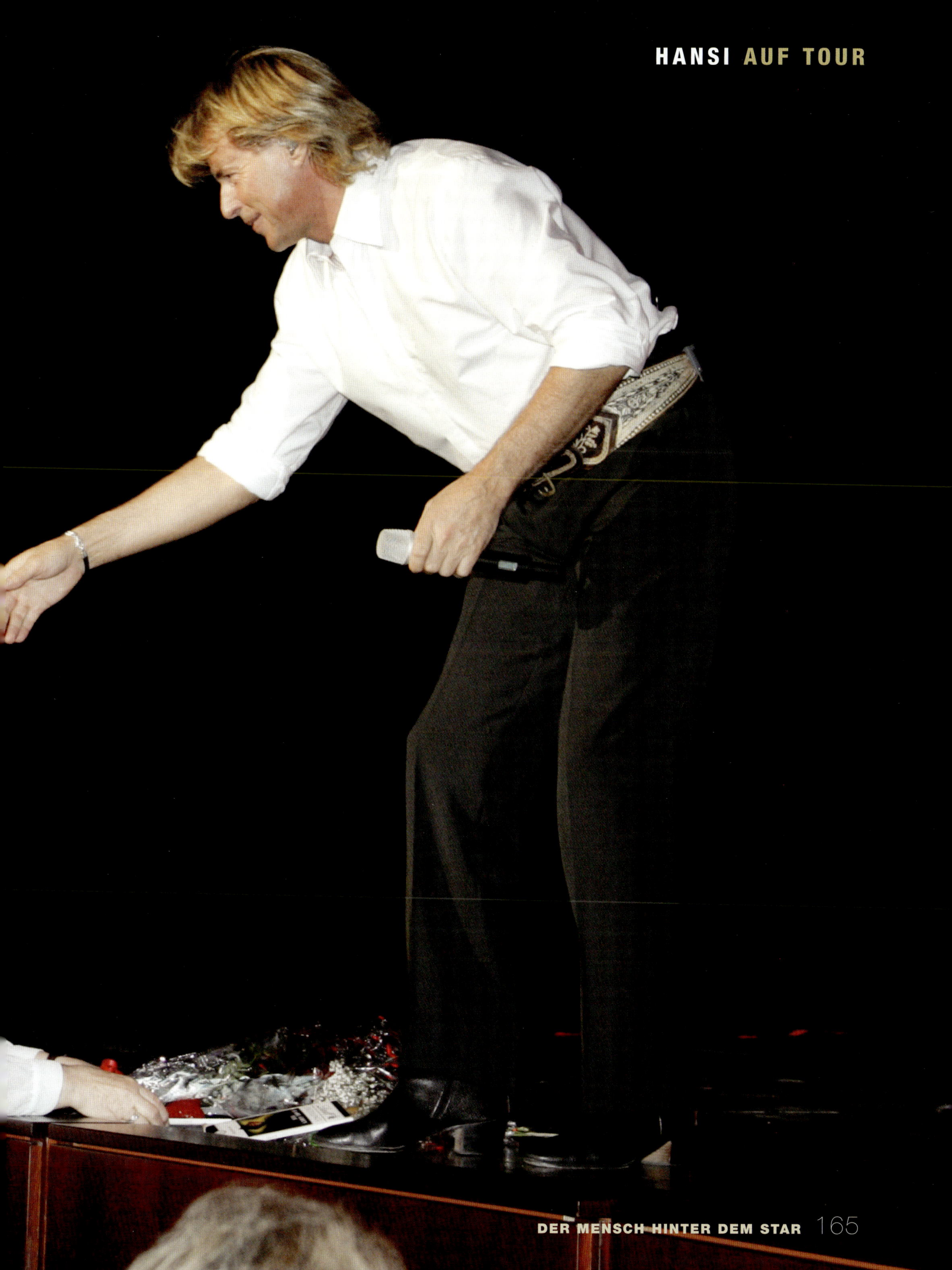

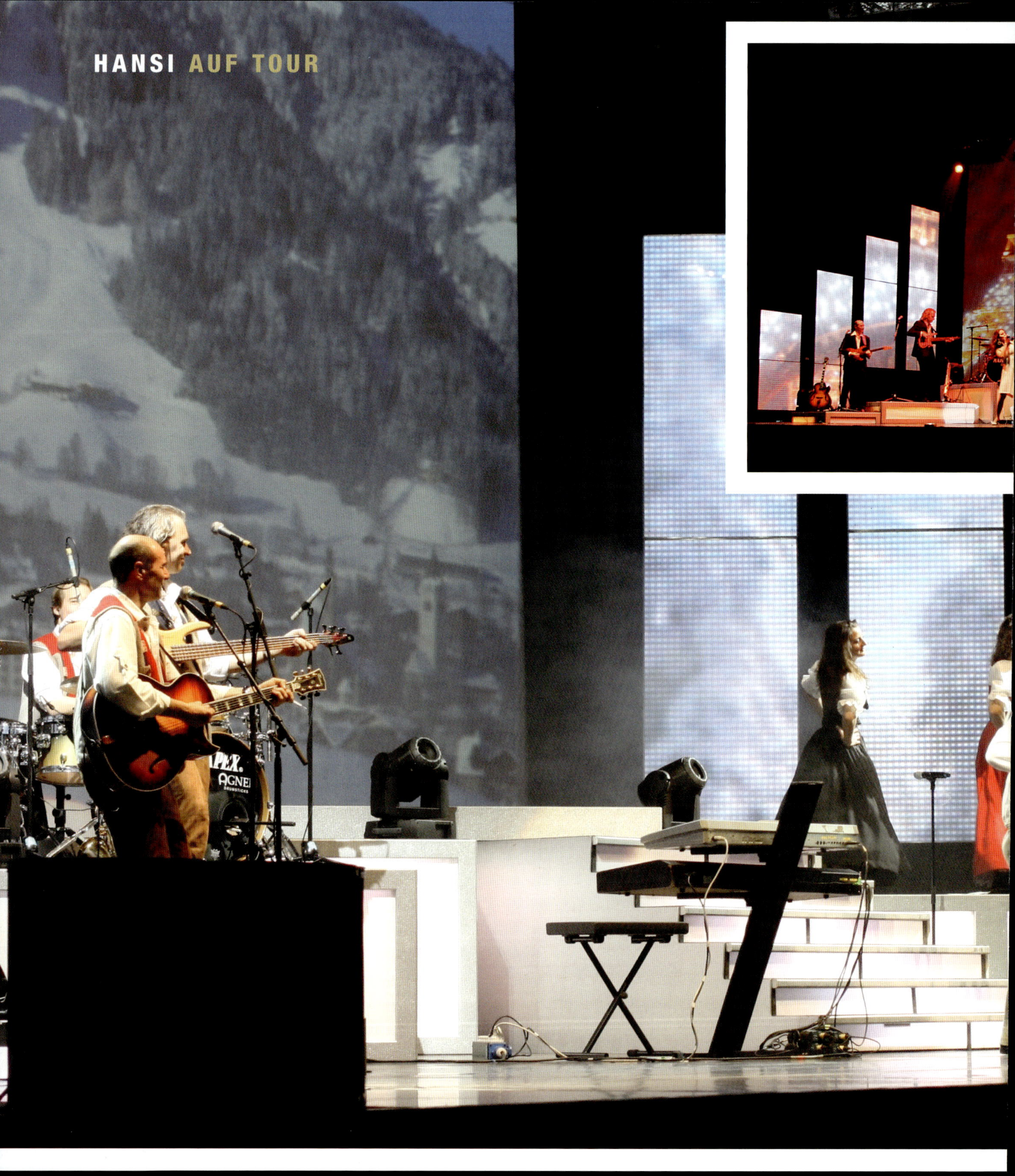

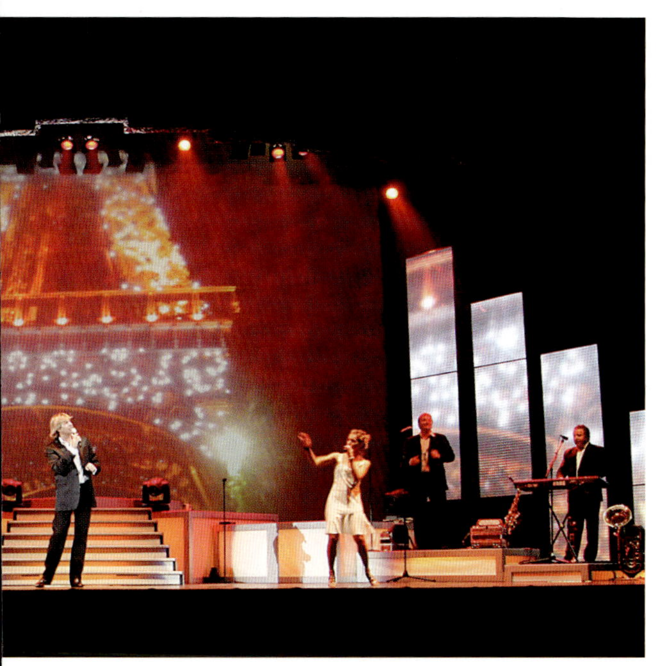

Touralltag mit Routine & Disziplin

Wenn die „Tourfamilie" Hinterseer über Monate gemeinsam unterwegs ist, muss die Harmonie stimmen. Bei Hansi und seinem Team passt es einfach. Vom Tiroler Echo bis zur Technik und dem Busfahrer ziehen alle am gleichen Strang.

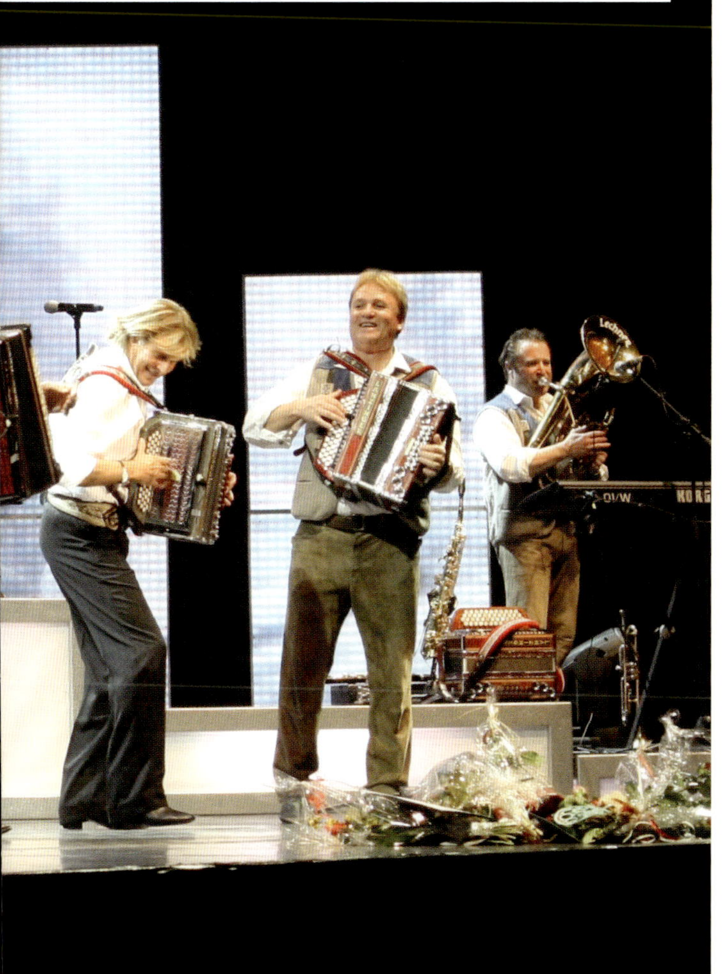

Wir haben Hansi an einem klassischen Tourtag, genauer gesagt vor und bei seinem Konzert in der Münchner Olympiahalle, begleitet und können Ihnen an dieser Stelle zeigen, dass Hansis Disziplin und Pünktlichkeit auch hier oberste Prinzipien für einen makellosen Ablauf und Erfolg sind.

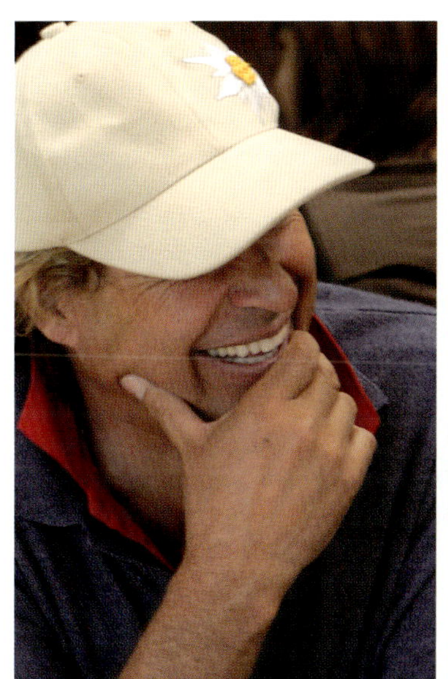

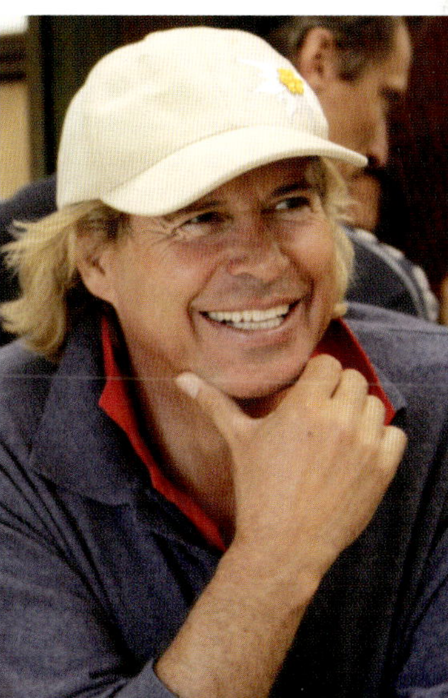

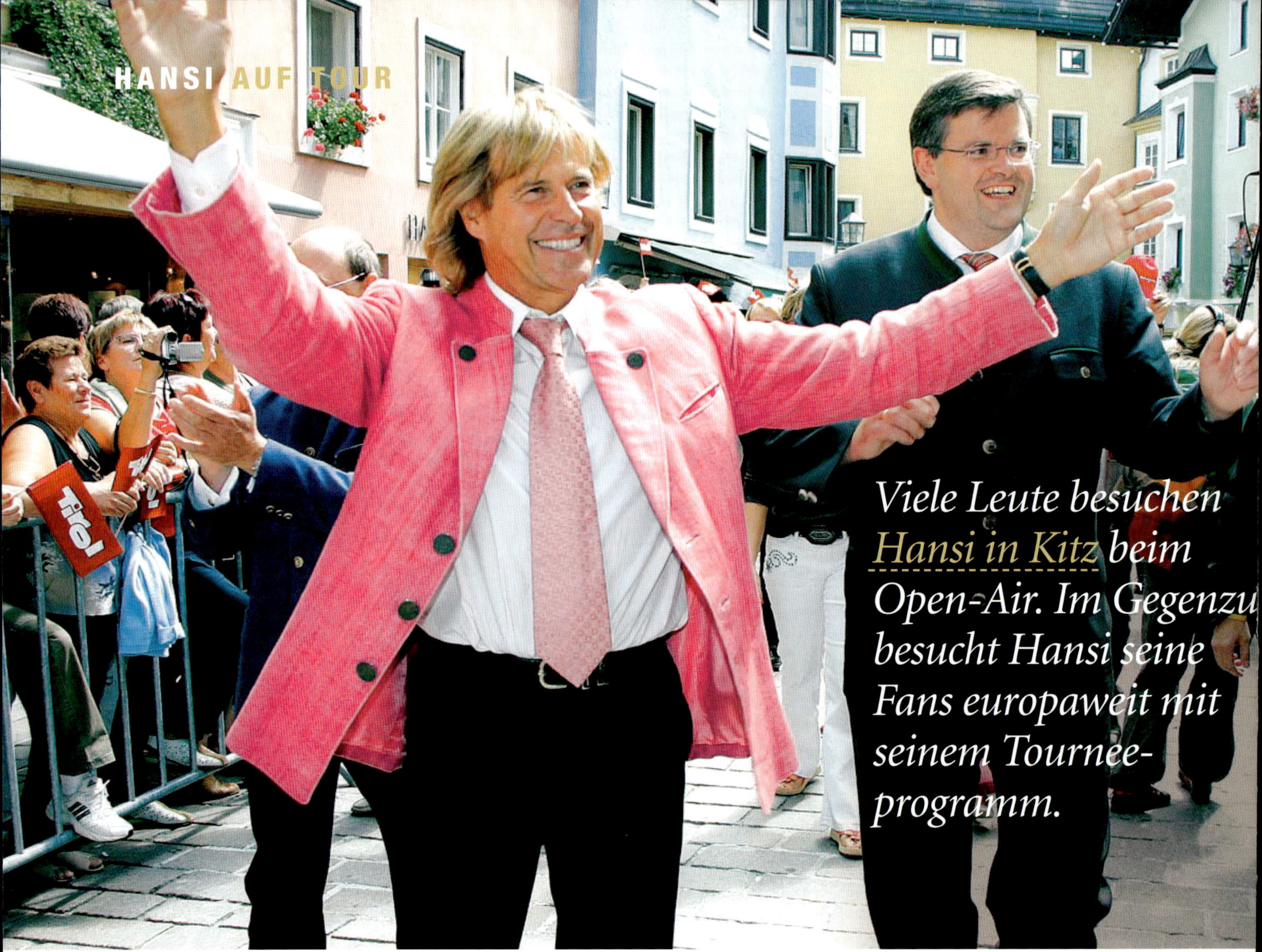

Viele Leute besuchen Hansi in Kitz beim Open-Air. Im Gegenzug besucht Hansi seine Fans europaweit mit seinem Tournee-programm.

▲ *Fans aus ganz Europa säumen die Straßen Kitzbühels, wenn Hansi einmarschiert.*

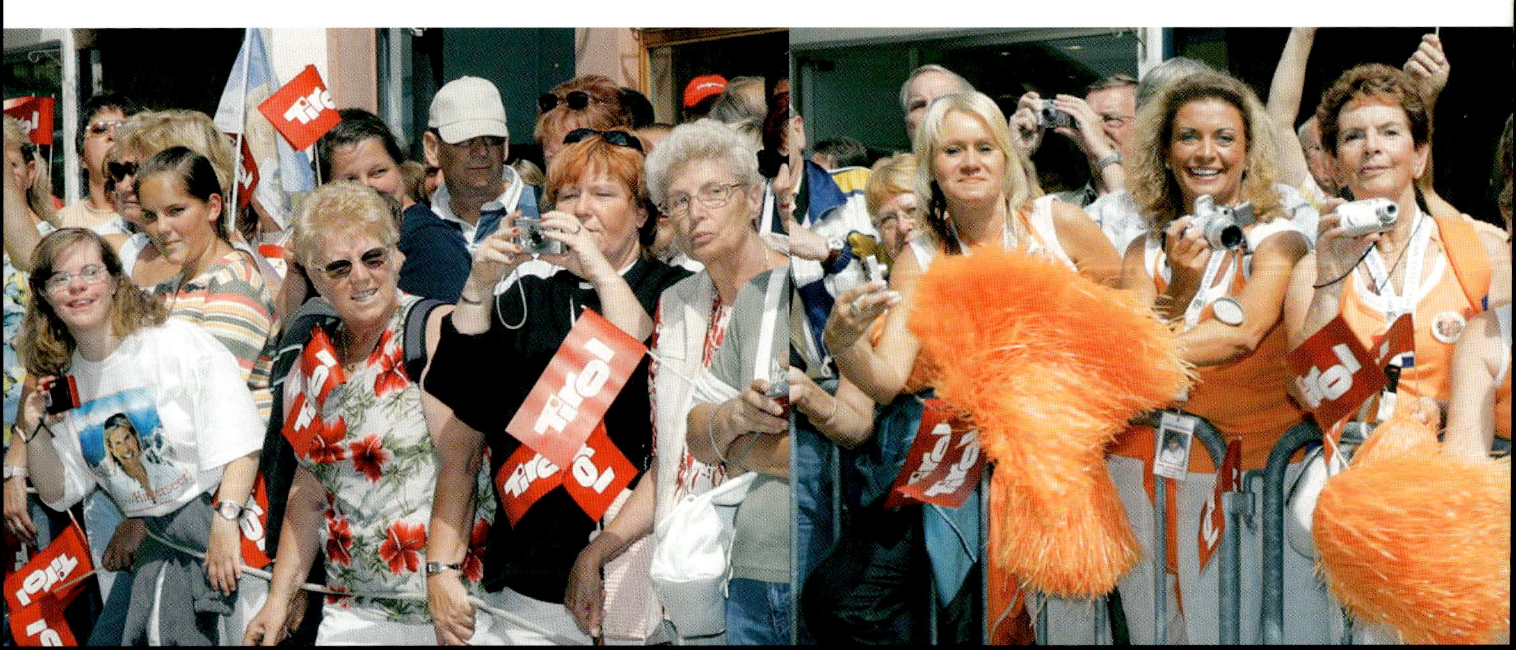

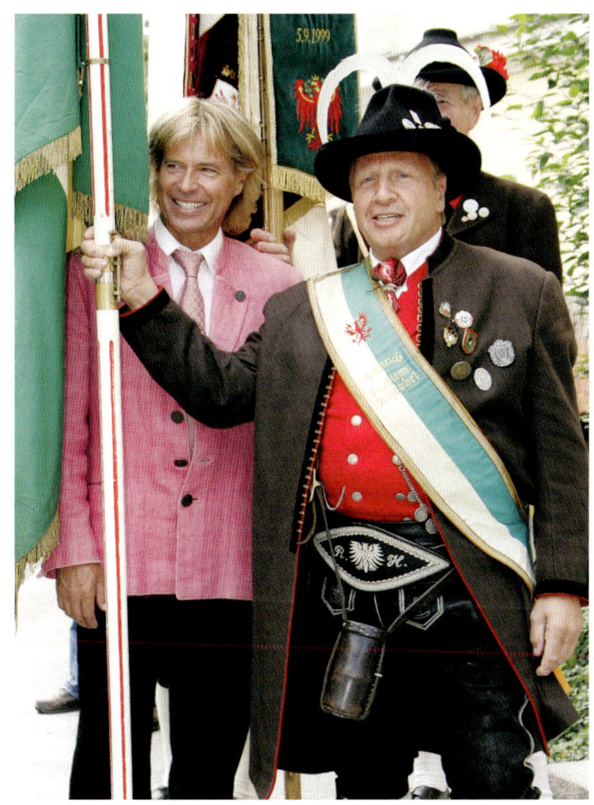

Ist so eine Tournee für einen Topstar wie dich eigentlich noch wichtig?

Aber natürlich! Ich freue mich darüber, dass so viele Fans jedes Jahr den Weg nach Kitzbühel finden. Ist doch klar, dass ich dann auch einmal in ihre Heimatstädte komme.

Mit meiner Show bringe ich ihnen auf Tournee für einen Abend die Berge und die schönsten Tiroler Lieder bis vor die Haustür.

Hast du Berührungsängste mit deinen Fans?

Aber nein, im Gegenteil. Das Miteinander ist wichtig. Die Fans geben mir das ganze Jahr über so viel, da freut es mich, wenn ich während der Tournee einmal was für sie tun kann.

Wenn du so lange weg bist, wie steht's da mit deinem Heimweh?

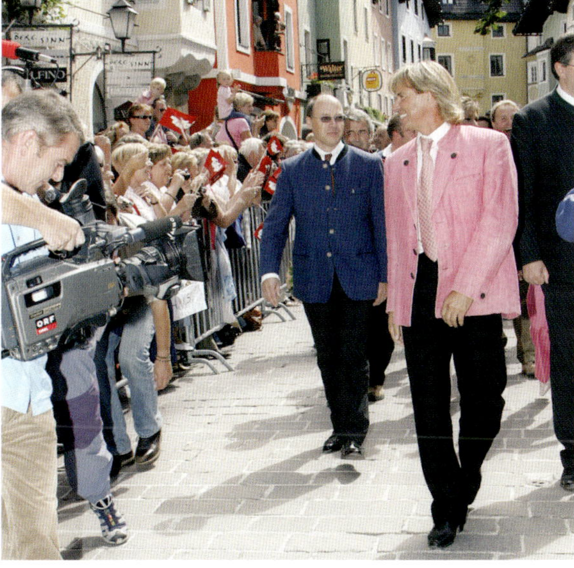

◀ *Kamerateams gehören ebenso zu Hansis Alltag wie jubelnde Fanmengen.*

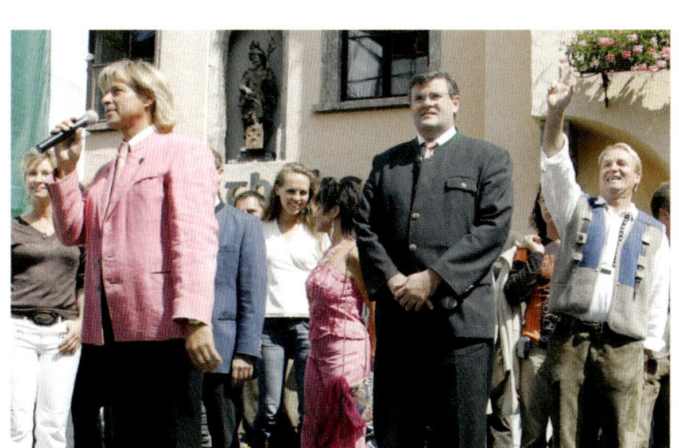

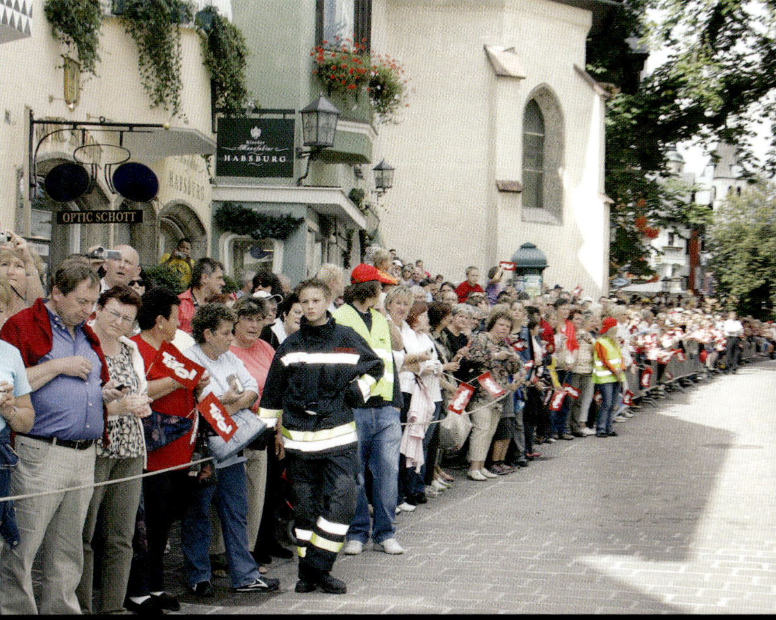

Ein typischer Tourneetag mit Hansi Hinterseer

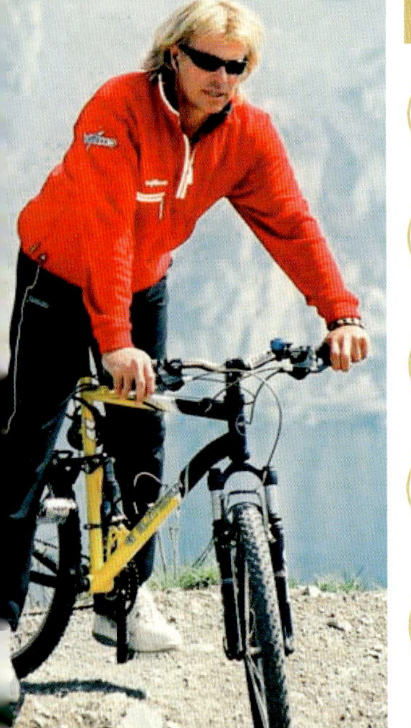

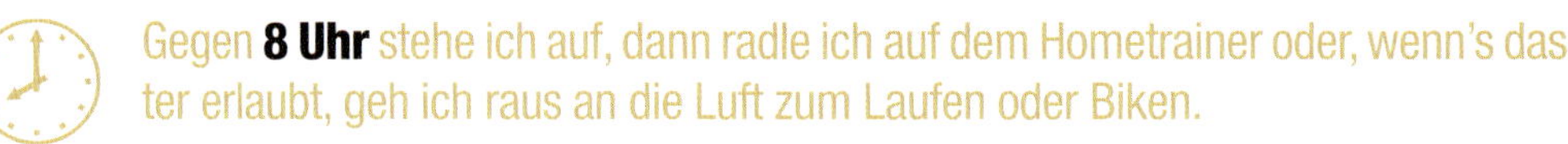

Gegen **8 Uhr** stehe ich auf, dann radle ich auf dem Hometrainer oder, wenn's das Wetter erlaubt, geh ich raus an die Luft zum Laufen oder Biken.

9 Uhr: Zurück im Hotel frühstücke ich. Frisches Obst, ein Müsli oder Vollkornbrot und manches Mal Kaffee.

11 Uhr: Danach packe ich, checke aus, treffe mich mit meiner Band in der Lobby oder direkt am Bus. Meistens sind wir mehrere Stunden mit dem Tourbus unterwegs.

16 Uhr: Nach der Ankunft im nächsten Hotel checke ich ein und beziehe mein neues Zimmer.

17 Uhr: Anschließend fahren wir mit dem Tourbus zur Veranstaltungshalle.

17.30 Uhr: Ich gehe dann kurz in die Garderobe, unterhalte mich mit der Crew, die in der Nacht zuvor die Bühne abgebaut und verladen hat, vorgefahren ist und nun bereits wieder die Bühne aufgebaut hat. Die machen einen super Job – echte Knochenarbeit.

18 Uhr: Jetzt ist Soundcheck mit dem Tiroler Echo und meinen Sängerinnen Gitti und Susanna.

18.30 Uhr: Danach sitzen wir mit dem gesamten Tourteam zusammen und essen im Cateringbereich. Unser Waliser Koch Chris Finn überrascht uns jeden Abend. Drei Hauptspeisen gibt es täglich zur Auswahl, zum Beispiel indisches Curry, viel frischen Salat, aber auch Kaiserschmarren und Wiener Schnitzel, meine Lieblingsspeisen.

19 Uhr: Nun ziehe ich mich vor dem Auftritt kurz in die Garderobe zurück, um mich zu entspannen und mit Romana zu telefonieren. Dann muss ich mich auch schon für die Show umziehen.

20 Uhr: Showtime, endlich geht's los. Ich freu' mich auf mein Publikum.

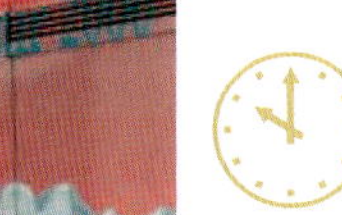

23 Uhr: Nach dem Konzert geht's zur Autogrammstunde. Das braucht auch seine Zeit, bis alle Fans ihr Autogramm bekommen oder ein Erinnerungsfoto gemacht haben.

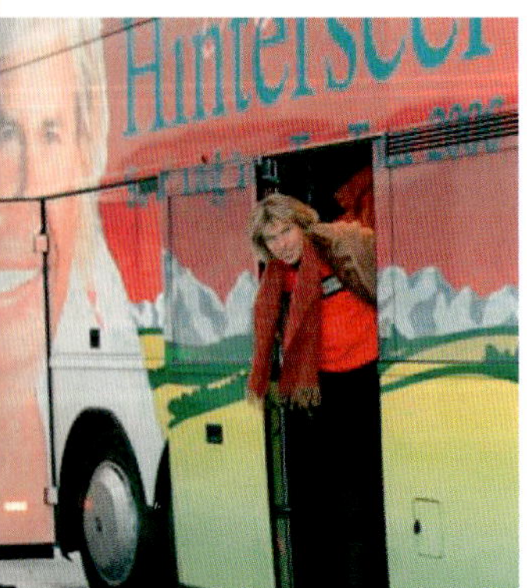

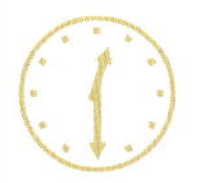

0.30 Uhr: Kurz nach Mitternacht komme ich ins Hotel zurück und gehe meistens gleich aufs Zimmer, um für den nächsten Tourtag fit zu sein.

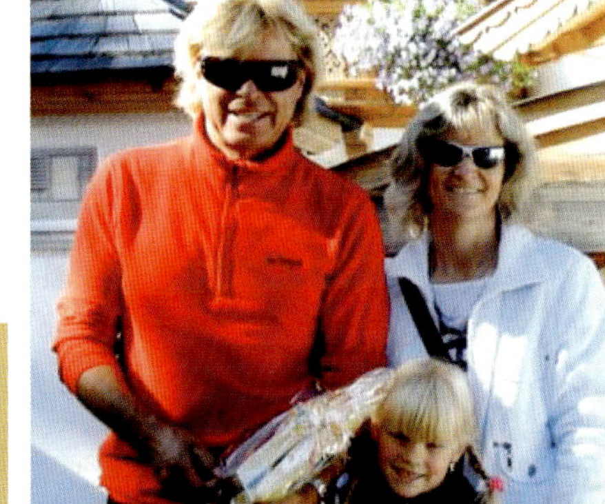

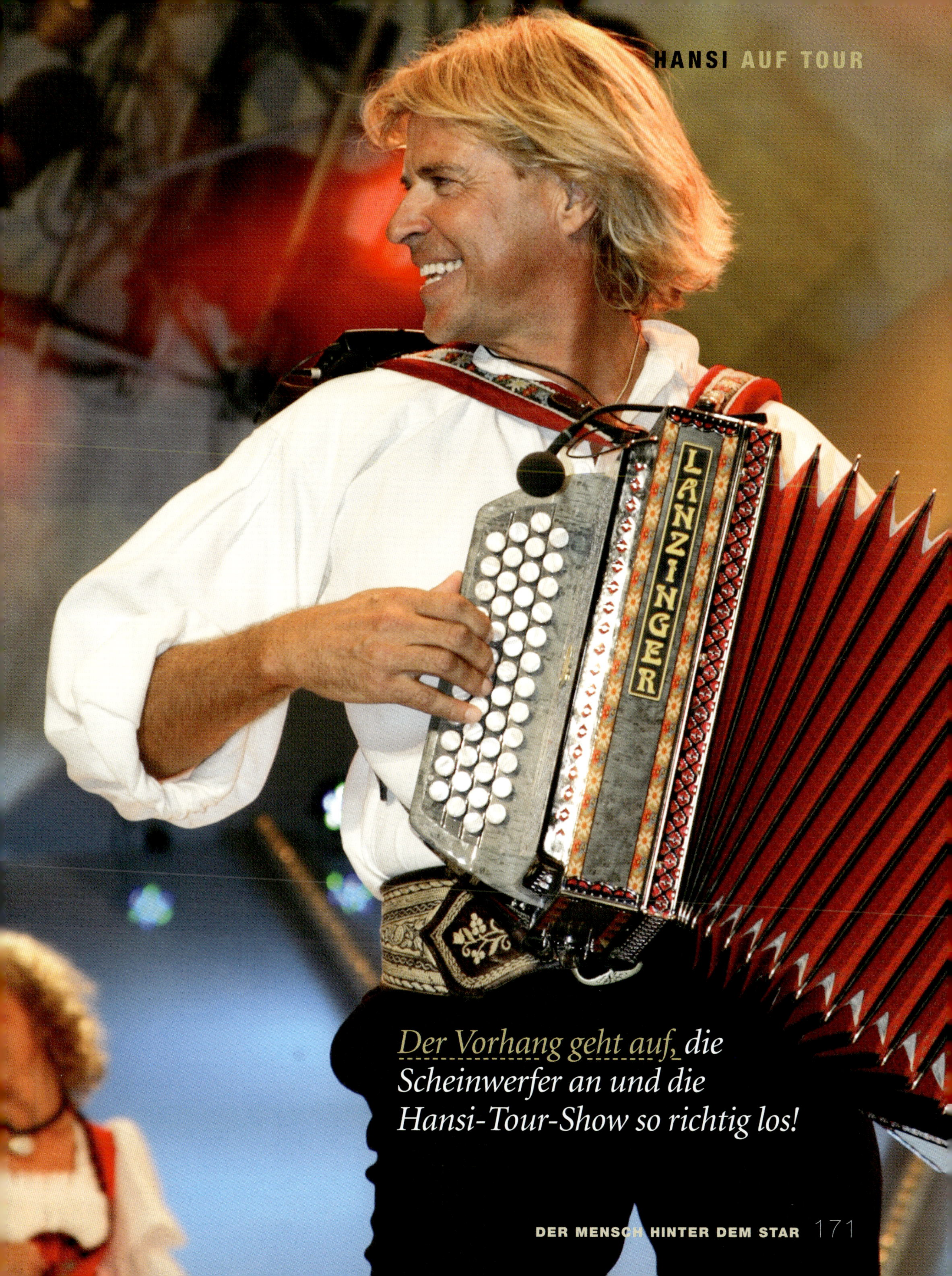

Der Vorhang geht auf, die Scheinwerfer an und die Hansi-Tour-Show so richtig los!

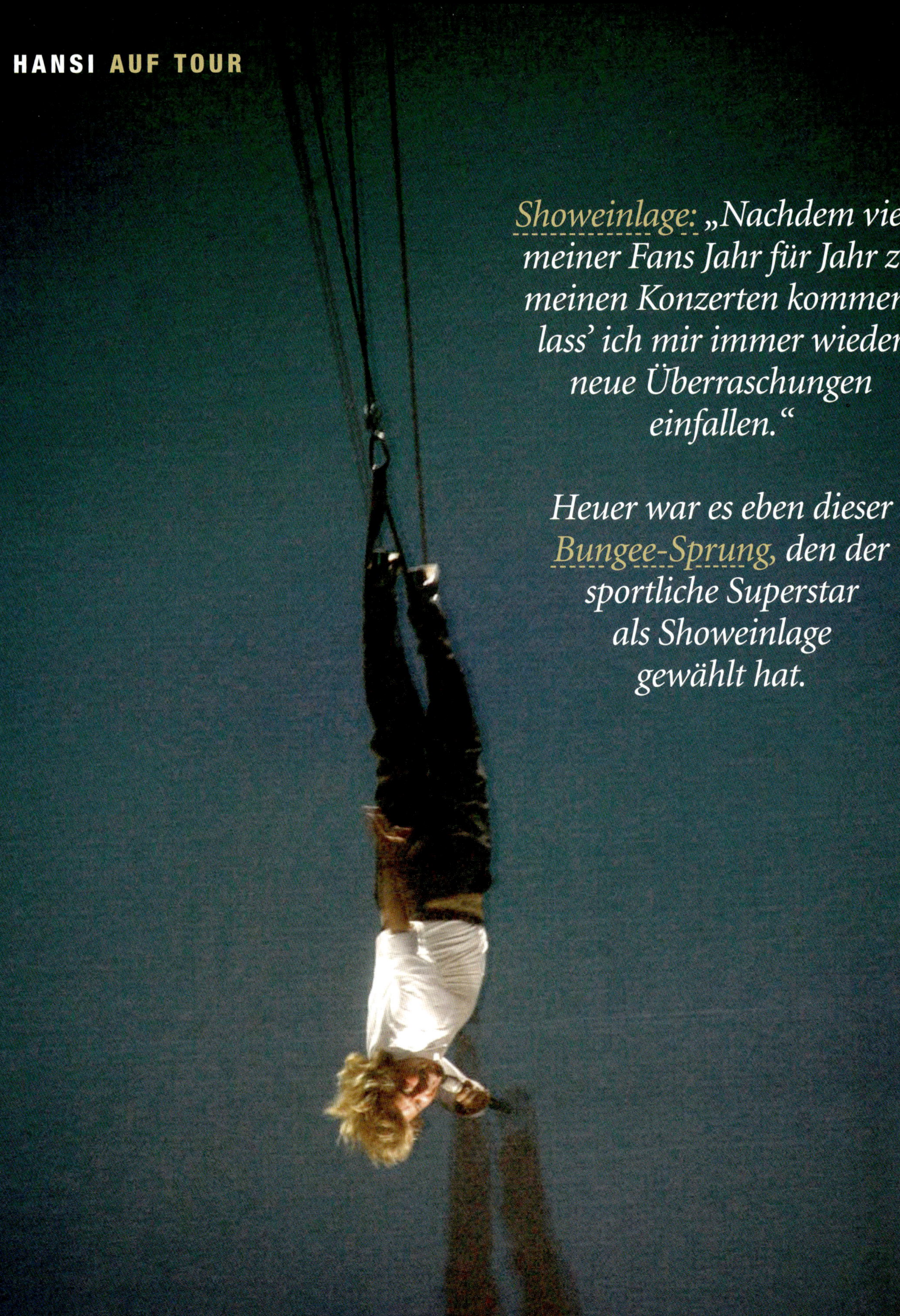

Showeinlage: „Nachdem viele meiner Fans Jahr für Jahr zu meinen Konzerten kommen, lass' ich mir immer wieder neue Überraschungen einfallen."

Heuer war es eben dieser Bungee-Sprung, den der sportliche Superstar als Showeinlage gewählt hat.

Mich zieht's schon heim, vor allem, wenn ich morgens im Hotelzimmer – im Fernsehen beim *Wetterpanorama* – die verschneiten Kitzbüheler Berge sehe. Aber spätestens am Abend, wenn ich auf der Bühne stehe, ist das vergessen.

Hast du kleine Souvenirs mit, die dir die lange Abwesenheit von zu Hause leichter machen?
Du meinst so was wie eine „Hasenpfote"? *(lacht)* Nein, Souvenir hab ich keins dabei. Aber ich telefoniere häufig mit meinen drei Dirndln, damit hab ich das Gefühl, ihnen nah zu sein. So weiß ich immer, was daheim los ist, und bin beruhigt!

Kommen dich deine Frau oder deine Kinder auf Tour besuchen?
Ja, sicher schauen meine Damen auf Tournee vorbei.

Du giltst als Strahlemann. Doch es gibt ja nicht nur gute Tage. Wie schaffst Su es, immer mit einem Lächeln auf die Bühne zu gehen?
Ich versuche grundsätzlich, aus jedem Tag das Beste zu machen. Außerdem freue ich mich bei jedem Auftritt darauf, den Leuten mit meiner Musik eine gute Zeit zu bereiten.

Fans machen auch immer wieder gern Geschenke. Erinnerst du dich an ein besonders originelles, kurioses oder berührendes Geschenk?
Jedes Geschenk kommt von Herzen, das ist das Wichtige dabei.

Wie verbringen du und das Tiroler Echo die Zeit im Tourbus, in dem ihr ja sehr viel unterwegs seid?
Wir spielen Karten, schauen Filme, lesen und hören Musik. Da wir jeden Tag mehrere Stunden im Bus fahren, nutzen wir die Fahrt auch manchmal, um die eine oder andere Stunde Schlaf nachzuholen, damit wir am Abend wieder fit sind für die Show.

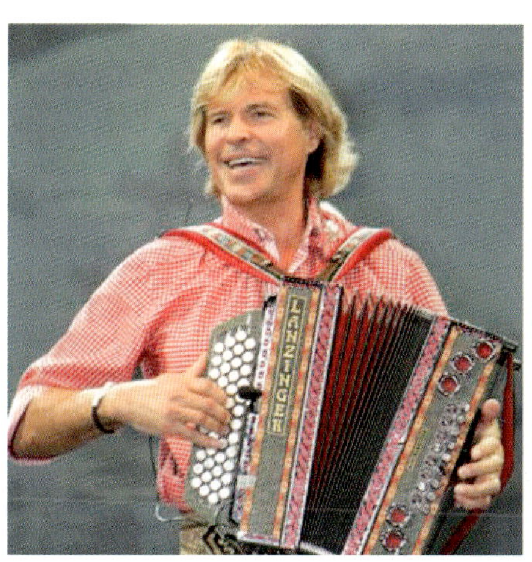

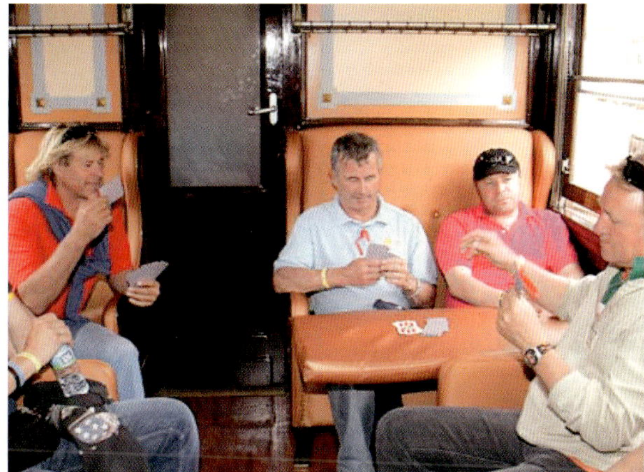

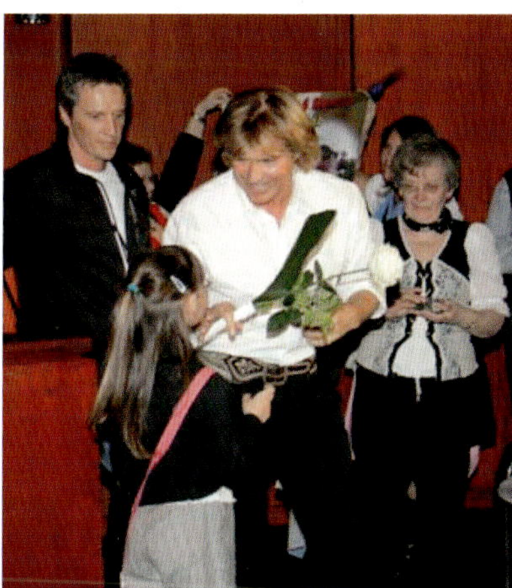

▲ *So lieben sie ihn: offen, fröhlich und immer mit Zeit für seine Fans.*

Kann man sagen, dass es eher eine Freundschaft zwischen dem Tiroler Echo ist, oder seid ihr nur Kollegen?
Wir sind gute Freunde und verstehen uns bärig. Wenn man miteinander für so lange Zeit auf Tournee ist, muss das einfach passen.

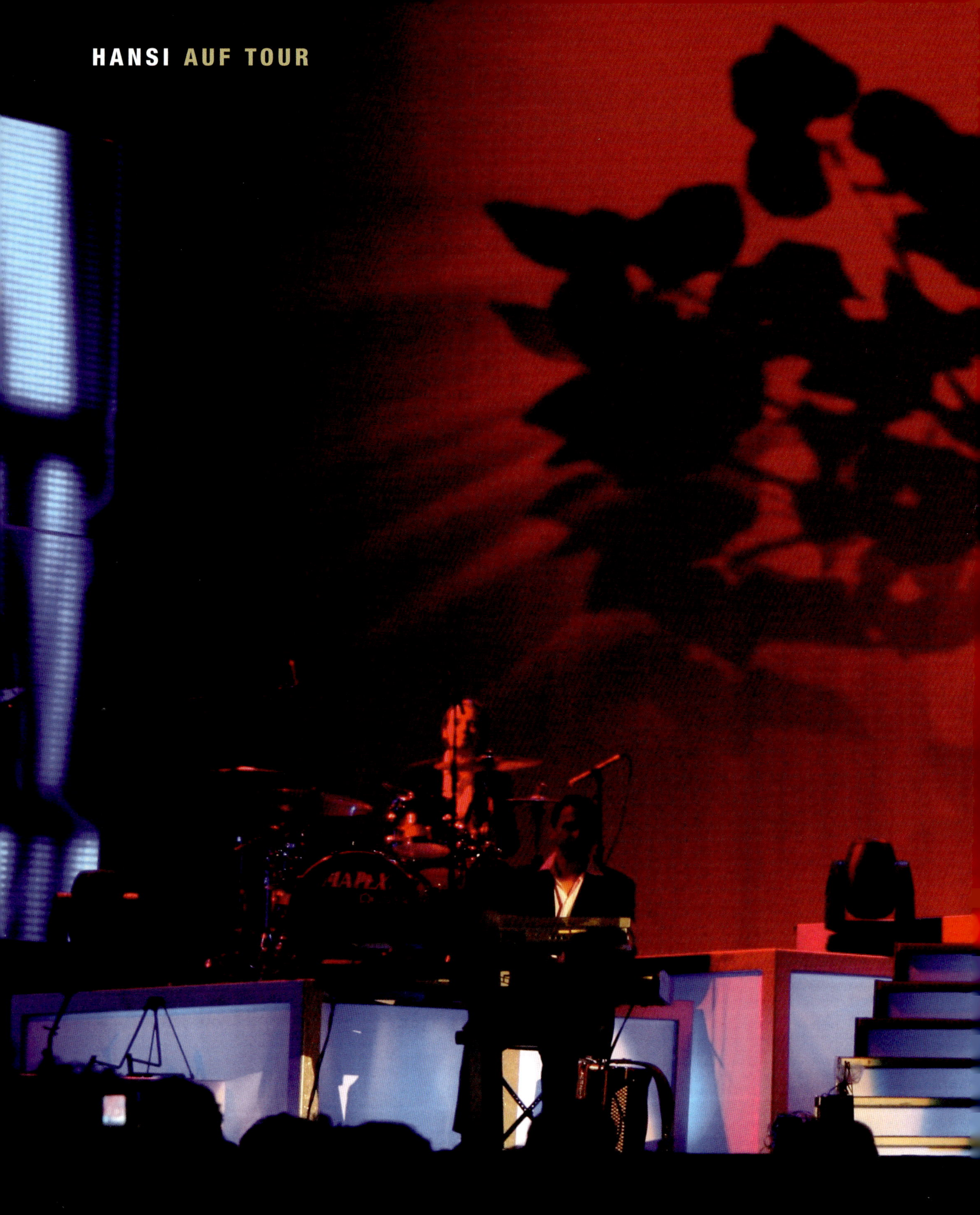

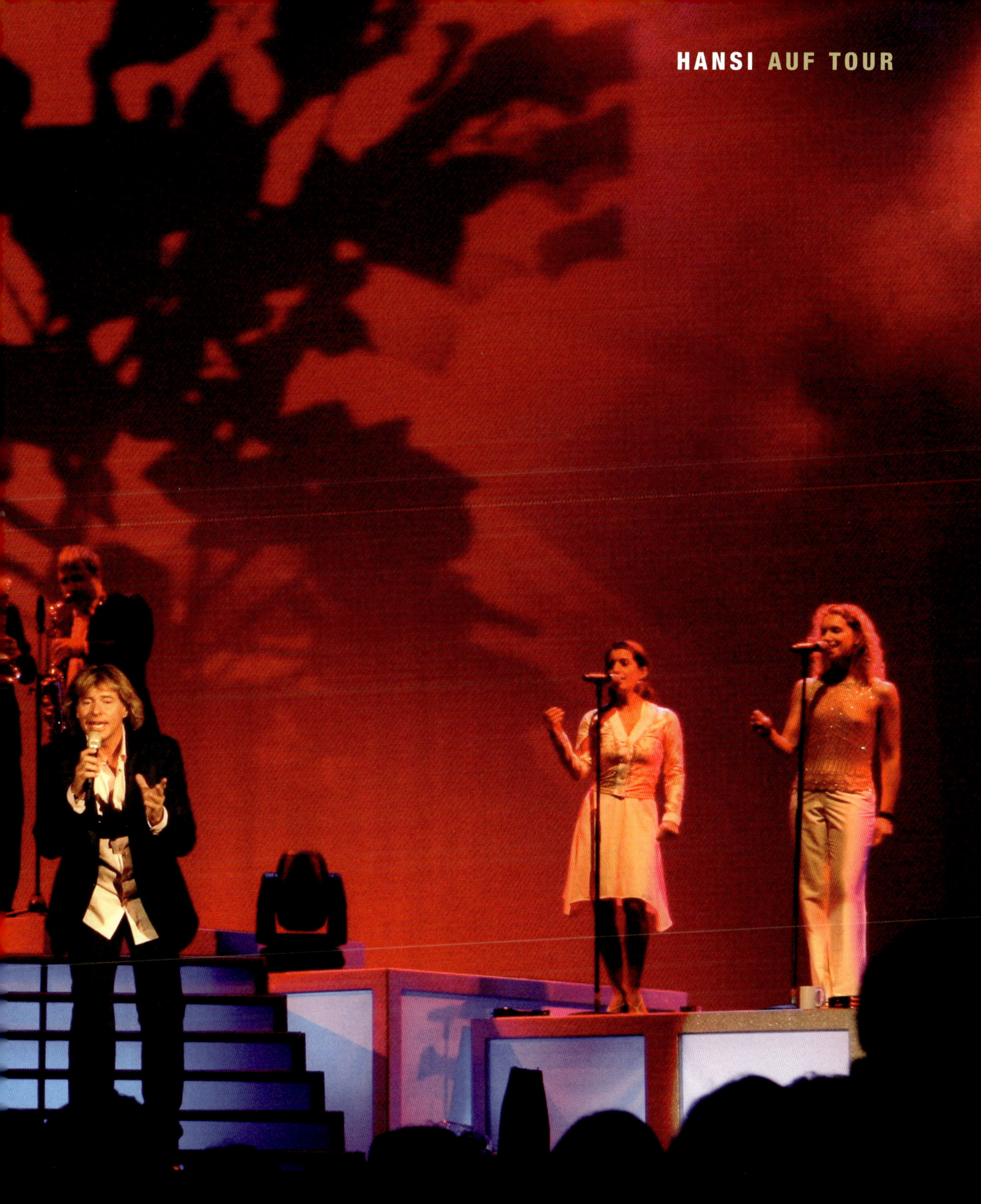

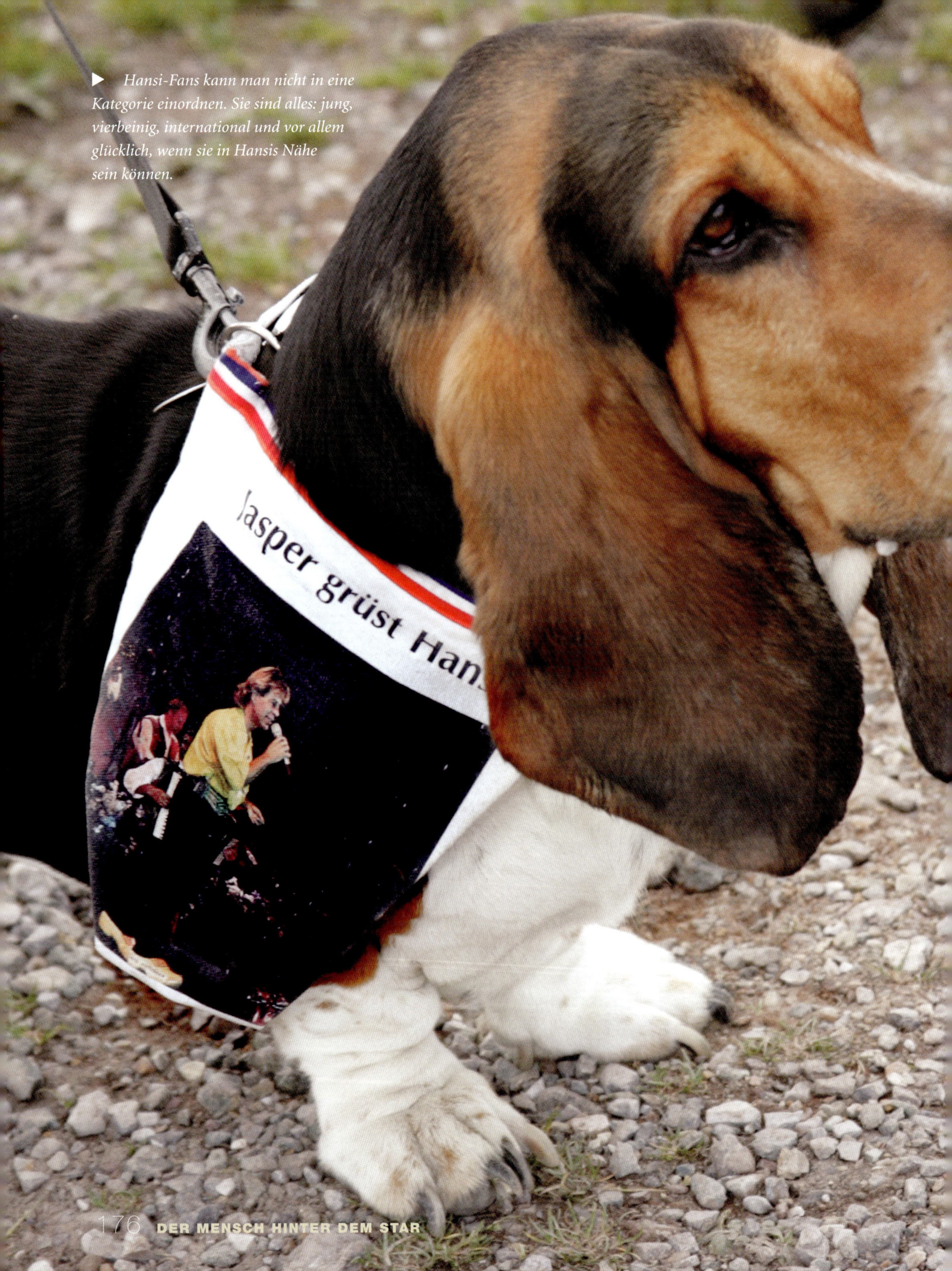

▶ *Hansi-Fans kann man nicht in eine Kategorie einordnen. Sie sind alles: jung, vierbeinig, international und vor allem glücklich, wenn sie in Hansis Nähe sein können.*

DIE FANS

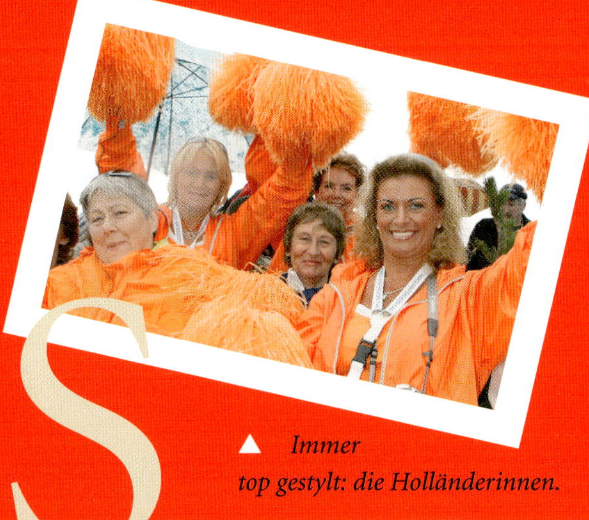

▲ Immer top gestylt: die Holländerinnen.

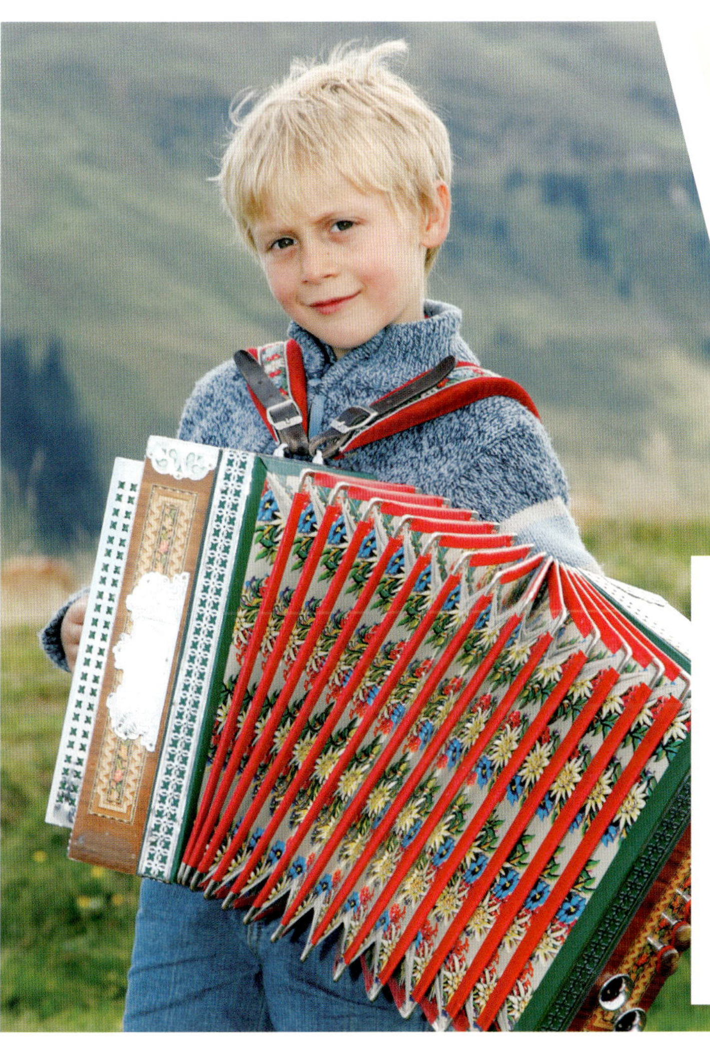

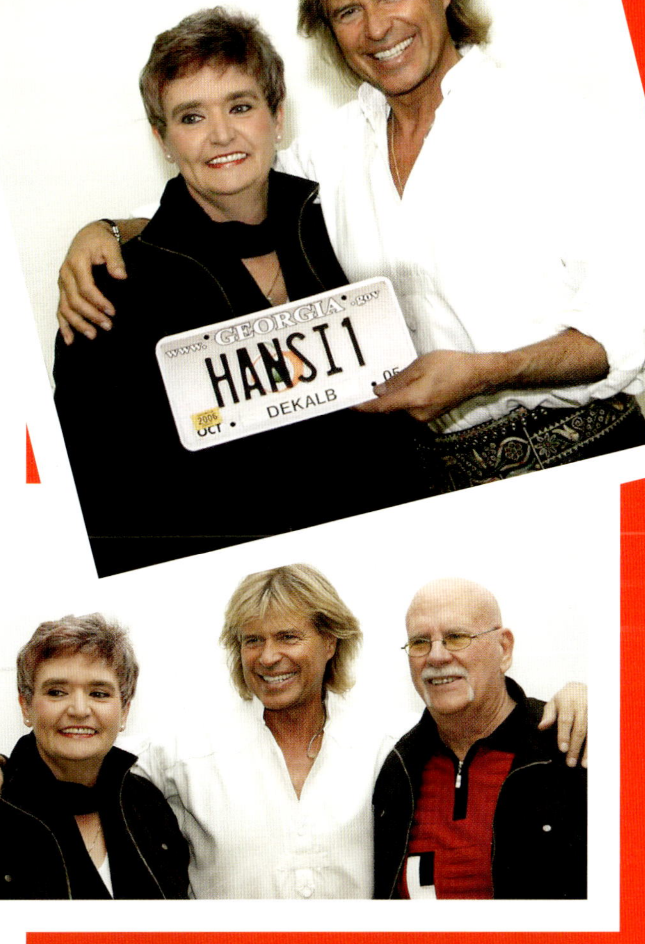

▲ Hier im Bild: aus Arizona (USA) Familie Hess, die Hansi in Zwickau beim Konzert besuchte.

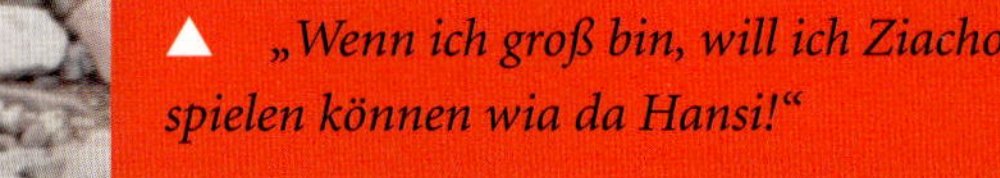

▲ „Wenn ich groß bin, will ich Ziachorgel spielen können wia da Hansi!“

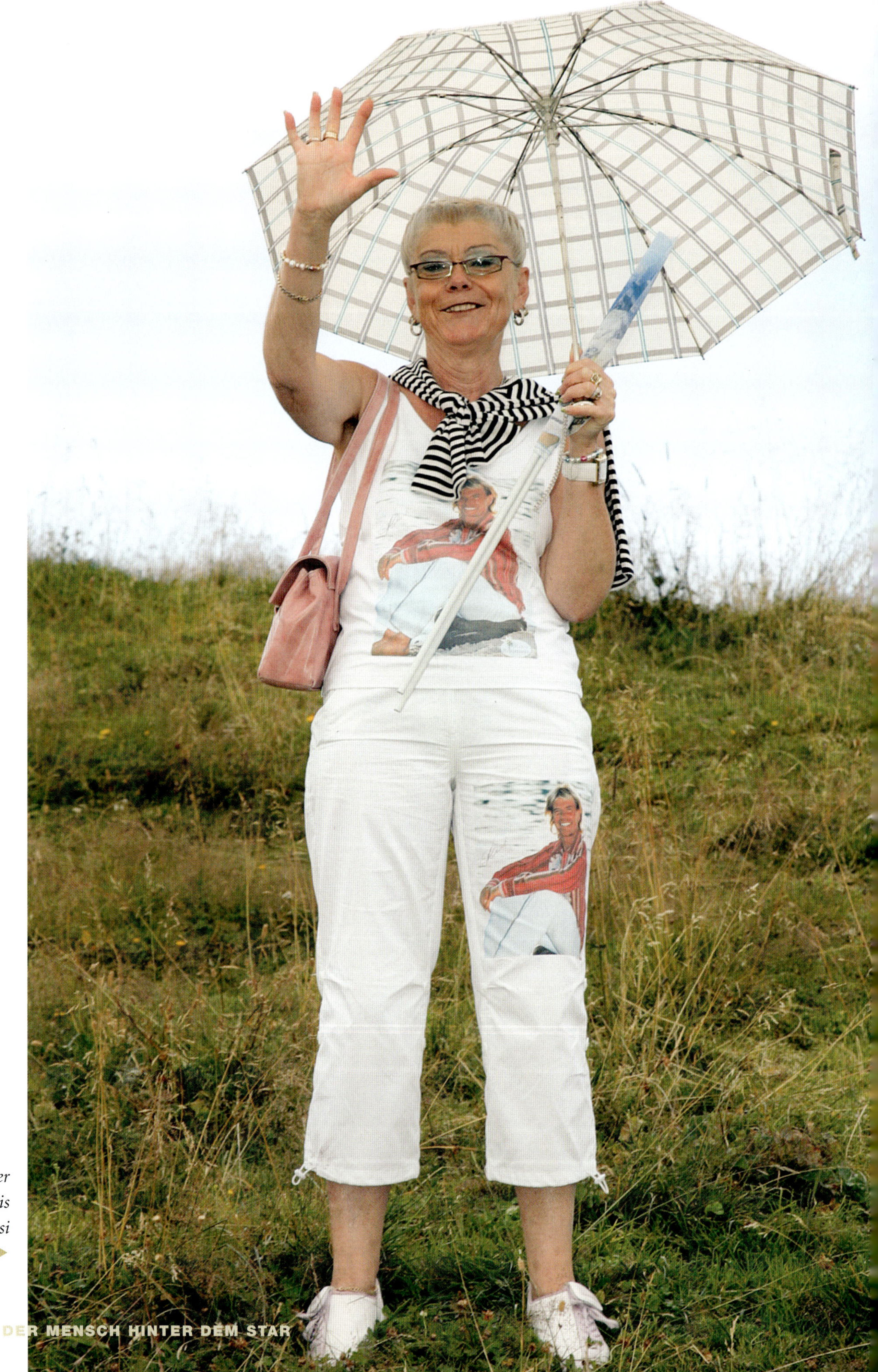

Wa(u)nderbarer Fan – von Kopf bis Fuß auf Hansi eingestellt! ▶

Das größte Potenzial sind die Fans

So, wie die Fans aus ganz Europa sich auf Hansis Natürlichkeit, seine „bärige" Art zu singen und die jährlichen Veranstaltungen, die der Star nur für seine Fanklubs macht, verlassen können, so kann Hansi seit Jahren auf die Treue und Beständigkeit seines Publikums zählen.

Hansi teilt den Erfolg mit seinen Fans. Hier bei der letzten Verleihung der „Goldenen Stimmgabel" mit dem Fanclub Elsass.

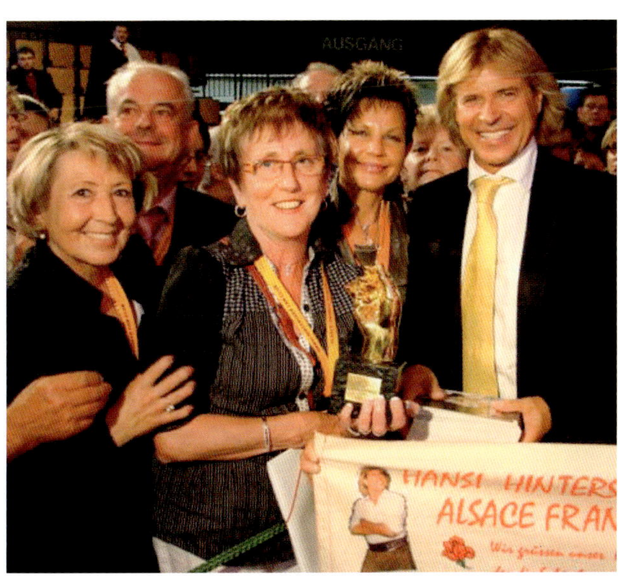

DIE HÖHEPUNKTE EINES HANSI-JAHRS FÜR DIE ECHTEN, EINGEFLEISCHTEN FANS

- ein Konzertbesuch im Rahmen der großen Hansi-Tour in der jeweiligen Heimatstadt
- Besuch des Hansi-Hinterseer-Fan-Wochenendes im August in Kitz, mit Wanderung, Bergpredigt und abendlichem Open Air
- das jährliche Hansi-Hinterseer-Hitalbum, das zur Fanwanderung fertiggestellt wird.

Echte Fans versuchen, dann auch noch an der großen Fanreise teilzunehmen, zumindest aber am Fanclubtreffen der jeweiligen Region.

Für all diese Termine nimmt sich Hansi gern Zeit, weiß er doch, was er an seinen Fans hat.

Stellvertretend für die Tausenden Fanbriefe haben wir dieses nette Bild und den dazugehörigen Text für Sie ausgewählt:

HANS IM GLÜCK

„Eigentlich ist jede Begegnung mit unserem ‚HANS IM GLÜCK' etwas Besonderes. Seit 10 Jahren begleiten wir nun HANSI auf Konzerte, Open Airs, zu Fernsehsendungen oder bei den Tieren im Wildpark, sofern es uns möglich ist. Es ist einfach eine sehr große Freude für jeden von uns, HANSI zu treffen. Hansi nimmt sich auch jedes Mal sehr viel Zeit für

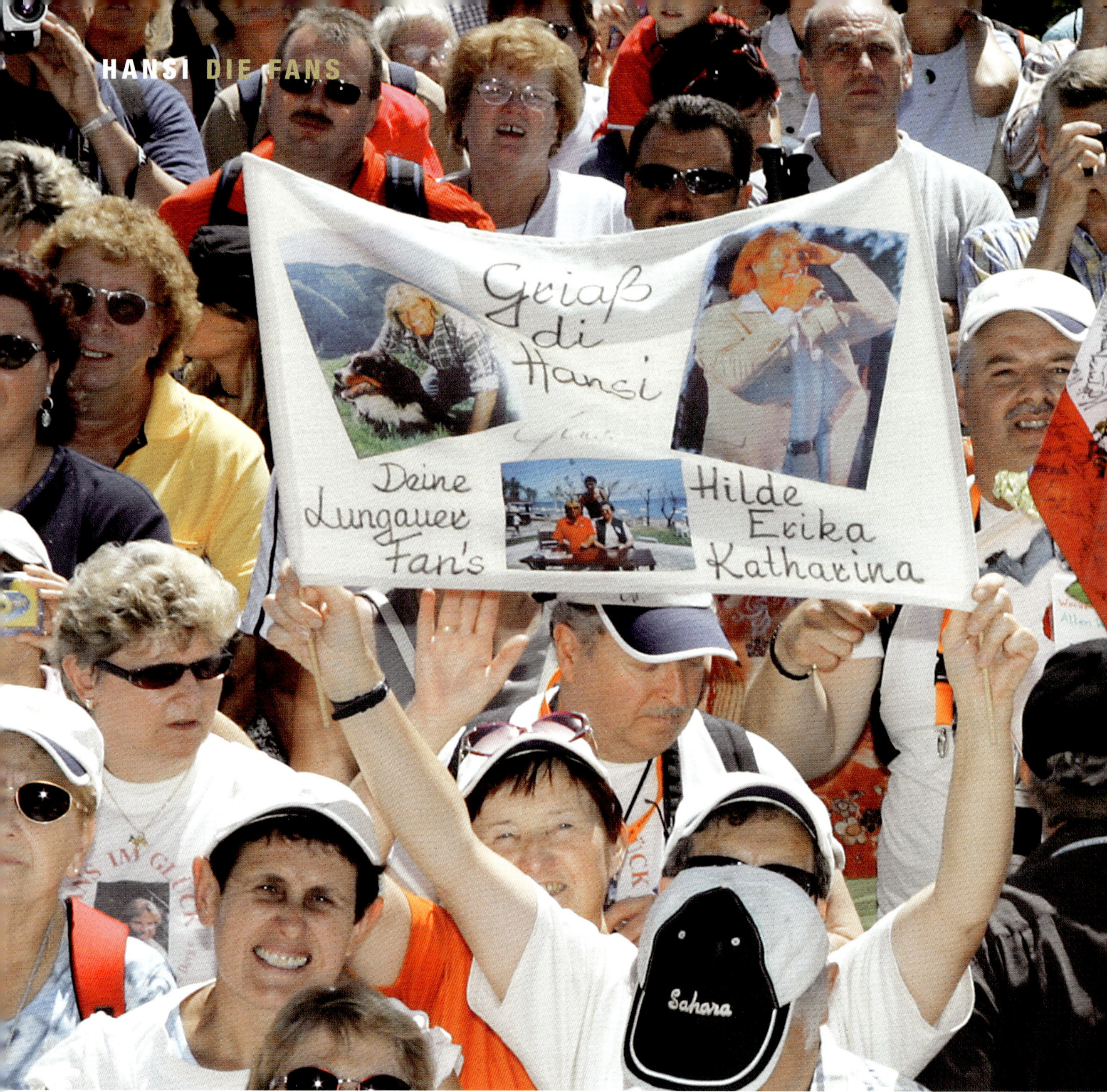

seine Fans. Die Fanklubtreffen sind immer ein sehr großes Ereignis, da freut sich Groß und Klein.

Sogar bei der Verleihung der ‚Goldenen Stimmgabel' 2007 nahm sich HANSI Zeit für uns und, Michael König konnte dann auch noch für einige Mitglieder des Klubs dieses wunderschöne Foto zur Erinnerung machen. HANSI, wir danken Dir für die unvergesslichen Stunden, die wir mit Dir schon erlebt haben. DU BIST DER BESTE ‚HANSI IM GLÜCK', den wir kennen. Deine treuen Fans vom Fanklub ALSACE FRANCE
bei Marie-Thérèse WINLING 9a,
route de Woerth,
67250 KUTZENHAUSEN ELSASS, Frankreich

Vielen herzlichen Dank, HANSI,
Marie-Thérèse et Guy WINLING
Hansi Hinterseer Fan Club Alsace France"

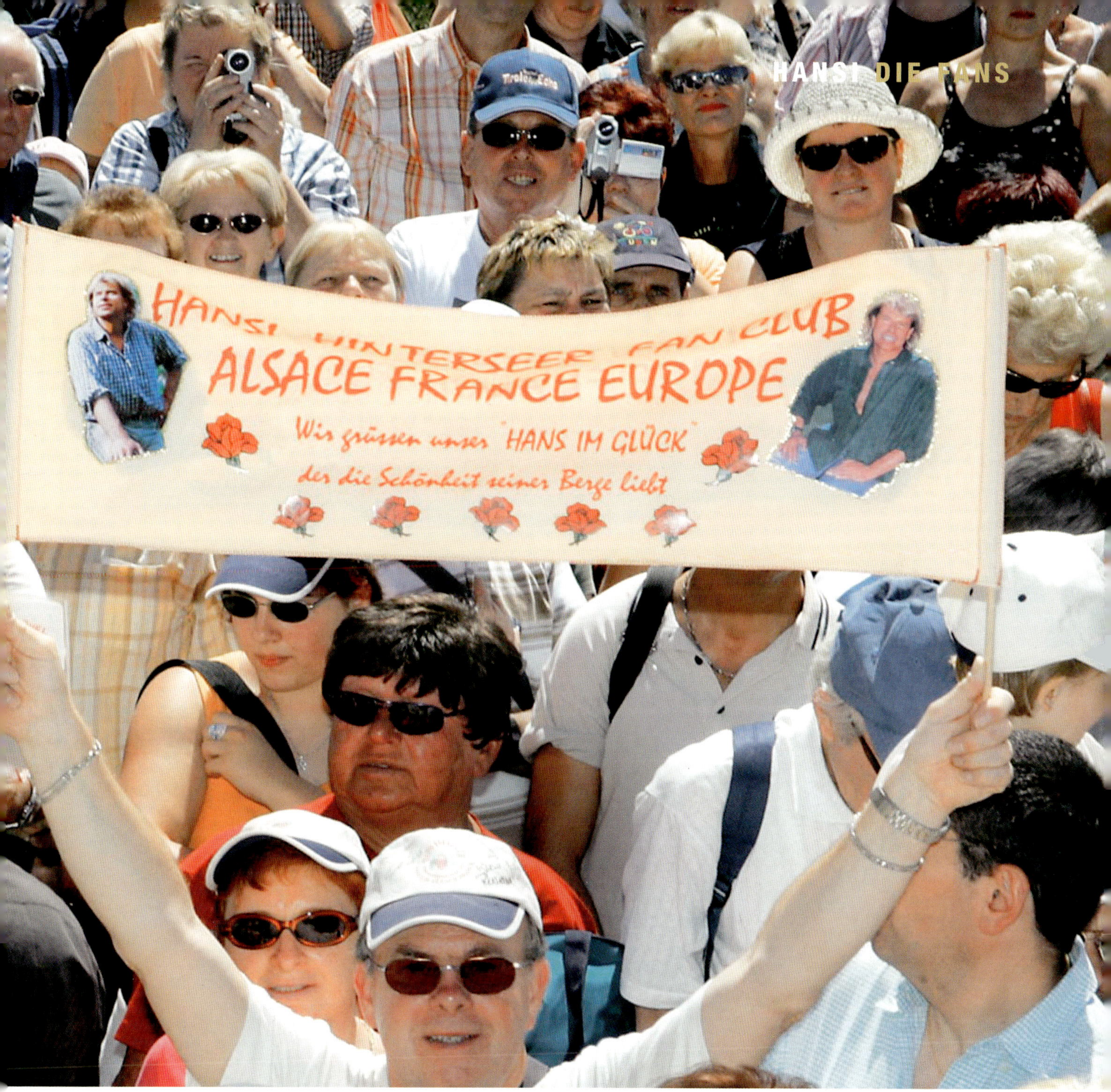

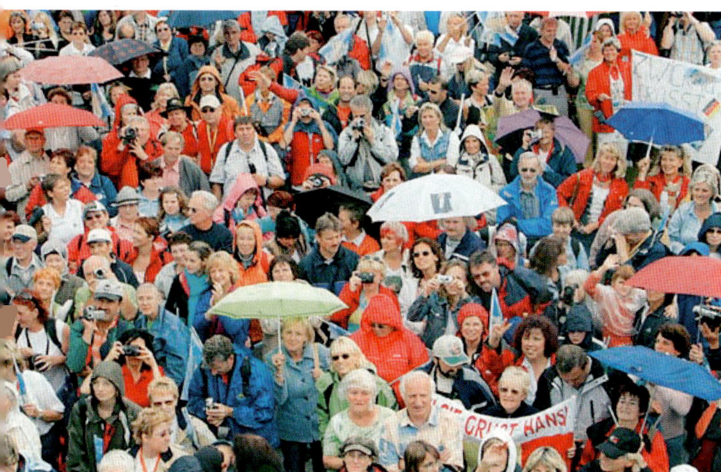

Egal, ob glühende Hitze oder strömender Regen: Die Hansi-Fans sind Vorort.

DIE HANSI-FANKLUBS AUF E

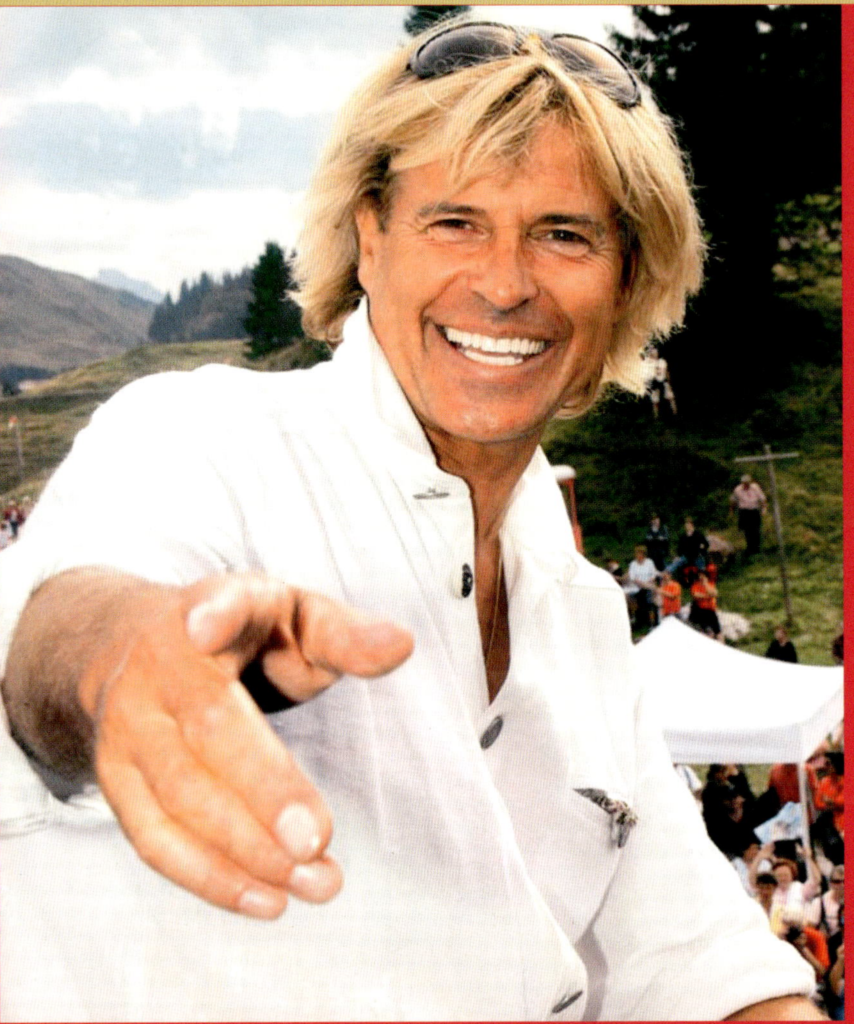

ÖSTERREICH

Hansi-Hinterseer-Fanklub Zentrale
Evelyn Haas
Postfach 124,
A-1183 Wien

Edith KOCH
Tel. & Fax (+43-1) 941 18 58
Etrichstraße 15–19/2/5
A-1110 WIEN
E-Mail: edith.koch@chello.at

DEUTSCHLAND

FANKLUBLEITUNG DEUTSCHLAND:
Brigitte MUTH
Obere Wiesenstraße 44
D-32120 HIDDENHAUSEN
Tel. (+49-52 21) 69 94 94

Marina NOUVORTNE
Tel. (+49-26 21) 83 71
Bahnhofstraße 6a
D-56112 LAHNSTEIN

Gaby SEIDEL
Bergstraße 4
D-08344 GRÜNHAIN/BEIERFELD

Beatrix SCHELLING
Römerstraße 34
D-89077 ULM
Tel. & Fax (+49-731) 931 40 34
E-Mail: beaschelling@web.de

Marion BAIST
Starkenburger Straße 68
D-60386 FRANKFURT AM MAIN
E-Mail: marion.baist@gmail.com

Magrit ARP
Rendsburger Weg 5
D-25596 Wacken
Tel. (+49-48 27) 92 91
Fax (+49-48 27) 99 83 53
E-Mail: magrit.arp@online.de

Elke NÖTZOLD
Alloheim Senioren-Residenzen AG
Markgrafenstraße 30
D-95680 BAD ALEXANDERSBAD
Tel. (+49-92 32) 60 60

Yvonne ALTENBERGER
Landskronstraße 41,D-02826 Görlitz

SCHWEIZ

Evelyn HÜGLI
Tel. & Fax (+41-31) 992 16 82
Postfach 578
CH-3018 BERN

Marlies WEISS
Tel. & Fax (+41-1) 920 35 40
Hofstraße 3
CH-8707 UETIKON AM SEE

Fanklub Luzern – Elisabeth Lack
Tel. (+41-41) 460 51 46

EN BLICK

Fax (+41-41) 460 51 47
Sempacherstaße 2
CH-6024 HILDISRIEDEN
E-Mail: elisabeth.lack@gmx.ch

NIEDERLANDE

Desiree HOCHSTENBACH
Bostrop 43
NL-6462 GT KERKRADE

DÄNEMARK

Grete IPSEN
Tel. (+45-97) 86 17 74
Kirstensvej 7 – Humtum
DK-7600 STRUER
E-Mail: grete.ipsen@kirstensvej.dk

Hedi LINNET
Tel. (+45-75) 50 15 73
Femovaenget 13
DK-6000 KOLDING
E-Mail: hedi@profibermail.dk

FRANKREICH

Marie Thérèse WINLING
Tel. (+33-3) 88 80 56 64
Fax (+33-3) 88 05 74 10
9A, route de Woerth
F-67250 KUTZENHAUSEN
E-Mail: guy.winling@wanadoo.fr

Siglinde Büchele (68)

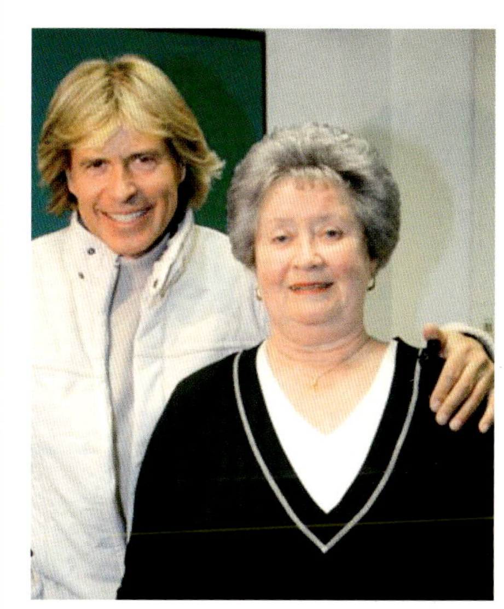

Siglinde Büchele ist ein Fan der ersten Stunde. Bei Hansis erstem Konzert im „Zirkus Krone" in München war die ehemalige Buchhalterin eines Musikverlags dabei. Bei einem Meet & Greet, dass die gebürtige Münchnerin durch die Teilnahme an einem Gewinnspiel bei einer Tageszeitung gewonnen hatte, lernte sie Hansi Hinterseer im Rahmen der Tournee 2008 erstmals persönlich kennen. Siglinde Büchele vor dem Konzert im Olympiastadion München: „Das erste Mal bin ich zum Konzert gegangen, weil ich dachte, der gefällt mir, den schau ich mir an." Seitdem hat die 68-Jährige keine Fernsehsendung verpasst und besucht jede Veranstaltung von Hansi Hinterseer: „Wenn er in München ist, schau ich vorbei."

Alexandra Grill (34)

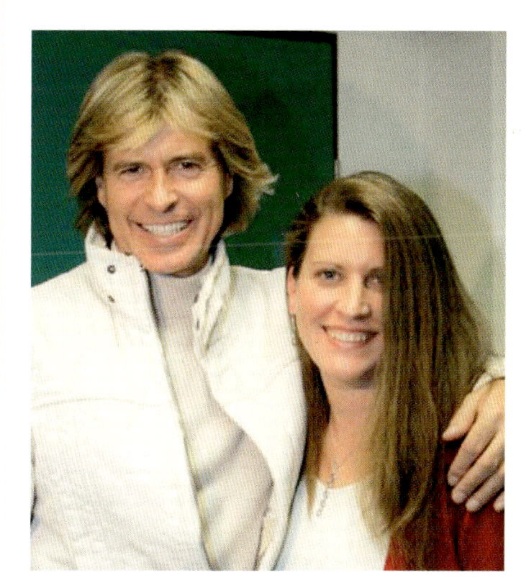

„Hansi Hinterseer ist einfach erdig und nicht abgehoben. Seine positive Ausstrahlung und die Stimmung bei den Konzerten machen mir Spaß und tun mir gut", schwärmt Alexandra Grill. Dabei ist die 34-Jährige erst durch ihre Mutter Hannelore auf den volkstümlichen Sänger aus Tirol aufmerksam geworden. „Meine Mama mag den Hansi schon lange, und da bin ich mit ihr vor vier Jahren das erste Mal zur Fanwanderung und zum Open Air nach Kitzbühel rausgefahren, um sie zu überraschen. Seitdem sind wir jedes Jahr dabei, und ich freu mich jetzt schon genauso auf die Hansi-Konzerte in und um München wie sie. Ich wohne zwar in Schwabing, bin aber auch ein Naturkind und fühle mich in den Bergen total wohl."

▼ *Wer hat das schönste Transparent? Hansi-Fans aus Holland.*

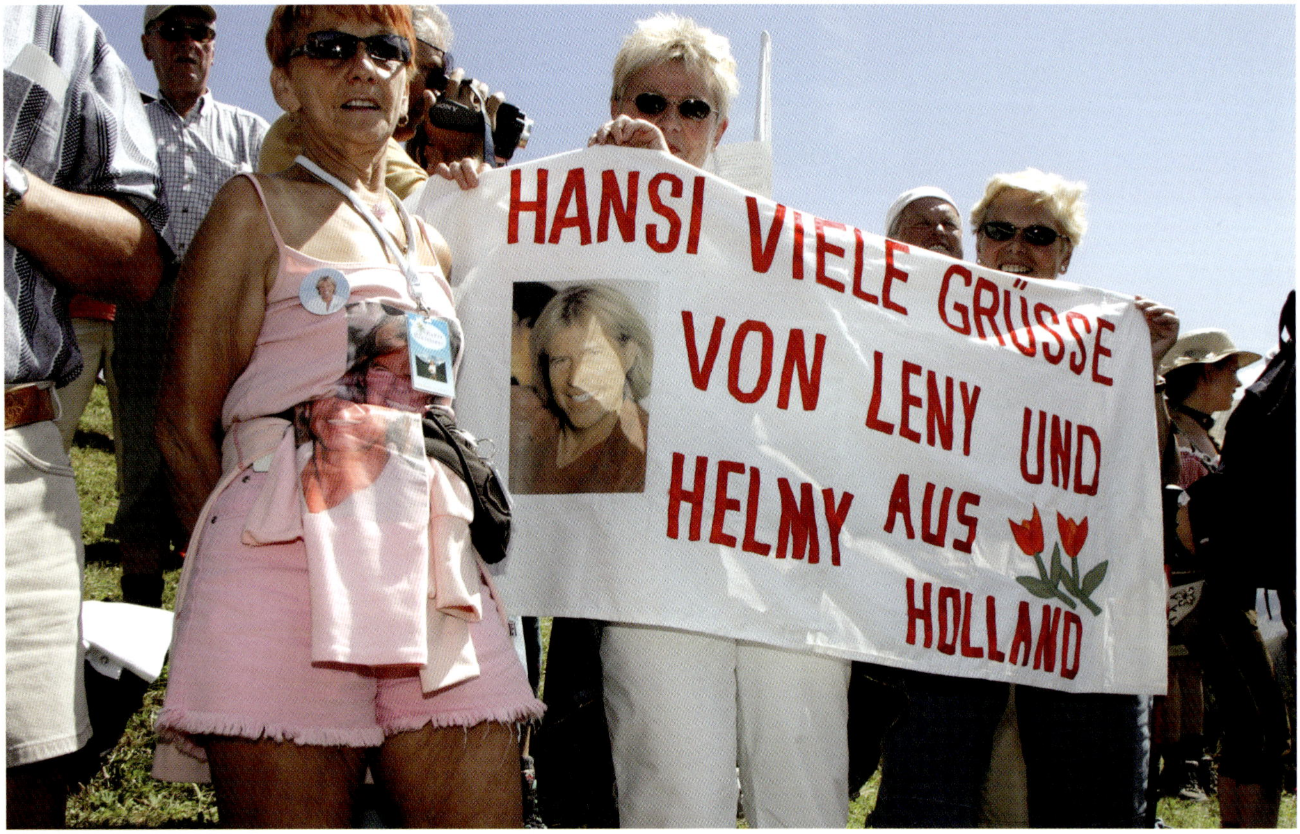

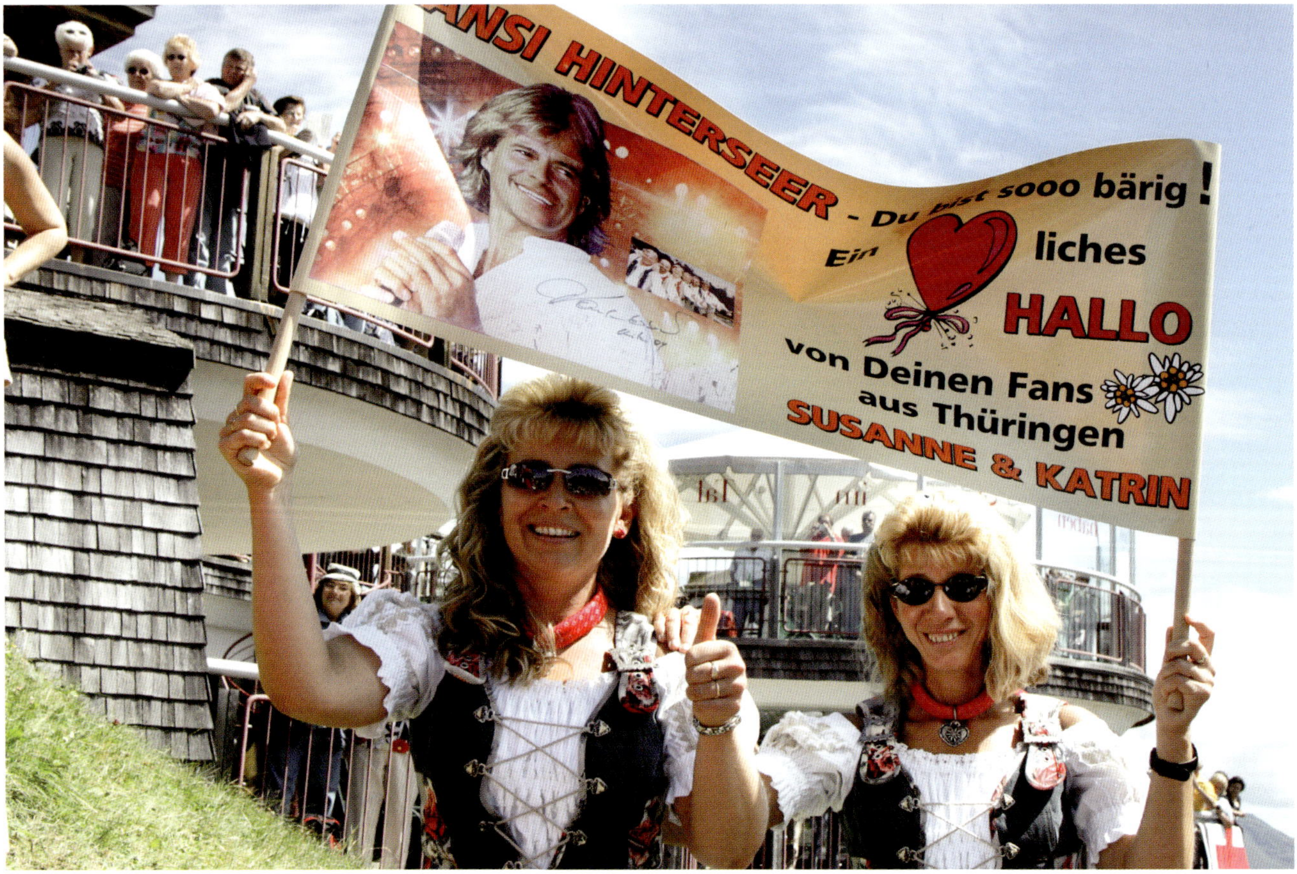

▲ *Zwei Fans der ersten Stunde aus Deutschland: Katrin und Susanne.*

Fans aus der schönen Steiermark.

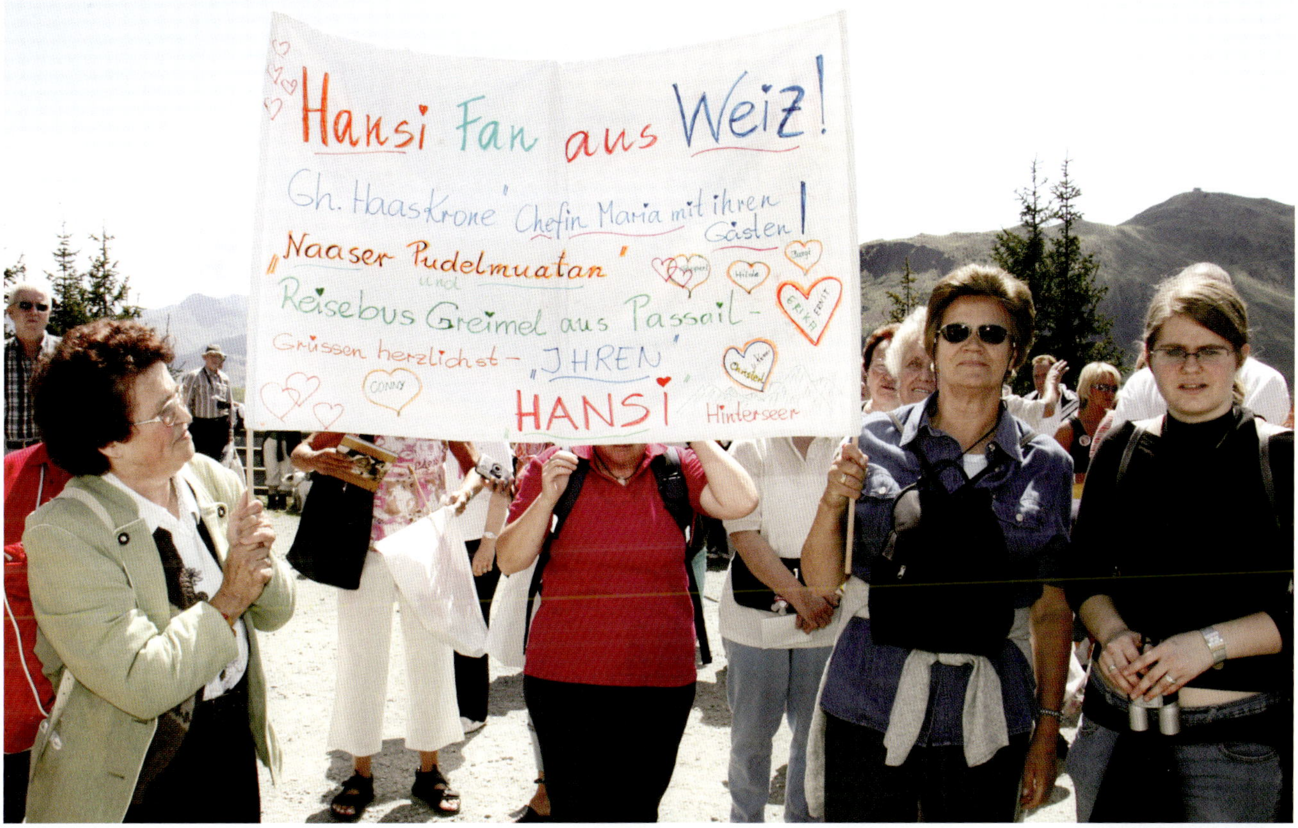

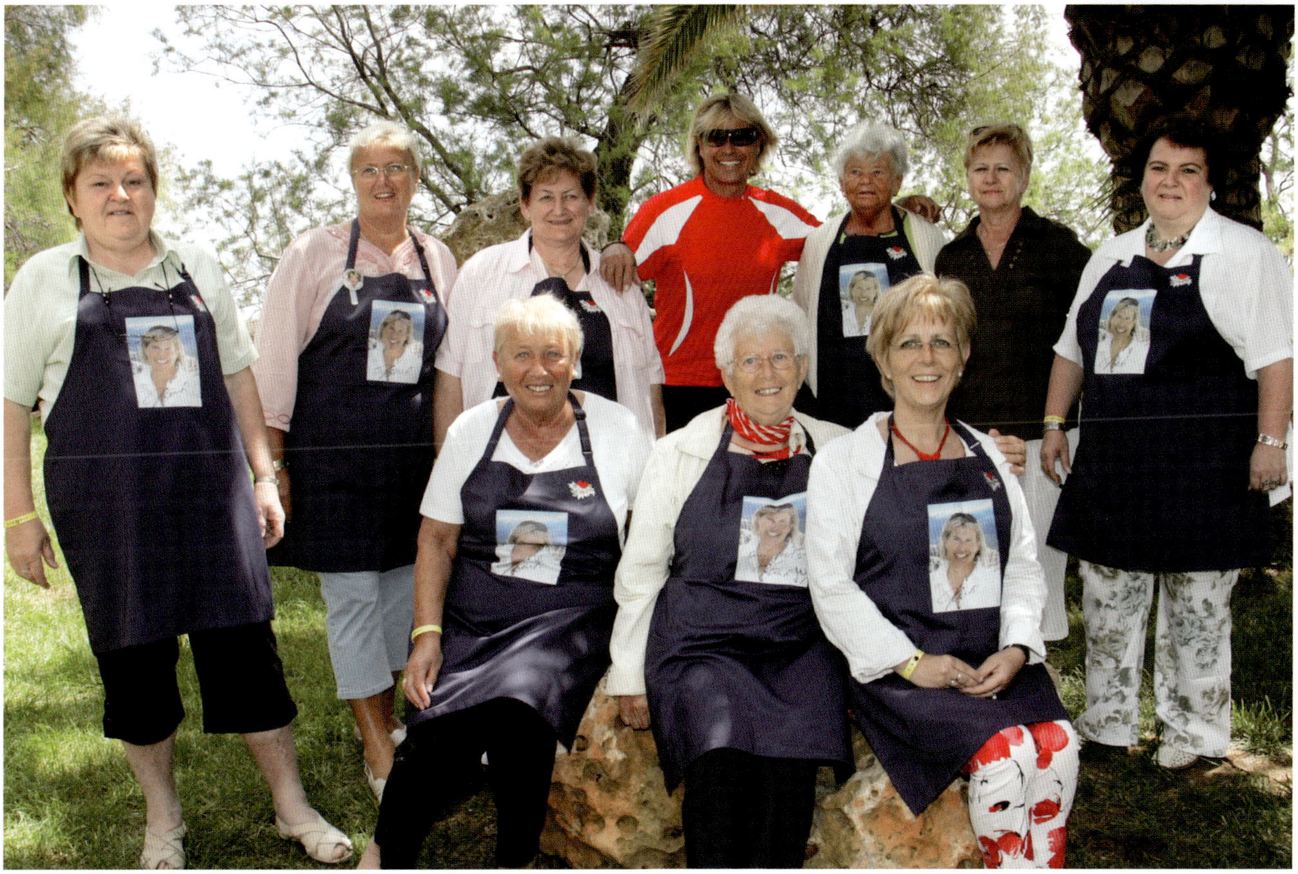

Gut beschürzt: der Fanklub Wien beim Wettkochen auf der Mallorca-Fanreise 2007.

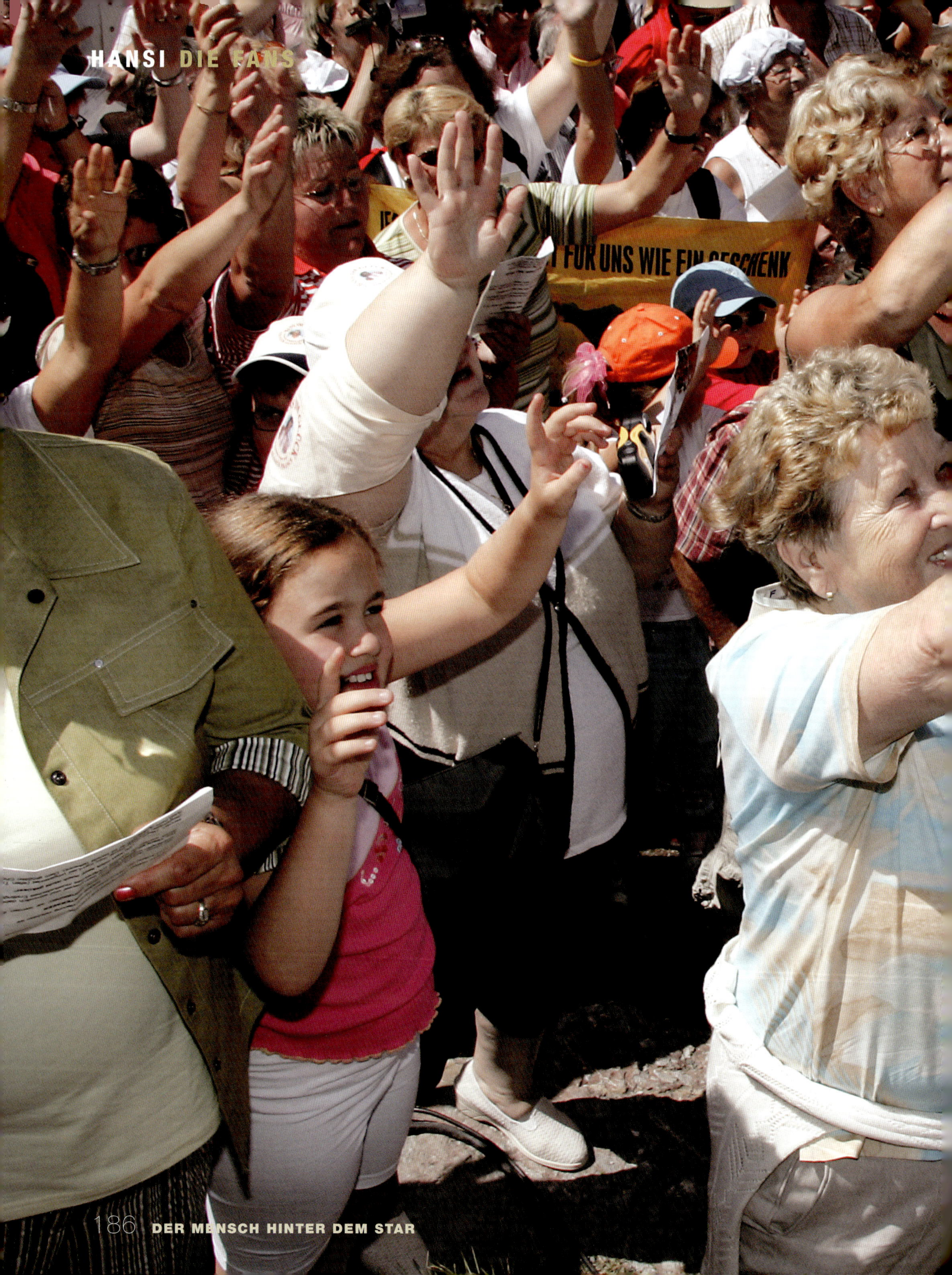
FÜR UNS WIE EIN

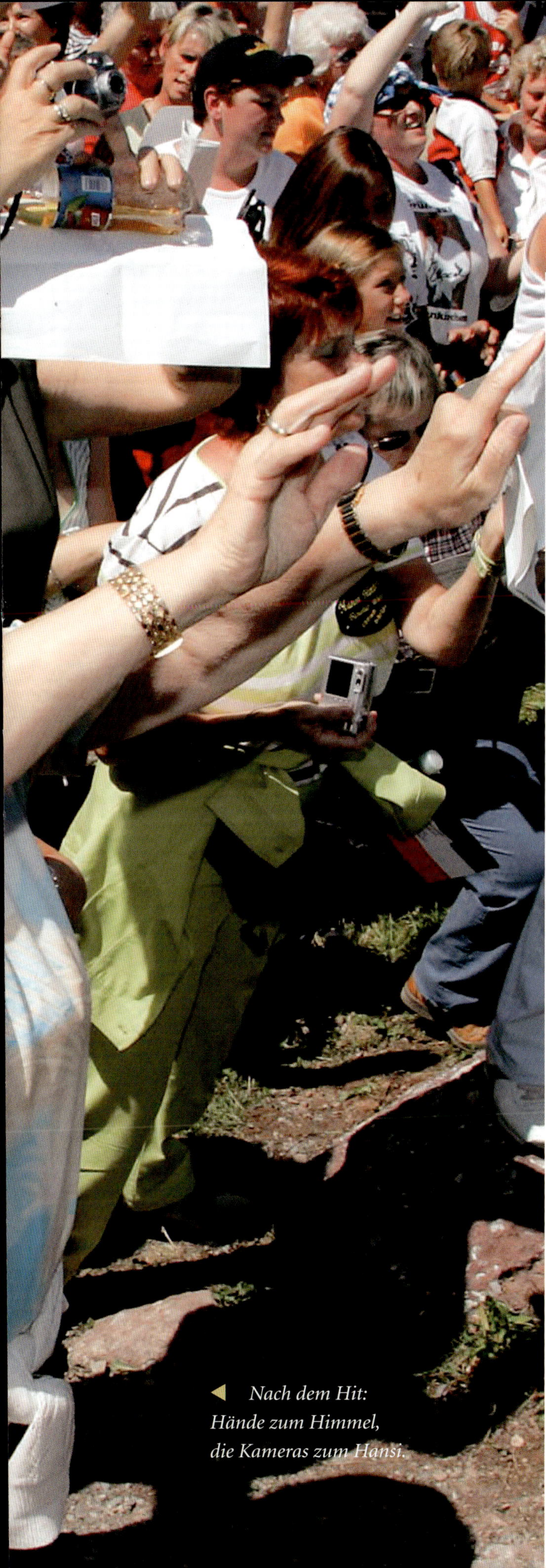

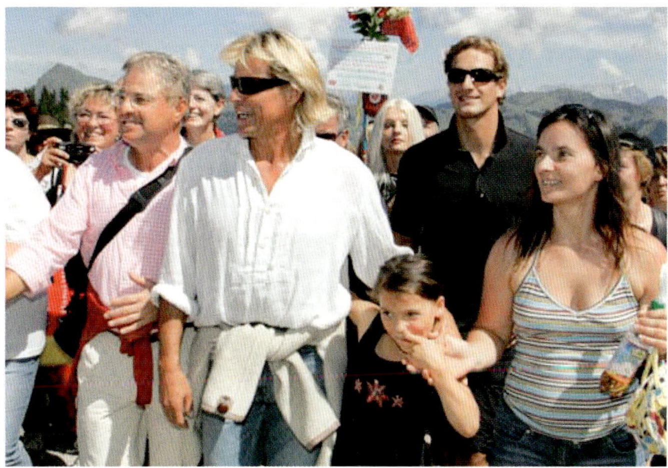

▲ *Die Wanderung mit dem Star ist ein großes Familienfest.*

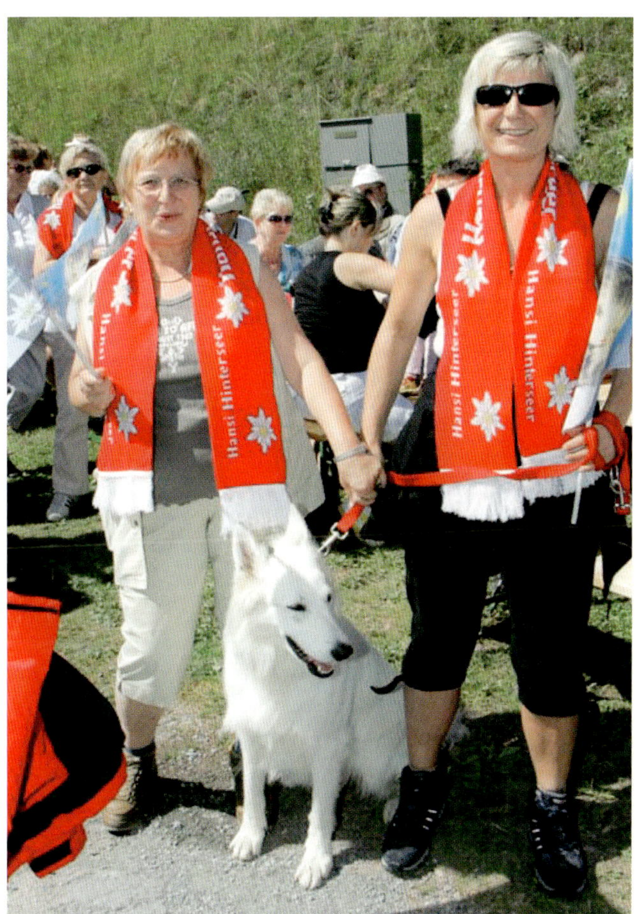

▲ *Auch so mancher Vierbeiner ist bei der Wanderung dabei.*

◀ *Nach dem Hit: Hände zum Himmel, die Kameras zum Hansi.*

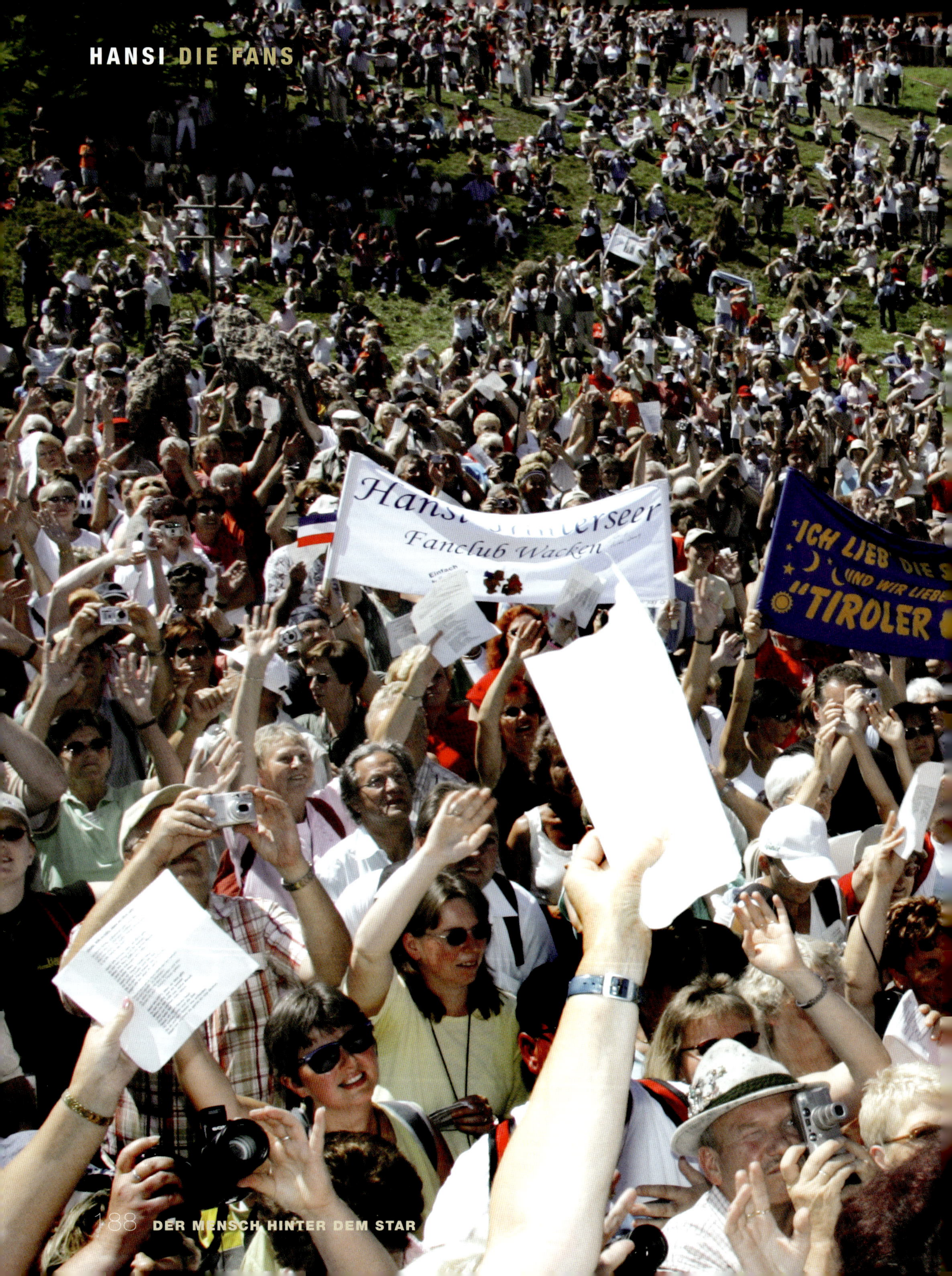
Fanclub Wacken
TIROLER

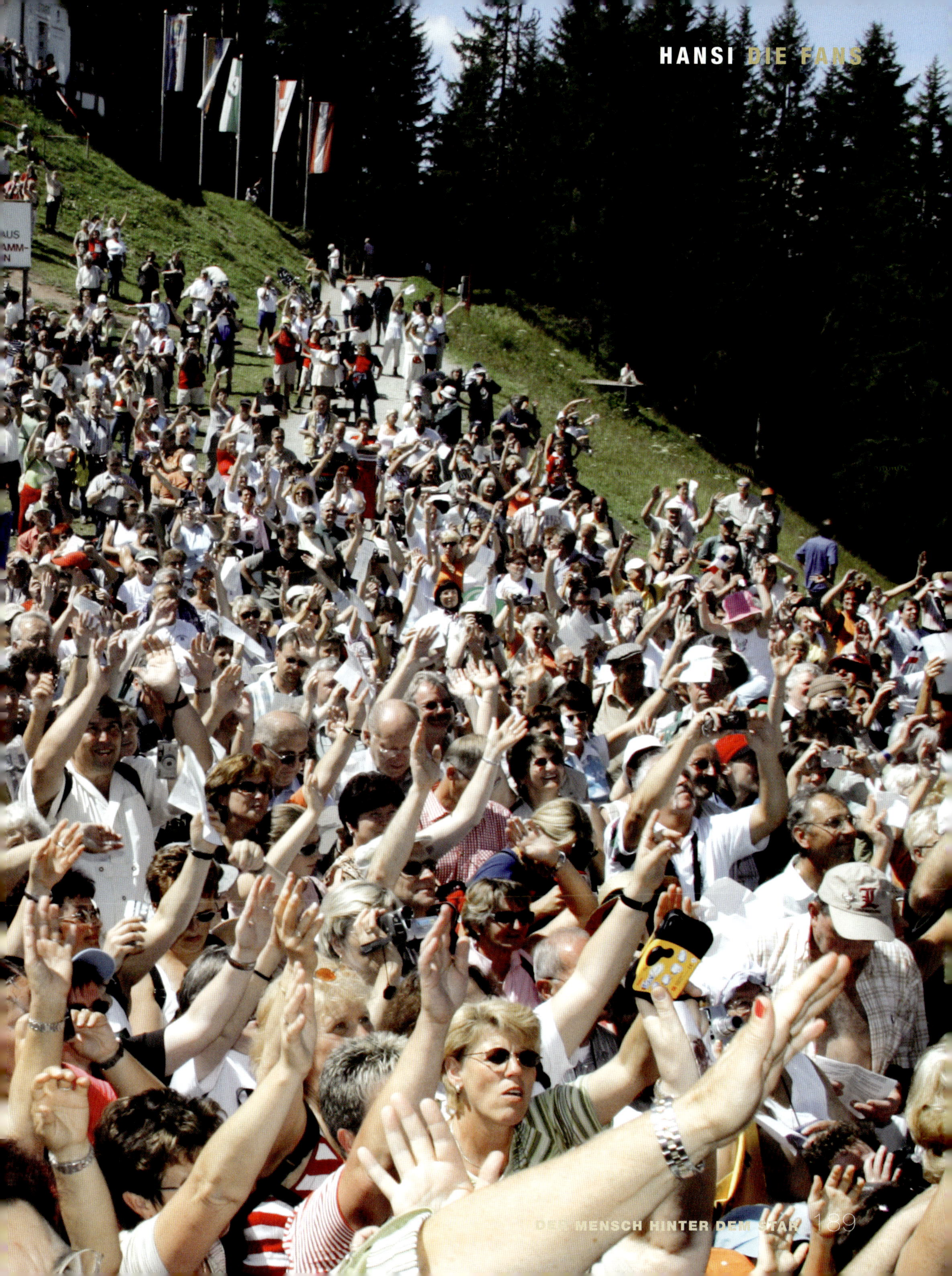

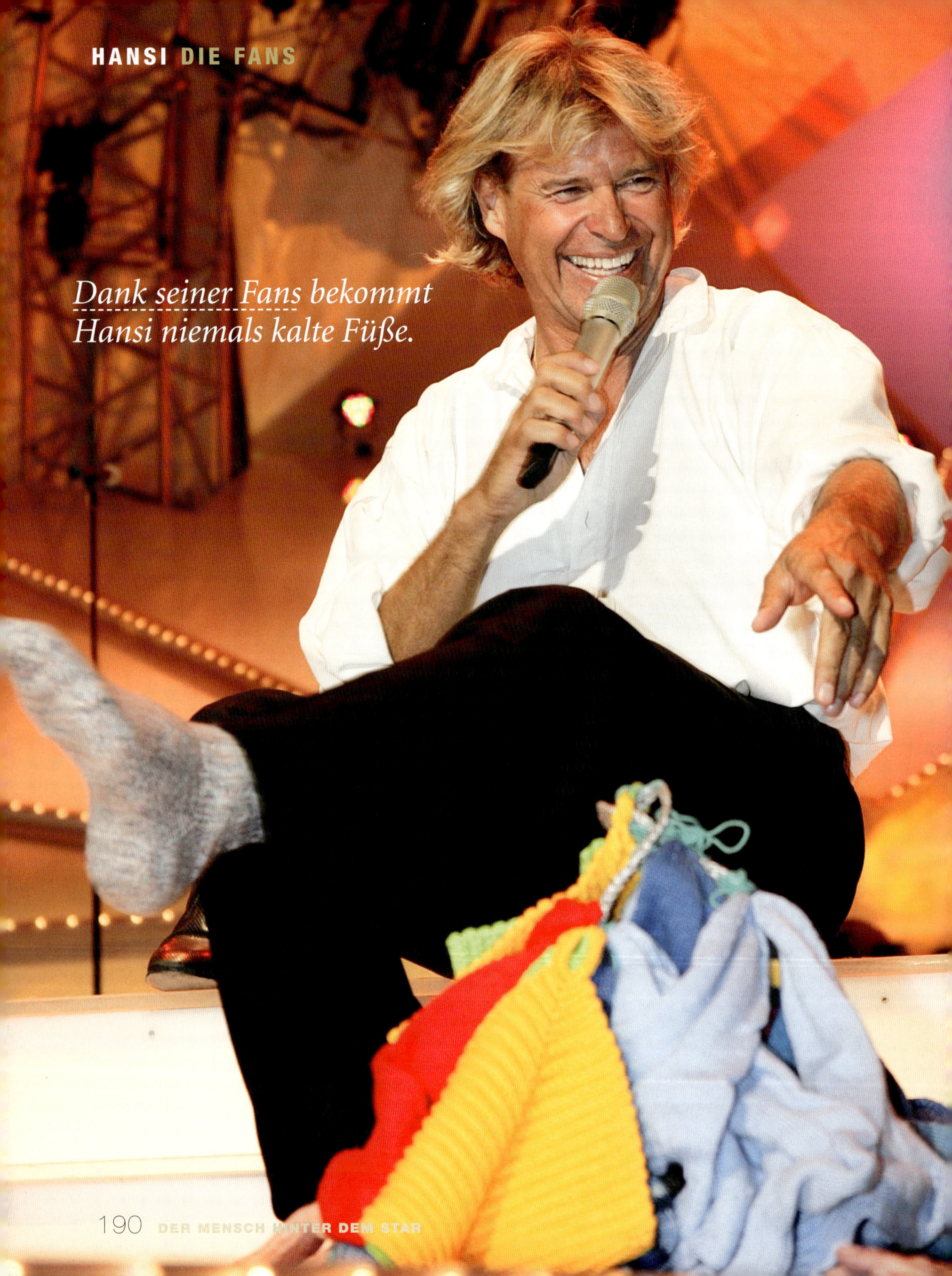

Dank seiner Fans bekommt Hansi niemals kalte Füße.

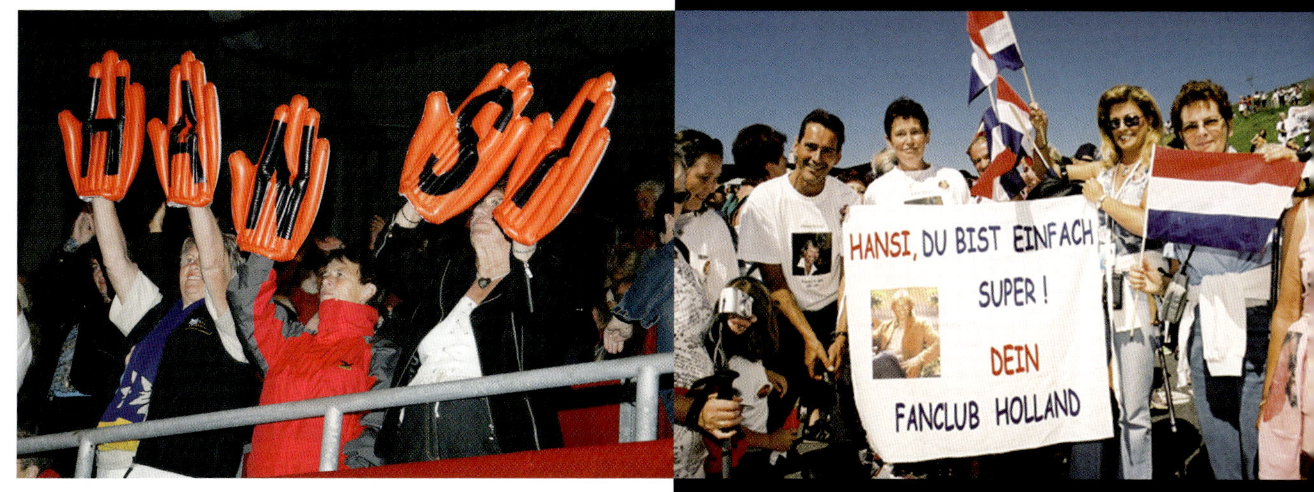

SEINE FANS ÜBERRASCHEN IHN IMMER WIEDER!

Bärlis, Blumen, Schokolade, selbst gebackene Kuchen und vieles mehr bringen die begeisterten Fans ihrem Hansi regelmäßig zu Fernsehauftritten und vor allem Konzerten mit. Als beim großen Kitzbühel Open Air 2007 ein weiblicher Fan gleich Dutzende handgestrickter Socken am Bühnenrand überreichte, staunte jedoch sogar Hansi nicht schlecht. Spontan unterbrach er das Programm und ließ es sich nicht nehmen, vor versammeltem Publikum gleich ein Paar anzuprobieren. Es passte wie angegossen! Diese Showeinlage als persönliches Dankeschön von Hansi wird vor allem die fleißige Strickerin sicher ihr Lebtag nicht vergessen.

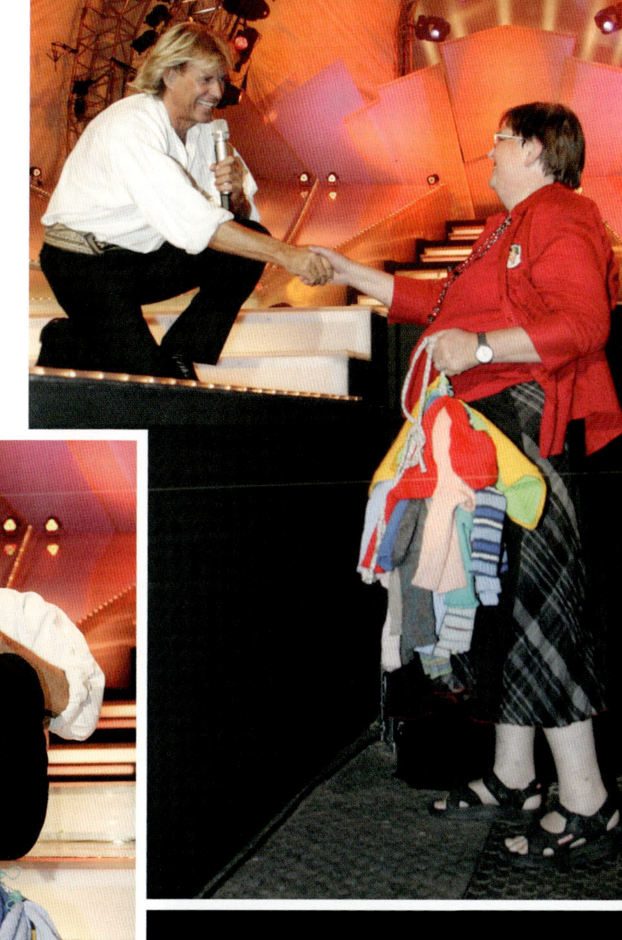

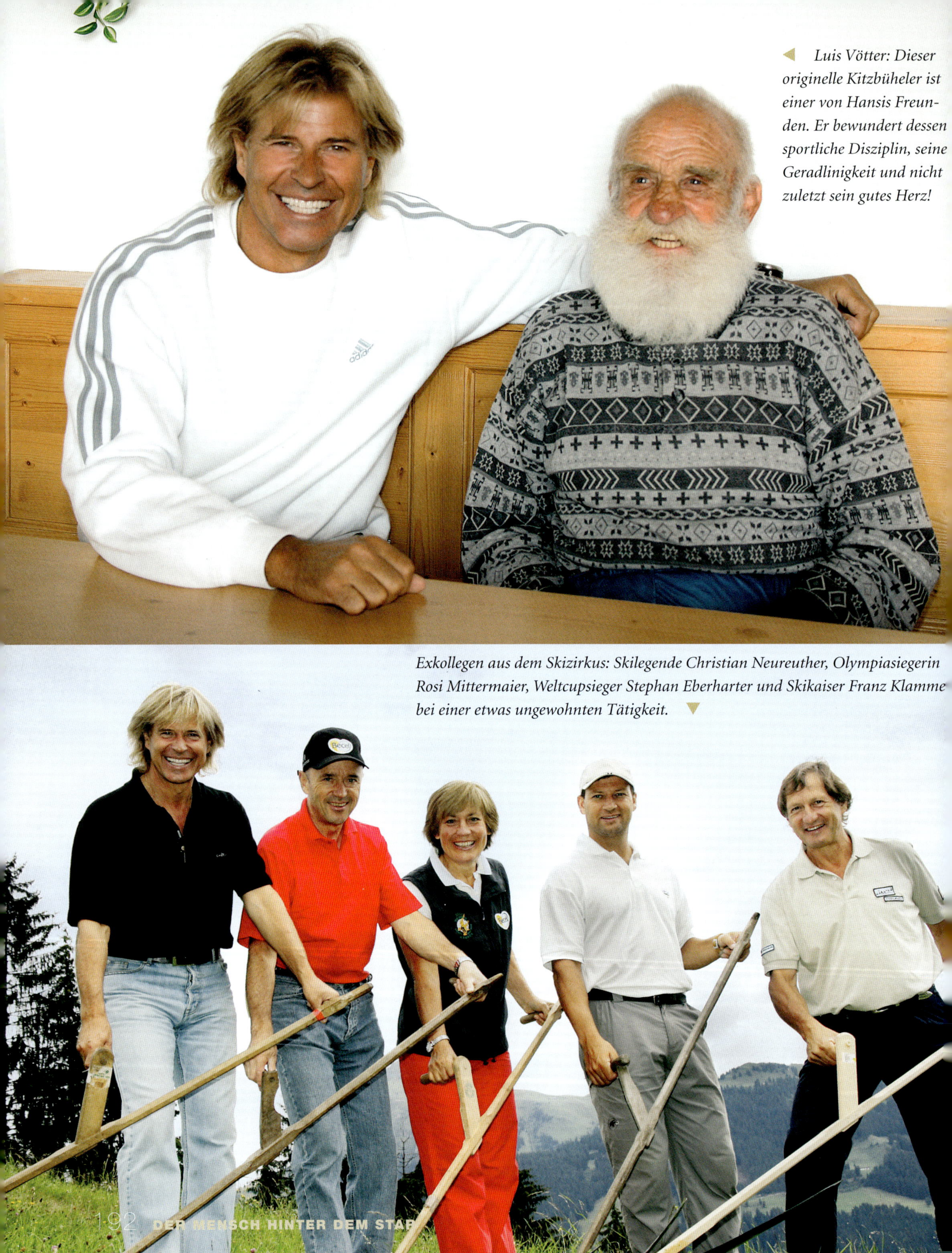

Luis Vötter: Dieser originelle Kitzbüheler ist einer von Hansis Freunden. Er bewundert dessen sportliche Disziplin, seine Geradlinigkeit und nicht zuletzt sein gutes Herz!

Exkollegen aus dem Skizirkus: Skilegende Christian Neureuther, Olympiasiegerin Rosi Mittermaier, Weltcupsieger Stephan Eberharter und Skikaiser Franz Klamme bei einer etwas ungewohnten Tätigkeit.

Freunde: selten, wertvoll und handverlesen

Wenn man sich von den Bergen entfernt, so erblickt man sie erst recht in ihrer wahren Gestalt; so ist es auch mit Freunden.

Hans Christian Andersen

Dieses Zitat über die Freundschaft, das wir uns vom berühmten dänischen Märchendichter ausgesucht haben, enthält im Zusammenhang mit Hansi eine echte Doppelbedeutung.

Hansi empfindet so mit seinen Bergen, das betont er immer wieder; wie das mit seinen Freundschaften ist, da hält sich der Star bedeckt. Wir haben aber an dieser Stelle ein paar bekannte Gesichter zusammengesucht, mit denen Hansi schon seit einigen Jahren eine freundschaftliche Verbindung pflegt.

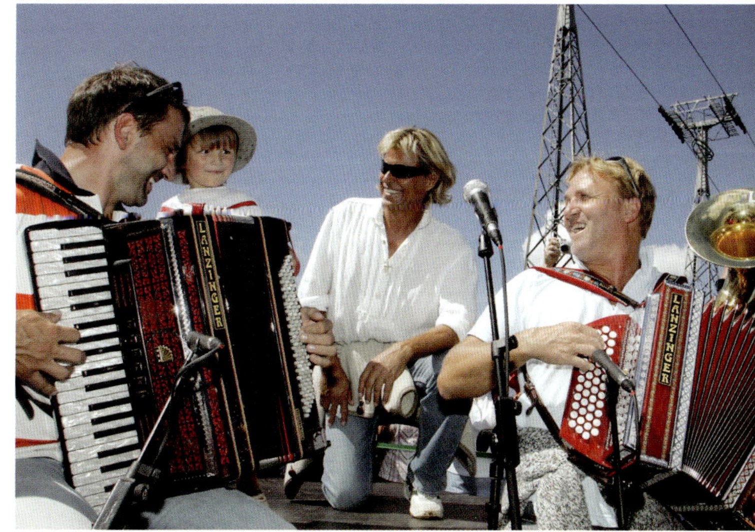

▲ *Das Tiroler Echo gehört zu Hansis engstem Kreis.*

▼ *Peter Kraus: Hansi spricht voll Hochachtung von ihm, denn Peters Karriere ist beachtlich lang. Außerdem ist er ein topfitter Sportler und teilt Hansis Leidenschaft fürs Wasserskifahren.*

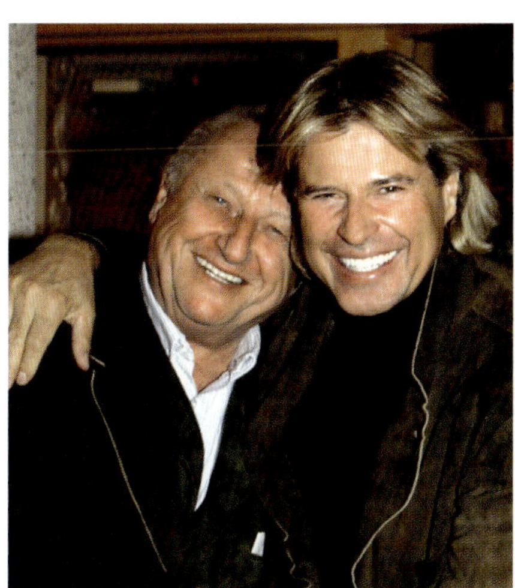

▲ *Filmproduzent Purzl Klingohr begleitet Hansi seit der Stunde null bei seinen TV-Shows.*

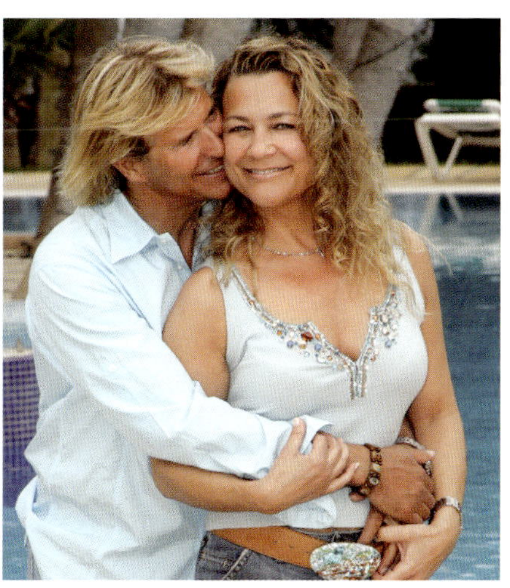

▲ *Romana, seine Frau: die wichtigste Vertraute in seinem Leben.*

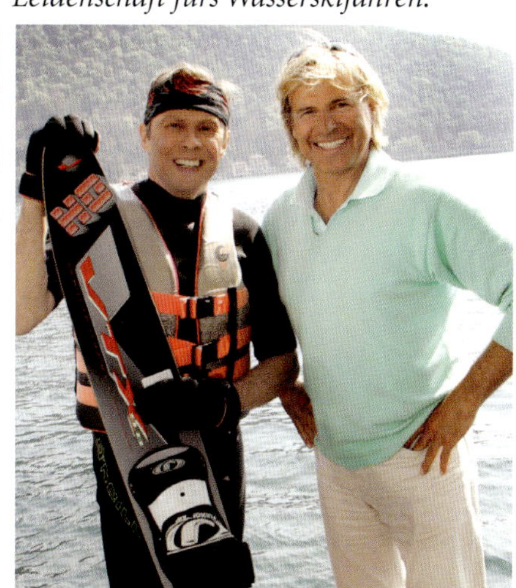

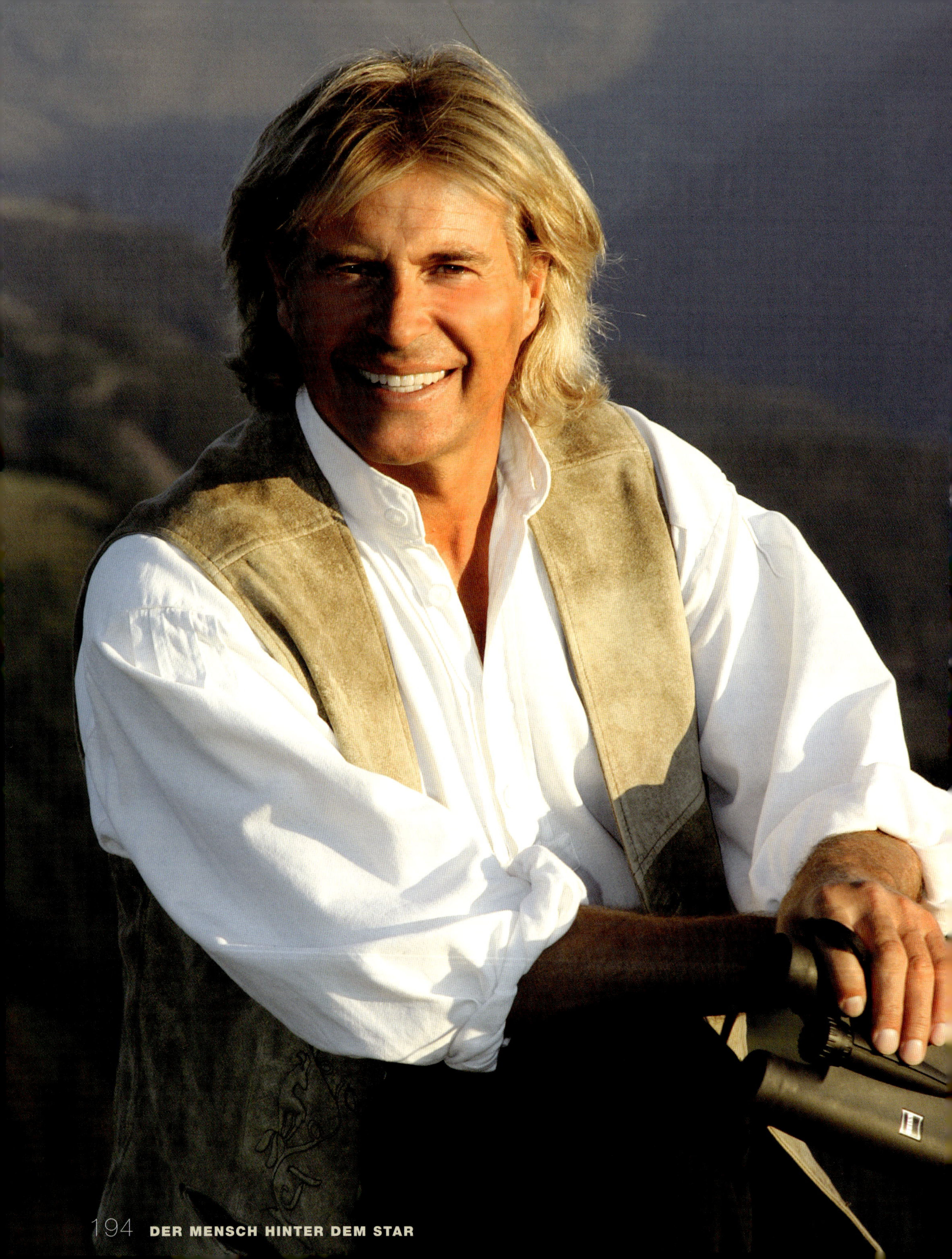

Das liegt Hansi am Herzen

Hansi spricht höchst selten über persönliche Themen wie seine Familie, die ihm über alles geht. Doch einige Angelegenheiten liegen ihm so sehr am Herzen, dass er dafür eher zufällig als kalkuliert seltene Einblicke in seine sorgfältig gehütete Privatsphäre gewährt, um im Rahmen seiner Möglichkeiten zu helfen und Aufmerksamkeit zu schenken und darauf zu lenken. Gerade durch dieses selektive und bedachte Vorgehen genießt Hansi Hinterseer bei seinem Millionenpublikum hohe Glaubwürdigkeit und ein hohes Maß an Integrität. Denn er setzt sich nur für Themen ein, von denen er aus ganzem Herzen überzeugt ist.

NATURSCHUTZ – NICHT NUR EIN LEERES WORT

Was kann jeder Einzelne in seinem Bereich für die Natur tun?

Ich fahre in Kitzbühel einen Roller mit Elektromotor, wohne in einem Niedrigenergiehaus, heize mit Solarenergie und Erdwärme und trinke am liebsten Kitzbüheler Quellwasser. Außerdem versuche ich, mit meiner Musik, den Filmen und Servus*-Sendungen die Menschen für die Natur zu sensibilisieren und zu begeistern.*

Wenn alle wenigstens ab und zu für kurze Wege auch einmal zu Fuß gehen oder mit dem Rad fahren, das Licht nicht unnötig brennen lassen und keinen Müll in die Natur werfen, das würde schon helfen. Ein tolles Beispiel sind meine Fans.

Nach der jährlichen Wanderung in Kitzbühel ist es in den Bergen so sauber wie zuvor, da wird nichts weggeschmissen, darauf bin ich sehr stolz. Wir leben in den Bergen, gehen viel raus in die – noch – intakte

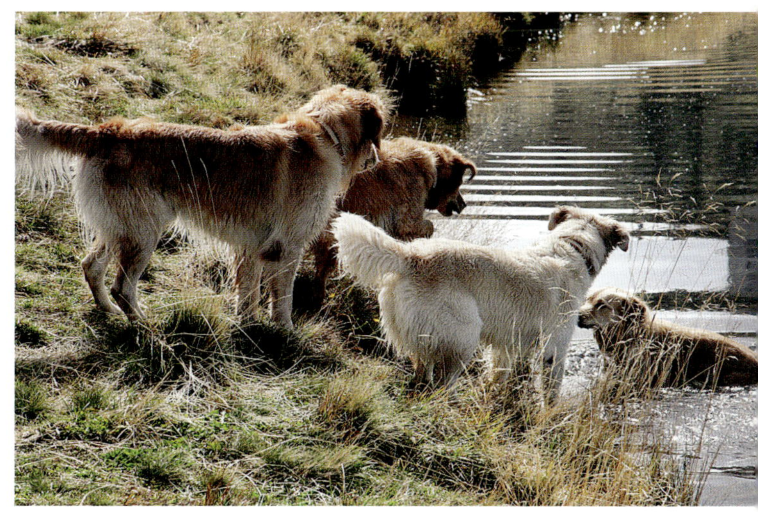

Wenn Hansi von Naturschutz spricht, lebt er diese Einstellung auch. Als Kind der Berge ist er so tief mit seiner Heimat verwurzelt, dass es ihm ein Bedürfnis ist, diese zu erhalten.

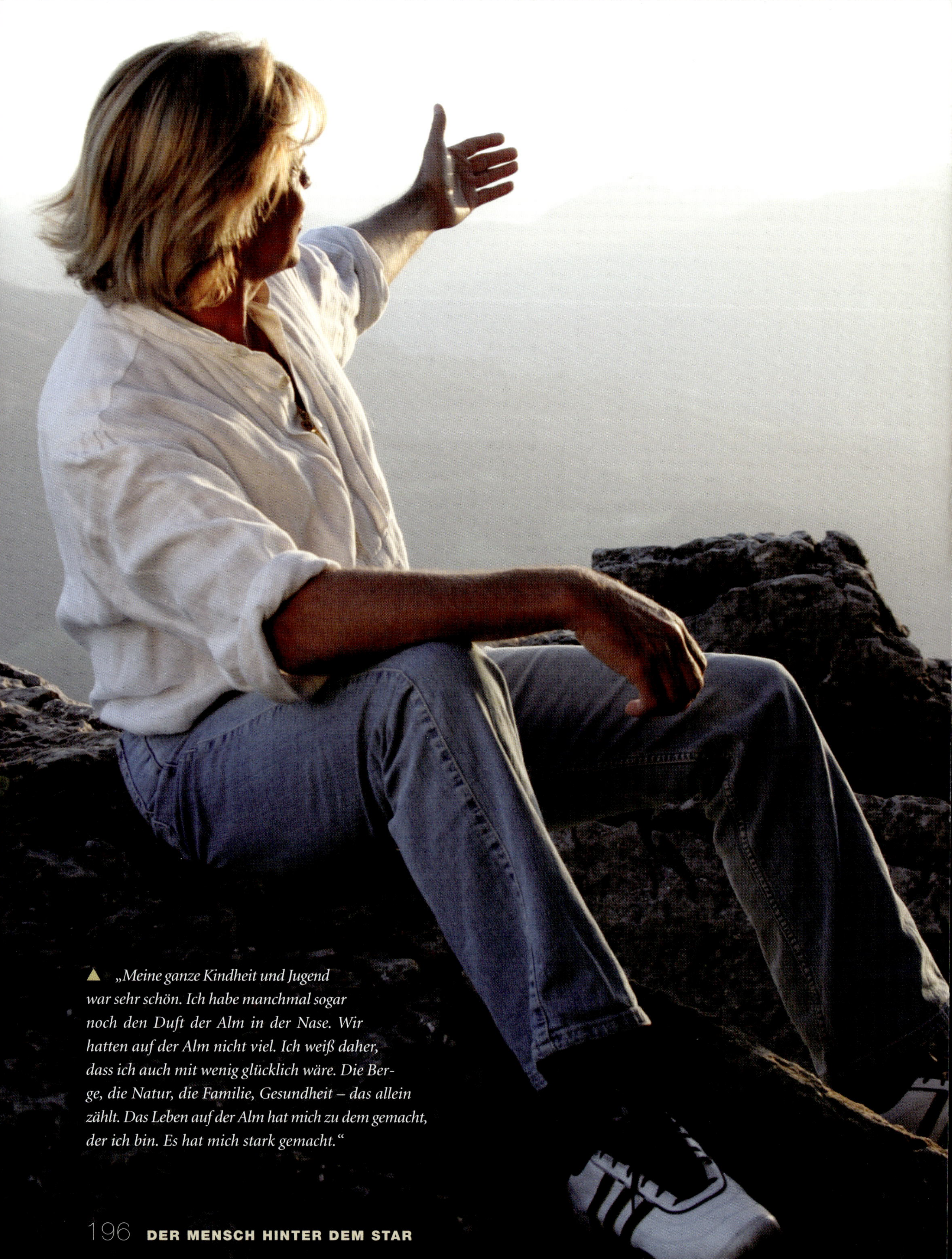

▲ *„Meine ganze Kindheit und Jugend war sehr schön. Ich habe manchmal sogar noch den Duft der Alm in der Nase. Wir hatten auf der Alm nicht viel. Ich weiß daher, dass ich auch mit wenig glücklich wäre. Die Berge, die Natur, die Familie, Gesundheit – das allein zählt. Das Leben auf der Alm hat mich zu dem gemacht, der ich bin. Es hat mich stark gemacht."*

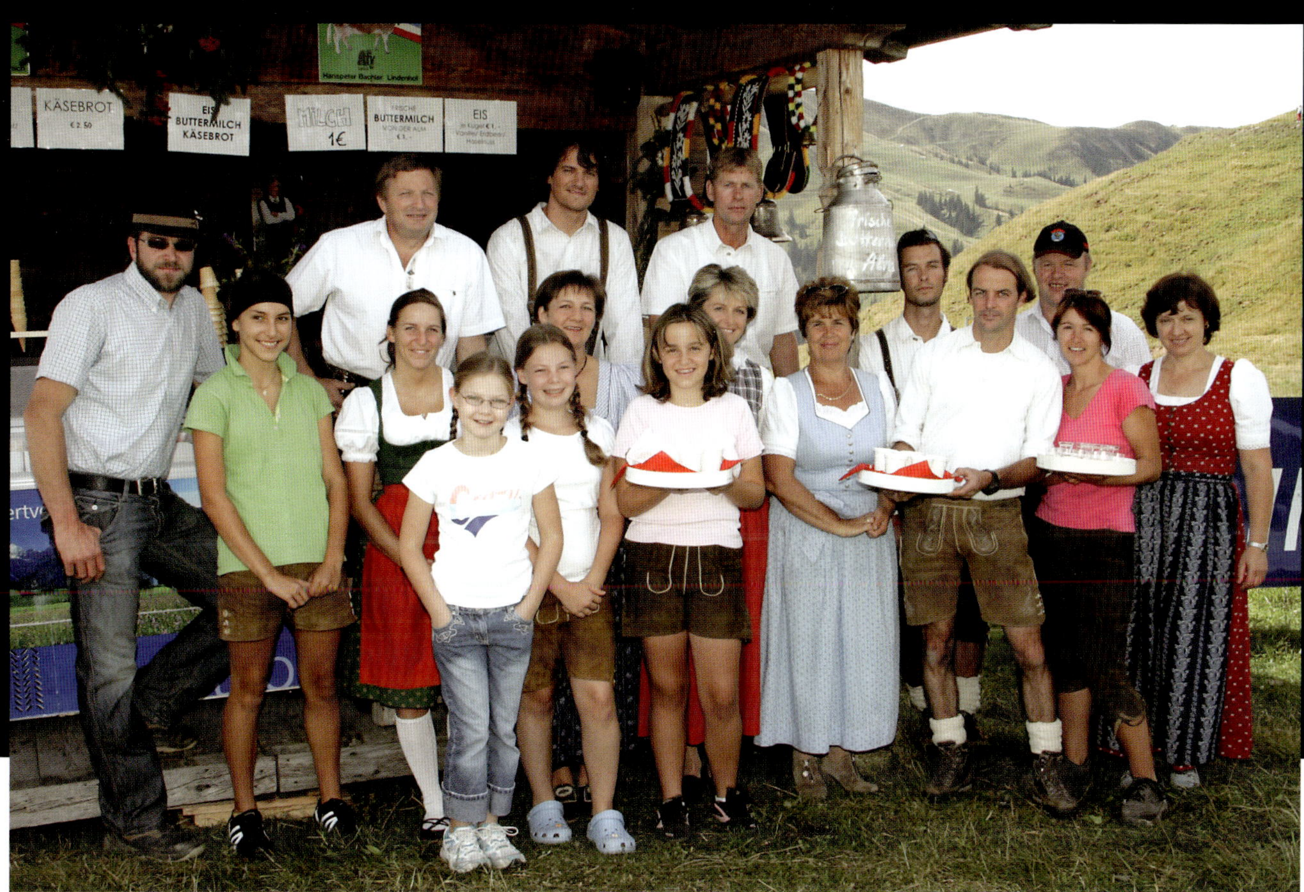

▲ *Die Bergbauern der Umgebung bewirten während der Fanwanderung Tausende Gäste. Ohne ihre unermüdliche Arbeit auf dem Berg würde es die für Tirol typischen Landschaften wie die Almwiesen nicht geben. Hansi ist selbst auf der Alm aufgewachsen und kennt das Leben als Bergbauer aus eigener Erfahrung.*

Natur. Wenn man diese Schönheit täglich vor Augen hat, lernt man die Berge, die Almwiesen, die Quellen und Wälder lieben und schätzen. Wenn man nach einer Bergwanderung oben auf dem Gipfel steht, bekommt man Respekt davor, wie groß die Berge und die Welt sind, wie erhaben – und wie klein man selbst im Vergleich dazu ist. Das rückt einen zurecht und zeigt einem, welche Verantwortung wir für dieses Universum tragen. Auch bei meinen Töchtern ist der Heimat- und Naturschutzgedanke bereits verwurzelt. Wenn Eltern ein gutes Beispiel geben, werden die Kinder auch gerade wachsen und sich an den vorgelebten Werten orientieren. Naturschutz ist viel Vorbildarbeit!

SOZIALES ENGAGEMENT – HILFE, DIE ANKOMMT

Du engagierst dich auch sozial und unterstützt Hilfsorganisationen.

Ich finde es wichtig, Projekte zu unterstützen, die zum Kampf gegen den Krebs aufrufen, und sich für Menschen einzusetzen, denen es nicht so gut geht wie uns. Alle haben wir in unserem Verwandten- oder Freundeskreis mit Krankheit, Arbeitslosigkeit und Armut zu tun – jeder auf eine andere Weise. Gesundheit ist ein Geschenk. Und ein wenig von diesem Glück, das nicht selbstverständlich ist – denn Unglück kann jeden treffen –, sollte man an die weitergeben, denen es nicht so gut geht im Leben, und auch versuchen, ihnen wieder Mut zu geben. Dabei geht es mir aber nicht um „Cha-

„Es sollte sich jeder im Rahmen seiner Möglichkeiten für die einsetzen, die weniger Glück im Leben haben. Ich finde es wichtig, dass die Menschen sehen, welche Höchstleistungen Sportler trotz gesundheitlicher Handicaps vollbringen.“

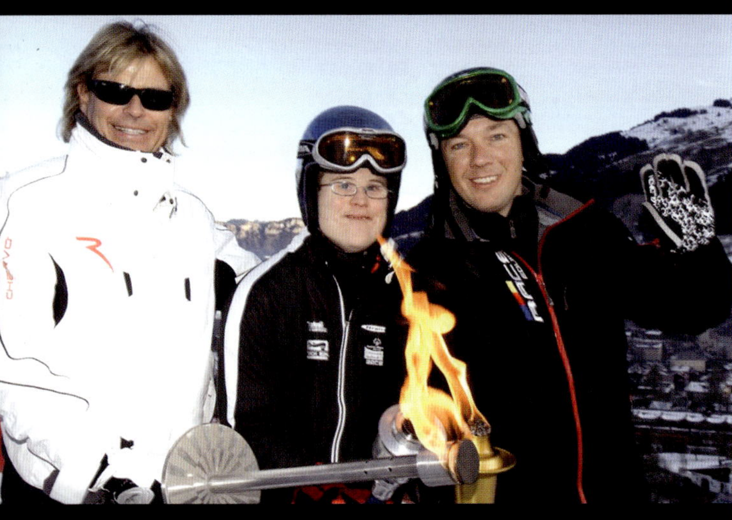

▲ *Die „Flamme der Hoffnung“ gilt als Symbol der Integration für Menschen mit mentaler Behinderung und dient der Verbreitung der humanitären Idee der Special Olympics. Hansi Hinterseer lässt es sich nicht nehmen, diese wertvolle Idee zu unterstützen.* ▼

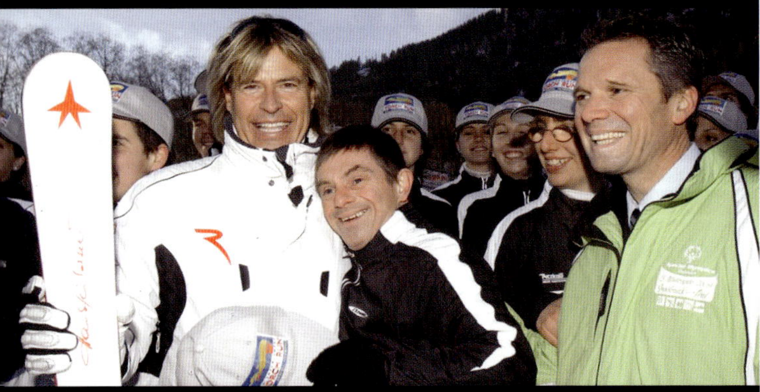

rity-Dinners“, wo viele Kameras dabei sind und ein paar sehr reiche Leute bei Kaviar und Champagner öffentlichkeitswirksam ihre Handtaschen versteigern. Wenn an mich ein Wunsch oder eine Hilfsidee herangetragen wird, mit der ich mich identifizieren kann, dann bin ich immer dabei. Kinderprojekte haben dabei für mich meist Vorrang. Die „Make a Wish Foundation“ ist zum Beispiel so eine ganz tolle Sache.

ERFOLG, DER DIE KRITIKER VERSTUMMEN LÄSST

Die volkstümliche Unterhaltungsmusik ist bei vielen Jungen verpönt und wird oftmals als altmodisch und kitschig belächelt. Siehst du dich als Botschafter dieser Musik?

In der Musik dreht sich doch immer alles mehr oder weniger um die Liebe, ob das Popmusik ist oder volkstümliche. Wenn die Melodie und der Text passen und die Leute das mögen, dann ist die Musik auch gut. Liebe, Heimat, Natur, das geht doch jeden von uns an, egal, ob Alt oder Jung. Meine Musik ist generationenübergreifend. Ich bin ein positiver Mensch, ich versuche, in allen Dingen das Schöne und Positive zu sehen, und versuche auch, das mit meinen Liedern zu vermitteln. Wenn einer ein Herz dafür hat, braucht er sich nicht zu schämen. Und weil ich aus den Bergen komme, drück ich das eben mit der Musik aus, die hier in Tirol für uns typisch ist. Das ist meine Sprache. Das ist die Sprache, die Fans in ganz Europa und auch in der ganzen Welt verstehen.

Negative Nachrichten über Kriege, Umweltkatastrophen und jede Form der Gewalt gibt es genug. Ich glaube, dass die Menschen sich gerade deshalb nach Harmonie und Geborgenheit sehnen. Nach Heimat. Nach einem Ort, an dem sie sich mit anderen, die auch Freude an der Natur, der Musik und den ganz einfachen schönen Dingen des Lebens haben, ausruhen und positive Stimmung tanken können. Volksmusik kann so eine Heimat sein. Bei uns daheim in den Tiroler Bergen ist es so schön, da bleibt kaum Platz für böse Gedanken. Und nachdem so viele Menschen so viele Jahre mit dieser Art von Musik glücklich sind, tun mir die Miesmacher einfach nur leid!

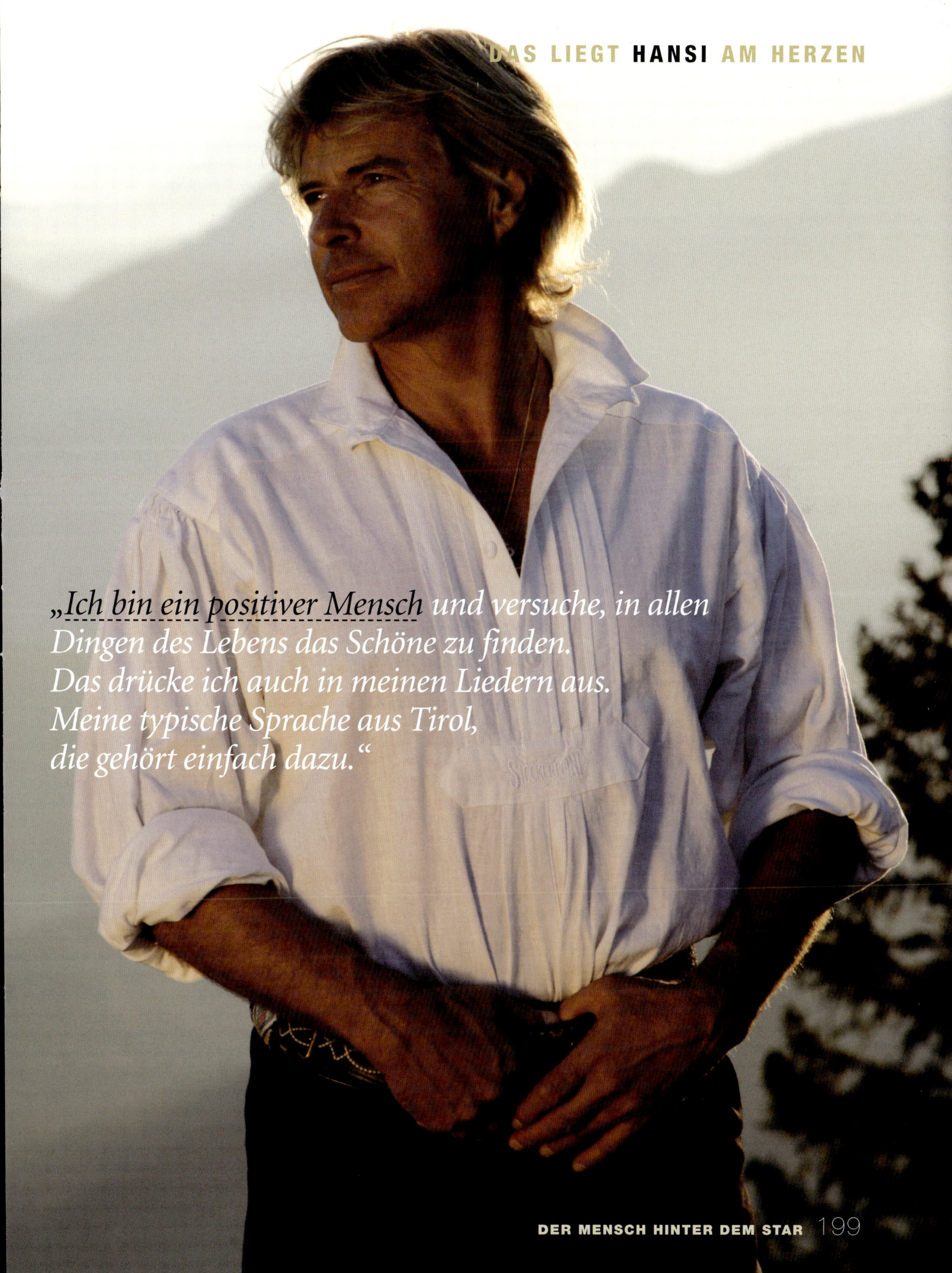

„Ich bin ein positiver Mensch und versuche, in allen Dingen des Lebens das Schöne zu finden. Das drücke ich auch in meinen Liedern aus. Meine typische Sprache aus Tirol, die gehört einfach dazu."

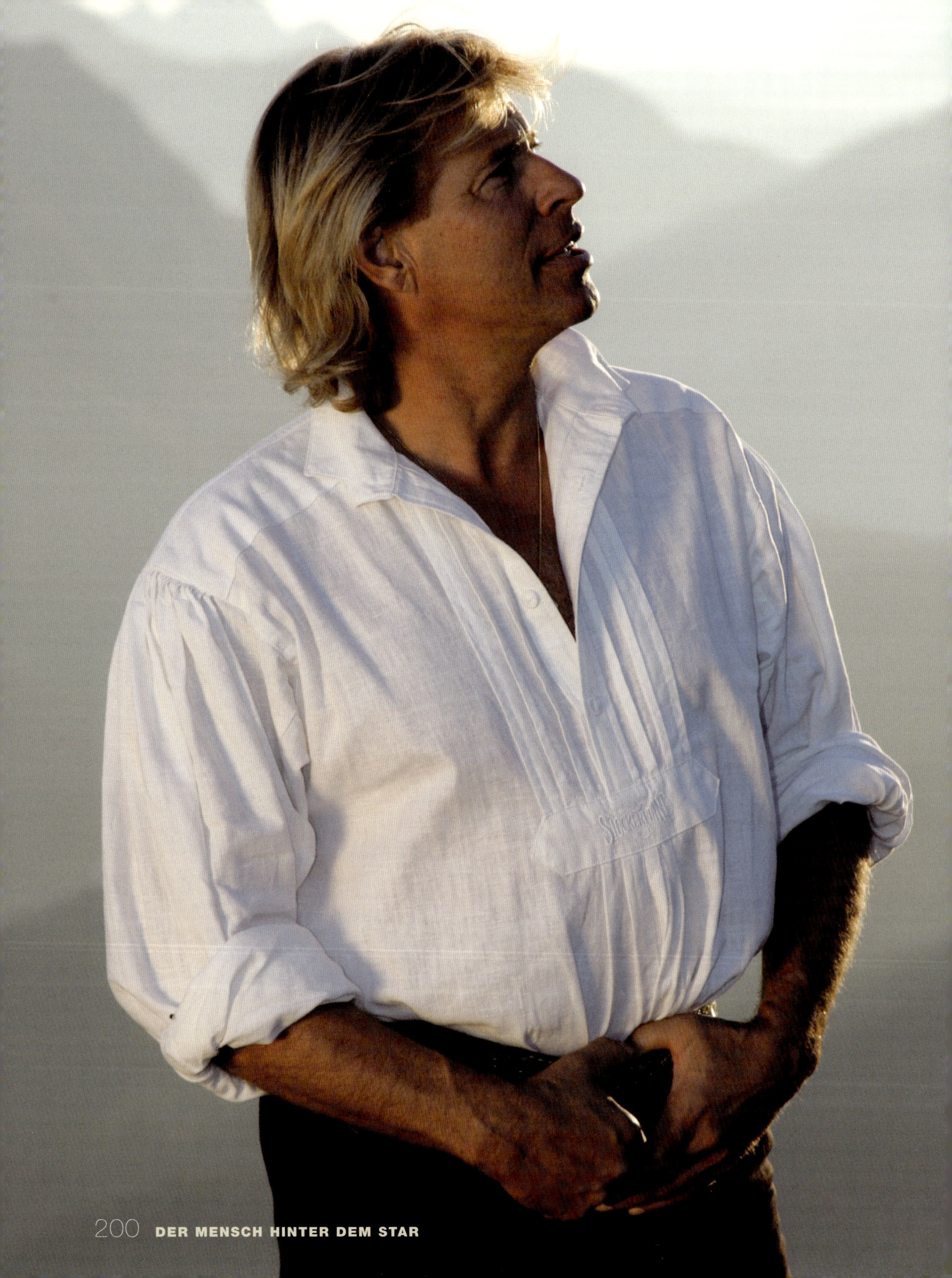

Was nur ganz wenige Menschen wissen

Eine der wichtigsten Tugenden im gesellschaftlichen Leben und die wirklich täglich seltener wird, ist die Verschwiegenheit. Man ist heutzutage so äußerst trügerisch in Versprechungen, ja in Beteuerungen und Schwüren, dass man ohne Scheu ein unter dem Siegel des Stillschweigens uns anvertrautes Geheimnis gewissenloserweise ausbreitet. Andre Menschen, die weniger pflichtvergessen, aber höchst leichtsinnig sind, können ihrer Redseligkeit keinen Zaum anlegen. Sie vergessen, dass man sie gebeten hat zu schweigen, und so erzählen sie, aus unverzeihlicher Unvorsichtigkeit, die wichtigsten Geheimnisse ihrer Freunde an öffentlichen Wirtstafeln.

Adolph Freiherr von Knigge

Würde dich ein politisches Amt reizen?

Nein, überhaupt nicht. Ich bin kein politischer Mensch. Ich erreiche doch auch so viele Leute durch meine Lieder.

Was bedeutet dir Luxus?

Schau, ich bin dankbar für jeden Tag, an dem ich aufstehen kann und gesund bin. Das ist der pure Luxus: ein gesunder Körper, in dem alles stimmt und funktioniert. Der Luxus ist ein verflixter Zirkus: Man kann sich alles leisten, alles kaufen und schätzt dann nichts mehr!

Es gibt genügend Leute, die sich so materielle Dinge wie ein tolles Auto, eine schnelle Jacht leisten können – aber sind die glücklich? Sicher nicht. Wenn man sich alles leisten kann, will man doch immer mehr. Ein noch schnelleres Auto, eine größere Jacht. Und das Glück findet man auch nicht draußen in der Welt, wenn man mit sich selbst nicht im Reinen ist. Man wird doch nur unzufrieden, wenn man sich immer mehr Wünsche erfüllt, aber dabei das Wesentliche, die Familie und die Heimat, aus dem Herzen verliert. Gesundheit, Zeit und Glücklichsein, das ist Luxus. Und wenn du die innere Balance hast.

Hansi, bist du ein Glückskind?

Jeder Mensch hat in seinem Leben irgendwann eine Glücksphase. Dann kommt es darauf an, was man damit anfängt: Kann man etwas daraus machen, oder lässt man es einfach so laufen? Das, was ich mache, ist hinter den Kulissen bei aller Freude im Team und auf der Bühne auch harte Arbeit. Das sehen die Meisten ja nicht.

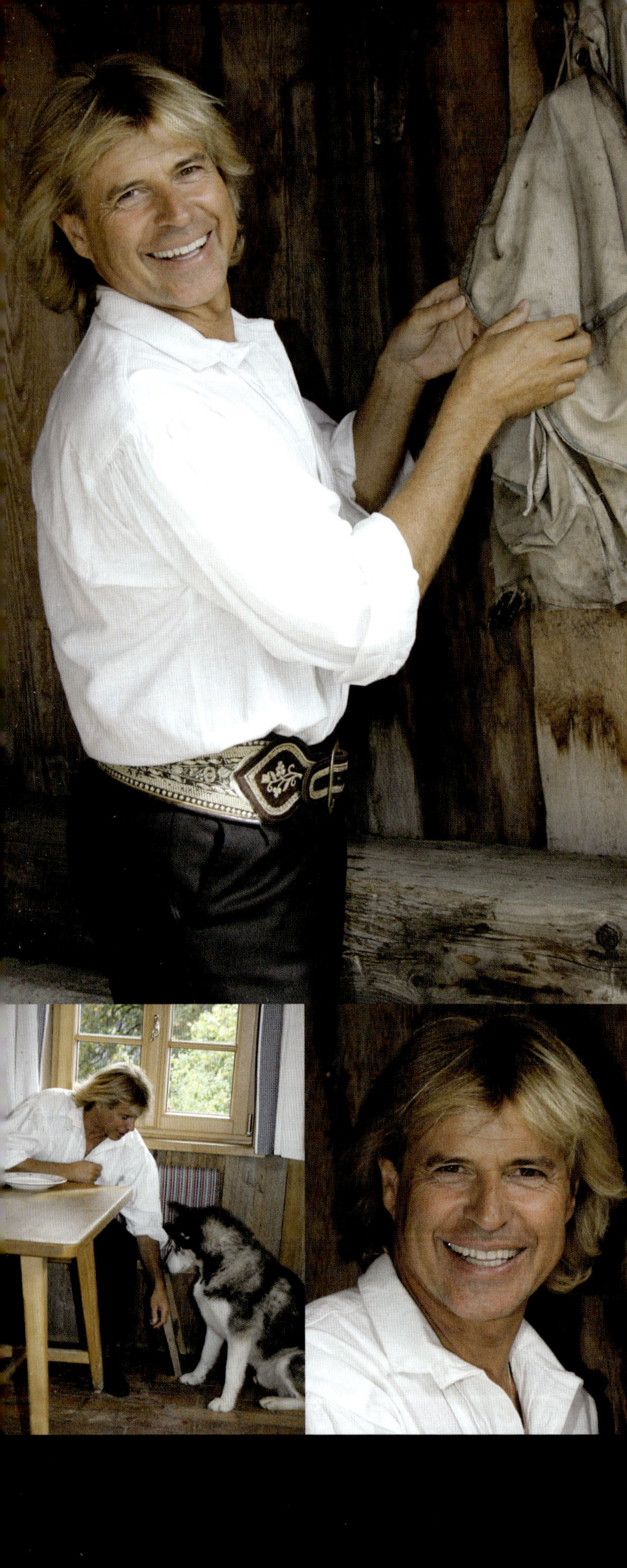

Du lebst im Promiort Kitzbühel. Im Blitzlichtgewitter auf Galas und Schickimickipartys sieht man dich aber selten …
Ich mag dieses Stargehabe nicht. Man muss ja nicht auf jeder Hochzeit tanzen.

Im Showbusiness scheint Liebe schwierig zu sein. Was ist das Geheimnis deiner 25-jährigen Ehe?
Wenn es so ein Geheimnis gäbe, würden wir damit wohl auf der Welt viel Geld machen (lacht). *Romana und ich haben Respekt voreinander, wir schätzen uns sehr, wir sind verliebt – es passt halt einfach.*

Schlechte Laune kann ich mir bei Dir nicht vorstellen.
Ich bin ein positiver Mensch. Mit der richtigen Einstellung kann man allem eine gute Seite abgewinnen. Jeder Tag ist für mich ein Geschenk.

Mehr als 50 Prozent der Deutschen hören mit Leidenschaft Volksmusik. Und in der Szene gibt es sehr viele gute Künstler. Der wohl bekannteste und charismatischste bist du. Was hast du, was andere Volksmusiker nicht haben?
Frag das am besten meine Fans! Vielleicht ist es so, weil ich mich nicht verstelle und mich auch auf der Bühne so gebe, wie ich bin. Meine Lieder stehen für Tradition, Brauchtum und Heimat. Das sind Werte, die

ich persönlich sehr schätze. Wenn die Leute in den Urlaub fahren, zieht es sie in der Regel ans Meer oder in die Berge. Ich bringe ihnen für einen Abend mit meinen Liedern die Schönheit der Berge nach Hause.

Glaubst Du an Gerechtigkeit im Leben?
Man kann es nie allen recht machen, man sollte aber versuchen, sich selber möglichst oft gerecht zu werden und sich nicht verbiegen zu lassen.

Gibt es einen Menschen, den Du bewunderst? Wenn ja, für was?
Meinen Großvater. Er war ein Mann mit einer Herzensbildung, wie ich sie manchem Akademiker wünschen würde.

Wie würdest Du Dich als Vater beschreiben?
Liebevoll. Ein Freund.

Was legst Du Deinen Kindern ans Herz?
Aufrecht und mit Liebe durchs Leben zu gehen.

Was macht für Dich die Kraft/Macht der Liebe aus? *Vertrauen.*

Was schätzt Du besonders an Deiner Frau? Was habt Ihr beide für Gemeinsamkeiten oder Unterschiede?
Wir ergänzen uns einfach wunderbar. Ich schätze sie als Frau, Mutter und auch als Freundin in der Musik. Sie hat mich in den vergangenen Jahren mit einigen schönen Liedern überrascht.

Was verstehst Du unter Romantik? Ein Beispiel.
Dass Romana Texte wie Hey Baby und La dolce vita und amore schreibt – und das nur für mich.

Worin siehst Du das Besondere im Alltag?
Es ist die Vielzahl an lieben Gewohnheiten und Gesten, die den Alltag für mich ausmachen. Verlässlichkeit, Entspannung. Ich bin ein positiver Mensch und versuche, in allen Dingen des Lebens das Schöne zu finden.

Hat Hansi Hinterseer in seinem Leben alles richtig gemacht?
Nein, sicher nicht. Aber im Großen und Ganzen ist's bis jetzt ganz gut gelaufen. Aber das ist ja nicht allein mein Verdienst. Es gibt so viele Leute, die mit mir gemeinsam arbeiten. Auch die haben ihren Anteil daran, und ich bin dafür dankbar.

Die großen Tugenden machen einen Menschen bewundernswert, die kleinen Fehler machen ihn liebenswert.

Pearl S. Buck